G20 국가의 인재개발

G20 국가의 인재개발

권대봉 편저

한국경제신문

대한민국은 2010년도 'G20 정상 회의' 의장국으로서, 오는 11월 '제5차 G20 정상 회의'의 성공적 개최를 앞두고 주요의제를 준비하고 있다. 서울에서 개최되는 제5차 G20 정상 회의는 지속가능한 성장에 대한 전 세계적 요구에 발맞춰 '위기를 넘어 다함께 성장Shared Growth Beyond Crisis'을 슬로건으로 채택하였다.

이명박 대통령은 "아시아와 신흥국 중에서는 처음으로 G20 의장국이 되었다는 국가적 자부심과 함께, 국가 브랜드 가치를 높일 수 있는 좋은 기회이기도 합니다"라고 '서울 G20 정상 회의'의 개최 의의를 높게 평가하였다.

또, "우리는 가난을 딛고 일어선 경험을 살려 선진국과 개발도상국 간에 믿음직한 가교역할을 할 것이며, 서울에서 개최되는 G20 정상 회의는 선진국과 후진국 간의 개발 격차 해소, 글로벌 금융 안전망 구축 등에서 실질적 성과를 내도록 노력해야 할 것"이라고 대한민국에 대한 국제 사회의 기대에 적극 부응할 것임을 천명하였다.

'G20Group of 20'은 1997년 아시아 외환 위기 이후 국제 금융 시장의 안정과 지속가능한 성장을 위한 국제 협력 체제의 필요성이 대두됨에 따라 출범하였으며, 2008년 미국에서부터 전 세계로 확산된 금융위기를 해결하기 위해 국가 정상급 회의로 격상되었다. 이러한 G20의 회원국인 대한민국은 1990년대 후반 아시아 외환 위기를 극복하고 새로운 도약의 기회를 마련하였으며, 이번에 G20 정상 회의의 의장국이 됨으로서 아시아를 넘어 세계 리더국가로 급성장하였다.

　이처럼 국제적인 협력을 이끌어내는 리더국가로 자리매김한 대한민국의 발전은 특히 '수준높은 인적 자원'에 기인한 것으로 평가되고 있다. 오늘날 지식기반경제에서는 무형 자산인 '인적 자원'의 중요성이 강조되고 있으며, 이의 개발 및 활용은 지속적 성장을 원하는 세계 각국의 정책 과제로 부각되고 있다. 더욱이, 세계화의 물결 속에 각국은 노동 이동, 공동 시장, 상품 기준 및 다국적 기업 등과 같은 환경 변화에 적극적으로 대처해야 할 필요가 있다. 이는 '인적 자원 관련 정책 과제' 역시 더 이상 개별 국가 차원이 아닌 국제적 차원에서 공조해야 하는 범세계적 이슈가 되었음을 뜻한다. 따라서 이번 '제5차 G20 정상 회의'를 계기로 본 연구총서를 발간하여, 각국의 인재개발 관련 영역들에 대한 정책현황 및 이슈에 대해 총체적으로 검토하고자 한다.

　'한국직업능력개발원KRIVET'은 인재개발 정책 관련 국책 연구 기관으로서 1997년 설립 이후 축적된 연구역량을 바탕으로, G20 국가의 인재개발 정책 현황 및 이슈를 다각도로 살펴보았다. 본서는 총 5개 부로 구성하였으며, 제1부에서는 G20의 개요를 살펴보았다. 제2부에서는 통계 자료를 이용하여 G20의 인재개발 관련 실태를 분석하였고, 제3부에서는 G20 회원국의 사회경제적 배경, 인재개발현황, 정책동향 및 특성을 제시하였으며, 제4부에서는 회원국의 특성을 반영하여 G20 정상 회의에서 논의될 수 있는 인재개발 관련 의제를 제시하였다. 또, 제5부에서는 G20 의장국으로서 한국의 인재개발 선진화 과제에 대해 논의하였다.

　끝으로, 본서의 발간 과정에서 아낌없는 노력과 협력을 보여 준 집필진 여러분께 감사드린다. 특히, 본원의 'G20 인적 자원 의제 발굴 TF' 위원장인 이영현 박사님, 그리고 본서의 출판을 기꺼이 맡아 준 한국경제신문사 신상민 대표이사님께 진심으로 감사드린다.

2010년 10월

한국직업능력개발원

원장 **권대봉**

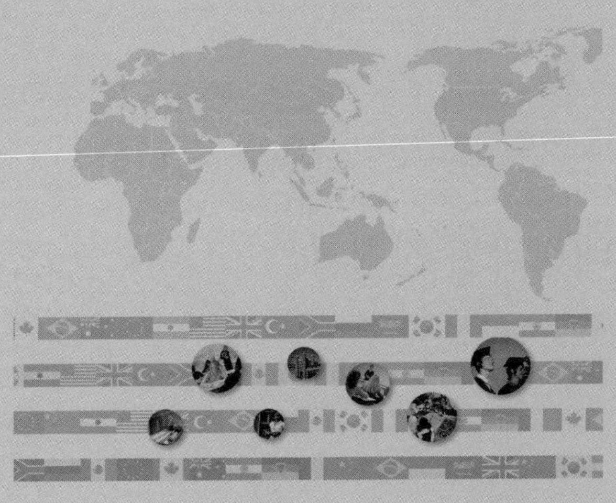

• PART 1 •

G20의 개요

최 지 희

미국 듀크대학교 산업조직 및 노동시장 전공 사회학 박사, 국무조정실 특정과제(NURI 사업) 평가위원(2007), 현 한국직업능력개발원 고용·능력개발연구실 연구위원, 주요 연구 실적으로는 [OECD 각국의 고교단계 직업교육체제 혁신실태 비교] 외 다수.

G20 출범배경과 추진경과

2009년 9월 미국 피츠버그에서 개최된 제3차 주요 20개국 정상 회의에서 각국 정상들은 세계경제가 향후 균형 있는 성장을 이루기 위해 국가 간 협력 및 국제 공조를 바탕으로 한 전략이 필요하다는 데 동의하여 그 결과물로 정상 회의 선언문을 발표했다. 또한 이 선언문에는 세계경제 소비의 견인차 역할을 담당해 오던 미국의 역할 감소에 따라 중국 등 신흥국이 저축을 줄이고 대신 소비요인을 높여 나갈 필요가 있다는 내용이 담겨져 있다. 이는 2008년에 발생한 전 세계적 경제 금융위기 이후, 기존의 장관 협의체에 불과한 모임이 G20 정상들의 모임인 최상위 포럼premier forum으로 승격되면서 글로벌 거버넌스global governance 체제에 변화가 오고 있음을 보여주었다.

G20Group of 20의 첫 출범은 1997년 아시아 외환 위기 직후인 1999년 주요 20개국 재무장관들과 국제 금융 기구가 참석하는 장관 협의체에서 출발, 2008년 미국 금융위기가 전 세계로 확산되면서 같은 해 11월 워싱턴 D.C.에서 '제1차 G20 정상 회의'가 개최되었고, 역사적 전환기를 맞았다. 2009년 4월 런던에서 제2차 G20 정상 회의가 개최되었으며, 9월 피츠버그에서 개최된 제3차 G20 정상 회의에서는 G20을 회원국 정상이 참여하는 세계경제 협력의 최상위 포럼으로 승격시켜 정례화할 것을 결의했다.

'G20 정상 회의'의 출범과 함께 새롭게 부상하고 있는 G20 체제는 기존의 G7, G8과 같은 강대국 중심의 국제 질서가 아시아, 유럽, 중남미 등 세계 지역별 신흥국을 포함하는 보다 다원화된 국제 질서로 재편되고 있음을 의미한다. 이는 또한 1990년 이후 중국, 인도, 브라질 등 신흥국의 경제력이 국제적으로 확대되면서, 기존의 강대국들이 현재 세계가 처한 경제 현안들을 해결하기 위해서는 신흥국들을 다자간 협상의 장에 끌어들일 필요가 있다는 것을 인정한다는 의미이다.

G20의 지역별 구성
- G7 : 미국, 일본, 영국, 프랑스, 독일, 캐나다, 이탈리아
- 아시아 : 한국, 중국, 인도, 인도네시아
- 중남미 : 아르헨티나, 브라질, 멕시코
- 유럽 등 : 러시아, 터키, 호주, EU 의장국(현재 벨기에)
- 아프리카, 중동 : 남아프리카공화국, 사우디아라비아

G20에 포함된 나라들을 보면 미국, 일본, 영국, 독일, 프랑스, 캐나다, 이탈리아 등 G7으로 대표되는 최강국과 나란히 브라질, 러시아, 인도, 중국 등 소위 BRICs처럼 새롭게 부상하는 신흥 경제국이 포함되어 있다. G20은 EU 의장국과 19개의 상임 회원국으로 구성되어 있고, IMF, World Bank, WTO 등 국제기구가 상시적 참관인 자격으로 참여하고 있다. 제3차 정상 회의부터는 OECD, UN, ILO 등 경제 및 교육훈련 관련 기구들도 함께했다. 이 밖에 G20에 포함되지 않은 국가들의 의견을 수렴하기 위해 NEPAD(아프리카동맹), ASEAN(동남아시아국가연합) 등 주요 지역의 국제기구들도 참여하고 있다.

제3차 G20 정상 회의에서 2010년 11월 제5차 정상 회의 개최지가 서울로 결정됨에 따라, 이에 대비한 주요의제를 준비하는 등 의장국으로서 한국의 역할이 기대되고 있다.

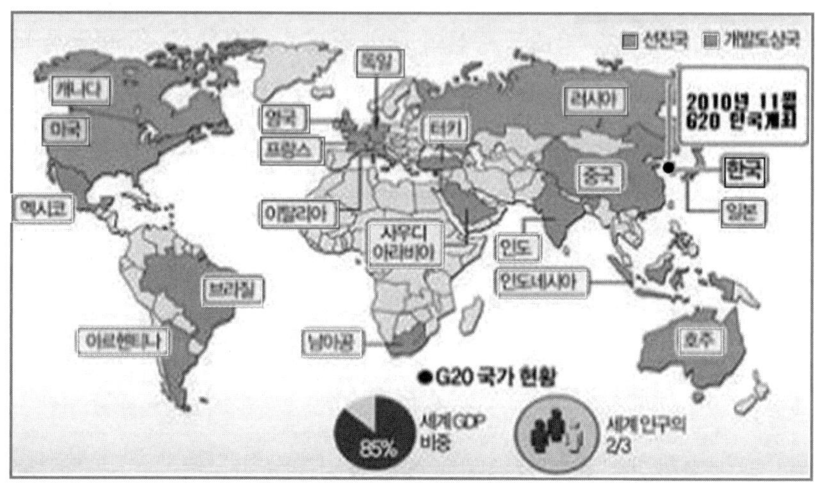

한편, 새롭게 부상하고 있는 G20 체제는 여러 가지 측면에서 기대와 변화를 예고한다. 특히, 한국을 포함한 신흥국들의 경제성장 전망 및 선진국과 개발도상국 간의 가교역할 능력에 따라 G20 체제의 지속성이 결정될 것으로 보인다.

G20 체제

G20 국가들은 지역적으로 전 세계에 걸쳐 분포되어 있다. G20 국가들은 2009년 말 기준으로 GDP(국내 총생산) 측면에서 세계 총 GDP의 85%를 차지하고 있으며, 인구 측면에서는 세계 인구의 3분의 2를 차지하고 있다. 이처럼 G20은 소득 수준이 높거나 인구가 많아 국가 GDP 규모가 큰 국가들로 구성되어 있다. 따라서 1인당 GDP가 높은 G7 외에 중국, 인도 등과 같이 거대한 인구 규모에 의해 상당한 경제 규모를 가지게 된 신흥국들도 G20에 포함되어 있다.

표 1-1 | 경제규모별 G20의 위상(2007년 기준)

국가	GDP (십억 달러)		1인당 GDP (USD)		인구(백만 명)
	시장환율	구매력평가	시장환율	구매력평가	
미국	14,119	14,119	47,155	47,155	305
일본	5,069	4,152	38,271	33,996	128
중국	4,985	9,047	3,404	6,188	1,328
독일	3,339	2,812	44,525	35,656	82
영국	2,656	2,094	45,991	34,178	62
프랑스	2,179	2,125	43,652	36,079	61
이탈리아	2,118	1,738	38,887	30,558	59
캐나다	1,232	2,116	11,739	16,034	142
브라질	1,574	2,010	8,626	10,526	190
러시아	1,336	1,278	45,051	39,031	33
인도	1,237	3,615	1,066	2,868	1,182
한국	875	1,464	10,216	14,546	107
멕시코	994	849	48,707	38,246	22
호주	833	1,362	19,162	27,716	49
터키	614	879	10,484	13,124	70
인도네시아	539	961	2,238	3,985	229
사우디아라비아	376	594	1,9157	23,495	25
남아공	310	583	8,253	1,4411	40
아르헨티나	287	504	5,685	10,455	49

주 : 2009년 시장환율 기준 GDP가 1조4천6백8십억 달러인 스페인은 우리나라보다 GDP 규모가 크지만, G20 회원국이 아니다.
자료 : IMF(2010), World Economic Outlook Database, October 2010.

이와 같은 G20의 대표성에도 불구하고 G20이 모든 개발도상국과 모든 최저개발국의 이해관계를 대변한다고는 할 수 없다. 이는 개발도상국과 최저개발국의 경우 특별히 인구 규모가 크지 않은 한 작은 경제 규모로 G20에 포함되기 어렵기 때문이다. 또 BRICs 등 신흥경제국이 세계경제에서 차지하는 비중이 높아짐에 따라 강대국 중심의 G8 체제가 G20에 자리를 내어 주기는 했으나, G20이 개발도상국의 이익을 대변하는 진정한 협의체로 발전해 나가기 위해서는 아직 노력이 필요하다. G20의 공고화를 위해서는 신흥 개발도상국과 개발도상국의 협력강화를 통해 G20의 대표성을 높여 나갈 필요가 있다.

그림 1-3 | G20 의장국 트로이카 운영체계

G20의 의장국은 19개 회원국 중 한 나라가 돌아가면서 담당하도록 되어 있으며, 의장국의 임기는 1년이다. 19개 회원국을 지역별로 5개 그룹으로 나누고, 5개 그룹 중 한 그룹을 1차로 선정한 후, 2차 재무차관 회의에서 의장국을 결정하며, 마지막으로 장관 및 총재 회의에서 이를 공식적으로 발표한다. G20 의장국 운영방식은 트로이카 운영방식을 취하고 있다. 즉 G20 의장국은 의장국 수임년도 전후 1년씩 의장국의 자문단 역할을 한다. 이와 함께 전·후임 의장국은 각종 회의에서 의장국과 공동 의장Co-Chair 역할을 수행한다.

G20 정상 회의에 상정되어 논의된 주요의제들은 다음과 같다.

■ 제1차 정상 회의
- 일시 및 개최지 : 2008. 11. 15. 미국 워싱턴D.C.
- 참여국 : G20 회원국[19개 회원국+프랑스(EU 의장국)], 스페인, 네덜란드 및 국제

기구

- 주요의제 : 국제금융위기의 원인과 그간의 조치에 대한 평가, 당면한 금융위기 해
  소를 위한 정책 공조 방안, 국제금융체제 재편을 위한 기본 원칙, 향후 국제금융체
  제 재편 방향, 자유 무역과 시장 경제 기본 원칙의 중요성에 대한 재확인 등 주로
  금융 체제의 안정과 개혁

■ 제2차 정상 회의

- 일시 및 개최지 : 2009. 4. 2. 영국 런던
- 참여국 : G20 회원국[19개 회원국+체코(EU 의장국)], 스페인, 네덜란드, ASEAN
  의장(태국), NEPAD 의장(에티오피아), 국제기구
- 주요의제 : 세계 성장 회복 방안, 보호 무역주의 저지, 금융 감시 및 규제 강화, 국
  제 금융 기구 강화 등 금융 외에 무역과 경제 회복

■ 제3차 정상 회의

- 일시 및 개최지 : 2009. 9. 24∼25. 미국 피츠버그
- 참여국 : G20 회원국[19개 회원국+체코(EU 의장국)], 스페인, 네덜란드. 지역 대표
  국, 국제기구
- 주요의제 : G20 런던 정상회의 결과 이행, 거시 경제 정책 공조, 국제 금융 기구
  IFIs 개혁, 미래 성장 전략, 무역(보호무역주의 저지, DDA), 기후 변화 및 에너지,
  개발 이슈 식량 안보, 개발도상국 지원 방안, 고용문제 등으로 기존의 금융, 무역
  외에 개발도상국 지원 및 고용문제가 새로운 의제로 등장

■ 제4차 정상 회의

- 일시 및 개최지 : 2010. 6. 26∼27. 캐나다 토론토
- 참여국 : G20 회원국[19개 회원국+벨기에(EU 의장국)], 스페인, 네덜란드, 지역 대
  표국, 국제기구
- 주요의제 : 지속가능 균형성장 협력체제, 국제금융기구 개혁, 무역 및 기타 이슈,
  금융규제

4차례에 걸친 G20 정상 회의의 주요의제를 살펴보면, 경제나 노동시장
정책보다는 주로 세계적인 금융위기 해결에 중점을 두었다는 것을 확인할

수 있다. 따라서 교육훈련이 G20의 중심 의제로 다루어지기에는 아직 이른 감이 있다. 그러나 G20 정상들은 현재 금융위기의 원인이 결국 인적 요소임을 인정하고 있으며, 최근 G20에서 '새천년개발목표Millenium Development Goals' 등이 언급되었고, 제2차 G20에서는 교육훈련의 중요성이 언급되기도 했다. 특히 ILO와 OECD가 주축이 된 '2009 런던 일자리 창출 회의'나 Global Union이 주축이 된 '피츠버그선언' 등은 멀지 않은 장래에 인재개발 이슈가 G20의 주요의제로 상정될 수 있음을 보여 주었다.

제2차 G20 정상 회의를 위해 2009년 3월 24일 런던에서 개최된 '일자리 창출 회의(런던 Jobs Conference)'의 주제는 '안정', '성장', '일자리'였다. 이 회의에서는 고용에 관한 각국의 우수 정책 사례best practices를 공유했고, 고용 및 훈련에 관한 대표적 주요기구인 ILO와 OECD가 주축이 되어 주요논문들을 발표했다. 그리고 생산적인 고용으로의 근로자 유인, 취약계층을 위한 고용지원, 현재와 미래를 위한 일자리와 기술 등 3가지 중심 주제에 관해 각각 워킹그룹이 구성되었으며, 각각의 주제에 대한 권고안이 제시되었다.

권고안의 주요내용은 장기 실업자 규모축소와 재취업을 위한 노동시장의 적극적 정책과 노동시장 수요증대 방안 모색, 취약계층을 위한 사회 복지 및 사회 보호 정책, 고용 정책, 능력 개발 보조금 정책 시행, 녹색 일자리 및 신기술 서비스 분야 등 현재 노동시장과 미래의 일자리에 대비해 고용 가능성을 높일 수 있는 효율적이고 수요에 맞춘 교육훈련정책 개발 등이었다.

다음으로 국제 노동조합 기구인 동시에 세계적인 주요 이익 단체인 Global Union은 2009년 9월 24~25일 피츠버그에서 열린 제3차 G20 정상 회의에서 'OECD 노동조합 자문위원회Trade Union Advisory Committee to the OECD, TUAC', '국제노동조합총연맹International Trade Union Confederation, ITUC' 등 관련 단체와 공동으로 선언문을 발표했다. 이 선언문의 주요요지는 '일자리' 문제를 G20 정상 회의 주요의제로 상정해 지속가능한 성장을 위한 균형잡힌 경제 정책의 수립을 요구하는 것이었다. 그리고 ILO가 제안한 세계 일자리 조약Global Jobs Pact을 지원하고, 고용을 촉진하는 구체적 실무그룹working group을 G20 내에 설치해 G20 고용노동부 장관 회의 등의 개설을 주장했다. 특히 이 실무그룹 내에 사회적 파트너십 단체들이 포함되어야 한다고 강조했다.

G20 체제와 인재개발

앞서 살펴본 바와 같이 G20 정상 회의의 의제가 아직까지 금융 중심의 경제 협력에 무게를 두고 있으나, 향후 G20 체제의 국제 사회에서의 역할이 확대됨에 따라 보다 다양한 분야에서 국제 협력을 도모할 것이라는 전문가들의 기대가 있다.

한편, G20 체제의 도래는 국가간, 지역간 상호 의존성의 확대를 의미한다고 볼 수 있다. 이는 과거 G8로 대표되는 선진국 중심의 국제 질서가 지역별 신흥국의 참여로 인해 보다 다원적으로 전환하고 있음을 보여 주는 것이다. 또한 신흥국의 경제적 비중이 증가하면서 국제 경제 협력을 위해 신흥국의 협력이 필수적인 요소가 되었음을 증명해 준다고도 볼 수 있으며 또한 G20에 포함된 신흥국들의 경우 그 자체만으로 중요할 뿐 아니라 각 지역을 대표하는 일종의 거점국 역할을 하는 것으로도 볼 수 있다. 따라서 G20의 구성 자체가 경제의 지역적 특성을 인정하고 이를 수용하고자 하는 선진국들의 노력으로 받아들여진다. 그리고 신흥국의 경제적 부상과 함께 세계 금융위기의 대책 마련에 있어 신흥국들과의 공조가 필수적임을 선진국들이 인식하고 있다는 것을 알려 주는 것이다.

G20 체제의 출범이 각 지역과 국가에 미칠 영향에 대해 전문가들은 여

러 가지 예측을 내놓고 있다. 이들의 예측 중 하나는 G20 체제 하의 국가 간 협력이 현 주요의제인 경제 금융 외의 다른 영역까지 확대될 가능성이다. 과거에도 그러했으나, 앞으로 국가간 인력과 제도의 교류는 국제 협력에 있어서 점점 더 중요한 비중을 차지하게 될 것이다. 이러한 측면에서 G20 국가들의 주요 인재개발 제도를 살펴보고 정책적 특징과 이슈들을 살펴보는 것은, 향후 G20 체제가 보다 공고하고 긍정적인 체제로 발전해 나가는 데 있어서도 매우 중요한 기반이 될 것이다.

또한 개별 국가의 입장에서 볼 때 각 국가의 지속가능한 성장을 위해서는 고용증대와 함께 고용의 극대화를 위해 국가에 맞춤한 인재개발전략의 수립이 중요하다. 그 어느 때보다 지역간, 국가간 의존성이 증대하고 있는 현 국제 사회에서 각 국가의 인재개발전략을 살펴보고 이를 통한 향후 국제 협력의 가능성을 살펴보는 것은 시의적절하며 동시에 그 의의가 크다 할 것이다.

세계화와 함께 국가간 무역의 증대, 국제적 노동 이동의 증가 등으로 이제 세계의 경제적 상호 의존성은 과거 그 어느 때보다 확대되고 있다. 이러한 상호 협력 체계는 지역적 협력을 요구하며, 동시에 지역간 협력을 요구하고 있다. G20 체제의 부상은 이러한 국제적 상호 의존성 증대가 개별 국가간 협력에서 하나의 전체적 체계로 다듬어질 단계에 이르렀음을 입증해 주는 것이다. G20의 출범은 또한 신흥국의 세계경제 내에서의 경제적 위치와 이들에 대한 국제 사회에서의 평가가 업그레이드되고 있음을 보여주는 것이기도 하다. 실제로 G20뿐 아니라 IMF 등 국제 금융 기구 등에서 이들 신흥국의 대표성은 선거 결정권의 증대로 나타나고 있다.

G20 체제의 형성은 서로 다른 문화와 역사를 지닌 세계의 다양한 국가들이 처음으로 공통의 경제 문제를 함께 해결하고자 하는 장이라는 측면에서 세계 질서의 큰 변화를 의미한다고 볼 수 있다. 나아가 글로벌화로 인한 상호 의존도 증대가 단순한 금융적 측면 외에 각 국가의 제도적 측면

의 호환성과 교류를 요구하고 있다. 그러한 의미에서 현재 세계가 당면한 현안인 금융위기 외에 상호 협력을 위한 밀접한 교류가 필요하며, 또한 서로의 제도에 대한 이해가 필요하다.

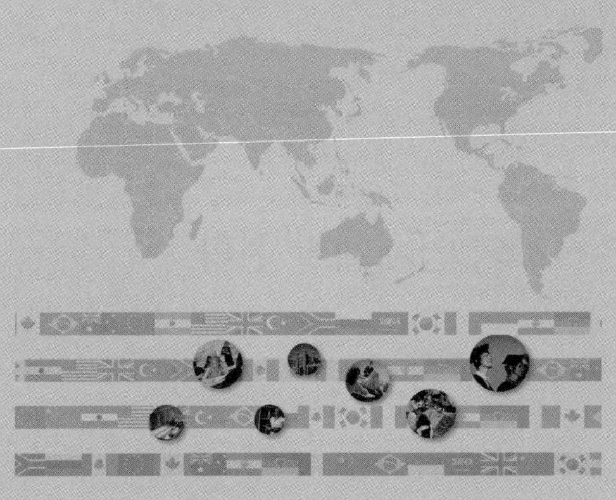

PART 2
통계로 본 G20의 인재개발 현황

윤 여 인

한양대학교 수학과 & 경제학과 복수전공, 성균관대 경제학과 박사 수료, 현 한국직업능력개발원 기획조정실 기획팀 전문연구원, 주요 연구 실적으로는 [IT전문인력 수급실태연구] 외 다수.

통계로 본 G20의 인재개발 현황

21세기 지식기반 사회로의 전환은 인재개발 정책의 중요성을 환기시키고 있으며, 이와 관련된 정책에 대한 정확한 진단을 뒷받침할 수 있는 통계 수요가 증대하고 있다. 아울러 세계화의 급속한 진전은 국제 비교 가능 통계 자료의 수요증대도 촉발하고 있다.

인재개발과 관련한 통계의 범위는 사람과 관련된 모든 것이라 할 수 있으나, 생애주기 모형life cycle model과 우리나라의 인적자원개발 기본법의 정의를 활용해 그 범위를 다음과 같이 3개의 범주로 구분할 수 있다.

첫째, 지식과 기술의 숙련을 형성하는 과정으로의 교육 등과 관련한 활동인 인적 자원 양성 부문이다. 둘째, 학교에서 노동시장으로의 이행, 노동시장에서의 이동, 실업 등과 관련한 인적 자원 배분 부문이다. 셋째, 인적 자원의 배치, 인재개발 활동 등의 인적 자원 활용 부문이다. 이러한 세 부문은 다시 생애주기별로 인구 사회 구조, 초 · 중등교육, 고등교육, 학교에서 노동시장으로의 이행, 노동시장, 평생학습 등으로 구분할 수 있다.

G20에 대한 통계, 특히 인재개발과 관련한 통계를 생애주기별로 접근하여 비교해 보도록 하자.

인구

국제 연합 인구 기금UNFPA과 인구 보건 복지 협회PPFK의 '2009 세계 인구현황'[1]에서 제시하고 있는 2009년 총인구, 2050년 추계 인구, 2009년 합계 출산율은 표 2-1과 같다.

2009년 현재 세계에서 인구가 가장 많은 나라는 13억 4,580만 명의 중국이며, 인도가 11억 98만 명, 미국은 3억 1,470만 명 등이고, 유럽 연합EU 27개국은 2010년 1월 1일 현재 5억 106만 명으로 세계 3위에 해당한다. 한편, 가임 여성이 평생 낳을 수 있는 자녀 수를 나타내는 합계 출산율은

표 2-1 | G20 인구지표(2009) (단위 : 백만 명, 명)

국 가	총인구(2009)	추계인구(2050)	합계출산율(2009)
아르헨티나	40.3	50.9	2.22
호주	21.3	28.7	1.84
브라질	193.7	218.5	1.83
캐나다	33.6	44.4	1.58
중국	1,345.8	1,417.0	1.77
프랑스	62.3	67.7	1.88
독일	82.2	70.5	1.32
인도	1,198.0	1,613.8	2.68
인도네시아	230.0	288.1	2.13
이탈리아	59.9	57.1	1.39
일본	127.2	101.7	1.26
멕시코	109.6	129.0	2.16
한국	48.3	44.1	1.22
러시아	140.9	116.1	1.39
사우디아라비아	25.7	43.7	3.04
남아프리카공화국	50.1	56.8	2.51
터키	74.8	97.4	2.10
영국	61.6	72.4	1.85
미국	314.7	403.9	2.08
세계 전체	6,829.4	9,150.0	2.54

자료 : 국제연합인구기금(UNFPA, 2009).
State of World Population 2009(한국어판, 인구복지협회. 2009 세계인구현황).

2009년 현재 전 세계 평균이 2.54명인 데 비해 선진국 평균은 1.64명, 우리나라를 포함한 개발도상국이 2.70명, 저개발국은 4.29명으로 나타났다. 특히 우리나라는 회원국 중 가장 낮은 1.22명으로 사우디아라비아 3.04명의 약 40% 정도이다. 우리나라와 사우디아라비아의 2009년 총인구 비율은 1:1.9였으나 2050년에는 1:1로 동일해질 전망이다.

교육제도

제3부에서 소개되는 G20 회원국별 교육제도를 종합하여 초·중등교육, 고등교육에 대해 국제 표준 교육 분류ISCED[2]에 따른 입학 연령, 수학 기간 등을 유네스코 통계 연구소UIS의 자료를 통해 비교해 볼 수 있다.

먼저 교육단계별 학령 인구school age population의 변화추이를 2006~2009년 동안 살펴보면 초등학교 학령 인구의 경우 인구 성장률 저하에 따라 대부분의 국가에서 감소했다. 다만, 브라질, 인도, 인도네시아, 사우디아라비아, 남아프리카공화국의 경우에는 증가추세에 있다.

중등 학교의 학령 인구 변화는 10개국에서 감소추세로 나타났으며, 고등교육 학령 인구는 브라질, 프랑스, 인도네시아, 이탈리아, 일본, 한국, 러시아, 터키 등 8개국에서 감소 경향을 나타냈다.

의무교육기간은 2008년 기준으로 사우디아라비아가 6년으로 가장 짧고, 독일이 13년으로 가장 긴 것으로 나타났다. 의무교육의 개시연령은 아르헨티나, 호주, 영국이 6세(혹은 5세)부터, 브라질, 인도네시아, 남아프리카공화국이 7세부터인 것으로 조사되었다. 고등교육의 학기시작과 학기종료는 1년간, 즉 1~12월까지 12개월을 이수하는 호주, 남아프리카공화국이 있으며, 9월에 시작해 이듬해 6월에 학기를 종료하는 캐나다, 중국, 프랑스, 이탈리아, 러시아, 사우디, 터키 등이 있다. 해당 년도와 해당 학년도

국가	유치원	초등학교	중등학교	중학교	고등학교	고등교육기관
아르헨티나	1,990	4,020	4,117	2,060	2,057	3,336
호주	264	1,872	1,700	1,122	578	1,457
브라질	10,273	14,001	23,571	13,673	9,898	17,034
캐나다	692	2,230	2,574	821	1,781	2,248
중국	52,421	91,908	128,391	60,743	67,648	119,418
프랑스	2,354	3,821	5,187	2,939	2,248	3,928
독일	2,164	3,042	7,610	4,909	2,702	4,916
인도	75,493	124,696	170,520	73,919	96,602	113,573
인도네시아	8,391	24,748	24,568	12,247	12,321	20,678
이탈리아	1,693	2,767	4,544	1,670	2,874	2,973
일본	3,366	6,996	7,226	3,576	3,651	6,609
멕시코	4,153	12,746	12,724	6,428	6,296	9,706
한국	459	3,338	4,100	2,033	2,067	3,219
러시아	4,168	3,899	10,284	6,777	3,508	11,222
사우디	1,698	3,292	3,089	1,575	1,514	2,312
남아공	1,036	7,046	4,994	1,989	3,005	5,077
터키	3,911	6,728	8,246	4,178	4,068	6,605
영국	1,389	4,160	5,358	2,214	3,143	4,093
미국	12,622	25,024	26,209	12,882	13,327	22,230

자료 : UNESCO-UIS(2010). Global Education Digest 2010.

academic year가 1년의 시차가 있는 국가는 14개국으로, 아르헨티나, 호주, 브라질, 한국, 남아프리카공화국 등 5개국은 해당년도가 해당 학년도인 것으로 조사되었다.

보편적인 참여율에 근거해 한 어린이가 제도권에 진입해 고등교육기관까지 평균 얼마나 많은 수학 년수를 필요로 하는지를 나타내는 '예상 수학연도school-life expectancy, SLE'는 세계적으로 1970년 7.9년에서 2008년 11.0년으로 증가했다. G20 회원국에서는 자료입수가 불가능한 캐나다, 독일, 남아프리카공화국을 제외하고 2008년 기준으로 호주 20.6년, 한국 16.8년, 프랑스 16.1년 순으로 나타났다. 성별 예상 수학연도에서 아르헨티나는 여학생이 약 2년 정도 더 수학하고, 이어 미국이 약 1.5년, 영

표 2-3 | 성별 예상수학연도(school-life expectancy)　　　　　　　　　　(단위 : 년)

국가	전체			남자			여자		
	2006	2007	2008	2006	2007	2008	2006	2007	2008
아르헨티나	15.5	15.6	–	14.6	14.6	–	16.5	16.6	–
호주	20.3	20.5	20.6	20.1	20.2	20.4	20.5	20.7	20.9
브라질	–	13.8	14.0	–	13.5	13.6	–	14.1	14.3
중국	10.9	11.2	11.4	10.8	11.0	11.2	11.0	11.4	11.6
프랑스	16.2	16.2	16.1	15.9	15.9	15.8	16.5	16.5	16.5
인도*	10.1	10.3	–	10.6	10.8	–	9.4	9.8	–
인도네시아	12.0	12.7	12.7	–	12.9	12.8	–	12.6	12.5
이탈리아	16.2	16.3	–	15.7	15.8	–	16.7	16.8	–
일본	15.0	15.1	15.1	15.2	15.2	5.2	14.8	14.9	14.9
멕시코	13.2	13.4	13.7	13.2	13.4	13.7	13.3	13.5	13.8
한국	16.5	16.7	16.8	17.6	17.8	17.8	15.4	15.6	15.7
러시아	13.6	13.8	14.1	13.1	13.2	13.6	14.2	14.3	14.6
사우디	–	–	13.5	–	–	13.8	–	–	13.1
터키	11.6	11.8	11.8	12.3	12.6	12.4	10.8	11.1	11.2
영국	16.1	15.9	16.1	15.5	15.4	15.6	16.6	16.5	16.6
미국	15.6	15.7	15.9	14.9	15.0	15.1	16.4	16.5	16.6

주 : 1) 캐나다, 독일, 남아공은 관련 자료 미비로 제외.
　　2) 예상수학연도(SLE)는 초등학교에 입학하여 고등교육 졸업까지의 수학연도를 의미.
자료 : UNESCO-UIS(2010). Global Education Digest 2010.

국과 러시아가 약 1년 정도 남학생보다 여학생이 졸업까지 더 오랜 시간을 학교에서 지내고 있음을 알 수 있다. 반면, 한국에서 2.2년, 터키에서 1.5년, 사우디아라비아에서 8개월, 인도네시아와 일본에서 약 4개월 정도 남학생이 여학생보다 늦게 고등교육을 이수하는 것으로 나타났다. 2008년 현재 세계적으로 남학생의 높은 유급률repetition rate로 인해 남학생이 11.2년이 소요되는 반면 여학생은 이보다 6개월가량 빠른 10.7년으로 조사되었다.

국가 발전 원동력의 하나인 고등교육기관으로의 취학률, 졸업률을 ISCED-97[3] 기준 가장 최신 자료(2008년 현재)를 살펴보면, 고등교육 취학률은 한국이 98.1%로 가장 높았고, 이어 미국 82.9%, 러시아 77.2%로 나

표 2-4 | 고등교육 지표(취학률, 졸업률, 학생수, 2008년)   (단위 : %, 인구 10만 명 당 명)

국가	취학률(ISCED 5, 6)	졸업률(ISCED 5A)	학생 수
아르헨티나	67.7	11.5*	5,592*
호주	77.0*	60.8	5,304
브라질	34.4	21.4	3,104
캐나다	–	36.3**	–
중국	22.7	11.3*	2,008
프랑스	54.6	36.0	3,507
독일	–	32.5	–
인도	13.5	–	1,295*
인도네시아	21.3	6.8	1,967
이탈리아	67.1*	41.4*	3,448*
일본	58.0	41.1	3,092
멕시코	27.2	18.5	2,441
한국	98.1	48.3	6,655
러시아	77.2	52.5	6,655
사우디	29.9	16.2**	2,701
터키	38.4	16.7*	3,469
영국	57.4	39.2*	3,825
미국	82.9	35.5	5,912

주 : 1) 남아공은 관련 자료 미비로 제외했으며, *는 2007년 **는 2006년 자료를 나타냄.
   2) 예상수학연도(SLE)는 초등학교에 입학하여 고등교육기관 졸업까지의 수학연도를 의미
자료 : UNESCO-UIS(2010). Global Education Digest 2010.

타났다. 4년제 대학교, 대학원 석사 학위 과정 수준의 ISCED 5A의 졸업률을 살펴보면 호주 60.8%, 러시아 52.5%, 한국 48.3% 등이며, 인구 10만 명 대비 고등교육기관 학생 수 비교에서는 러시아와 한국이 6,655명, 미국 5,912명, 아르헨티나 5,592명, 호주 5,304명으로 나타났다.

2008년 중학교(ISCED 2)에 취학한 학생 중 직업기술계 학교에 입학한 비율은 사우디아라비아 5.6%, 호주 20.2%, 멕시코 19.6%, 독일 1.2%로 집계되었으며, 중국은 2006년 0.7%, 프랑스는 2005년 2.6% 등이 보고 가능한 자료이다. 아르헨티나의 경우 고등학교(ISCED 3) 입학생 중 기술교육 또는 직업교육 학교에 입학하는 학생의 비율이 무려 90%이고, 호주 61.1%, 이탈리아 59.8%, 독일 57.5%, 러시아 47.0%, 중국 42.6% 등의 순

국가	고등학교(ISCED 3)			중고등학교(ISCED 2, 3)			직업기술계고에서의 여학생비율		
	2006	2007	2008	2006	2007	2008	2006	2007	2008
아르헨티나	90.2	90.2	–	35.4	35.1	–	54.1	54.7	–
호주	61.6	60.4	61.1	41.3	40.2	40.5	43.6	44.1	43.8
브라질	–	11.0	12.3	–	4.3	4.8	–	57.6	57.3
중국	38.2	40.4	42.6	15.1	16.9	18.6	51.1	50.5	50.2
프랑스	42.7	43.4	43.8	19.4	19.9	20.0	42.0	42.2	42.4
독일	59.4	57.4	57.5	21.9	21.6	22.0	42.1	42.0	41.9
인도	1.9	1.8	–	0.8	0.8	–	6.6	–	–
인도네시아	34.3	33.3	37.2	13.3	12.8	15.0	41.9	41.5	41.3
이탈리아	60.5	59.8	–	37.0	37.1	–	39.8	39.4	–
일본	24.6	24.3	24.0	12.7	12.4	12.1	43.1	43.1	43.0
멕시코	9.8	9.4	9.4	14.7	15.1	16.2	56.1	55.6	55.4
한국	27.7	26.7	25.5	12.8	12.6	12.3	45.9	45.9	45.6
러시아	44.3	45.8	47.0	17.0	17.1	16.6	37.1	37.1	36.8
사우디	–	1.2	0.8	–	2.8	3.4	9.4*	–	–
남아공*	8.5	–	–	–	4.9	–	39.1	–	–
터키	38.0	38.6	40.4	16.8	17.2	17.5	37.5	38.4	40.7
영국	31.8	32.1	23.6	18.2	18.6	13.4	48.7	48.0	48.4

주 : 1) 캐나다, 미국은 관련 자료 미비로 제외했으며, *는 2005년 자료로 남아프리카공화국의 자료는 2005년 자료가 가장 최신 자료임.
  2) 중등교육수준에서의 입학생 대비 직업기술 과정의 비중을 나타냄. 여학생의 비율은 직업기술 과정의 고등학교 재학생 중 여학생의 구성비를 나타냄.
자료 : UNESCO-UIS(2010). Global Education Digest 2010.

이었다. 반면 사우디아리바아 0.8%, 인도 1.8%, 남아프리카공화국 8.5%, 멕시코 9.4% 등은 고등학교 입학생 중 10% 미만만이 직업교육 기술계학교에 진학하는 것으로 나타났다. 한편 사우디와 영국은 고교에서의 직업교육 기술계 과정 운영을 100% 사립학교에서 운영하고 있다. 중등 학교에서 직업기술계 학교 재학생 중 여학생의 비율은 브라질, 멕시코, 아르헨티나, 중국 등이 50%를 초과했다.

고용

일반적으로 노동시장을 표현하는 통계로는 경제 활동, 취업(고용률, 취업률, 실업률, 근로 형태), 임금, 노동 비용, 최저 임금, 근로 시간, 소득 분포, 노사 관계 등과 관련된 지표들이 있다.

먼저 15세 이상 인구, 즉 생산 가능 인구 중 노동을 제공할 의사와 능력이 있는 사람을 뜻하는 경제활동인구 비율은 국민의 일하려는 의지를 나타낸다. 2009년 기준 G20 회원국의 경제 활동 참가율(또는 노동시장 참

표 2-6 | 경제활동인구현황(2008, 2009)　　　　　　　　　　　(단위 : 천 명)

국가	경제활동인구		취업자		실업자	
	2008	2009	2008	2009	2008	2009
아르헨티나	11,187	11,354	10,304	10,371	883	984
호주	11,356	11,602	10,873	10,953	483	649
브라질	22,934	23,148	21,122	21,276	1,813	1,872
캐나다	18,245	18,369	17,126	16,849	1,119	1,520
중국*	786,450	–	769,900	–	8,860	–
프랑스	27,982	28,277	25,912	25,704	2,235	2,752
독일	42,021	42,024	38,880	38,797	3,141	3,227
인도*	402,235	–	368,966	–	39,112	–
인도네시아	111,712	113,787	102,301	104,678	9,411	9,109
이탈리아	25,097	24,970	23,405	23,025	1,690	1,944
일본	66,568	66,234	63,922	62,878	2,646	3,356
멕시코	45,318	46,199	43,517	43,678	1,801	2,521
한국	24,347	24,395	23,577	23,506	709	889
러시아	75,713	75,721	70,908	69,384	4,804	6,337
사우디	8,375	–	7,957	–	418	–
남아공	17,788	17,383	13,713	13,216	4,075	4,167
터키	23,796	24,748	21,191	21,288	2,605	3,460
영국	31,116	31,281	29,364	28,919	1,751	2,368
미국	154,287	154,142	145,363	139,878	8,924	14,265

주 : 1) 중국의 경제활동인구 최신 자료는 2007년 자료이며, 취업자, 실업자는 2008년까지 있으나 취업자와 실업자의 합이 경제활동인구이므로 2007년 자료만 제시
　　2) 인도의 경우 가능 자료가 경제활동인구는 2001년, 취업자와 실업자는 2000년 자료임.
자료 : ILO(2010). Labor Stat. Online(http://laborsta.ilo.org).

여율)은 인도네시아 67.4%, 캐나다 67.3%, 호주 65.5%, 미국 65.4% 등의 순이다. 생산 가능 인구에서 취업자의 비율을 나타내는 고용률employment to population ratio이 낮을수록 취업자 1인이 부양해야 할 사람의 수가 많다는 것을 의미한다. 2009년 고용률 자료가 보고 가능한 15개국을 살펴보면 인도네시아 62.0%, 호주 61.8%, 캐나다 61.7%, 미국 59.3%, 한국 58.6% 등의 순이며, 터키, 아르헨티나, 남아프리카공화국, 이탈리아는 50%에 미치지 못했다.

표 2-7 | 근로시간과 노동생산성(2007~2009) (단위 : 시간, 미 달러(PPP), 1인당 GDP

국가	근로시간			최저임금	1인당 노동생산성		
	2007	2008	2009	2007~	2007	2008	2009
아르헨티나	2,161	2,161	2,033	553	16.34	17.69	18.63
호주	1,771	1,771	1,747	1,557	42.31	43.56	44.44
브라질	1,813	1,813	1,825	267	12.16	12.90	-
캐나다	1,856	1,856	1,855	1,146	40.58	40.96	40.55
중국	2,122	2,122	1,999	204	4.34	4.81	5.51
프랑스	1,607	1,607	1,588	1,402	50.48	50.84	50.83
독일	1,723	1,723	1,704	-	39.72	40.32	38.54
인도	2,277	2,277	2,181	113	3.27	3.45	3.77
인도네시아	2,119	2,119	2,172	142	3.95	4.17	4.16
이탈리아	1,837	1,837	1,790	-	43.13	43.53	43.13
일본	1,808	1,792	1,997	-	37.07	38.09	33.00
멕시코	2,385	2,385	2,260	202	14.23	14.93	14.67
한국	2,305	2,305	2,312	815	23.84	24.74	24.79
러시아	1,730	1,730	1,763	70	17.15	18.40	17.00
남아공	2,002	2,002	1,913	244	17.64	17.75	19.47
터키	2,129	2,129	2,152	605	21.26	21.98	20.63
영국	1,876	1,876	1,762	1,431	38.92	39.44	40.56
미국	2,002	2,002	1,911	1,014	47.01	50.15	53.25

주 : 1) 사우디는 접근 가능한 자료가 없어 생략
   2) 독일, 이탈리아는 법률로 최저임금을 정하지 않고 노사의 단체협약을 통해 정하며, 일본은 지역별, 산업군별 최저임금을 차등 적용
   3) 최저임금과 1인당 노동생산성은 각국의 지출수준을 비교하기 위해 미국달러로 환산하고 각국 통화의 구매력(Purchasing Power Parity, PPP) 차이를 고려하기 위한 구매력환산지수임.
자료 : IMD(2010) World Competitiveness Online. ILO(2008). Global Wage Report 2008/9.

ILO가 2009년 11월 발표한 〈세계 임금 보고서Global Wage Report, GWR〉에 따르면 53개국 대상 조사자료에서 실질 임금이 중앙median에 속한 국가들의 실질 임금 증가율이 2007년 4.3%에서 2008년 1.4%로 하락했고, G20 국가 중 중앙 그룹 국가의 경우 2007년 1.0%에서 2008년 마이너스 0.2%로 하락했다. 한편 저임금 근로자의 보호를 목적으로 만들어진 최저 임금 현황을 〈2008/09 세계 임금 보고서〉(ILO, 2008)를 통해 살펴보면 미 달러 PPP 기준으로 호주 1,557달러, 영국 1,431달러, 프랑스 1,402달러, 캐나다 1,146달러, 미국 1,014달러 수준이며, 한국은 815달러였다.

한편, 2009년 기준 연간 근로 시간은 한국 2,312시간, 멕시코 2,260시간, 인도 2,181시간, 인도네시아 2,172시간 등으로 사우디아라비아를 제외한 18개국 근무 시간 평균 1,942시간보다 많았다. 이와 더불어 1인당 노동 생산성은 근로 시간이 1,911시간인 미국이 53.3달러로 가장 높았으며, 18개국 중 근로 시간이 1,588시간인 프랑스는 50.83달러로 1인당 노동 생산

표 2-8 | 여성의 경제활동참여현황 (단위 : %)

국가	경제활동참가율			고용률		
	2007	2008	2009	2006	2007	2008
호주	58.2	58.6	58.8	65.5	66.1	66.7
브라질	48.5	48.6	48.6	55.9	55.8	56.8
캐나다	62.7	62.8	62.6	69	70.1	70.1
프랑스	51.2	51.4	51.9	58.2	59.4	60.1
독일	53.0	53.4	53.7	61.4	63.2	64.3
이탈리아	38.0	38.7	38.3	46.3	46.6	47.2
일본	48.5	48.5	48.6	58.8	59.5	59.7
멕시코	41.7	41.6	42.0	42.9	43.6	44.1
한국	50.2	50.0	49.2	53.1	53.2	53.2
남아공	–	50.9	49.1	63.6	65.1	64.9
터키	23.7	24.5	26.1	23.8	22.8	23.5
영국	55.7	56.0	56.2	66.8	66.3	66.9
미국	59.3	59.5	59.2	66.1	65.9	65.5

자료 : ILO(2010). Labor Stat. Online(http://laborsta.ilo.org). OECD(2010). Factbook 2010.

성 2위를 기록했다.

성별, 연령별 노동 통계를 살펴보면 먼저 여성의 경제 활동 참가율은 2009년 현재 캐나다가 62.6%로 가장 높고, 이어 미국 59.2%, 호주 58.8% 순으로 나타났다. 2008년 기준 여성의 고용률은 캐나다 70.1%, 영국 66.9%, 호주 66.7% 순으로 나타났다.

지수 비교

지표indicator는 특정 사상이나 현상을 대표하는 개발 수치 또는 기호로, 기본 자료의 성격이 강한 데 비해 이 지표를 상호 비교하기 위해 수치화한 것이 지수index이다. 이 책에서 주목하는 인재개발 관련 지수로는 UN의 인간 개발 지수Human Development Index, HDI, IMD의 국가 경쟁력 지수, 여성과 관련한 여성 권한 척도 등이 있다.

유엔 개발 계획UNDP이 매년 발간하는 〈인간 개발 보고서Human Development Report〉에 수록되는 인간 개발 지수HDI는 기대 수명 지수, 문해율과 취학률로 구성되는 교육 지수, 구매력 평가 환산 1인당 GDP 등으로 생성되며, 특히 국가별 삶의 질을 계량화한 것이다.

2009년 〈인간 개발 보고서〉에서 제시하는 182개국 대상의 2007년 인간 개발 지수 순위를 살펴보면 호주가 0.970으로 2위, 인도가 0.612로 134위를 차지해 회원국 간의 삶의 질 격차가 크다는 사실을 알 수 있다. G20 국가들의 인간 개발 지수 평균은 0.863으로 51위인 쿠바(0.863) 수준에 해당한다.

이 보고서에서 제시하고 있는 남녀 평등 지수Gender-related Development Index, GDI는 국가별로 교육수준, 국민 소득, 평균 수명 등에 있어서의 남녀 평등 정도를 측정해 발표하는 지수이다. 이 지수는 남녀 각각의 교육수준, 기대 수명, 소득에 있어서 남녀의 역할 비율 등을 근거로 남녀의 성취 수

표 2-9 | 인간개발지수로 본 삶의 질(2007)

국가	인간개발지수	기대수명(세)	여성개발지수	여성권한척도
아르헨티나	0.866	75.2	0.862	0.699
호주	0.970	81.4	0.966	0.870
브라질	0.813	72.2	0.810	0.504
캐나다	0.966	80.6	0.959	0.830
중국	0.772	72.9	0.770	0.533
프랑스	0.961	81.0	0.956	0.779
독일	0.947	79.8	0.939	0.852
인도	0.612	63.4	0.594	–
인도네시아	0.734	70.5	0.726	0.408
이탈리아	0.951	81.1	0.945	0.741
일본	0.960	82.7	0.945	0.567
멕시코	0.854	76.0	0.847	0.629
한국	0.937	79.2	0.926	0.554
러시아	0.817	66.2	0.816	0.556
사우디	0.843	72.7	0.816	0.299
남아공	0.683	51.5	0.680	0.687
터키	0.806	71.7	0.788	0.379
영국	0.947	79.3	0.943	0.790
미국	0.956	79.1	0.942	0.767

자료 : UNDP(2009). Human Development Report 2009.

준이 얼마나 평등하게 이루어지고 있는지 보여 준다.

여성이 정치 · 경제 활동과 정책 결정 과정에 '참여' 하는 정도를 점수로 환산한 여성 권한 척도Gender Empowerment Measure, GEM는 여성 국회 의원 수, 행정 관리직과 전문 기술직 여성 비율, 남녀 소득 차를 기준으로 여성의 정치 · 경제 활동과 정책 과정에서의 참여도를 측정해 고위직에서의 남녀 평등 정도를 평가한다.

한편, 갤럽Gallup이 2005~2009년에 전 세계 155개국 수천 명을 대상으로 행복에 대한 설문 조사를 실시한 결과 덴마크가 가장 행복한 나라로 나타났다. G20 회원국에서는 캐나다, 호주, 브라질, 미국, 영국 등의 순이었으며 중국이 가장 낮은 125위를 차지했다.

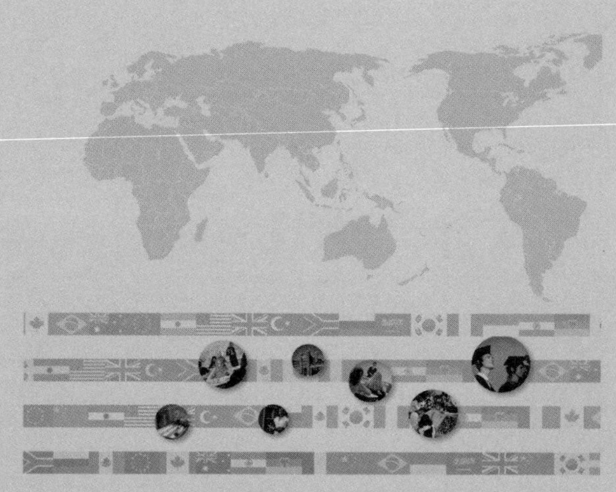

G20의 인재개발 현황(국가별)

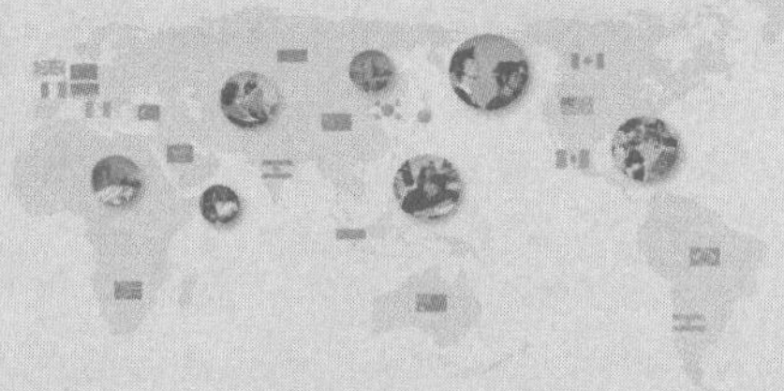

• CHAPTER 1 •

아르헨티나 ARGENTINA

김 상 진

성균관대학교 교육행정/교육사회 전공 교육학 박사, 현 한국직업능력개발원 직업·진로·자격연구실 부연구위원, 주요 연구 실적으로는 [국가기술자격의 운영범위에 따른 자격종목 구분에 대한 연구], [국가직무능력표준 및 국가자격체계 구축], [국가공인 민간자격의 활용성 강화방안 연구] 외 다수.

· 01 ·
사회경제적 배경

사회와 문화

아르헨티나는 남미 대륙 남동부에 자리 잡고 있고, 동쪽의 대서양과 서쪽의 안데스 산맥 사이에 276만㎢의 면적을 차지하고 있는, 남미에서 브라질에 이어 두 번째로 넓은 국가이며 세계적으로도 여덟 번째로 큰 나라이다. 아르헨티나 통계 및 인구 조사국INDEC의 2008년 인구 조사에 따르면 아르헨티나의 총인구는 4천만 명으로 남미에서는 3위이며, 전 세계적으로는 30위에 해당한다.

아르헨티나는 탱고와 목축업으로 유명하며, 교육과 문화 수준은 남미에서 가장 높다. 박물관, 미술관, 극장 등이 문화시설과 대학을 비롯한 교육시설은 매우 충실하다. 요컨대 식민지 시대 이후 스페인 문화의 토대 위에 생활양식, 관습, 특히 식생활, 언어, 음악 등 다방면에 걸쳐 이탈리아의 영향을 받았다. 최근에는 미국과의 정치, 경제 관계가 긴밀해짐에 따라 미국 문화도 교류되고 있으나 상대적으로 큰 영향은 받지 않고 있다.

아르헨티나의 정치체제는 공화제이며, 삼권 분립을 바탕으로 국민투표에 의한 4년 임기의 대통령을 선출하는 체제이다. 정(부) 대통령은 아르헨티나 태생의 가톨릭교도에 한한다. 국회는 상·하 양원제로서, 1912년 이후 보통선거제가 실시되고 있다. 전국은 23개의 주와 1연방구로 이루어져 있는데, 각 주는 주의회를 가지며, 주지사를 선출한다.

경제 및 노동시장

아르헨티나의 구매력 대비 1인당 GDP는 남미에서 3위이며, 명목 GDP가 세계 30위이나 구매력을 고려하면 총 GDP는 세계에서 23위이다. 2008년 기준 1인당 GDP는 1만 4,413달러이다. 세계은행은 아르헨티나를 국민 총소득 중상 수준의 국가 혹은 신흥시장으로 분류하고 있다.

아르헨티나 산업의 근간은 농업과 목축업이며, 농산물과 축산물이 GNP의 14%, 총수출의 69.3%를 차지하고 있다. 2차 세계대전 이후 현재에 이르기까지 급속히 공업화를 추진해 공업화도 상당히 진전되어 있지만 공업 생산경비가 높아 경쟁력은 낮은 편이다. 1900년대에 들어 농산물 가공에서 출발한 아르헨티나의 공업은 페론 정권 시기인 1940년대부터 강력한 정부의 보호 아래 급속히 발전을 이루었으며, 이후 정권의 보호 아래 진행된 공업화의 결과로 현재는 대부분의 소비재, 내구재와 함께 중공업 부문의 철강, 선박, 항공기에 이르기까지 발달되었다.

그러나 여전히 농·목축업이 국가의 발전을 뒷받침하는 중요 산업임에는 변함이 없다. 국토의 40% 이상이 목장과 방목지이며, 10% 정도가 사료 작물과 목초의 농지로 사영되고 있다. 주요 농산물은 밀·옥수수·아마亞麻·면화·목초류·고구마 등인데, 아르헨티나의 곡물은 북반구의 단경기端境期에 출하되는 이점을 가지고 있다. 주요 수출품목은 콩·육류·밀 등으로 미국·영국·네덜란드·이탈리아·러시아·브라질 등으로 수출되고 있다. 그리고 기계류·철강·화학 약품·원유 등 주요 수입품목은 미국·일본·이탈리아·독일·브라질 등으로부터 수입하고 있다.

　　1999년부터 4년간 경기 침체의 영향으로 21.5% 마이너스 경제성장을 보이던 아르헨티나는 키르츠네르 정부가 집권한 2003년부터 경제성장세로 돌아서 연속 5년째 8~9%의 경제성장률을 유지했다. 2008년 후반기부터 국내·국외 요인으로 인해 경제의 하강속도가 늦추어지기 시작했으나 현 페르난데스 정부는 경제성장과 안전성을 유지하기 위해 노력하고 있다.

　　이와 같은 뚜렷한 회복세는 2003년 이후 진행된 투자증대를 포함한 강한 국내 소비, 2006년 이후 원자재 가격의 상승에 힘입은 무역수지의 개선 등에 힘입은 것이다. 국가 재정과 외부 재정지원의 과잉은 아르헨티나 정부로 하여금 빚을 줄이고 외화를 축적할 수 있게끔 해 주었다. 아르헨티나 정부는 이러한 조건을 바탕으로 경쟁력 있는 환율 유지, 국가 재정 절약 그리고 역동적인 수입정책을 통해 성공적인 경제발달을 도모했다. 그 결과 2003년 58%에 달하던 빈곤 비율은 2007년 23.4%로 줄었으며, 2003년 21.5%에 달하던 실업률도 2007년 8.3%로 감소했다.

　　세계경제위기에 직면해 아르헨티나는 상대적으로 재정 적자에는 잘 대처했으나, 세계경기침체로 인한 원자재 가격 하락과 화폐의 상대적 강세로 인해 어려움을 겪고 있다. 2008년 세계경제위기를 통해 아르헨티나 정부는 규제의 강화와 더불어 사회 안전망, 일자리 창출 기회의 확대를 강조하고 있다.

· 02 ·
인재개발 현황

아르헨티나의 교육 시스템은 남미에서 최상위권이며 세계적으로도 상위권인 것으로 평가된다. 아르헨티나는 문맹률이 3%에 불과할 정도로 중남미에서 가장 교육이 진보한 나라이다. 교육제도는 초·중등 학교교육이 합쳐진 9년제의 일반 기본 교육Educación General Basica, EGB과 3년제의 고등학교교육, 4~6년제의 대학 교육으로 구성되어 있다. 일반 기본 교육은 의무교육으로 9년간 무료이며 고등교육, 대학 교육도 무료이다. 대학의 경우 입학은 쉽지만 졸업이 어렵다.

2005년 통계를 기준으로 초등학교 취학률에서 아르헨티나는 99%를 기록해 남미에서 선두를 달리고 있다. 아르헨티나는 이미 오래전부터 초등학교 의무교육을 시행해 오고 있기 때문에 100%에 육박하는 취학률이 놀라운 것은 아니다. 반면 초등학교 졸업률이 높아진 것은 최근의 가시적 성과다. 2002~2004년 사이 졸업률은 90%에서 96%로 크게 상승했다. 중학교 진학률 또한 세계 선두권인 95%이며, 재학률은 79%로 쿠바(87%)에 이어 라틴아메리카에서 두 번째이다. 전문대학·대학 입학률에서 아르헨티나는 유럽 수준인 65%를 기록하고 있다(World Bank, 2009).

남미의 국내 총생산GDP 대비 교육예산비율은 북미와 유럽(각각 5.7%)에 이어 세계에서 세 번째로 높은 평균 5% 내외이다. 아르헨티나의 교육예산

비율은 4.7%로 칠레, 멕시코 등과 함께 남미에서 초·중등 교육예산비율이 가장 높은 국가 중 하나이다. 현재 아르헨티나 교육제도가 안고 있는 숙제는 교육의 질 향상과 지역별 편차가 심한 교육의 기회 평등화를 들 수 있다.

학교 제도

아르헨티나의 공식적인 교육 목표는 통합교육이다. 따라서 교육체제의 목표는 개인의 직업과 공동선을 모두 고려하고 심리적·지적·심미적·시

표 3-1 | 아르헨티나의 교육체계

연령	교육단계	학년	의무교육 여부	ISCED 분류
18 이상	Superior (고등교육)			국가표준교육 분류(ISCED)
17	Educación Polimodal (고등학교)	3학년		상급 중등교육
16		2학년		
15		1학년		
14	Educación General Basica 3 (일반기본교육 3)	9학년		하급 중등교육
13		8학년	의무교육	
12		7학년		
11	Educación General Basica 2 (일반기본교육 2)	6학년		초등교육
10		5학년	의무교육	
9		4학년		
8	Educación General Basica 1 (일반기본교육 1)	3학년		
7		2학년	의무교육	
6		1학년		
5	Educación Inicial (취학 전 교육)		의무교육	취학 전 교육
4				
3				

자료 : 아르헨티나 교육부 홈페이지 자료 재구성.

민적·직업적·윤리적 측면을 모두 고려한다. 아르헨티나의 학제는 1993
년 연방교육법Ley Federal de Educación 개정 시 도입된 것으로서, 큰 특징으로
는 이전 교육법의 초등교육 7년 과정과 중학교 2년 과정을 합해 총 9년으
로 구성된 초중등 학교교육단계인 일반 기본 교육을 두고 있다는 것이다.
또한 만 5세부터의 유치반도 의무교육화함으로써 7년 의무교육과정이 10
년으로 연장되었다.

1. 취학 전 교육

취학 전 단계는 의무교육은 아니며 유아반(45일~3세)과 유치반(3~5세)으로
구성되어 있다. 다만, 앞서 언급한 연방교육법을 통해 연방정부 및 모든
주정부 교육부에서 만 5세 유치반Preescolar이 의무화되어 있다.

2. 초등교육

초등교육에 해당하는 일반 기본 교육EGB은 9학년에 의무교육단계이다. 일
반적으로 6세부터 8세까지 1단계(1, 2, 3학년), 9세부터 11세까지 2단계(4,
5, 6학년), 12세부터 14세까지 3단계(7, 8, 9학년)로 나누어져 있다.

3. 중등교육

일반적으로 중등교육Polimodal은 15~17세까지의 청소년을 대상으로 한다.
다만 야간학교 등록 및 취업을 한 경우에는 16세까지 교육받는다. 학생들
은 자신의 취향과 진로 결정에 따라 다음의 5가지 직업적 또는 전문적 프
로그램 중 하나를 선택한다.

　사립학교의 경우 교육부에 등록되어 정기적인 관리, 감독을 받으며, 공
립학교의 경우 학비가 무료이다. 현재 거의 모든 공·사립학교는 남녀공
학이다.

　부에노스아이레스 시를 제외한 전국 공립 초등학교 및 초·중등 학교

의 등록학생 수는 사립학교 등록학생 수보다 3배 정도 많다. 그러나 최근에는 높은 학비에도 불구하고 사립학교에 대한 선호현상이 나타나, 점차 그 수가 늘어나고 있다(김원호·권기수, 2008).

취학 전 교육부터 중등교육기관의 수업기간은 3월 초에 시작해 12월 초에 끝나며, 7~8월 사이 2주의 겨울방학과 12월~3월까지 여름방학이 있다.

4. 고등교육

고등교육은 사교육과 공교육, 대학 및 기관 모두를 포함하며, 교사양성과 기술영역에 있어서 고급 훈련을 제공한다. 고등교육은 제3차 교육과 대학교육으로 나눌 수 있고, 특히 제3차 교육기관은 주로 교사교육 또는 기술교육을 담당한다.

대학 교육은 중등과정을 수료한 학생에게 지원 자격이 주어진다. 전국적으로 통일된 입시제도는 없으며, 각 대학별로 입시전형을 실시한다. 내체로 법학, 회계학, 경영학, 컴퓨터학, 심리학, 의학 등에 대한 선호도가 높다. 부에노스아이레스대학과 같은 명문대학에 입학하려면 1년의 예비과정Ciclo Basico Comun을 통과해야 한다. 접수 기간은 매년 10~11월경이며, 1년 동안 전공에 따라 6과목의 강의를 듣고 시험을 통과해야 입학할 수 있다. 부에노스아이레스대학은 무료 명문 공립대학이라는 점에서 많은 학생들이 지원하지만, 학사관리는 철저한 편이어서 학생의 자질과 노력이 부족하면 졸업하기 어렵다.

부에노스아이레스대학을 비롯한 대부분의 대학에는 전문 과정Espec-ializacion, 석사 과정Maestria과 박사 과정Doctorado이 개설되어 있다. 대학의 경우 새 학기가 3월 초 또는 중순에 시작해 11월~12월 초에 끝나며, 2~3주의 겨울방학이 7~8월 사이에 있다. 일반적으로 1년에 2학기로 나누어 진행한다.

아르헨티나의 국립대학들은 최근 재정적으로 많은 어려움을 겪고 있다. 또한 최근 첨단 기술의 발전과 제조업의 빠른 성장세를 반영해 대학 졸업생들의 기술교육에 대한 수요가 증가하고 있으나 정부 지원의 재교육 프로그램이 부족해 수요에 따른 충분한 인재양성이 어려운 실정이다. 게다가 많은 숙련기술자들과 자격 있는 과학자들이 아르헨티나 경제위기 이후 이민을 떠났다. 이러한 추세는 국립대학뿐 아니라 사립대학에서도 나타나고 있으며, 아르헨티나의 경쟁력을 약화시키는 원인이 되고 있다. 아르헨티나는 현재 과학 기술에 대한 지출이 GDP 대비 0.4%에 불과하다. 브라질의 0.98%, 칠레의 0.6%에 비하면 크게 낮다(김원호 · 권기수, 2008: Johnstone, 2009).

직업교육훈련

1. 직업교육훈련 제도

아르헨티나의 직업훈련은 2가지 제도로 나누어 볼 수 있다. 하나는 형식교육(중등기술교육과 대학이 아닌 고등교육)이며, 다른 하나는 비형식적인 '직업' 훈련이다. 형식적인 기술교육은 광범위한 기술영역과 관련된 직종을 포함하고 있으며, 졸업장 또는 다른 형식자격과 관련된 것이다. 이와 대조적으로 비형식적인 훈련은 단기간에 노동시장에서 필요한 구체적인 기술과 관련된 자격 획득을 목적으로 한다. 이것은 기업 내에서 직무수행과 동

표 3-2 | 아르헨티나의 직업교육훈련 체제

구분	지방정부	중앙정부	사립기관/NGO/협회
형식교육	기술 중심 중등교육기관 • 중등기술학교 • Polimodal (Trayectos Technicis Profesionales 포함) 대학 이외의 기술 고등교육기관		고등 기술교육기관
비형식교육	직장 외 훈련 • 훈련 센터(Centros de Formacion Profesional)	훈련 지원 프로그램 • Jefas y Jefes de Hogar (2002~현재) • Proyecto Joven (1994~2001) • Talleres Ocupacionales (1995~2003) • Credito Fiscal (1996~현재)	사립 훈련기관 • 사립학원 • 노동조합, 비정부 조직에 의해 운영되는 훈련 센터
직장내 훈련 (OJT)			대기업과 같은 고용주들에 의해 제공되는 훈련

자료 : World Bank(2007)

시에 이루어지거나 공립 또는 사립교육기관을 통해 직무 외적으로 이루어진다.

직업훈련은 복잡한 틀로 이루어져 있다. 공적 재원을 가진 공립기관뿐 아니라 공적 영역으로부터 보조금을 받는 시립기관, 공립과 사립연합기관, 그리고 순수한 시립기관들로 이루어져 있다.

아르헨티나에서 지방정부는 공립, 사립기관의 모든 교육에 대해 감독, 규제, 재정과 관련한 권한을 가지고 있다. 여기에는 형식적인 직업기술교육과(고등학교 수준의 기술교육/Polimodal 3년, 기술 고등교육/3~4년), 비형식 훈련(직업훈련 센터)이 포함된다. 지방정부의 재정적 책임은 교사 임금, 학교 유지와 공공 기반시설 관리 및 감독, 그리고 일반 행정직에 대한 임금지급 등이다. 사립기관 또는 비정부 기관의 경우 지방정부가 일반적으로 부분적 또는 전체임금을 재정지원하지만 자본투자는 아니다.

1998년 이후 고등교육법Ley de Educación Superior에 의해 중앙정부는 지역마다 고등 기술교육기관을 증대시켜 왔다. 중앙정부는 이러한 기관들의 공공기반비용을 부담하고 있으며, 지방정부와 함께 관련된 비용을 지원하고 있다.

1990년대 동안 중앙정부는 특정집단을 대상으로 하는 훈련 지원 프로그램을 시행해 왔다(Proyecto Joven, Talleres Ocupacionales). 국가재정신용거래제도Credito Fiscal는 2가지 프로그램으로 이루어져 있다. 첫째, 훈련을 위한 국가재정신용거래는 세금우대를 통해 인적 자원 훈련에 드는 비용의 일부를 중소기업에게 돌려주는 방안이며, 둘째, 기술교육과 관련해 기업에 의한 훈련과 훈련단체의 참여를 통해 이루어진 장비의 입수를 교육 주관 부서에서 재정적으로 지원하는 프로그램이다.

현재 주요 훈련 지원 프로그램은 실직 가장 지원 프로그램Jefas y Jefes de Hogar이며, 2002년부터는 사회 안전망으로서 국가 근로복지제도가 시행되고 있다.

2. 직업교육훈련 프로그램 현황

2007년부터 아르헨티나 정부는 세계은행의 지원을 받아 '아르헨티나 평생학습 프로젝트'를 추진하고 있다. 이 프로젝트는 취업률과 생산성 증대를 주된 목표로 하고 있으며, 임금 차에 따른 근로자 간 훈련의 편차를 개선해 비정규직뿐 아니라 저임금 근로자, 실업자의 능력 개발과 취업률 증가도 목적으로 하고 있다. 이 프로젝트에서 추진하고 있는 주요 직업교육훈련 프로그램을 제시하면 다음과 같다(World Bank, 2007).

1) 노동역량기반훈련 및 자격제도의 확산과 강화

이 프로그램은 다음의 2가지 사업으로 이루어져 있다. 첫째, 30개 부문에

서 역량기반훈련과 자격체제를 갖추는 사업이다. 아르헨티나는 중미개발

은행Inter American Development Bank의 지원 아래 2006년까지 역량기반자격을

14개 부문 약 70개의 직업에 대해 개발했으며 172개의 직무표준을 인정

했다. 이 프로젝트는 이후에도 지속적으로 추진되고 있으며 새로 등장하

는 직업에 대해서도 확장해 실행될 것이다. 이 프로그램에서는 향후 5년

이내에 30개의 핵심 부문에 역량기반자격을 도입하기 위해 120개의 직업

에 대해 300개의 직무표준을 개발하고 있다. 이러한 활동들은 노동부와

부문별 위원회 사이의 합의를 바탕으로 부문별 위원회와 관련된 기술위원

회에서 진행하고 있다.

둘째, 역량기반훈련을 제공함으로써 직업훈련기관Institutos de Formacion

Profesional: IFP의 질 관리를 강화하는 사업이다. 직업훈련기관들은 개인의 자

격 획득 지원을 목적으로 하고 있다. 노동부의 UEMATEvaluation, Monitoring

and Technical Assistance Unit은 직업훈련기관에 대한 평가 기준을 제시하고 있

으며, 약 150개의 기관들이 이에 따라 평가를 받고 있다. 이와 함께 50 여

개의 고등교육기관에도 훈련기관의 질을 조사해 역량기반훈련을 도입할

수 있도록 지원하고 있다. 이러한 사업들은 주로 노동부에서 관리하고 있

으며, 노동부는 직업훈련기관에 대한 비용지원 승인과 함께 직무표준과 관

련된 교육과정의 개발도 담당하고 있다.

2) 성인을 위한 기초 교육의 보급과 자격의 확산

이 프로그램은 지방정부 차원의 성인교육 및 자격에 관련된 전략과 정책

을 개선함으로써 경제활동인구에게 초등교육과 중등교육을 이수할 수 있

는 기회를 확대하고 성인교육을 근로자의 필요와 상황에 보다 적절한 것

으로 만들기 위해 시작되었다. 이 프로그램은 다음의 2가지 사업으로 구

성되어 있다.

첫째, 지방정부의 성인교육 지원사업이다. 이 사업은 부에노스아이에스,

코르도바, 멘도자, 산타페 지방정부에 의해 성인교육정책과 프로그램의 혁신, 발달, 질 향상과 범위 확대를 위해 지원하고 있는 것이다. 이 사업은 8만 명의 성인들로 하여금 초등교육 또는 중등교육을 이수하게 하는 것을 목표로 하고 있으며 중앙정부와 지방정부의 교육담당부서 간의 합의를 바탕으로 이루어진다. 지방정부의 교육담당부서는 성인교육의 질과 적절성을 관리할 책임을 가지고 있다. 중앙정부는 지방정부에게 교사 훈련에 대한 예산과 성인교육예산, 기초 교육과 관련된 고정 비용 등을 지원하고 있다.

둘째, 성인교육제도 간의 협력사업이다. 이 사업은 고용과 훈련기회에 있어 심각한 어려움에 직면해 있는 2만 명의 성인들로 하여금 초등 또는 중등교육을 마치도록 도와주는 것으로 지방정부가 아닌 주로 도시단위에서 이루어지는 것이다. 직업훈련과 관련된 담당부서에서 이 사업을 위한 전략 수립의 책임을 지고 있다. 모든 재정상의 고정 비용과 함께 초등 또는 중등학교 졸업자 수에 따라 차등해 지원된다. 졸업장을 취득한 성인에 대해서는 취업지원뿐 아니라 다른 훈련에 대한 기술적 조언과 상담도 지원된다.

3) 교육훈련과 직업 경험을 위한 고용 서비스 기회를 통한 청년 고용의 촉진

이 프로그램은 아르헨티나에서 중등교육을 받지 않은 18~24세 사이의 인구 중 10%를 대상으로 하고 있다. 중등교육을 받지 않은 사람들의 경우 취업에 어려움을 겪고 있으며, 현대의 지식경제 환경에서 여전히 불리한 입장에 놓이게 된다. 이 문제를 해결하기 위해 첫째, 지방 고용 담당부서를 통해 청년들에게 직업소개, 둘째, 교육과 훈련기회 제공, 셋째, 기업과 함께 일시적인 일자리 제공 등 세 가지 사업을 벌이고 있다.

이를 통해 아르헨티나 정부는 250개의 지방 고용 사무실을 개설하고, 6만 명의 젊은이들에게 고용 관련 정보를 제공하며, 1,500개의 프로그램에 14만 5,000명의 젊은이들의 참여를 목표로 하고 있다.

먼저, 고용/훈련 정보 제공 사업은 지방 고용 담당부서의 역할강화와 관련된 것이다. 지방 고용 담당부서는 취업에 필요한 학력과 직업훈련에 대해 기본적인 설명을 할 수 있어야 하며, 준비를 위한 교육과정, 인터뷰 스킬, 일자리 찾는 방법 등에 대해서도 알려 줄 수 있어야 한다. 중앙정부는 지방정부의 역할을 지원해 줌과 동시에 국가 차원의 캠페인을 벌이고 있다. 이러한 활동은 주로 중앙정부의 지원을 받는 지방정부의 고용 담당부서에서 수행하고 있다.

다음으로 교육훈련 개선 사업을 들 수 있다. 지방 고용 담당부서는 기초기술을 필요로 하는 사람이나 기초기술교육을 마쳤거나 전문교육을 받고자 하는 사람들이 노동시장에서 필요로 하는 것을 충족할 수 있도록 도와주어야 한다. 따라서 지방 고용 담당부서 직원들은 훈련생을 적절한 기관에 위탁하는 것과 지역특색에 맞는 교육과 훈련을 제공하는 데 능숙해야 한다. 이를 위해 역량기반훈련과정과 자격개발에 관련된 교보재의 개발·보급을 지원하고 있다. 또한 교사 훈련을 지원하고 있으며, 훈련에 참여하는 청소년의 교보재, 훈련비, 일비 등을 지원하고 있다.

마지막으로, 청년 일자리 창출 사업을 들 수 있다. 청년들의 일자리 창출을 위해 아르헨티나 정부는 3~10개월 동안 고용주가 지정해 준 정규 직원으로부터 현장에서 일을 배울 기회를 주고 있다. 이때 해당 정규 직원은 청년들이 해야 하는 일을 조직하고 감독하는 책임을 갖게 되며 정기적으로 지방 고용 담당부서에 그 사실을 보고하도록 되어 있다.

정부는 이러한 기회를 확대하기 위해 대기업과 중소기업을 구분해 지원하고 있으며, 고용주들은 지방정부의 고용 담당부서는 물론 시민 단체와 협력해 일자리 창출뿐만 아니라 직업훈련기회를 제공하는 데에도 기여하고 있다.

4) 원주민들을 위한 직업교육 프로그램

2001년 기준 전체인구의 3%만이 원주민이지만 아르헨티나는 헌법뿐 아니라 지방정부 차원의 법률에서도 원주민들의 교육받을 권리를 보호하고 있다. 이를 위해 아르헨티나에서는 2003년부터 국가 다문화 이중 언어 프로그램을 실행하고 있다. 10세 이상 원주민 중 문맹률은 9%이며, 이 수치는 아르헨티나 전체평균보다 3배나 높은 것이다. 게다가 15세 이상 인구 중 상당수가 중등교육을 받지 못하며, 초등교육을 받지 못하거나 학교를 다니지 않은 인구는 그것의 3배가 넘었다. 이것의 비율은 67%로 아르헨티나 전체인구 중 18%만이 학교교육을 받지 않는 것에 비해 상대적으로 매우 높은 수치이다.

원주민들을 위한 계획에는 성인교육의 확대와 청년들을 위한 일자리 창출 모두가 포함되어 있다. 아르헨티나 정부는 원주민들을 위한 계획을 세우고, 그것의 재정을 세계은행의 지원을 통해 마련했다. IPPF Indigenous People Planning Framework로 불리는 이것은 아르헨티나 전 지역의 원주민 공동체와 단체들에게 홍보되어 참여를 유도하고 제안을 받기도 한다. 이것은 원주민 공동체와의 협의와 참여를 통해 구성된다. 이 과정을 통해 IPPF에 대한 앞으로의 활동을 정하고, 관리감독 및 평가를 하게 된다.

아르헨티나 정부는 원주민들의 참여를 유도하기 위해 많은 방안들을 고려하고 있으며, 직업교육 및 성인교육을 실시하는 데 있어 원주민들에 대한 고려를 잊지 않고 있다.

·03·
인재개발의 정책동향 및 특성

정책동향

1. 중등교육기회 확대 노력

아르헨티나는 의무교육을 실시하는 초등교육과는 달리 중등교육에서의 중도 탈락자 비율은 여전히 높은 편이다. 입학자 중 50%의 학생들이 졸업을 하지 못하며, 극빈층 가족들의 경우 4명 중 1명만이 중등교육과정을 이수하고 있다. 아르헨티나의 1천만 명(15~64세 인구 중 45%에 해당)의 근로자들이 9년 과정의 중등교육과정에 해당하는 학위를 가지고 있지 않으며, 1,500만 명(15~64세 인구 중 68%에 해당)은 12년 과정의 중등교육과정에 해당하는 학위가 없는 상태이다.

아르헨티나에서도 중등교육은 좋은 직업을 갖기 위한 최소한의 조건이 되고 있어 중등교육기회 확대를 위한 다양한 노력을 기울이고 있다.

특히 2001~2002년의 경제위기 극복 이후 아르헨티나 정부는 공정하고 폭넓은 발달을 지원하는 수단으로서 고용증대에 정책의 초점을 맞추고 있다. 정부는 교육과 훈련을 빈곤 감소와 일자리 창출이라는 목적달성을 위한 주요한 수단으로 인식하고, 교육재정법Education Finance Law의 제정을 통해 재정지원을 확대하고 있다. 이 법안은 기업과 노동자 모두에게 필요한 교육훈련이 이루어질 수 있는 행정적, 재정적 여건을 지원하는 것을 목적으로 하고 있다(World Bank, 2007).

2. 성인교육의 강화 지원

아르헨티나에서 성인교육은 지방정부의 책임영역이다. 여기에는 특별한 교육과정이 없으며, 단지 학교체제 전반에 대한 수정만이 이루어져 왔다. 최근에는 청소년들과 성인들이 학교에 등록하는 사례가 늘고 있다. 1997~2005년까지 성인교육에 참가하는 수가 47만 명에서 60만 명으로 증가하였다.

그러나 여전히 경제활동인구 중 중등교육을 받은 사람의 비율은 높지 않으며, 성인교육이 교육 전체에서 차지하는 비중도 적은 편이다. 또한 성인교육의 효과 또한 매우 낮은 것으로 나타나고 있다. 성인교육의 맥락을 고려한 지원이 이루어져야 함에도 불구하고 교육과 관련한 대부분의 지원들은 학교교육에 초점을 맞추고 있었던 것이다. 이러한 경향은 성인들로 하여금 보다 매력을 느낄 수 있는 교육정책을 필요로 한다. 2006년 제정된 새로운 교육법은 이 부분과 관련된 혁신적인 모델을 제시하고 있다. 성인교육이 분리된 교육형식으로서 다루어지고 있다는 것은 이 법의 긍정적인 측면이라 할 수 있다. 즉, 성인교육의 현실에 맞는 지원이 이루어질 수 있는 토대를 마련한 것이다(World Bank, 2007).

주요특성 및 과제

1. 사립교육의 우세

아르헨티나는 일찍이 국가 주도의 교육제도를 도입해 다른 중남미 국가들에 비해 문자율 및 초·중등 학교 취학률 측면에서 앞서가고 있다. 그러나 교육 인프라 노후화, 교사 훈련 제도 미비 및 부실한 교육과정으로 공공 교육의 질적 수준이 지속적으로 악화되고 있다. 최근 교사들의 빈번한 파업도 많은 교육일 수 손실을 가져오고 있다. 이처럼 공공 교육의 질적 수준이 하락함에 따라 사교육이 급성장하고 있다.

정부는 사립대학 및 등록금이 비싼 사립 중등 학교를 제외한 거의 모든 종류의 교육재정을 책임지고 있다. 무상 교육기관의 경우 정부와 지방 자치 단체의 교육예산이 부족한 관계로 학교 운영비, 교육 자재비, 교육 공무원 봉급 등이 많이 부족해 전반적으로 교육의 질이 낮다는 단점이 있다. 최근 아르헨티나 경제의 전반적인 어려움은 교육에 대한 충분한 재정지원을 보다 어렵게 만들고 있다.

이에 따라 이른바 명문대학에 진학하기 위해 가정 형편이 좋은 학생들은 등록금이 비싼 만큼 우수한 교사진을 확보한 사립 중등 학교를 선호하고 있다. 아르헨티나 교육제도에 있어 사립교육에 대한 선호현상은 점차 심화되고 있으며, 그로 인한 교육격차의 심화에 대해 적지 않은 우려들도 제기되고 있다(김원호·권기수, 2008: Wolff, 2000).

2. 계층 간·지역 간 교육격차

아르헨티나에서 성인들이 다시 학교로 돌아오는 비율은 상대적으로 높은 편이다. 그것은 경제흐름이니 실업률과 상관 없이 꾸준히세 이루어지고 있다. 2002년 조사에 의하면 중진국들의 평균이 10.7%인 데 비해 아르헨티나 성인들이 다시 학교로 돌아온 비율은 11.5%로 나타났으며, 여성보다는 남성들에게서 이러한 경향이 뚜렷하게 나타났다. 학교로의 회귀 현상은 고용 위험과 무관하게 진행되고 있다. 그러나 이것이 모든 사람들이 실제로 의무교육 이후의 중·고등교육을 이수하고자 한다는 것을 의미하는 것은 아니다. 사실 부모의 수입이 많을수록 그 참기율 또한 높아지고 있다. 부모의 수입과 학교교육 참가율 간의 상관관계는 계층

표 3-3 | 아르헨티나의 교육훈련 참가

구분　　　　　　　　　　교육수준	초등	중등 중퇴	중등	전문대/ 대학 중퇴	전문대/ 대학 졸업
지난 5년간 최소 1개의 훈련참가	6.3	14.2	26.2	61.8	69.7
컴퓨터 능력	0.9	10.4	33.3	68.4	67.2
영어 능력	0.0	5.2	20.8	44.1	55.5

자료 : World Bank(2007)

간 차이를 심화시킬 수 있으며, 그 차이를 고착화시킬 수 있는 문제를 가지고 있다.

직업기술훈련에 대해서도 여전히 소수의 사람들만이 평생학습의 기회를 가질 수 있는 상황이다. 더군다나 직무훈련기회조차 노동자의 노동조건, 사회경제적 배경, 그리고 기업규모에 따라 불공평하게 배분되고 있다. 아르헨티나에서 현장훈련OJT의 기회는 일반적으로 소수의 노동자들에 한정되어 있다. 특히 노동자의 사회경제적 배경은 훈련참가 여부의 주요 결정요인이다. 전체 노동인구의 52%를 차지하는 저소득 또는 중간 계층에 속하는 노동자들 중 80%는 훈련을 받은 적이 없으며, 20%만이 5년 전에 훈련을 받은 적이 있는 것으로 조사되었다.

이러한 훈련에 참여할 수 있는 것은 교육수준과도 관련되어 있다. 2003년 조사결과 노동인구의 45% 정도는 중등교육을 마치지 못한 성인들로 구성되어 있다. 그리고 이러한 사람 중 20%만이 지난 5년 동안 하나 이상의 훈련에 참여할 수 있었던 데 비해 중등교육기관 졸업자들은 26%, 전문대학 졸업자들은 62%, 대학 이상의 교육을 받은 사람들은 70% 이상이 직업훈련에 참가한 것으로 나타났다. 즉, 교육수준이 높을수록 훈련참여비율이 증가하는 것으로 나타났으며, 이것은 아르헨티나의 계층 간, 지역 간 교육격차를 심화시키고 있다(Gajardo & Gomez, 2005: World Bank, 2007).

3. 기업규모에 따른 훈련격차

직업기술훈련은 기업의 규모에 의해서도 차이가 나타나고 있다. 최근 대기업들은 노동 생산성을 성장시키고자 기술뿐 아니라 인적자원개발과 관련해서도 많은 투자노력을 하고 있다. 1990년대 이후 중소기업들도 꾸준히 훈련 프로그램을 지원하고자 노력하고 있다. 현재 아르헨티나에는 중소기업에 의해 지원받는 300여 개의 프로그램들이 있다. 그러나 이러한 성장에도 불구하고 상대적으로 소수의 중소기업만이 훈련에 참여하며, 상담 서비스를 받을 수 있는 상황이다. 기업규모나 여건에 따라 교육 프로그램을 지원할 수 있는 역량이 다르기 때문이다.

물론, 국가 차원의 중소기업 훈련 지원 프로그램도 있기는 하지만 대부분 고용 확대와 생산력 증대에 있어서 최소한의 역할에 국한될 뿐이다. 말하자면 훈련내용에 있어서도 차이가 있으며, 그 차이는 또 다른 문제의 원인이 될 수 있다. 가령 같은 비율로 훈련참여가 이루어진다 하더라도, 이후 훈련의 성과나 효과에 있어 차이를 가져올 수 있다. 즉, 직업기술훈련을 통해 삶의 전체적인 질 향상을 도모할 수 있는 것이 있는가 하면, 단순히 보다 효율적인 생산력 증대와만 관련된 것도 있는 것이다. 성인교육과 직업훈련을 위한 기관의 지원은 여전히 불공평하게 이루어지고 있다. 정규직, 높은 수준의 교육, 대기업에 종사하며 높은 임금을 받는 소수의 사람들만이 대다수의 사람들보다 훈련에 참가하기 유리한 위치에 있는 것이다(World Bank, 2007).

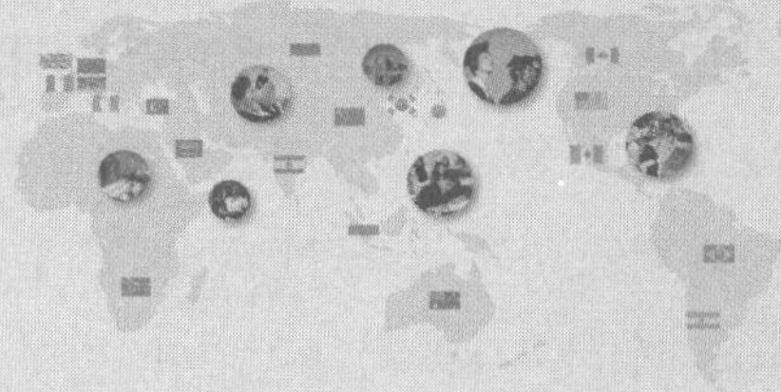

• CHAPTER 2 •

호주AUSTRAILIA

최 지 희

미국 듀크대학교 산업조직 및 노동시장 전공 사회학 박사, 국무조정실 특정과제(NURI 사업) 평가위원 (2007), 현 한국직업능력개발원 고용 · 능력개발연구실 연구위원, 주요 연구 실적으로는 [OECD 각국의 고 교단계 직업교육체제 혁신실태 비교] 외 다수.

· 01 ·
사회경제적 배경

사회와 문화

호주는 영연방에 속하는 나라로, 국토는 오스트레일리아대륙과 태즈메이니아섬 등으로 구성되어 있다. 국토면적은 약 768만km^2이며, 인구는 2010년 현재 약 2,147만 명에 이른다. 호주의 인구는 다른 주요 G20 회원국에 비해 적은 편이나, 연간 인구 성장률은 1.06으로 OECD 회원국 평균의 2배에 달

그림 3-1 | 호주의 총인구 추이 및 전망(2005~2015) (단위 : 천 명)

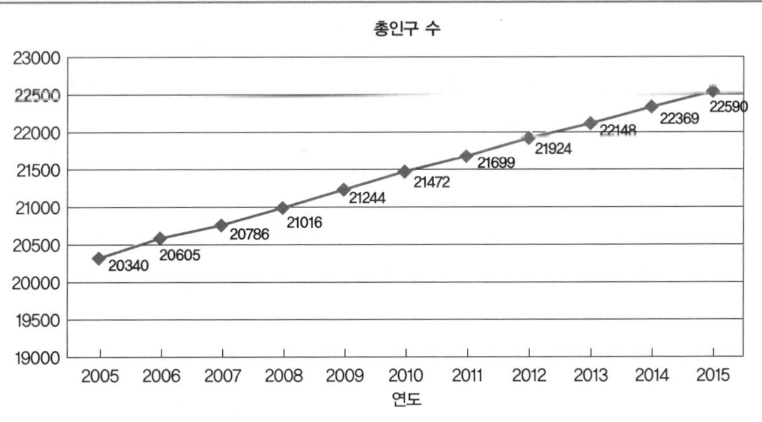

주 : 2011년부터는 예측 통계치임.
자료 : OECD(2009).

한다. 호주의 총인구는 2005년에 2,034만 명이었으나, 2015년에는 22,550천 명에 이를 것으로 추정된다. 정치적으로 호주는 입헌 군주제이며 수도는 캔버라이다. 호주의 인종구성은 유럽계가 89.2%로 주를 이루고, 아시아계(4.1%), 원주민(1.6%) 등으로 이루어져 있다. 연방정부국가인 호주는 뉴사우스웨일스NSW, 빅토리아VIC, 퀸즐랜드QLD, 웨스턴오스트레일리아WA, 사우스오스트레일리아SA, 태즈메이니아TAS 등 총 6개의 주와 2개의 자치부(Australian Capital Territory, Northern Territory)로 이루어져 있다(Encyber & Encyber.com).

경제 및 노동시장

호주는 선진경제에 속하는 국가로 1인당 GDP가 3만 5,453달러(2006년)에 달해 1인당 GDP로 세계 상위 2% 내에 속하는 국가이다. 이는 영국, 독일, 프랑스 등 주요국과 비교할 때 높은 편에 속한다. 호주의 1인당 GDP 성장률은 지난 15년 동안 연간 3.6%에 달해 2009년 기준 OECD 평균 증가율인 2.5%를 훨씬 웃돌고 있다. 또한 호주는 풍부한 천연자원을 보유하고 있어 밀, 울 섬유, 광물 자원, 천연가스, 석탄 등 자원 수출이 활발하다. 호주 국민총생산의 산업별 비중을 살펴보면 서비스업 부문이 국민총생산의

표 3-4 | 15~64세 인구의 고용률 및 실업률(2001~2006) (단위 : %)

노동상태분류	성별	연도					
		2001	2002	2003	2004	2005	2006
고용율	전체	69	69.4	70	70.3	71.6	72.2
	남성	76.4	76.8	77.1	77.6	78.5	78.8
	여성	61.7	62.1	62.9	63.1	64.7	65.5
실업률	전체	6.7	6.4	5.9	5.4	5.1	4.8
	남성	7.1	6.6	5.9	5.3	4.9	4.7
	여성	6.5	6.2	6	5.6	5.2	5

자료 : OECD(2009).

68%를 차지해 가장 높게 나타나고 있으며, 그 밖에 농업과 채굴 산업이 GDP의 10% 정도를 차지하고 있다.

호주의 노동시장은 [표 3-4]에 나타난 바와 같이 15~64세 인구 전체의 고용률이 2006년 기준 72.2%로, G20 회원국 중 독일(67.2%)이나 프랑스 (62.3%)에 비해 높으며, 실업률 또한 같은 해 기준 4.8%로 EU 평균인 9.7% 보다 훨씬 낮다.

교육수준

교육단계별 이수율을 비교해 보면, 호주의 교육수준이 상대적으로 높은 편임을 알 수 있다. 2007년 기준으로 전문대학 이상 학력자의 비중은 15~64세 인구 전체의 31.8%를 차지하고 있으며, 이는 OECD 평균(27.0%)이나 EU 평균(24.0%)과 비교할 때 높은 수치이다. 이렇듯, 고등교육 이수율이 상대적으로 높은 것은 호주의 전반적인 교육 체계와 환경에 대해 주목할 점이다. 이 밖에도 2006년 PISA 학생 성취도 평가에서 호주는 전 세계 국가 중 5위를 차지하는 등 교육 성취도가 높은 것으로 나타나고 있다.

표 3-5 | 15~64세 인구의 연령별 최종학력 분포(2007) (단위 : %)

최종학력 (학위) 연령	대학원 (ISCED 6) 대학원 디플로마/대학원 수료증	대학 (ISCED 5A) 학사학위	전문대학 (ISCED 5B) 고급 디플로마/디플로마	고교단계				고교 난계 이하 10학년 이하 수료	전체 전체
				수료증 III/IV	수료증 I/II	12학년 수료	11학년 수료		
15~24	0.5	6.4	5.3	10.4	1.5	32.8	13.6	29.1	100.0
25~34	9.4	23.9	11.3	21.5	0.9	17.1	4.8	10.0	100.0
35~44	9.8	16.8	12.4	19.3	1.0	13.9	6.3	19.2	100.0
45~54	10.3	13.6	12.0	19.1	0.9	10.9	6.9	24.8	100.0
55~64	9.0	8.5	10.1	17.0	1.8	10.1	5.6	35.8	100.0
전체	7.7	13.9	10.2	17.4	1.2	17.2	7.5	23.5	100.0

주 : 최종학력 분포는 각 교육단계별 이수율임.
자료 : Australian Bureau of Statistics(2009).

인재개발 현황

교육제도

1. 행정체계

호주정부는 연방정부federal governments, 6개의 주정부와 2개의 자치부state and territories, 각 지역 정부local governments로 구성되어 있다. 호주의 교육은 이 정부들 간의 공동 노력으로 이루어지며, 이러한 협력 과정은 1993년에 설립된 '교육, 고용, 훈련 및 청소년 각료의회Ministerial Council on Education, Employment, Training and Youth Affairs, MCEETYA'의 관할 아래 이루어진다(Australian Education International, 2008). 그러나 실질적으로 교육에 대한 주된 책임은 각 주정부 및 자치부가 가지며, 연방정부는 몇몇 소규모 지역의 교육을 책임지거나 전국 각급의 학교 및 대학의 재정지원 등에 대한 책임을 진다.

학교 이외의 직업교육훈련 강좌는 각 직업교육훈련Vocational Education & Training, VET 기관 또는 등록 훈련기관Registered Training Organisations, RTOs에서 공립 또는 사립의 형태로 제공된다. 이때 각 기관이 제공하는 강좌는 정부가 인준한 직업 관련과정이어야 한다.

2. 교육 체계

[그림 3-2]는 유치원 과정부터 박사 학위 과정에 이르기까지 각 교육단계 및 교육기관에서 제공되는 자격의 종류를 일목요연하게 보여 준다. 호주의 교육 체계는 주로 만 15세까지의 의무교육과정, 고교 단계에 해당하는 후기 의무교육과정, 고등교육과정으로 크게 나뉜다.

호주의 의무교육은 초등교육과 중등교육 초기 과정에서 실시되는 것으로, 우리나라의 초·중학교에 해당하는 교육과정이다. 10학년까지의 의무교육과정에 따른 자격증은 별도로 주어지지 않는다. 호주에서는 공교육과

그림 3-2 | 호주의 교육 체계

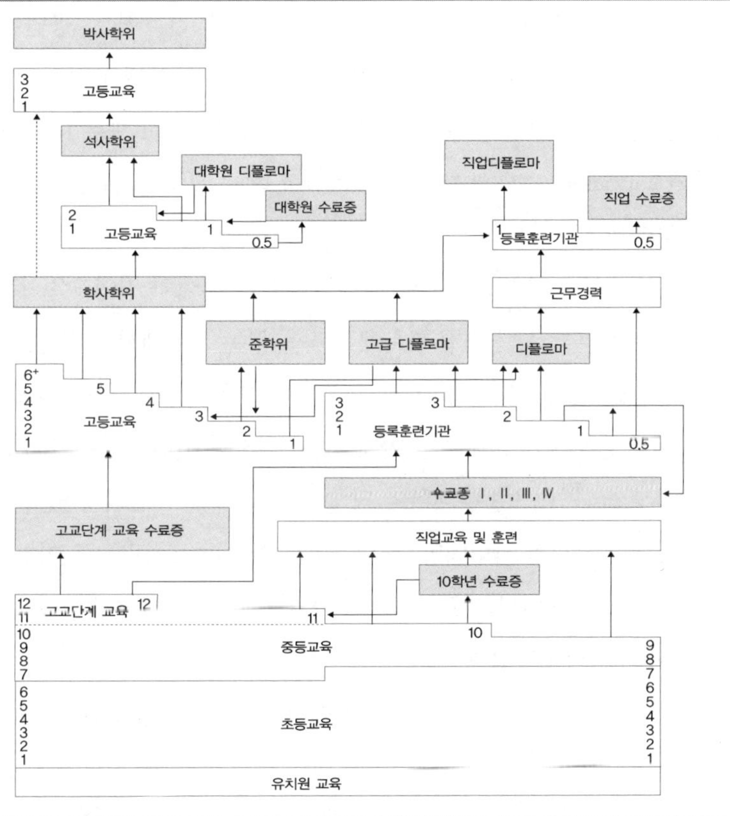

주 : 굵은 선으로 표시된 상자 안은 각 교육단계 이수 후에 주어지는 학위 또는 자격을 나타냄.
자료 : Australian Education International, 2008.

정으로 분류되는 유치원 교육과정 1년을 졸업하면 6세부터 초등학교 과정에 진학하며, 이때부터 의무교육과정이 시작된다.

중등과정 중에서 의무교육과정에 속하는 기간은 초기 몇 년 정도로, 교육기간은 각 주마다 다르다. 보통 의무교육에 속하는 중등과정은 대략 2~3년으로 초등학교 졸업 후 7학년 또는 8학년에 진학하면서 시작된다.

의무교육 후기 과정은 호주의 교육 체계상 의무교육과정(보통 10학년)이 끝난 이후의 과정으로서, 학생들은 이때부터 자율적으로 진로를 선택할 수 있다. 의무교육 이후 과정에서는 대략적으로 2가지 진로를 선택할 수 있는데, 첫째는 11학년과 12학년을 고등학교에서 보내면서 대학 진학을 위해 준비하거나 학업과 함께 직업훈련을 받는 방법이 있고, 둘째는 10학년까지의 의무교육을 마친 이후 바로 직업교육훈련을 받는 방법이 있다. 이 두 경우 모두 필요한 교육과정을 이수해 졸업을 하면 교육과정별로 해당 수료증을 받는다. 이것은 이후 고등교육기관(대학 또는 Technical and Further Education, TAFE와 같은 전문 기술대학 등)에 진학할 수 있는 일종의 자격증 역할을 해 준다.

호주의 고등교육은 크게 학문에 초점을 두는 분야와 직업교육 및 훈련에 초점을 두는 분야로 나뉜다. 학문에 초점을 두는 분야에서 설립된 교육기관은 '대학universities'과 대학 이외의 '자체 인정 고등교육기관self-accrediting institutions', 주와 자치부의 관할 아래 있는 '비자체 인정 고등교육기관non self-accrediting institution'이 있다. 대학의 경우에 총 40개가 설립되어 있으며, 37개의 공립대학, 2개의 사립대학, 해외 자매결연 대학 1기관으로 이루어져 있다. 자체 인정 고등교육기관은 총 3개가 있으며, 비자체 인정 고등교육기관은 150개가 있다(호주 교육부, 2009).

이와 같이 대학 또는 대학과정에 해당되는 교육을 제공하는 교육기관과 직업훈련기관에서 각 과정을 이수하면 해당 교육과정에 맞는 자격증을 수여받는다. 대학의 경우에는 디플로마, 준학위, 고급 디플로마, 학사 학

위, 대학원 디플로마, 대학원 수료증, 석사 학위 그리고 박사 학위를 받을
수 있다. 고등 단계 직업교육훈련을 이수한 경우에는 디플로마, 고급 디플
로마, 직업 수료증, 직업 디플로마를 받을 수 있다.

직업교육훈련

호주의 직업교육훈련VET은 중등 단계부터 시작하는데, 호주는 일찍이 평
생 직업교육훈련 제도를 실현하기 위해 연방정부 차원에서 대대적인 교육
개혁을 추진해왔다. 호주의 직업교육훈련 개혁은 1990년대 초반부터 시
작되어 10여 년 이상 평생학습체계를 구축하고 국민의 평생교육 참여 기
회를 확대하도록 추진되었다(Kearns, 1999).

그림 3-3 | 교육 부문별 학력 및 자격 단계(AQF)

학교 부문 (Schooling sector)	직업교육 부문 (VET sector)	고등단계교육 부문 (HE sector)
		박사 학위(Doctorate degree)
		석사 학위(Master's degree)
	직업 디플로마 (Vocational Graduate Diploma)	대학원 디플로마 (Graduate Diploma)
	직업 수료증 (Vocational Graduate Certificate)	대학원 수료증 (Graduate Certificate)
		학사 학위(Bachelor Degree)
	고급 디플로마 (Advanced Diploma)	준학위, 고급 디플로마 (Associate Degree, Advanced Diploma)
	디플로마(Diploma)	디플로마(Diploma)
고교 단계 교육 수료증 (Senior Secondary Certificate of Education)	수료증 IV(Certificate IV)	
	수료증 III(Certificate III)	
	수료증 II(Certificate II)	
	수료증I(Certificate I)	

자료 : Australian Education International(2008)

이와 관련해 종전에는 상호 관련성 없이 각기 별개로 운영되어 오던 대학, TAFEs(전문 기술대학), 성인 지역사회 교육기관Adult and Community Education, ACE과 각종 교육훈련기관들이 학생들로 하여금 지속적으로 학습에 참여할 수 있도록 연계된 학습 체제로 개편될 필요성이 강조되었다(Kinsman, 1998). 이를 위해 호주정부는 교육 이수에 따른 자격증과 직업교육 이수에 따른 자격증을 포괄하는 일련의 자격 제도를 정비함으로써 선행 학습의 인정이나 학점교환 등이 교육기관 간에 수평적, 수직적으로 연계될 수 있도록 설계하고, 고등교육 부문의 교육훈련시장을 개방해 상호 경쟁을 하도록 함으로써 질 높은 교육을 유도했다.

호주가 직업교육훈련을 통해 일반적으로 학생에게 제공하고자 하는 것은, 초기 노동시장에 진입 시 필요한 최소한의 기술 습득, 노동시장 재진입에 대한 대비, 새로운 직업을 위한 재교육 제공, 현 직종에서 필요한 새로운 기술 습득, 추가적인 자격증 획득 격려, 도제과정의 제공 등이다.

호주정부에서 인정하는 직업훈련에 수여되는 자격은 [그림 3-3]과 같으며, 전체적인 자격수료체계는 앞서 언급한 바와 같이 호주 자격 제도Australian Qualification Frameworks, AQF가 담당한다. AQF의 특징 중 하나는 학교, 직업교육훈련, 고등교육의 호환성이 높다는 것이며, 따라서 [그림 3-2]와 같이 자격 수여 체계가 복잡하게 이루어져 있다. 이 절에서 이를 구체적으로 다루는 것은 무리가 있으므로 간략히 교육과정별로 수여되는 자격 체계에 대해 설명하면 다음과 같다. 첫째, '의무교육과정'에서는 교육 이수에 따라 〈10학년 수료증〉이 주어진다. 둘째, '고교 단계 과정'에서는 'VET 부문'의 경우 〈수료증 I~수료증 IV〉가 주어지며, '학교 부문'의 경우 고교 단계 교육 수료증SSCE이 주어진다. 셋째, '고등교육과정'에서는 'VET 부문'의 경우 〈준학위, 디플로마, 고급 디플로마, 직업 수료증, 직업 디플로마〉가 주어지며, '학교 부문'의 경우 학사 학위, 대학원 디플로마, 석사 학위, 박사 학위〉가 주어진다.

호주의 직업교육훈련은 정부 승인 교육훈련기관인 RTORegistered Training Organization에서 제공된다. RTO만이 국가적으로 인정받은 자격을 취급할 수 있으며, 이 기관들은 호주 퀄리티 관리 훈련 체계Australian Quality Training Framework, AQTF에서 설정한 훈련 요구와 기준에 맞추어 훈련을 제공해야 할 의무가 있다. 모든 RTO는 각 주정부나 자치부의 관할 책임자에 의해 인정을 받도록 되어 있으며, 국가 훈련 정보 서비스National Training Information Service, NTIS에 정식기관으로 등록된다. RTO는 AQF 자격이 수여되는 프로그램을 제공하며, 어떤 RTO는 고등단계교육에 준하는 학위인 준학위 또는 학사 학위로 인정되는 프로그램도 제공한다. RTO는 현재 총 4,000여 개가 있는데 이 중 78개가 TAFE이며, 그 밖에는 정부훈련기관, 그리고 사립기관으로 이루어져 있다.

호주에서의 직업교육훈련과정을 교육단계별로 제시하면 다음과 같다(Australian Education system, 2008).

1. 고교 단계에서의 직업교육훈련

고교 단계에 해당하는 교육과정은 중학교의 후기 단계 또는 고교 단계 교육에 해당된다. 이때 일반계 고교 훈련을 받는 학생들 대부분의 경우에는 대학 진학을 위한 교육과정을 거친다. 학생들은 대학 진학을 위해 필수 과목과 선택과목을 일정 학점 이수해야 하며, 필수 과목으로는 영어, 수학, 인문과학 혹은 사회과학, 체육이 있다. 선택할 수 있는 교과목으로는 외국어, 경제, 미술, 음악, 공예, 연극, 타이핑, 컴퓨터, 지리, 역사 등의 과목이 있으며 학교별로 개설되는 과목에는 차이가 있다. 일반계 고교 훈련을 성공적으로 마친 학생들에게는 SSCE 자격증이 수여되며, 앞서 언급한 바와 같이 이 자격의 점수를 통해 대학 진학이 이루어진다.

고교 단계 직업교육훈련은 크게 학교기반 직업교육, 학교 외의 직업교육훈련기관에서 이루어지는 직업교육, 도제과정의 세 가지로 나뉜다.

1) 학교기반 직업교육훈련

학교기반 직업교육훈련VET-in-school은 고교 교육단계 내에서 직업과 관련한 진로를 갖기 원하는 학생들이 학교의 일반적인 수업 이외에 직업훈련을 받는 것을 말한다. 이 과정은 학생이 근로 현장에서 일정한 시간 동안의 수업을 받도록 하며, 이를 충분히 이행했을 때 공식적으로 직업훈련 이수를 인정해 준다. 학생들 중 이러한 학교기반 직업교육훈련 형태의 프로그램 이수자의 대부분은 정규 직업교육훈련과정에 입학하거나, 도제 또는 훈련생 과정에 입학하는 경우가 많다(Misko, 1999). 하지만 소수의 경우에는 이 프로그램을 이수한 후에 대학에 진학하기도 한다.

2) 학교 외의 직업교육훈련

고교 단계 직업교육훈련의 또 다른 형태는 '수료증 I~수료증 IV' 과정을 이수하는 것으로서, 이들은 고교 단계의 교육과정에 해당한다. 이 과정들은 호주의 산업 기준에 부합해 개설되어 있기 때문에 해당 과정 이수 후에 구직과 차후 진학이 가능하도록 학생들을 지원한다. 구체적으로는 기본적인 글을 읽고 쓰는 능력과 수학, 의사소통기술 등을 배우며, 각자 자신이 희망하는 진로에 맞는 산업적 능력을 갖춘다. 각 자격증은 도제 수업, 훈련수업, 등록 훈련기관RTO에서의 훈련, 학교기반 직업훈련, 선행 학습 인정Recognition of Prior Learining, RPL 등 다양한 경로를 통해 취득할 수 있다. 각 자격 과정에는 정해진 교육기간은 없으며, 학생이 각 자격 과정에 따른 일정한 능력을 갖추면 졸업한다. 학습내용으로 볼 때 '수료증 I'과 '수료증 II'는 기초적인 직업능력과 지식을 다루며, '수료증 III'과 '수료증 IV'는 보다 복잡하고 다양한 내용의 직업 관련 지식과 기술을 가르치는 과정이다.

각 과정을 구체적으로 살펴보면 '수료증 I' 과정은 근무 환경에서 좀더 일상적이고 예측 가능한 수준의 활동을 수행할 수 있도록 훈련하는 과정이다. '수료증 II' 과정은 각 전문 분야별로 명확히 구분된 전문활동상황에서 필요한 기술 및 지식을 적용할 수 있도록 지식과 기술을 제공하며, 이 과정에서 수료자들은 각 업무의 수행 결과에 따라 역할을 맡는다. '수료증 III' 과정은 기존에 획득한 지식과 기술을 새로운 맥락에서 적용할 수 있도록 가르치는 과정이다. 이 과정을 통해 학생들은 다양하고 복잡한 환경 내의 문제를 해결하는 데 기술적인 조언을 하는 등 리더십을 기르는 활동을 한다. 이 과정에서도 그룹 또는 팀 협력을 포함한 팀 협력과제가 주어진다.

'수료증 IV' 과정은 비일상적이고 다양한 상황에 대한 심도 있고 복잡한 지식과 기술을 획득하도록 가르치는 과정이다. 비일상적이고 우발적인 상황에서 기술적 해결을 할 수 있도록 훈련하며, 자신과 다른 사람들에게 리더십을 발휘할 수 있도록 훈련한다. '수료증 IV' 과정을 이수할 경우, 일반적으로 대학에서 6개월에서 1년 정도의 학사학위 교육을 수료한 것으로 인정되며, 이때 이수했던 과목에 대해서도 대학에서 학점을 인정받을 수 있다.

3) 도제 훈련과정

호주정부에서 도제 수업 또는 훈련 수업으로 분류되는 것은 일반적으로 '호주 도제 제도Australian Apprenticeships'라고 일컬어지며, 이는 이전에 '신도제 제도New Apprenticeships'라고 불리던 것이다. 호주 도제 훈련은 고용주와 피고용자 간의 일종의 계약에 기반한 훈련이다. 견습생은 현장훈련work-based training과 등록된 직업훈련기관, 즉 RTO에서의 훈련을 함께 받으면서 일정히 능력을 기르도록 계약을 맺는다. 이러한 프로그램은 훈련 패키지training package에 기반하게 되며, 이 과정과 개인의 선택에 따라서 전일제 또는 시간제로 일할 수 있다.

이 과정들은 산업 분야별로 정부에서 인준한 기술을 획득할 수 있도록 하며, 호주 자격 제도AQF 하의 자격을 취득할 수 있도록 한다. 호주 도제 훈련은 전통적인 직종과 서비스업, 그리고 준전문가 분야의 비전통적인 직종을[4] 포함한다. 구체적인 직종 분야로는 농경, 자동차, 건축, 경영과 재

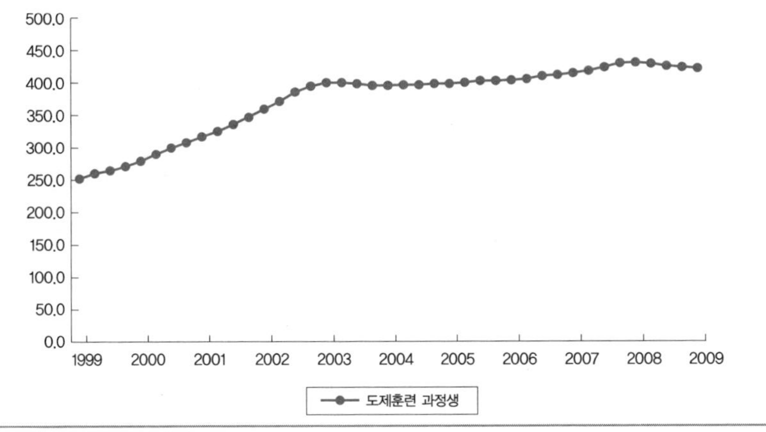

자료 : NCVER(2009).

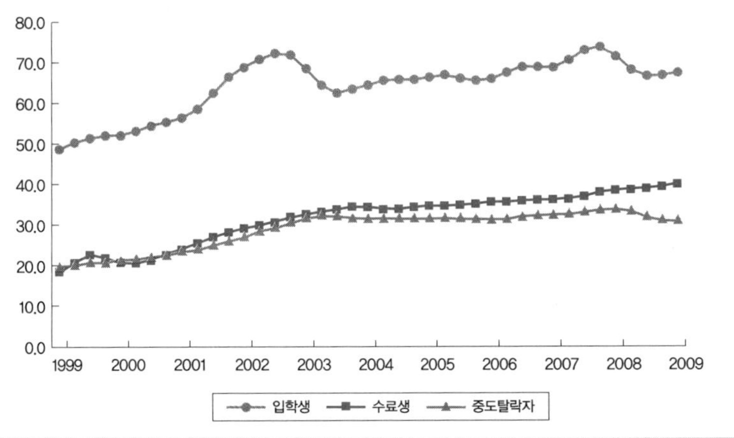

자료 : NCVER(2009).

무 서비스, 지역 서비스, 보건, 미용, 원예, IT, 제조업, 공공 서비스, 소매업, Telecommunications 등이 있다(호주 국제교육부, 2008). 호주의 도제 훈련참가자 수는 2009년 9월 30일을 기준으로 총 42만 5,500명으로 2008년에 비해 약 2.4% 감소했다. 또 도제 훈련과정으로 진입한 사람의 수는 [그림 3-4]와 같이 2008년에 비해 6.9% 정도 감소(26만 9,000명)했으나, [그림 3-5]와 같이 졸업생 수는 2008년에 비해 5.8% 증가(15만 8,700명)한 것으로 나타났다(NCVER, 2009).

2. 고등교육단계 직업교육훈련

호주에서 제공하는 고등단계교육은 앞서 언급한 바와 같이 일반 대학교 과정과 고등교육단계 직업교육훈련과정이 있다. 여기서는 일반 대학을 제외한 전문 기술대학TAFEs 및 기타 등록 훈련기관RTO에서 제공되는 고등 직업교육훈련과정에 대해 살펴본다.

직업교육훈련 프로그램에 입학하는 과정에는 융통성이 있으며, 일반적으로 10학년(의무교육) 졸업, 12학년 졸업, 사전 자격 과정 졸업, 근무경력, 직업소양 및 흥미, 인터뷰 결과 등의 요소들을 바탕으로 입학이 된다. 일반적으로 12학년 이수의 입학요건을 요구하는 학교들은 고등교육단계 입학시험점수tertiary entrance score를 필요로 하지 않는다. 각 프로그램에 입학하려면 12학년 단계에서 수학이나 영어 등의 사전 과목을 수강해야 한다. 어떤 프로그램들은 사전 자격 과정을 요구하는데, 예를 들면 지역 공동체 서비스 등과 관련된 디플로마는 ‘수료증 IV’를, 지역 공동체 서비스와 관련한 영역에서 취득한 것이나 양로 서비스에서는 ‘수료증 III’ 취득을 필요로 한다. 또한 어떤 프로그램의 경우에는 추가적인 입학요건을 필요로 하는데, 가 직업소양 및 흥미, 근무경험, 인터뷰 등을 요구한다. 이 밖에도 고등단계교육과의 연계를 통해 직업교육훈련과정에도 입학할 수 있으며, 선행 학습 인정RPL[5]을 통해 각 분야에 대한 어느 정도의 지식과 능력이 인정되면 특정 직업훈련과정에 입학할 수 있다.

고등 단계 직업교육훈련과정 이수에 따라 수여되는 자격에는 ‘디플로마Diploma’, ‘고급 디플로마Advanced Diploma’, ‘직업 수료증/직업 디플로마Vocational Graduate Certificate/Diploma’가 있다. 첫째, ‘디플로마Diploma’ 프로그램은 학생들로 하여금 각 산업 분야에서 기술적 부문이나 경영 부문을 자주적으로 해낼 수 있도록 키우는 것이 목표이다. 둘째, '고급 디플로마 Advanced Diploma' 프로그램은 학생들에게 기술적 부문이나 경영의 역할을 할 수 있도록 훈련시키며, 궁극적으로 학생이 고용되는 것이 목표인 과정 이다. 셋째, '직업 수료증/직업 디플로마Vocational Graduate Certificate/Diploma'는 2005년에 도입된 자격 과정들로, 고등단계교육 부문의 대학원 수료증이나 대학원 디플로마 과정들보다 직업훈련에 초점을 둔 과정들이다. 따라서 각 과정은 산업체 내에서 갖추어야 할 직업능력에 더 초점을 둔다.

이 과정을 통해 학사 학위를 받은 사람도 직업교육훈련 부문의 경로를 밟을 수 있다. 이 프로그램은 고도로 전문화된 기능의 시작, 분석, 계획 및 평가를 효율적으로 하는 것을 강조하며, 이 과정 또한 직업 기반 훈련, RTO 훈련 및 교육, RTOs와 선행 학습 인정RPL의 조합 등 여러 가지 경로 를 통해 취득이 가능하다. 개인에 따라 교육과정의 기간이 달라지지만 보 통 1년의 기간이 걸린다. 학생들은 졸업 후 취업하거나 고등교육 부문의 석사 학위 과정으로 진학하기도 한다.

평생학습

호주의 계속 직업교육훈련은 '교육 고용 훈련 및 청소년 장관 협의회' MCEETYA와 '호주 질 관리 체계 자문 위원회'Australian Qualifications Framework Advisory Board, AQFAB의 관할 아래에 있는 호주 성인학습Adult Learning Australia, ALA 에서 관할하고 있다. ALA에는 대학교, TAFE, 성인 및 지역사회 교육ACE 등 에서 운영되는 성인교육을 담당하고 있다. ALA는 호주 교육부Department of Education, Employment and Workplace Relations, DEEWR에서 재정적인 협조를 받는다.

ALA의 주된 목표는 정부 기관을 비롯해 사업체 등과 일반 사회에 평생 학습을 통해 공헌하는 것이다. 이 중에서 TAFE와 RTO에 의한 직업교육훈련은 앞서 언급한 바와 동일하므로, 직업교육훈련 부문과 구별되는 ACE 훈련에 대해 주로 다룬다.

ACE는 호주의 비형식교육 부문으로 100년 이상 운영되어 왔다. 비형식교육이라는 것은 호주의 각 지역에서 필요한 교육을 제공한다는 점에서 이름이 지어졌다. 오늘날에는 ACE 부문이 정책적인 개혁을 통해 융통성 있는 평생학습, 개방된 훈련시장, 공동체 능력을 함양하는 장소 등으로 활용되고 있다. 따라서 ACE가 각 지역에의 요구에 융통성 있게 대응하는 것은 ACE 과정 자체가 각 지역사회의 사회적, 경제적인 삶에 공헌하고 있음을 반영한다. 특히 오늘날에는 평생학습, 계속 교육 등으로 발전해 가고 있다.

ACE의 역할과 기능에 대해 MCEETYA는 2002년 7월 13일에 각 주정부, 자치부, 연방정부의 교육 관련 책임자와 함께 합의했다. 우선, 창조적인 공동체에 기반한 학습체계를 개발할 것과 ACE의 역할과 중요성에 대한 자각과 이해를 높일 것, 성인 공동체 교육의 경험과 성과를 증진시키고, 성인들의 공동체에 기반한 학습을 늘릴 것에 대해 검토하고 합의했다. 이러한 목표를 실행하기 위해 오늘날의 ACE 프로그램은 인정 및 비인정 학습 프로그램과 직업 관련 및 비직업 관련과정 모두를 포함한다. 대부분의 학습자는 ACE 프로그램 중 직업 관련 프로그램에 더 많이 참여하고 있다. 이러한 학습자들의 요구에 따라 ACE는 인력 개발을 지원할 수 있도록 변화하고 있다.

따라서 ACE는 직업교육훈련 경험이 부족한 사람들에게 준비 훈련을 제공하고, 또 직업교육훈련 프로그램에 참여할 수 없는 사람들에게도 훈련을 제공한다. 이를 통해, 사람들이 이후의 계속적인 학습과 기술 개발을 가능하게 하고, 또 이후의 고용을 위한 훈련으로 이행하는 것이 가능하도록 했다. ACE 학습은 보다 집중적인 프로그램이고, 교육기간이 짧으며, 학습자들에게 필요한 지식과 기술을 좀더 익숙하고 친화적인 환경에서 제공하고자 한다.

ACE 프로그램의 제공 기관은 각 주정부와 자치부마다 특성이 다르며,

ACE 프로그램을 제공하는 기관도 각 주정부와 자치부마다 다르다. 호주 전국의 ACE 제공 기관에 관한 연구에 의하면, ACE 제공 기관에는 총 네 종류가 있다(Choy, Haukka, & Keyes 2006). 첫째, 훈련기관 1Tier1은 대규모 RTO로, 정부로부터 연간 10만 호주 달러를 지원받는 곳으로서 이러한 RTO 들은 전체의 13.7%를 이루고 있다. 둘째, 훈련기관 2Tier2는 중소 규모의 RTO로 정부로부터 연간 재정적인 지원을 받지만 10만 호주 달러AUD 미만을 받는 기관으로 이들은 전체 프로그램 제공자의 약 28.6% 정도를 차지한다. 셋째, 훈련기관 3Tier3은 훈련기관 1 또는 훈련기관 2로 분류되지 못하는 RTO로, 11.6% 정도가 해당된다. 마지막 훈련기관 4Tier4는 RTO가 아닌 훈련기관으로 전체의 45%를 이룬다. 따라서 전체의 55% 정도만이 RTO로 구성되어 있으며, 실제로 직업교육훈련 성과가 나타날 정도의 프로그램을 갖춘 기관은 이 55%에 속하는 RTO들이다.

2005년에는 37만 6,449명의 학생들이 ACE 부문에서 제공한 직업 관련, 그리고 비직업 관련 프로그램에 참여했다. 이 중에서 직업과 관련한 학습 참여시간은 2005년에 1,530만 시간으로 상당히 높은 편이다. [표 3-6]에는 학생들의 각 프로그램 참여 분포와 모든 직업교육훈련참여 학생 대비 ACE 직업훈련 프로그램 참여 학생비율이 제시되어 있다.

표 3-6 | ACE 직업 및 비-직업교육훈련참여율 및 VET 대비 참여율 (단위 : %)

연도 \ ACE 참여	ACE 직업교육훈련 참여비율	ACE 비-직업교육훈련참여비율	전체 VET 참여 대비 ACE 직업교육훈련참여비율
2001	48.0	52.0	14.2
2002	44.6	54.4	12.7
2003	53.6	46.4	14.2
2004	44.3	55.7	10.7
2005	53.1	46.9	12.2

자료 : Adult Learning Australia Inc. ACE's role in developing Australia's human capital(2006).

· 03 ·
인재개발의 정책동향 및 특성

정책동향

호주는 국가 경쟁력의 기반이 교육에 있다는 것을 매우 잘 인식하고 있는 국가이다. 변화하는 국제 정세와 국내의 경제·사회적 환경 변화에 따라 인재개발을 실현해 나가기 위해 교육에 대한 투자와 교육훈련 부문에 대한 개혁을 끊임없이 실행해 오고 있다.

1. 학교교육 부문

호주의 최근 학교교육 부문 개혁은 모든 아동이 어떤 교육기관에 다니든지 필요로 하는 교육을 받을 자격이 있다는 공통의 신념에서 비롯되며, 최근 호주의 학교 부문 정책개혁은 이러한 신념을 이루기 위해 학교교육 부문에 대해 전례 없는 투자를 계획하고 있다.

이 정책개혁을 통해 호주정부는 2009년부터 2012년까지 63.5억 달러AUD 정도를 지원할 계획인데, 이는 이전 4년간의 지원금이었던 33.5억 달러AUD에 비해 2배 가까이 증가한 것이다. 이를 통해 호주의 모든 학생이 세계적인 수준의 학교시설을 이용할 수 있도록 여러 사업에 지원하고 있다. 예를 들어, 디지털 교육 분야Digital Education Revolution에 2.2억 달러AUD,

직업 관련 훈련 센터 프로그램Trade Training Centres Program에 2.5억 달러AUD, 교육 개혁Building the Education Revolution에 16.2억 달러AUD를 지원하고 있다. 호주 학교 부문 정책 프로그램의 명칭은 '스마터 스쿨 파트너십Smarter Schools National Partnerships'으로, 이 프로그램을 통해 호주 학교 부문 학생들의 기본적인 읽고 쓰는 능력이나 산술 능력에 대한 지원을 강화하고, 특히 취약계층 학생들을 위해 실력 있는 교사를 배치하는 등 기초교육을 탄탄히 하는 데 주안점을 두고 있다. 이와 함께 학생, 학교, 학부모는 학교 수행 자료의 투명성transparency in school performance data을 보장받고, 교육 관련 보도와 평가 자료reporting and assessment를 받게 되며, 세계적 수준의 국가교육 커리큘럼을 제공받게 된다. 그 밖에도 호주정부는 '청년층의 학업 성취 및 노동시장 이행Youth Attainment and Transitions' 프로그램을 통해 학생들의 교육과 노동시장 이행을 돕고 있다. 또 호주 원주민의 교육적 성취가 다른 학생들에 비해 뒤떨어지지 않도록 정책적인 노력을 기울이고 있다.

2. 직업교육훈련 및 고등교육 부문

호주 인재개발의 새로운 정책동향 중 하나는 새롭게 변화하는 세계 정세에 맞추어 고등교육 부문과 직업교육훈련 부문의 연계를 강화하고자 하는 것이다. 학사 학위 이상의 고학력자가 점차 늘어나고 있는 상황에서 고학력자의 노동시장 활용도를 높이려면 고등교육단계에서 직업교육의 강화와 함께 고등교육과 직업교육과의 연계가 불가피하게 되었다. 호주에서 최근에 결성된 인재개발 관련 각료들의 협의체인 MCEETYA는 이러한 부문 간 연계 필요성을 여실히 보여 주고 있는 것으로서, 고등교육 부문과 직업교육훈련 부문에서부터, 성인학습, 호주 자격 체계, 그리고 청년의 고등교육과 노동에 이르기까지의 정책들을 포괄적으로 다루고자 결성된 최고의 정책 협의체이다. 기존의 호주의 인재 정책의 초점이 직업교육훈련에 주어졌다면, 향후 인재 정책은 고학력화 추세의 맞추어 고등교육과 직업교육훈련과의 연계를 강화하는 데 초점이 맞추어지고 있음을 보여 준다.

주요특성 및 과제

호주는 넓은 면적에 비해 인구가 상대적으로 부족한 나라로, 호주정부는 적절한 능력을 가진 인재를 확보하기 위해 다양한 교육훈련정책의 수립을 통해 노력을 기울여 오고 있다. 부족한 인력을 충족시키기 위해 해외 유학생을 적극적으로 유치하고자 노력하고 있으며, 자국 내에서 고등교육 이수자가 증가함에 따라 고등교육 이수자 증가에 따른 인력의 부족을 고등교육단계에서의 직업능력 개발 강화를 통해 졸업 후 노동시장으로의 이행기간을 단축하고 고등교육 이수자가 생산성 증가를 통해 국가경제에 기여할 수 있도록 하는 방안을 강구하고 있다. 호주의 노동력 부족은 우리와 다른 은퇴 및 연금 제도 등의 관행에서도 잘 나타나고 있다. 이들은 65세부터 은퇴가 가능하며, 65세 이후 개인이 은퇴할 경우 수령받는 연금과, 은퇴 후의 자유시간, 그리고 은퇴하지 않을 경우 받는 임금 등을 종합적으로 고려해 은퇴를 결정한다. 산업수요에 비해 부족한 인력을 최대로 활용하기 위해 호주정부는 인력의 질을 최대한 높이고자 노력을 기울이고 있다.

이 같은 측면에서 볼 때, 직업능력 개발에 대한 호주의 국가적 관심은 그 어느 나라보다 클 수밖에 없다. 왜냐하면, 부족한 인력을 최대로 활용하려면 국민 개개인의 역량을 극대화할 필요가 있기 때문이다. 최근의 호주의 개혁 동향은 이러한 국가적 필요성과 밀접한 연관을 가진다. 학교 부문에 대한 대규모 투자를 통해 기초 교육 이수자의 학력의 질을 확보하고, 고등교육 부문 확대에 따라 직업교육과 고등교육과의 연계를 한층 강화하는 등 기존의 호주 자격 체계의 수립에 이어 새로운 변화에 따른 인재개발에 노력을 기울이고 있다.

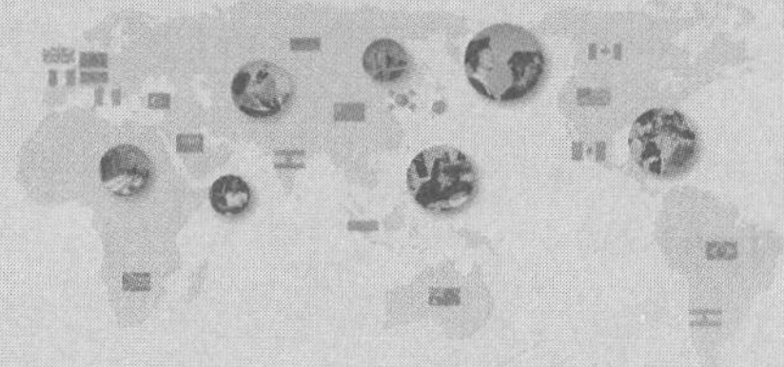

• CHAPTER 3 •

브라질 BRAZIL

고 혜 원

이화여자대학교 행정학(인력정책 및 사회복지정책 전공) 박사, 현 한국직업능력개발원 고용·능력개발연구실 연구위원, 미국 뉴욕주립대학 및 영국 서섹스 대학 방문학자, 기획예산처·여성가족부·통일부·국가보훈처 자체평가위원, 대통령자문정부혁신지방분권위원회 전문위원, 주요 연구 실적으로는 [직업능력개발 계좌제 도입방안 연구], [여성인적자원개발 혁신방안 연구] 외 다수.

· 01 ·
사회경제적 배경

사회와 문화

브라질은 남미에서 가장 큰 국가로 남미대륙 전체 면적의 47.7%를 차지하며, 세계적으로도 5번째로 큰 국가이다. 칠레와 에콰도르를 제외한 남미의 모든 국가들과 국경을 접하고 있어 남미에서의 영향력이 지대하며, 천연자원뿐만 아니라 각종 산업의 발달로 남미 국가들 중 가장 중심적 위치에 있다. 인구도 역시 남미 최다로 약 1억 9,000만 명에 달하며, 도시인구가 총인구의 81.2%를 차지한다.

브라질의 정치체제는 삼권 분립하의 대통령 중심제에 기반을 두고 있으나 연방 상하원 의회제도를 통해 연방정부와 지방정부가 통치권을 분할 소유함으로써 미국식 정치 시스템을 취하고 있다. 행정 구역은 26개 주와 1개의 연방 특별구로 이루어져 있고, 지방 자치 단체는 총 5,500개로 구성되어 있다. 수도는 브라질리아로 브라질 식민시대의 수도였던 살바도르, 히우지자네이루에 이어 1960년 국토의 균형적 발전을 위해 건설되었다.

브라질은 외교적으로 자국의 국제적 위상 강화와 국익의 극대화라는 시가에서 남미 공동 시장 및 안데스 공동체 국가들과의 협력강회를 통해 남미의 통합을 추구하고 있으며, 이를 바탕으로 지역 강국으로서의 위상을 확보하고 있다. 또 세계화와 지역화를 적절히 구사함으로써 개발도상 국들과의 관계도 중시해 G20의 형성에 주도적 역할을 해 왔으며, 이를 바 탕으로 국제 무대에서의 자국 위상 강화와 유엔 안보리 상임 이사국 진출 을 꾀하고 있다(이승덕, 2009: 외교통상부).

브라질 사람들의 성격은 매사 조급하지 않고 낙천적이며 관대하다. 또 국가 전체적으로 다양성과 혼합성이 중요한 특징이다. 광활한 면적 때문 에 지역에 따른 차이가 있으며, 인디오, 백인, 아프리카인들이 인종적으로 혼합되어 있다. 브라질의 기본 구성 인종은 원주민인 인디오와 유럽으로 부터 식민과 이민으로 들어온 백인, 노예로 들어온 아프리카 흑인들이며, 현재 백인이 55%, 혼혈이 38%, 흑인이 6%, 황색인종이 0.5%, 인디오가 0.4%로 구성되어 있다. 일반적으로는 이탈리아와 독일계 이주민들이 주 류 사회를 이끌고 있다고 평가받고 있다.

경제 및 노동시장

포르투갈이 1500년 브라질을 발견한 이후 1822년까지 브라질을 지배했는 데, 포르투갈 왕자로서 브라질을 섭정하던 동 뻬드루 1세가 브라질 독립 을 선포한 이후 1889년까지 브라질에는 철도가 건설되고 은행이 설립되 는 등 사회적 인프라가 완성되었고, 노예 무역도 금지되는 등 근대 국가로 큰 진보를 이룩했다(이윤식 외, 2006). 브라질 경제사를 크게 구분하면, 1930 년을 기준으로 그 이전의 중상주의 시기와 이후의 산업화 시기로 나눌 수 있다. 1930년대 이후의 산업화 시기는 브라질의 성장 전략이었던 수입 대 체 산업화의 추진시기와 수입 대체 산업화로 인해 야기된 모순이 총체적 으로 폭발한 1980년대, 그리고 시장지 향적 경제 구조 조정을 도입한 1990년대로 구분할 수 있다(이승덕, 2009).

이상의 시기 중 브라질은 1950년대 이후 1970년대 말까지 지속적으로 성장했다. 특히 1968~1973년 사이에는 연평균 11%에 달하는 높은 경제 성장률을 보였으며, 이는 브라질의 기적으로도 불렸다. 그러나 이러한 고성장의 기간 이후 1980~1990년대 초반 사이에 고인플레이션과 경제 침체, 사회적 불안을 경험했고, 1998년 브라질 경제위기 이후 브라질 정부가 긴축 재정 정책 및 통화 정책을 추진함에 따라 1998~2003년까지 저성장 국면을 보였다.

브라질 경제는 2004년부터 성장세를 이어 가고 있는데, 2007년 5.7%로 상승 추세를 이어 갔으나 2008년 9월부터 시작된 국제금융위기에 따라 경제성장률은 5.1%로 다소 둔화되었으며, 2009년에는 마이너스 성장(-0.2%로 다른 국가들에 비해 매우 양호)을 기록했으나, 2010년에는 5%를 상회하는 경제성장률을 보일 것으로 예상되고 있다(주 브라질 한국대사관).

브라질은 가전제품을 비롯한 일반 제품 생산을 위한 실용 기술은 낙후되어 있는 데 반해 항공, 우주 과학 등 최첨단 분야의 과학 기술은 세계 최상급 수준인 이중적인 산업 구조를 갖고 있다. 또한 축산업, 광업, 철강, 수송기기, 식품, 섬유, 신발 산업 등에서 높은 국제 경쟁력을 갖추고 있는 것으로 인정받는다.

한편, 브라질은 국가경제에서 수출이 차지하는 비중은 15% 내외로 내수 중심 시장이기 때문에 2008년 발생한 국제금융위기로 인한 영향도 상대적으로 적게 받았다. 현재 브라질 정부는 자동차 및 가전제품 등 국가경제 및 고용에 영향이 큰 산업을 중심으로 공산품세IPI 등 관련 세금 인하를 통해 경기 부양 및 고용 안정 정책을 적극 추진하고 있다.

그러나 브라질은 세계에서 소득 불평등 정도가 가장 심한 국가 중 하나이기도 하다. 2008년 유엔 개발 계획UNDP이 발표한 인간 개발 보고서HDR에 따르면 브라질은 세계에서 8번째로 소득 불평등이 심한 것으로 나타났다. 심각한 소득 불평등은 폭력과 범죄의 주요 요인으로 작용해 잠재적인 관광 소득을 잃게 하는 것으로 분석된다. 이 같은 지역·계층 간의 심각한 소득 불균형을 빗대 일부 학자들은 브라질을 '벨린디아(남부 지역 소득 수준은 선진국인 벨기에 수준, 동북부 지역의 소득 수준은 인도 수준)'라고 칭하기도 한다(KOTRA).

2007년 기준 15~64세 연령대가 총고용에서 차지하는 비율은 67.4%(한국 63.9%), 15~64세 남성 고용률은 79.7%(한국 74.7%), 15~64세 여성 고용률은 55.9%(한국 53.2%)로 나타나고 있다. 시간제 고용률은 17.2%(한국 8.9%)로 나타나고 있고, 실업률은 8.3%(한국 3.2%), 남성 실업률 6.2%(한국 3.7%), 여성 실업률 11.1%(한국 2.6%)이다(OECD, 2009). 청년층 실업률은 15.79%(한국 9.3%)로 매우 높다(IMD, 2009).

인재개발 현황

교육제도

현재의 브라질 교육제도는 1996년 국가교육법Lei de Diretrizes Basicas에 근거해 운영되고 있으며, 연방교육부는 교육기관 등에 대한 가이드라인 등을 설정하는 형태로 브라질의 교육을 관장하고 있다. 지방정부는 연방정부가 제공하는 예산을 사용하고, 가이드라인에 따른 교육 프로그램을 운영한다. 국가교육법은 모든 브라질 국민들에 대한 무상의 초등교육을 보장하고 있으며, 점차 무상 교육의 범위를 확대하도록 하고 있다.

국가교육법에 따라 브라질의 교육제도는 크게 기초 교육Educacao Basica과 고등교육Educacao Superior 2가지로 나뉜다. 세부저으로 기초 교육은 취학 전 아동을 위한 유아 교육Educacao Infantil, 초등교육Ensino Fundamental, 중등교육Ensino Medio(브라질에는 중등 과정의 일부를 초등학교 고학년에서 실시하기 때문에 중학교는 없음)의 3단계로 구성되며, 고등교육은 크게 대학괴정Curso de Graduacao과 대학원 과정Curso de Pos- Graduacao으로 구성된다(이승덕, 2009).

그 외에 직업 및 기술교육을 목표로 각 주와 시가 책임을 지는 기술교육Educacao Profissional이 중등 단계부터 제공되고 있고, 장애아동과 싱인교육을 담당하는 특수 교육Educacao Especial이 있으며, 정규 과정에서 초등교육

과 중등교육을 마치지 못한 성인을 위한 성인교육Educacao de Jovens e Adultos
이 운영되고 있어 15세 이상이면 초등교육, 18세 이상이면 중등교육 완료
시험을 볼 수 있다(이승덕, 2009). 대략 GDP의 4.3%가 교육에 투자되고 있
는 것으로 보고된다(UNESCO, 2007).

1996년 국가교육법에 따르면, 시와 주정부는 1~8학년까지의 초등학
교의 교육재정과 공급을 공동으로 책임지며, 주정부는 9~11학년의 고등
학교교육 공급을 우선적으로 담당한다고 규정하고 있다. 최근 1~4학년
교육에서 주가 23%, 시가 67%의 학교를 운영하는 것으로 나타나고 있다.
5~8학년의 경우는 주가 53%, 시가 37%의 학교를 운영하고 있으며, 고등
학교 과정의 경우에는 주가 85%, 시가 2%를 맡는다. 사립은 전체 학교의
10% 내외를 차지하고 있으며, 연방정부가 담당하는 학교는 1% 미만이다.
대부분의 주가 1~4학년 교육을 시 소관으로 이관하고 있다.

초등학교는 8년 과정(7~14세), 고등학교는 3년 과정(15~17세), 대학은 4
년 과정으로 이루어져 있다. 초등학교 8년 과정이 의무교육과정이며,
초·중등 단계의 공립학교교육은 무료이다. 그러나 초중등 공립학교의 교
육 목표는 학생들이 문맹을 탈출해 일상생활을 할 수 있을 정도의 지식을
습득하는 데 그치며, 학생들의 중도 탈락률도 초등학교 7%, 고등학교 8%
에 달하고 있다. 정부의 지원이 거의 없어 교사들 역시 적은 월급에 어려
움을 겪고 있으며 교육 기자재마저 부족한 실정이다. 전반적으로 교육시
설의 부족, 교사의 자질 부족, 교육에 대한 열의 부족 등이 문제점으로 지
적되고 있다(UNESCO, 2009).

초등 및 중등 과정의 학생 수는 4,250만 명 정도(초등 3,350만, 중등 900
만), 교사 수는 150만 명 정도인데, 그 중 34%는 대학 교육을 받지 못한 것
으로 나타나고 있다. 교사의 39%는 주 소속, 48%는 시 소속, 12%는 사립
소속이다.

초등교육 수혜 비율은 1990년 86%에서 2003년 93%로 점차 높아지고

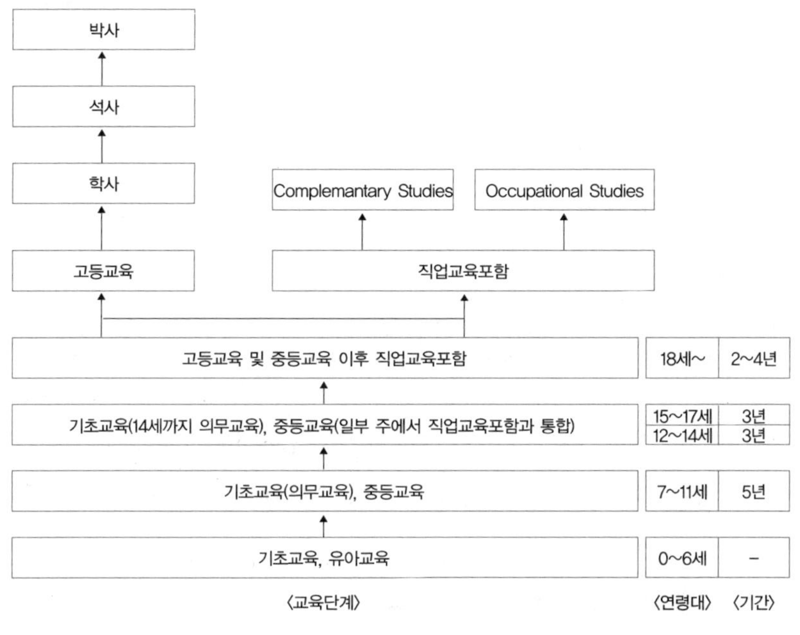

있으며, 특히 중등교육 수혜 비율은 1990년 15%에서 2003년 76%로 비약적으로 높아졌다. 그러나 일반적으로 권장하는 학령대(7~17세)가 아닌 초과 연령 비율은 점차 낮아지고는 있으나, 2003년 기준 38%로 여전히 높은 편이다. 또 유급을 당해 반복적으로 교육을 받는 비율도 여전히 높은 편이다.

브라질 교육의 가장 큰 문제점은 문맹률이 매우 높다는 점이다. 2008년 기준 15세 이상 문해율은 90.2%로서, 브라질은 남미에서 온두라스, 엘살바도르, 도미니카공화국, 볼리비아, 과테말라, 아이티와 함께 문맹률이 10%를 넘거나 육박하는 7개국에 속한다. 15~64세 사이의 브라질 국민 중 학교교육을 4년 이하만 받은 기능적 문맹률은 30%에 육박한다. 국가 전체적으로 국민 1인당 7.2년의 정규 교육을 받고 있는 것으로 나타나고 있으나, 인종 간의 편차가 커서 백인은 8.4년, 흑인은 6.1년의 정규교육년수를

표 3-7 | 브라질의 초 · 중등교육 지표

구분		1990년	1999년	2001년	2003년
유아 교육 비율		–	44	50	53
초등교육 비율		86	91	94	93
중등교육 비율		15	66	71	76
초과 연령 비율		–	56	48	38
반복 교육 비율	1학년	–	31	29	–
	4학년	–	14	13	–
	중등	–	18	18	19
초등교육 잔류율(8학년까지)		–	80	84	–
중등교육 진학률		–	84	84	–

자료 : UNESCO Education Statistics(2006): UNDP Human Development Report(2005).

보이고 있고, 지역적으로도 북동부는 5.1년, 동남부는 7.2년, 남부는 6.9
년으로 정규교육년수의 편차가 크다(UNESCO, 2009).

1. 유아 교육 및 초등학교(초 · 중등) 교육

0~6세까지의 유아 교육은 초등학교 입학 전 교육으로 의무교육은 아니다.
법률이 정한 바에 의하면 0~3세의 유아는 탁아소Creche에서, 4~6세의 아
동은 유치원Pre-escola에서 각 시의 책임 하에 교육을 받는 것으로 규정되어
있다. 2004년 통계에 의하면 대략 700만 명의 어린이가 유아 교육을 받고
있는데, 거의 모든 시에 유치원이 있으며 70% 이상의 시에 탁아소가 있다.
지역적으로는 남부 지방과 남동부 지방 등 비교적 잘사는 지역에서 운영이
잘 되고 있는 것으로 나타난다(이승덕, 2009).

브라질에는 중학교가 없고, 초등학교가 중학교 과정을 포함한다. 이 단
계는 쁘리메이루 그라우Primeiro Grau라고 불리며, 7~14세까지의 약 3,400
여만 명이 교육을 받고 있다. 90%의 학생이 공립학교에 다닌다.

브라질 교육부 통계에 의하면, 전국의 4학년 학생들 중 55.4%가 정확
히 읽지 못하며 51.6%가 수학의 기초적인 능력을 갖추지 못한 것으로 나
타났다. 브라질에는 유급 제도가 있어서 한 학년에서 낙제하면 다시 그 학

년을 다녀야 한다. 가정 형편상 초등교육을 다 마치지 못한 상태에서 중도에 포기하는 경우도 있다. 최근에는 과거에 비해 훨씬 더 많은 학생들이 초등교육을 마치고 고등학교에 입학하는 것으로 나타나고 있으나 그럼에도 불구하고 여전히 34%가 낙제와 중도 포기로 인해 초등교육을 14세에 마치지 못한다. 다른 지방에 비해 교육이 제대로 이루어지지 않고 있는 북동부 지방의 경우 약 50%나 된다.

이러한 문제를 개선하기 위해 각 학년말에 학생들을 평가하는 것이 아니라 2년, 3년, 4년마다, 즉 정해진 주기별로 평가를 받도록 하는 새로운 '주기 시스템Sistema de ciclos'을 채택하기도 했다. 현재 상파울루 주에서는 반 이상의 학생들이 이 시스템에 의해 평가를 받고 있다. 또 정상적인 학년보다 늦어진 학생들을 위해 '가속 학급Classe de aceleracao'을 만들어 학생들이 좀 더 짧은 기간에 교육과정을 마칠 수 있도록 한다. 북동부 지방에서는 약 66%의 학생이 이에 해당한다. 그러나 최근 유급생이 줄어들고 신생아 출산율도 줄어들면서 초등학생의 증가율도 감소하고 있는 편이다(이승덕, 2009).

2. 고등학교(중등) 교육

고등(중등)학교교육은 세군두 그라우Segundo Grau라고 불리며, 15~17세 대상의 우리나라의 고등학교교육에 해당한다. 3년 교육으로시 기술escolares tecnicas 교육을 하는 곳도 있으며, 교사양성 교육일 경우에는 4년세로 늘어난다. 최근 5년간 입학생 수는 100만 명 이상 증가했으며, 이러한 현상은 초등교육에서 나타나는 유급의 감소와 무관하지 않다. 반면, 중등교육생의 증가율은 줄어들고 있는데, 이는 학생들이 기술교육 등을 선택하기 때문이다. 2005년 기준 중등교육 학생 수는 900만 명 정도이며, 이 중 790만 명이 공립(87.8%), 390만 명(43.3%)이 야간 과정에 다닌다. 전체 고등학교 학생들 중 52.22%인 470만 명이 고등학교 학령대인 15~17세이다.

중등교육을 마치는 학생은 여전히 70%를 겨우 넘는 수준이고, 제 나이에 맞는 학년을 다니지 못하는 경우가 절반 이상이다. 그 중 3명 중 1명 정도가 대학 학령대인 18~24세 사이이다. 공립학교는 현재 대다수 주립(85%)과 시립, 연방을 모두 포함해 88% 정도이며, 사립학교는 12% 정도이다.

교육영역에 컴퓨터를 도입한 1997년 이래, 사립학교의 시설에는 아직 미치지 못하지만, 공립학교에 점차 컴퓨터실을 설치하고 인터넷 접속이 되도록 장비를 확충해 가고 있다. 정부도 컴퓨터 확충과 이에 따른 교사의 교육에 더욱 투자하고 있다(이승덕, 2009).

3. 고등교육

중등교육 이후의 고등교육을 포함하는 고등교육으로는 크게 3개의 프로그램이 있는데, 학사학위교육, 교사 자격증 취득을 위한 교육, 기술교육이다. 최소 75%를 출석해야 졸업이 가능하며 원격 교육도 가능하다. 고등교육기관의 수는 공공 231개소, 민간 1,934개소로 총 2,165개소이다(World Bank, 2007). 학생은 총 450만 명(공립 120만, 사립 330만)이며, 전체 학생의 67.7%가 야간 과정에 재학하고 있다.

대학은 1,097개(국·공립대학 192개, 사립대학 905개)이며, 학생 수는 약 240만 명 정도이고, 17~24세 사이의 연령대 중 9% 정도가 대학 교육을 받고 있는 것으로 나타난다. 대학은 대학 교육기관Instituto ou escola superior, 단과대학Faculdade, 대학 센터Centro universitario, 종합대학교Universidade 등 4가지 형태로 구분된다. 전체 입학생의 절반 이상은 경영학, 법학, 교육학, 어문학, 커뮤니케이션학을 공부한다.

이렇게 숫자적으로는 세계에서 가장 큰 고등교육 규모를 보이고 있지만 멕시코를 제외한 다른 중남미 국가보다도 고등교육의 재학 비중은 낮다. 또 25~34세 경제 활동 참가 인구 중 고등교육 이수자 비율이 12%(2004년 기준)

로 OECD 평균 31%(멕시코 19%)에 비해서도 매우 낮다. 이렇게 고등교육 이수 비율이 낮은 직접적 원인은 학비가 많은 사립대학의 비중이 너무 높기 때문이다. 가난한 공립 고등학교 출신은 좋은 무료 공립대학에 진학하기 어렵고, 사립대학으로 진학하는 저소득층 출신 학생에 대한 재정적 지원도 거의 없기 때문이다. 즉, 무료 공립대학에 들어가는 것은 대부분 사립 고등학교 출신의 우수한 고소득층 자녀들이다.

이상과 같이 사립학교가 질적으로 우세한 초·중등교육에 비해 대학과 같은 고등교육기관의 경우 공립의 질이 상대적으로 높다. 고용 안정성이 보장된 공립으로 우수한 교수들도 몰리고, 학비도 무료이기 때문이다. 특히 질적으로 우수한 일부 공립대학은 사립학교의 우수한 학생들이 지원하기 때문에 경쟁이 매우 치열하다. 이들 우수 학생들의 대부분은 가정 환경이 안정된 중산층 출신으로 사회 엘리트층을 형성한다고 볼 수 있다. 반면 공립학교 출신의 경우 대부분은 사립대학을 지원하며, 사립대학은 학비도 비싸고 교육의 질도 공립대학에 비해 떨어진다. 그래서 대학 교육의 경우 부익부 빈익빈 현상이 두드러지게 나타나고 있다(이승덕, 2009).

직업교육훈련

브라질에는 노예문화 및 계급 사회 구조로 인해 직업교육훈련 부문을 차선의 선택으로 생각하는 경향이 있다. 1996년부터 중등교육수준의 직업교육을 마친 경우 고등교육으로 진입이 가능하도록 법률이 개정되있나. 즉, 이 시기부터 일반적인 중등교육으로 인정받게 되었다.

직업교육 센서스에 의하면 브라질에는 약 3,948개 직업교육기관이 등록되어 있는데, 이 중에서 2,034개 기관이 초기 및 계속 교육과정을 제공하며, 기술교육과정 학교 센서스에 의하면 2,789개 교육기관이 기술교육과정을 제공한다. 고등교육 센서스에 의하면 636개 과정이 테크니션technician 과정을 운영하는 것으로 알려졌다.

연방정부가 운영하는 기관은 총 139개가 있는데, 36개 농업 기술 연방학교(EAF, 초기 및 계속, 중등교육 실시), 34개 연방 기술교육 센터(CEFETs, 학부 및 대학원 수준의 기술 분야 고등교육과 기술교육 분야 교사 및 전문가 훈련), 연방대학과 연계된 30개 기술학교(기술교육과정, 중등교육 실시), 38개 교육기관UNED, 1개의 연방 기술학교 등으로 이루어져 있다.

주정부가 운영하는 기관 중 800개 정도가 직업교육과정을 제공하고 있으며, 시정부가 운영하는 기관 중 342개 정도가 직업교육과정을 제공한다. 이 외에 2,656개의 민간기관이 있다.

1. 중등교육단계 직업교육훈련

최근 들어 청소년층의 직업 세계로의 이행을 위한 직업기술교육의 필요성이 커지고 있다. 최근 브라질의 북부 및 북동부 지역의 연방단위기관 27개소 중 20개소에서 중등교육과 전문 기술교육의 통합이 이루어지고 있다.

중등교육 단위 고등학교 수준의 기술교육 재학생 수는 70만 7,300명(7.86%)이며, 이 중에서 20세 이상의 학생이 66%를 차지한다. 58%는 사립기관에 재학 중이며, 83.5%는 브라질에서 발전된 지역인 동남부 및 남부 지역에 집중되어 있다. 최근 북부 및 북동부 지역에서 27개 연방단위기관 중 20개소에서 중등교육이 기술교육과 통합되고 있다는 점이 특징이다(UNESCO, 2006).

2. 고등교육단계 직업교육훈련

기술학교나 대학에서 성인 대상으로 지역의 노동시장 수요에 맞는 단기 과정을 만드는 경우가 거의 없었기 때문에 1996년 occupational studies 과정과 complementary studies 과정으로 구분되는 시퀀셜sequential 과정을 두는 법률이 제정되었다. occupational studies 과정은 일반적으로 2년 반 과정으로 tertiary 교육기관이나 특별 훈련 센터에서 실시되며, 수료 후에는 학위과정으로 연계될 수 있다. 즉, 주로 중등교육을 마치고 취업이나 능력 향상을 위한 단기간의 자격을 필요로 하는 경우에 권하는데, 교육부에 의해 미리 인정을 받아 400일당 최소 1,600시간 학습을 한다.

complementary studies 과정은 2년 과정으로서 정규 4년제 교육 프로 그램의 일부로 운영되며 수료증을 받는다. 즉, 이미 학부 과정에 다니면서 학습을 보완하거나 특별한 자격을 더 추가로 받고 싶은 경우에 시퀀셜 과 정의 6개 과목(교육부에 의해 인정받은 과정)을 공부하는 것이다. 2003년 기준 이 과정의 학생은 전체 학생의 2%를 차지하고 있다. 이러한 시퀀셜 과정 은 UNESCO와 세계은행의 권고 하에 만들어졌다.

그러나 교육훈련 품질에 관한 교육부 이외의 독립된 평가 기구에 의한 평가는 없고, 학부평가와 동일하게 운영된다. 국가 전체적으로 교육과정 내에 현장 실습이나 기간을 부여하는 조항과 같은 국가교육과정 가이드라 인도 없으며, 사업체와 직업학교 간 연계도 거의 없는 실정이다.

평생학습

1. 근로자 능력 개발

대표적인 근로자 능력 개발은 기업에 부과되는 2.5%의 지불급여세payroll tax 를 재정으로 하는 S시스템이다. 이 제두는 사회복지부가 담당하고 있고, 1940년대부터 시작된, 라틴아메리카에서 최고로 강력한 직업훈련 시스템이 다. 전국 산업 협회National Confederation of Industry와 주 산업 협회State Federations of Industries가 제조업, 상업, 교통, 농업, 협동조합 부문 등의 근로자 훈련을 위 해 만들었다. 산업별로 만들어졌기 때문에 단일화된 시스템은 아니며 전국적 차원에서 서로 느슨하게 연계된 9개의 조직으로 이루어져 있다.

국가 전체적으로 약 5,000개소에서 훈련이 이루어지고 있는데, 크게 다음과 같은 세 가지의 훈련으로 구분된다. 1)18세까지의 청소년층에 대한 소규모 도제 및 훈련, 2)18세에서 30세까지의 실업자와 비공식 부문, 그리고 기술 향상 희망자를 대상으로 하는 대규모 그룹 훈련,[3] 20세에서 40세까지 근로자들에 대해 사업체가 지원하는 훈련이다. 이 시스템은 연간 약 2,300개의 과정을 운영하며, 연간 교육 인원은 1,500만 명에 이른다. 2006년 기준 약 330만 Real이 교육비였는데 이 중에서 85%는 기업에 부과되는 2.5%의 지불급여세payroll tax에서 충당되었고, 나머지는 관련 기관들이 내거나 개인이 내는 비용이다.

시스템은 다음과 같은 9개의 조직들로 이루어졌다.

1) National Service for Industrial Apprenticeship(SENAI)

1942년 1월, 베르가스Getulio Vargas 대통령이 당시 발전하기 시작하는 산업에 필요한 인력의 양성을 위해 만들었다. 설립 이후 20여 년 간 SENAI는 베네수엘라 및 칠레, 아르헨티나와 페루 등 남미 국가의 직업훈련 모델이 되었다. 1960년대 들어 SENAI는 직업훈련과정 체계화에 대한 투자와 OJT의 증가, 교육노동부, National Homestead Bank와의 제휴를 모색했다. 1980년대 경제위기 동안에 SENAI는 경제 구조 변화를 인식하고 기술에 대한 투자와 전문인력 양성을 강화하기로 결정했다. 또 최신 기술의 습득과 연구 및 기술 개발을 위한 교육 센터를 설립했다. 1990년대에는 독일, 캐나다, 일본, 프랑스의 기관들로부터 기술적, 재정적 지원을 받아 생산 기술 및 생산 설계, 경영 등 분야에서 산업 부문에 대한 자문도 실시했다.

2) The Social Service for Commerce(SESC)

1946년에 설립되었으며, 소매업과 서비스업 사업주들이 근로자들의 교육, 건강, 레저, 문화 등에 대한 지원을 실시하고 있다. 교육은 SESC의 사명이고 근로자와 그들 가족의 삶의 질 제고를 위한 필수 과정으로 이해되고 있다. 이 조직의 활동은 유아 교육, 미취학 아동 교육, 초등교육, 성인교육, 대학 입학 시험 준비, 예방의학, 치의학, 영양, 영화, 극장, 조형예술, 무용, 공예, 문학, 스포츠, 커뮤니티 활동들을 모두 포함한다.

3) The National Service for Commercial Apprenticeship(SENAC)

SENAC는 상업과 서비스 부문의 직업교육기관으로서 1946년에 만들어졌다. 주로 12개 부문을 담당하는데, 상업, 디자인, 경영, 컴퓨터, 환경, 건강, 여행 등이다. 교실학습, 원격 교육, 시간제 과정 등으로 다양하게 구성된다. 특히 이동식 교육도 실시하고 있는 점이 특징이다.

4) The Brazilian Service for Assistance to Small Business(SEBRAE)

브라질의 소규모 사업을 위한 사업 환경을 개선하기 위해 1972년 설립되었다. 2003년 기준 감세, 불필요한 관료주의 없애기, 신용 및 기술, 지식으로의 접근성 제고를 우선 사항으로 제시하고 있다.

5) The Social Service for Industry(SESI)

SESI는 1946년 근로자와 가족들의 삶의 질을 향상시키기 위해서 만들어졌다. SESI는 보완교육, 의료 및 치과 치료, 레저, 스포츠 및 문화 활동늘에 대해 지원한다.

6) The Social Service for Transport Industries 및 The National Transport Apprenticeship Service(SEST/SENAT)

1995년 운송업의 개발, 근로자의 삶의 질 향상과 직무 성과 제고, 신입 근로자 훈련을 담당하기 위해 설립되었다.

7) The National Service for Agriculture Apprenticeship(SENAR)

1991년 농촌 지역 전문 훈련을 담당하고, 농업 분야 청소년과 성인에 대한 프로그램을 운영하기 위해 설립되었다. 각 과정이 끝날 때 참가자들은 인증서를 받는다.

8) The National Apprenticeship Service in Cooperative Acrivities
   (SESCOOP)

1998년 협동조합 회원들에 대한 직업훈련 및 개발, 향상을 위해 만들어졌다.

2. 일반적 평생학습

브라질은 아직 평생학습정책을 가지고 있지 못하다. 직업훈련 측면에서는 S시스템을 통해 잘 갖추어진 네트워크를 가지고 있지만 S시스템과 교육부에 의해 관장되는 고등교육과는 연관이 없다. 고등교육기관들 사이에서도 서로 간의 연계는 약하다. 교육기관 간 통용되는 모듈식 과정도 거의 없고, 이전 또는 현장 학습을 인정해 주는 시스템도 없다. 진로 상담도 발달되어 있지 못한 편이며, 평생학습자에 대한 재정지원 시스템도 특별히 존재하지 않는다(World Bank, 2007).

원격 교육은 주로 청소년 근로자가 시간제 형태로 온라인 교육에 참여하는 것을 의미하는데, 이러한 형태의 원격 교육은 아직 시작 단계이며, 2004년 기준 전체 학생의 1.4% 정도가 원격 교육에 참여하고 있다. 그러나 브라질은 방송을 통한 원격 교육 분야에서는 오랜 역사를 가지고 있다. 1923년 교육 라디오 방송을 시작했으며, 1960년대에 교육 텔레비전 방송을 시작해 1970년대에는 인도, 스페인, 영국과 함께 세계 원격 교육 선도 국가에 포함된 바도 있다.

인재개발의 정책동향 및 특성

정책동향

브라질 교육의 가장 큰 문제는 상대적으로 높은 문맹률, 교육 기회의 불평등, 낮은 교육의 질로 볼 수 있다. 이러한 문제들을 개선하기 위해 최근 다음과 같은 사업들이 운영되고 있다.

첫째, Literate Brazil ProgramPBA으로서 2003년부터 실시하고 있으며, 2017년까지 문맹을 없애겠다는 계획이다. 학생뿐만 아니라 교사에게도 수당 등이 제공되며, 문맹률이 35% 이상인 지역에 우선권이 부여된다. 2007년부터는 이 프로그램이 재구조화되어서 15~29세 인구를 사업의 목표집단으로 설정했다. 이 프로그램은 지방정부와 연방정부가 서로 협력해 추진하고 있는데, 지방정부는 프로그램 참여자 모집과 교사에 대한 자격 부여를 담당하고, 연방정부는 문해 담당 교사에 대한 수당, 교재 및 학교 급식과 교통편 등의 예산에 관한 책임을 진다.

이 사업에 참여하는 교사에게는 네 가지 월별 수당이 책정되어 있으며, 문해 교사에게 200Real, 장애인 문해 담당 교사에게 230Real, 수화 교사에게 200Real, 관리자급(15명의 교사를 관리) 교사에게 300Rcal이 지급된다.

둘째, 빈곤 계층 학생들에게도 고등교육의 기회를 확대하기 위해 2004

년 교육부는 사립대학의 우수한 저소득층 학생들에게 장학금을 직접 지원하는 ProUniProgram Universidade para Todos 사업을 시작했다. 사립대학에 직접적으로 지원되는 자원은 없으나, 이들 대학들은 세금을 면제받는다.

셋째, 적극적 조치 프로그램으로서 연방대학의 50% 정도의 학생 정원을 공립 고등학교 출신(흑인, 혼혈 출신 포함)에게 제공하는 방안을 골자로 하는 법안을 고려했다.

넷째, 학자금 대부 프로그램의 운영이다. 1976년부터 대부 프로그램(학자금의 70%)을 국가 차원에서 연방 저축 은행Caixa Economica Federal이 주관해 운영하다가 1994년 과도한 채무 불이행 비중 때문에 중단한 바 있다. 1997년 다시 새롭게 시작된 프로그램은 학자금의 50%를 6.5% 또는 3.5% 이율(초기에는 9%였다가 2006년 이후 낮아짐)로 대부해 주는 것이다. 2명의 보증인이 있어야 하며(Alagoas 주는 제외), 교육부가 인정한 기관에서 평균 75% 이상의 학점을 유지해야 한다. 2006년까지 39만 명의 학생이 대부를 받았다.

다섯째, 디지털 격차 해소 프로그램이 있다. 대표적인 프로그램은 'The Computer for All' 사업으로서 세제 혜택을 주기 때문에 결과적으로 할인된 비용으로 컴퓨터를 구입하거나 월별 50Real 정도의 비용으로 분할해 구입할 수도 있다. 다른 프로그램으로는 가난한 지역에 위치한 5,000개 이상의 Telecenter에서 인터넷 무료 접속과 컴퓨터 사용을 할 수 있도록 하는 것이다. 또 공립초등학교에 초고속 인터넷 시스템을 갖추는 사업을 추진 중에 있다.

주요특성 및 과제

브라질 교육의 문제점을 중심으로 특성을 살펴보면 다음과 같다.

첫째, 성과 제고 노력이 필요하다. 브라질 교육의 가장 큰 문제가 문맹률 해소 및 의무교육 수혜 계층의 확대에 있지만 보다 더 중요한 문제는 전반적으로 브라질의 교육 성과가 아직은 그리 높은 편이 아니라는 점이다(UNESCO, 2006). 교육 시스템 자체가 우선적으로 기본적인 삶의 기술, 국민들이 사회에 능동적으로 참여할 수 있도록 하는 가치개발이 부족하며, 지속가능한 인간 개발도 다소 부족하다. 또 국민 전체의 교육수준에서도 격차가 매우 크고, 지역별로도 교육수준에 차이가 있다. 부의 분배에서 가장 많은 빈곤 인구를 가졌던, 그리고 가장 높은 빈곤 인구 비중을 보여 주었던 북동부 지방의 경우 교육수준에서도 타 지역에 비해 뚜렷하게 낮은 수준을 보여 주고 있다.

둘째, 습득한 기술을 인정해 주는 체제의 도입이 필요하다. 브라질 평생학습의 가장 큰 문제점은 S시스템 또는 OJT에서 습득한 기술에 대한 인정체제가 없다는 점이다.

셋째, 대졸자 고실업 문제의 해결이 필요하다. 이는 노동시장의 수요와 노동력 공급이 서로 조화를 이루지 못하는 것을 단적으로 보여 주는 점인데, 과학 기술 분야에 대한 수요가 높으나 고등교육이나 고등교육단계의 직업교육훈련이 이에 부응하지 못하고 있다. 대학에서 공학, 과학, 수학, 컴퓨터 관련 학과가 많지 않은데, 이는 대학들이 많은 투자가 이루어지는 분야의 전공 개설을 꺼리기 때문이기도 하다. 또 학위 수준이 아닌 테크니션 수준의 공급이 덜 이루어지고 있다. 이는 단기 기술교육과정이 부족한데 기인하며 학위를 선호하는 전반적인 사회 분위기 때문에 브라질에서도 기술교육이 2류로 여겨지는 문제도 있다.

앞서 살펴본 바와 같이, 전반적으로 브라질은 교육수준이 높지 않은 편이기 때문에 국제기구나 교육 선진국들이 각종 우수 사례를 전파하거나 전체 교육 및 직업교육훈련 시스템의 개선, 단계별 개선 방안 등의 권고를 지속적으로 실시할 필요가 있다. 물론, 지금까지도 유네스코와 세계은행,

EU는 각종 권고 및 재정적 지원을 통해서 브라질 교육의 질을 개선하고, 교육 관련 불평등을 해소하기 위한 다음과 같은 국제 협력사업을 실시해 왔다.

먼저, 유네스코는 'Education for All'이라는 국제적 기치 아래 교육과정에 대한 평가, 효과적인 정책에 대한 분석, 우수 사례에 대한 보급, 위험에 대한 경고의 역할, 브라질의 관련 통계에 대한 보급을 담당해 왔다. 향후 브라질에서 교육 관련 유네스코의 활동 계획은 다음과 같다.

우선적으로는 브라질 전체 국민의 의무교육 달성을 새천년의 목표로 설정했고, 그간 브라질이 의무교육 부분에서는 성과를 거두었으나 아직까지 읽기나 수학 등에서 적절한 성과를 얻지 못하고 있으며 교육 반복이나 탈락률도 높다는 점을 지적하고 있다. 특히 교사의 역량도 높지 못하고, 교사에 대한 임금 또한 낮은 편이다. 따라서 향후 유아 교육 수혜 확대, 교육 기회의 불평등 개선과 중등 및 고등교육수준의 성과 제고 등을 도모해야 한다는 계획을 설정하고 있다(UNESCO, 2006).

그간 세계은행도 이미 브라질 정부와 파트너십을 구성하고, 브라질 정부가 추진하는 교육의 질 향상과 관련해 많은 노력을 기울여 왔다. 세계은행은 구체적으로 2009년에 페르남부쿠Pernambuco 주의 교육 환경 개선 사업(The Pernambuco Education Results and Accountability Project, PERA)을 지원하기 위해 1억 5,400만 달러를 지원하기로 최종 승인했다. 세계은행이 지원하는 페르남부쿠 주 교육 환경 개선 사업은 빈곤 지역 아동들을 대상으로 한 교육 지원사업 및 이를 바탕으로 한 미래 인적 자원의 개발, 교육 지원사업을 통한 노동 생산성 향상 및 근로자 개개인의 경쟁력 향상 도모, 교육 관련 공공재 및 교육 서비스의 효율성 증대 도모, 교육 기회의 증대 및 교육을 받지 못한 국민들을 대상으로 한 교육 부문에 대한 접근성 제고 등의 사업으로 나누어 볼 수 있다.

유럽 위원회European Commission, 교육훈련 문화 청소년 위원회는 2009년 브라질 교육부와 양해 각서를 체결해 자격 제도의 호환, 무형식 및 비형식 학습성과의 인정 강화, 교육의 국제화, 고등교육 개선, 품질인정, 성과 측정 방법, 청소년의 무형식 학습기회 제공, 직업교육훈련 분야의 우수 사례 공유, 정책 공유 등의 협력을 도모하고 있다.

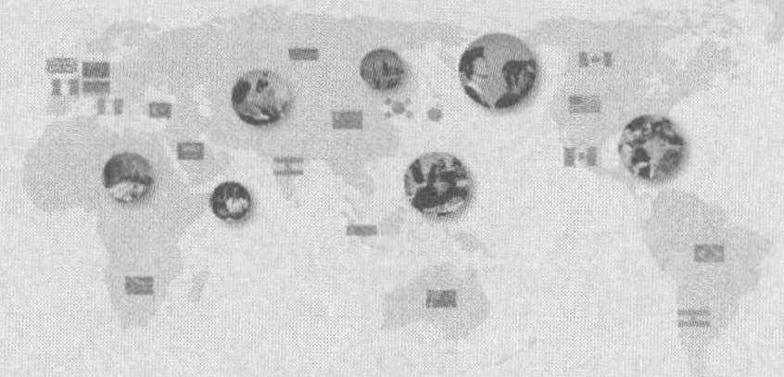

• CHAPTER 4 •

캐나다CANADA

정 지 선

캐나다 토론토대학교 교육사회학 전공 사회학 박사, 현 한국직업능력개발원 국제협력센터 소장 연구위원, 외부 활동실적은 교육과학기술부 평생교육정책 자문위원, 성인교육학회 부회장 외. 주요 연구 실적으로는 [FEMALE LABOR FORCE PARTICIPATION IN KOREA FROM A HISTORICAL PERSPECTIVE (2010)]. [JAABC, 고등직업교육을 위한 특수대학원 개선방안 연구] 외 다수.

·01·
사회경제적 배경

사회와 문화

캐나다는 대서양, 태평양, 북극해로 둘러싸여 있으며 국토면적이 998㎢(한반도의 약 45배)로 세계 제2위이다. 총인구는 2010년 3,363만 9,000명, 노동인구 1,830만 명으로 한국과 비교해 영토규모에 비해 인구밀도는 높지 않은 편이다. 인구는 1990년 이래 꾸준히 증가추세에 있으며, 2020년에는 3,634만 4,000명으로 증가할 것으로 예측된다(OECD, 2009).

1867년 온타리오, 퀘벡, 뉴브런즈윅, 노바스코샤 4개 주가 영령英領 북아메리카 조례에 따라 자치령을 결성하고, 여기에 연방정부가 탄생했다. 이이 다른 5개 주가 차차 연방에 가입해 대서양에서 태평양에 이르는 넓은 영토가 확립되었으며, 1949년에는 뉴펀들랜드 주가 가입해 현재의 10주province, 3준주territory의 캐나다 연방국가가 확립되었다.

캐나다의 민족구성은 무척 다양하나. 10만 명 이상인 민속집단만 해도 34개가 넘는다. 캐나다 인구의 대부분은 1차 대전까지 이민한 유럽(잉글랜드 19.2%, 프랑스 15.7%, 스코틀랜드 14%, 아일랜드 12.9%, 독일 9.0%, 이탈리아 4.3% 등) 출신들이다. 아시아계 캐나다인은 전체인구의 9%이며, 오타와 남부와 밴쿠버Vancouver 지역에 집중되어 있다.

공식언어는 영어와 프랑스어의 이중 언어로 캐나다 권리자유헌장에 규정되어 있다. 인구의 59.7%가 영어를 모국어로, 23.2%가 프랑스어를 모국어로 구사한다. 실제로 영어만 사용하는 인구는 67.5%, 프랑스어만 사용하는 인구는 13.3%이며, 17.7%만이 두 언어를 모두 사용한다. 프랑스어를 사용하는 인구의 85%가 퀘벡 주민이다.

경제 및 노동시장

2009년 국제금융위기 이후 캐나다의 경기 침체는 OECD 국가의 평균적인 수준을 보였다. 2009년 국민 1인당 소득은 3만 8,400달러로 2008년의 3만 9,700달러에 비해 다소 하락해 경기가 아직 회복되지 않았음을 보여주고 있으나, 2010년에는 경제성장률이 2% 이상 상승할 것으로 전망되며, 실업률도 2010년 이후 감소할 것으로 전망된다.

2009년 IMD 보고서에 의한 국가 경쟁력 순위는 8위이다. 캐나다는 고용보호 제도의 취약, 체계적인 재정 위기의 반감, 경제 침체로 실직 사태가 발생했지만 고용 성장이 회복세를 보일 것으로 예상된다. 실직자의 80%는 남성으로 청년층, 핵심 인력, 시간제 근로자, 숙박 및 음식 서비스와 자원 부문의 실직이 증가했다. 캐나다는 미국, 영국, 일본으로 가장 수출을 많이 하며 GDP 대비 수출은 40%, GDP 대비 수입은 37%를 차지한다.

노동시장은 노동력과 취업률이 급속히 증가하는 특성을 가지고 있다. 1970년대와 비교하면 고소득층과 저소득층이 중간 계층보다 더 많아지는 경향을 보였다. 또 하나의 역설적 경향은 캐나다의 고용 증가율이 미국보다 높고, 또 OECD 국가들 중 가장 높으나, 동시에 실업률도 미국보다 훨씬 높다는 사실이다. 즉, 고용률의 증가에도 불구하고 실업률이 매우 높아졌다는 점이다.

명확한 주기적 변동에도 불구하고 실업률은 장기간 상향 추세를 보였으며, 1947년에 2%, 1983년에 13%가 되었다. 1990년대 시작된 급속한 경기 후퇴로 1992년에는 7.5%로 절정을 이루었다. 그 후 1997년까지는 9.2% 이하로 하락해 2008년까지 하강 곡선을 그리고 있었으나 세계경제의 불황으로 2009년에 8.3%까지 상승했다. 또 여성의 실업률이 남성의 실업률보다 낮은 수치를 보여 주고 있다. 연령별 실업률을 살펴보면, 25~44세에서 실업자 수가 확연히 높은 비중을 나타낸다. 이는 세계적으로 문제가 되고 있는 청년실업 문제가 캐나다에서도 예외가 아님을 보여 주는 수치라 할 수 있다. 지역별로는 주마다 격차가 크다.

2009~2010년까지 1년의 실업률 변화를 살펴보면, 프린스에드워드아일랜드Prince Edward Island 주가 −2.2%로 가장 낮으며, 앨버타Alberta 주는 1.0로 가장 높다. 온타리오 주는 0.2%, 브리티시 컬럼비아British Columbia 주는 0.7%로 높은 실업률을 기록하고 있다.

교육제도

1. 개요

캐나다의 공식 학교교육은 연방정부, 주정부, 지방 자치 단체 등에 의해 감독되고 재정지원을 받는다. 지방 자치제를 기초로 한 캐나다에서는 헌법에 의해 교육은 각 주정부 소관으로 되어 있으며, 교육과정도 중앙정부의 관여 없이 주정부에 의해 운영된다. 캐나다의 공식 학교교육기관은 초등교육기관(기초 교육, 공립학교), 중등교육기관(중고등학교)과 고등교육기관(대학, 칼리지)으로 구분된다. 초등, 중등, 중등후 교육post-secondary education 모두 주정부가 관할하고 있으며 학제는 주마다 차이가 있다.

의무교육인 초등교육과 중등교육은 대체로 16세까지이며, 온타리오와 뉴브런즈윅만 18세까지이다. 의무교육은 거주 요건을 충족시키는 모든 캐나다인에게 무료로 제공된다.

2. 교육 체계

초·중등교육은 모든 주에서 12학년제이고 퀘벡에서만 11학년제를 운영하며, 주에 따라 지역적 특성이 반영된 독립적인 교육정책을 펼치고 있다.

앨버타는 한국과 비슷한 학제를 가지고 있으며, 초등학교는 1~6학년, 중학교는 7~9학년, 고등학교는 10~12학년으로 이루어져 있다. CMEC(Council of Ministers of Education, 2004)에 따르면, 캐나다에는 약 1만 5,500개의 학교가 운영되고 있으며, 이 중에서 초등교육기관이 1만 100개, 중등교육Secondary Education기관은 3,400개, 초등교육과 중등교육이 혼합된 기관이 2,000개가 운영되고 있다.

취학 전 교육은 초등학교에 취학하기 전 4~5세 어린이들을 대상으로 1~2년 정도 유치원에서 제공되지만 의무교육은 아니다. 그러나 주마다 취학 전 교육이 다양하게 운영되고 있다. 프린스에드워드아일랜드 주는 유일하게 유치원 교육을 제공하지 않는 반면, 온타리오는 유치원 교육을 junior와 senior 2가지 수준으로 제공한다. 온타리오 주, 퀘백 주, 매니토

그림 3-7 | 온타리오 주와 브리티시컬롬비아 주의 교육 체계

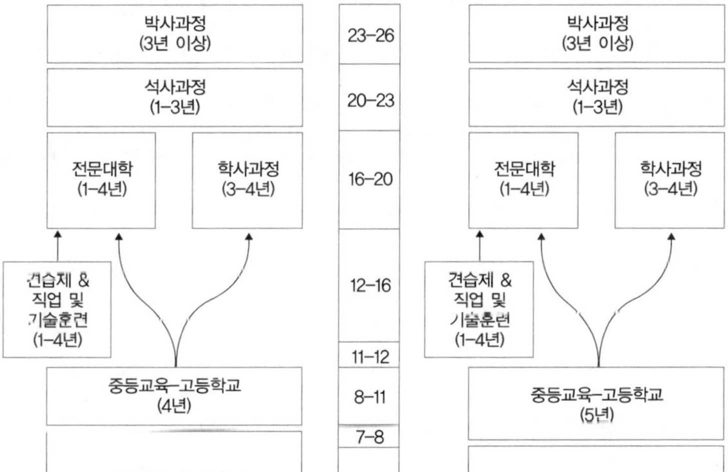

자료 : 캐나다 국제자격정보센터(CICIC)

바 주에서는 2년간 취학 전 교육을 실시한다.

초등교육은 대체로 6학년까지가 초등교육과정에 해당되는데, 브리티시
컬럼비아는 7학년, 온타리오는 8학년까지가 초등교육에 해당된다. 초등교
육에서 배우는 교과목은 한국과 비슷하나 과목과 시간은 적은 편이며, 언
어나 산수, 사회, 과학과 예술의 기초 과정을 공부하고 경우에 따라 종교
학이나 제2외국어를 공부해야 한다. 한국에 비해 수업 시간 수는 적은 편
이다.

3. 중등교육

캐나다 중등교육은 초등학교 6년 이후의 7~12학년이며, 한국의 중학교
과정과 고등학교 과정에 해당된다. 온타리오의 경우, 중등교육은 9~12년
까지이다. 다만 초등교육 6~8학년 또는 7~8학년을 초등학교에서 분리해
중학교로 운영하는 경우도 있다. 브리티시컬럼비아의 중등교육은 5년으
로 편성되어 있다.중등교육의 목표는 학생들이 고등학교 졸업 후의 학업
연장이나 취업을 준비할 수 있도록 하는 데에 있다. 대부분의 학교가 인문
과정과 직업 과정을 함께 운영하는 종합고등학교의 형태로 운영되고 있으
며, 특정 분야를 전문으로 하는 직업고등학교도 있다. 학생들의 진로에 따
라 인문계통이나 기술계통 또는 직업교육의 기초 과정을 선택한다. 몇몇
주에서는 특정 분야를 전문으로 하는 기술고등학교가 있기도 하다. 각 학
교는 학교가 위치한 도시의 성격과 지역사회의 요구에 따라 특성이 다르
게 운영되며, 대부분 평준화되어 있어 학교의 위치나 규모에 관계 없이 동
등한 수준의 교육을 받을 수 있다(교육과학기술부, 2009).

사립학교는 종교적인 이유나 언어 등 사회적 학습능력에 따라 특수하
게 설립되었으며, 공립학교는 선거를 통해 구성된 각 지역별 교육청school
district에서 관리한다. 공립학교교육은 캐나다 시민들에게는 무료이지만 외
국 학생들은 학비를 지불하도록 되어 있다. 대부분의 공립학교는 남녀공

학이며, 1학급당 학생 수도 보통 20~30명으로, 전체 학생 수는 적게는 수백 명 단위에서 천 명 단위까지이며, 사립학교보다는 규모가 크고 학생 수도 많다.

많은 청소년들이 고등학교 졸업 후 진학을 희망한다. 고등교육의 형태는 칼리지, 대학, 사립교육기관들로 다양하다. 22~24세의 청소년들의 고등교육 진학률이 1992년 62%에서 2003년 76%로 증가했다(The Youth in Transition Survey, YITS, 2006). 18~20세의 청소년들의 고등학교 졸업장 취득률은 1999년 75%에서 2003년 90%로 증가했다. OECD(2006)에 의하면, 2003년 25~34세 인구 중 고등학교교육을 이수한 인구는 91%에 달했고, 25~34세 연령대에서 고등교육을 이수한 인구는 53%에 이른다.

4. 고등교육

캐나다의 중등 후 교육post-secondary education도 각 주정부 관할로 운영되고 있다. 공립 고등교육기관의 재정은 대부분 주정부가 담당하고, 학생 등록금, 연방정부와 연구 기부금으로 구성된다. 캐나다는 OECD 국가들 중에서 전통적으로 고등교육 진학률이 높았다. 기본적으로 4년제 대학은 학사, 석사, 박사 등의 학문 중심의 학위를 수여하는 기관이고, 칼리지College는 직업교육을 중심으로 프로그램을 운영해 수료증이나 자격증을 수여하는 것으로 유형화되어 왔다. 최근에는 칼리지에서도 대학에서 수여하는 것과 동등한 응용 학문 분야의 학사 학위를 수여하고 있다. 기본적인 정서는 직업교육 칼리지에서 직업기술교육을 선택하기보다는 4년제 대학의 학문적 권위를 선호하는 한국의 정서와 유사하다. 25~64세 성인 인구 중 대학 졸업자의 비율은 2006년 47%로, 캐나다가 OECD 회원국 중에서 가장 높다(OECD, 2009).

캐나다의 고등교육기관들은 2년제 대학과 4년제 대학을 분리해 운영하는 것보다는 한 대학 내에서 2년제, 4년제 등을 포함한 다양한 프로그램을 제공해 학습자들이 선택할 수 있는 범위가 넓고, 연계해 계속 학습을 할 수 있는 체제를 마련하고 있다. 미국에는 대학을 감독하는 인증 기구가 있는데, 캐나다에는 교육부 장관의 승인이나 학력 고사를 통해서만 학위를 수여하는 학위 수여 관리국이 있다.

대부분의 대학교는 기본적으로 4년제 학사 과정으로 운영되며, 퀘벡에서만 3년제 학사과정으로 운영되고 있다. 퀘벡에서는 11학년을 마치고 고등학교를 졸업하면 2~3년의 대학 입학 준비 과정을 이수해야 대학 입학이 가능하다. 주 정부로부터의 캐나다 대학들이 받는 재정지원금의 차는 매우 다양하다. 퀘벡의 대학교들은 주정부의 재정지원금 비율이 가장 높고 학생 등록금은 가장 저렴하다. 그러나 애틀랜틱캐나다Atlantic Canada 소재 대학교들은 주정부의 재정지원이 가장 약하며, 아카디아Acadia 대학교는 거의 전적으로 사교육비에 의존하고 있다.

GDP 대비 교육에 대한 투자 비율을 살펴보면 총 6.2% 중에서 공공 재정 투자가 4.7%, 사교육비 투자가 1.5%이다. 공공 재정 투자만 보면 세계에서 미국(4.8%) 다음으로 높다. 특히 고등교육에 대한 투자 비율이 총 2.6%인데, 이는 미국 2.9% 다음으로 고등교육에 대한 투자가 큰 것을 알 수 있다(OECD, 2009).

25~64세까지의 캐나다 성인들의 학력 수준을 고졸 미만, 고졸 이상~대졸 미만, 대졸 이상으로 나누어 그 분포를 살펴보면, 고졸 미만 학력자의 수는 점차 줄어들고 있는 반면 대졸 이상 학력자의 수가 증가하는 추세이다.

직업교육훈련

1. 학교에서의 직업교육

1960년 캐나다 정부는 TVTA시행령Technical and Vocational Training Assistance Act

을 통과시켰다. 이로써 기술 전문 고등교육기관을 위한 지원금을 확충하게 되었고, 연방정부 예산이 중등교육에, 특히 직업기술교육의 개발을 위해 투입되기 시작했다. 2차 대전이 발발한 후 베이비붐 현상과 중등교육을 원하는 청소년들이 증가하면서 정부가 더 많은 중등 학교를 건립할 필요성이 대두되었다. TVTA는 성인 직업교육에 대한 예산뿐만 아니라 중등교육예산도 9억 달러를 배정했다. 이 예산에 대한 추가 조항에서 지원받은 학교들의 경우 학교공간의 1/2은 기술과 직업교육훈련에 반드시 사용되어야 한다고 명시하고 있다.

직업기술 프로그램에 등록한 학생들은 높은 중도 탈락률을 보고했고, 인종과 사회경제적 계층에 따라 교육의 질도 다양하게 제공되었다. 그럼에도 불구하고 TATA에 의해 창출된 연방정부지원금으로 많은 학교들이 건립되었고 직업교육 고등교육기관들은 차후에 커뮤니티 칼리지로 전환되었다.

정규 학교에서 제공되는 직업교육은 고등학교 단계와 고등학교 이후 단계로 나눌 수 있다. 대부분의 중고등학교는 인문 과정과 직업 과정을 한 학교 내에서 함께 운영하는 종합고등학교의 형태로 운영되고 있으며, 특정 분야를 전문으로 하는 직업고등학교도 있다. 온타리오에서는 고등학교 학생을 위한 청소년 도제 훈련 프로그램인 취업 준비 프로그램 예비 도제 훈련과정 등을 운영하고 있다. 온타리오의 고등학교에서 시행되고 있는 The Specialist High Skills Major는 학생들의 관심과 기술에 부합되는 진로개발에 역점을 두는 프로그램이다. 각 영역은 여행, 병원 혹은 건설 분야 등에 있어서 각각 6~12개의 과정으로 구성되어 있다. 학생들은 고용주의 지도로 학교와 기술 훈련 센터에서 기술을 익힌다. 응급처치, 컴퓨터 기술 자격 등 산업인증서를 획득할 수도 있다. 또한 프로그램을 이수한 학생들은 미래의 고용주, 고등교육기관이 원하는 기술, 지식, 산업체가 인정한 자격 요건들을 구비하고 고등학교를 졸업할 수 있다는 자신감을 갖게 된다.

브리티시컬럼비아의 포인트그레이Point Grey 고등학교에서는 1999년에 발족한 SWEATStructured Work Experience and Training 프로그램이 활성화되고 있다. 고등학생들로 하여금 졸업에 필요한 일·학업 요건을 충족시킬 수 있도록 도와주는 프로그램이다. 학생들은 뉴 미디어, 연예 오락 사업 등의 현장경험을 할 수 있다. 23개의 프로그램이 4개의 캠퍼스에서 유료로 진행되었다.

2. 직업능력 개발

캐나다는 10개의 주와 3개의 준準주로 이뤄진 연방제 국가이다. 교육에 관한 정책 결정 권한은 각 주가 갖지만 연방정부가 큰 틀을 정한다. 교육과 평생 학습의 행정적·재정적 관리는 각 주정부 자치적으로 이루어진다. 연방정부 차원에서는 인적 자원기술 개발부Human Resources and Skills Development Canada, HRSDC가 있어 교육과 훈련 등 인적자원개발과 관련된 전반적 정책을 수립하고 시행하며, 국가경제와 노동시장의 요구에 따라 국민이 공평하고 안전하게 취업할 수 있는 고무적인 학습환경을 마련해 주도록 노력한다.

각 주정부에는 교육부가 설치되어 있어 주별로 다양한 특성을 가지고 독립적인 교육제도를 운영하고 있다. 학교교육을 포함한 평생교육도 주정부의 교육부에서 관장하고 있어 주정부 자치적으로 교육제도를 운영해 나가고 있다. 각 주정부는 교육장관들의 모임인 교육 장관 협의회CMEC에 참여해 상호 교육정책에 대한 정보를 공유한다. 연방정부의 교육정책을 담당하는 인적자원기술개발부는 토의주제가 초등학교에서 고등학교까지의 범위가 아닌 경우에 참석한다. 대신 인적자원기술개발부는 322개의 지방사무소를 통해 지방과의 협조 관계가 구축되어 있다.

인적자원기술개발부는 캐나다 연방정부의 부처로서 전 국민에게 직장과 지역사회에 기여하고 발전을 도모하는 데 필요한 기술을 습득할 수 있도록 정책을 수립하고 지원하는 기능을 수행한다. 인적자원기술개발부가 담당하는 주요기능은 고용보험, 사회 통합 정책, 숙련 개발, 노동시장 효율화의 4가지 영역으로 구분된다.

1) 캐나다의 고용보험정책

캐나다 고용보험Employment Insurance은 모든 국민의 안녕을 보장하기 위해 실직자를 지원하고 실업자들에게 취업을 알선하는 사회 보장 제도로 1996년에 도입되었다. 고용보험 제도는 크게 3가지 목적을 추구한다.

첫째, 자발적 실업자나 임신, 출산, 자녀 양육, 환자 수당, 실직 수당의 경우 소득급여income benefits를 제공하려는 목적이다.
둘째, 재취업에 필요한 노동시장 적응을 촉진하기 위한 것이다.
셋째, 경제적 안정과 소득의 재분배를 추구하는 것이다.

캐나다의 고용보험은 전통적으로 사회적 소외social exclusion 해결과 사회 안전망을 강조하는 전통적인 유럽식 사회 모델과 수혜자 부담과 근로 연계 등 시장 중심 논리를 강조하는 영미식 모델의 중간위치에 서 있다는 특성이 있다.

2) 취약계층을 포괄하는 사회 통합 정책

인적자원기술개발부는 다양한 사회·경제적 취약계층을 위한 프로그램을 실시해 사회 통합을 위한 정책을 수행하고 있다. 미숙련자, 이민자 등 고용보험 대상에 포함되지 않는 집단을 대상으로 훈련 프로그램을 실시하며, 15~30세 청소년을 대상으로 양질의 취업 기회를 제공한다. 한편 지방 정부와 재정적 협력으로 고령자를 위한 맞춤형 훈련을 지원한다. 이 외에도 캐나다 원주민, 장애인, 소수 민족 등을 지원한다.

3) 숙련기술 향상 정책

Sector Council Program은 고용주 주도형 파트너십 프로그램으로, 부문별 숙련 향상 및 인적 자원 과제를 해결하기 위한 정책이다. 이민자나 무학력자들의 문해력 향상을 위한 문해 기초기술 사무소가 운영되고 있으며, 도제 인센티브 보조금을 지원하기 위해 Red Seal Trade가 세금 감면, 현금 보조금 지급을 담당하는 Skilled Trade 제도도 마련되어 있다.

4) 노동시장 효율화 정책

이민자가 캐나다의 노동시장에 진입할 수 있도록 하고 근무경험을 할 수 있도록 외국 학력을 인정하는 외국 학위 인정 프로그램이 운영되고 있다. 또한 임시직 외국인 근로자 프로그램은 인적자원기술개발부와 CIC가 직무에 적절한 단기 근로자 및 숙련기술을 가진 임시 외국인 근로자를 고용주에게 알려 주는 프로그램이다. 또 인적자원기술개발부는 노동시장정보시스템을 통해 지역 수준에서 노동시장 정보를 수집할 수 있도록 정보 전달을 효율화하고 현대화한다. Agreement on Internal Trade에서는 자격증을 가진 근로자가 관련 지역에서 사용 가능하도록 직종을 자격화해 경직된 노동시장에 이동성을 촉진하고자 한다.

평생학습

1. 인적자원기술개발부와 평생학습

인적자원기술개발부는 국가 경쟁력 차원에서 평생학습의 중요성을 강조하고 있다. 교육수준이 높은 국민일수록 정부지원금은 적은 반면 국민들의 납세 의식도 높으며 범죄발생률도 낮고 빈곤의 세습을 차단하는 효과도 있다. 인적 자원기술 개발부의 학습·전략 정책 담당국 부국장인 로버트 사우더는 "학습 후에 직장을 얻지 못한 경우가 있지만 이는 노동력에 대한 투자로 이해하는 관점이 필요하다"고 지적하면서 평생학습의 중요성을 강조했다.

캐나다 정부의 평생학습의 초점은 크게 3가지로 압축된다. 첫째, 현존 인력을 기술 변화에 적합하고 생산성이 높은 인력으로 만들고, 둘째, 노령화된 노동력을 재교육을 통해 일할 수 있도록 하며, 셋째, 이민자들의 언어(영어) 사용능력향상을 꾀하는 것이다.

2. 성인학습 참여현황

최근의 한 조사결과에 의하면, 2008년에 직업교육훈련에 참여한 25~64세의 연령집단은 36%인 것으로 나타났다. 이는 2002년의 30%에 비해 6%가 증가했음을 알 수 있다(McMullen, Kathryn 2010). 35~44세 연령층의 교육훈련참가율은 2002년 32%에서 2008년 42.1%로 크게 증가했다. 또 젊은 연령층의 참여율이 가장 높은 경향은 그대로이지만 증가율이 가장 낮은 것으로 나타나고 있다. 지역별로는 프린스에드워드아일랜드 주가 2002년 27%에서 2008년 41%로 증가율이 가장 높게 나타났다(Tamara Knighton, 2009).

실업 상태에 있는 근로자보다 취업자의 교육훈련참여비율이 더 높고, 비노동력 인구보다 노동력 인구의 직무 관련 훈련참여와 기타 학습에의 참여율이 더 높은 것을 알 수 있다. 고용수 지원 교육 프로그램 참여율을 연령별로 분석하면, 25~64세의 참여율은 2008년에 49.9%로 2002년 52%에 비해 약간 감소했다. 35~44세에서는 18~24세에 비해 약 2배의 참여율을 나타내고 있다. 교육 프로그램별 참여율을 살펴보면, 기타 서비스(56%) 및 교육 서비스(45.3%)에 대한 참여율이 가장 높으며, 숙박 및 음식 서비스(28.5%) 등의 참여율은 낮다(Tamara Knighton, 2009).

교육 프로그램 참여율로 보아 숙박 및 음식 서비스와 같은 서비스 교육

보다는 교육 및 사회 복지 등의 사무 관련 교육에 더 많은 관심을 가지고 있다는 것을 알 수 있다. 이와 같은 참여율로 미루어, 근로자들의 교육훈련은 블루칼라보다는 화이트칼라에서 더 많이 이루어지고 있는 것으로 해석된다.

3. 대학 중심의 평생학습

캐나다의 커뮤니티칼리지는 전통적으로 성인들의 평생학습을 위한 다양한 직업교육 프로그램을 제공해 왔다. 또한 4년제 대학들도 성인학습 과정을 제공해 평생학습이 대학에서 중요한 비중을 차지하고 있다. 90년 넘게 평생학습 단과대학을 별도로 운영하는 앨버타대학은 프로그램 다양화로 수요 변화에 대처하고 있다. 프로그램마다 고용주, 학생, 공공 부문 지도자 등 다양한 인사들로 구성된 자문 위원회가 있고, 응용과학, 교양과목, 경영, 공공 분야 등 7개 분야에서 200여 개에 육박하는 프로그램이 학기마다 개설되고 있다(앨버타 주 학습부).

앨버타대학 평생학습 단과대학이 수업료와 관련해 벌어들이는 수입은 연간 600만 캐나다 달러(50억 원 정도)나 된다. 이러한 수익은 앨버타대학의 끊임없는 혁신의 결과이기도 하다. 평생학습 단과대학은 대학이 성인학습 수요에 부응하는 프로그램을 주도적으로 개발해 나가고 있다. 25세 이상 성인학습자들이 시간제로 대학에 등록하는 비율이 크게 늘어나고 있는 실정이다.

· 03 ·
인재개발의 정책동향 및 특성

정책동향

인적자원기술개발부가 국가 인재개발의 청사진을 가지고 각종 지원 정책을 수립하고 다양한 전략을 수행하고 있다. 이민자의 비율이 높고 다문화주의가 근간을 이루고 있는 캐나다 사회에서 공식 학교교육 외에도 평생학습은 인재개발을 위한 중요한 정책으로 주목을 받고 있다. 고용보험 제도는 소득의 재분배를 통해 사회적 평등을 추진하기 위한 근로자와 취업 희망자를 포괄하는 대표적인 인력 개발 정책이다.

1. 고용보험을 통한 사회 통합을 위한 노력

연방정부는 선행학습평가인정Prior Learning Assessment and Recognition, PLAR은 프로그램을 운영해 구직자들의 시간을 절약해 준다. PLAR이란 졸업장이나 학위가 아니라 일하면서 얻은 노동자의 능력을 정부가 나서서 인증해 주는 제도이다. 이를 통해 특정능력을 갖고 있는 인력풀pool이 조직되는 장점이 있다. 주정부와 지방정부에서는 평생학습을 제공할 수 있는 기관을 발굴·조직한다. 각 주의 평생학습은 시역별로 조직된 지역 성인학습 협회가 주도하는데, 주로 대학, 특히 커뮤니티칼리지가 평생학습의 중심이 된다. 지역 성인학습 협회는 이민자들의 언어 지도를 위한 주민들의 자원 봉사 활동도 조직한다.

2. 청소년 고용 및 교육훈련 프로그램 정책

인적자원기술개발부는 청소년 고용 전략Youth Employment Strategy, YES, 캐나다 기회 전략Canadian Opportunities Strategy, COS과 기타 정책 등을 통해 청소년의 취업과 교육훈련에 대한 정책을 수립해 왔다. 청소년의 취업을 포함한 노동시장 프로그램은 연방정부, 주정부, 교육부들이 각각 다른 부분을 담당한다. 변화하는 기술에 대응하고 경제 회복을 위해 학교에서 노동시장으로의 순조로운 이행을 위해 교육과 훈련의 중요성에 착안했다. 연방정부와 주정부 차원에서 조직적으로 개입하기 시작했으며, 이러한 개입으로 인해 광범위한 공교육이 이루어졌으며, 노동시장 정책들은 오늘날 학교에서 노동시장으로의 이행에 집중해 개발, 실시되고 있다.

1980년대부터 청소년 노동시장과 교육제도의 갭을 줄이기 위해 많은 정책들이 고안되었다. 산업체들이 변신을 시도하며 정책적인 노력을 기울인 결과 취업에 필요한 취업 능력 프로그램Employability Skills Profile과 산업별 협의체의 청소년 인턴제Youth Internships 등이 개발되었다. 특히, 코업교육Co-operative Education, 인턴제Internship, 청소년 도제 제도Youth Apprenticeship 등을 통해 기업체, 지역사회 조직, 교육기관, 공공 기관 간의 협력적 참여를 유인하게 되었다.

3. 산업별 협의체(Sector Councils)의 산업계와 교육의 연계 기능

캐나다에는 토착민 인재개발 위원회를 비롯한 33개의 산업별 협의체Sector Councils[1]가 있다. 산업별로 노사가 공동으로 참석하는 위원회이며, 산업별 인적자원개발과 실행을 담당하는 의사 결정 기구이다. 인적 자원기술 개발부는 산업별 협의체를 구성하고, 각 산업별 협의체는 주정부 및 지방정부와 협의를 통해 인적자원개발에 참여하고 있다. 산업별 협의체의 목표는 전략적 인재개발 계획 및 개발과정에서 민간 부문의 장기 훈련 투자 유도, 산업별 훈련 및 학습 문화 조성, 산업수요에 부응하는 교육 훈련 체제 개선, 고숙련 근로자 양성, 핵심 직업 및 숙련 집단을 포괄하는 국가직업, 숙련 훈련 기준 제정, 기업체에 대한 정부의 의사 결정 과정에 대한 민간 산업계의 영향력 확대 등으로 규정된다.

4. 재정지원 정책동향

캐나다 연방정부가 중점적으로 추진하고 있는 교육사업 중 직업훈련 분야를 들 수 있는데, 2004~2005년 사이에 지출된 경비는 86억 달러로, 캐나다 전체 교육 지출 경비 약 400억 달러의 20% 정도에 해당하는 액수이다. 캐나다 정부는 매년 총교육비의 20%를 다양한 직업훈련에 투자하고 있는 것이다.

직업훈련 비용의 지출 금액 중 학습자 부담률이 상대적으로 낮다. 정부의 직업훈련 비용 부담률은 54.9%에 해당하며, 학습자 부담 비용은 34.4%에 불과하다. 또 정부가 지출하는 직업훈련 비용 중에서 연방정부가 부담하는 것은 18억 달러로 약 38% 수준이다. 그 외에도 캐나다 연방정부는 수업료 세금공제 제도, 학자금 대출 제도, 자원 단체에 의한 보조금, 공공 기관의 보조금 조성 등으로 교육훈련 분야의 기금을 마련해 지원한다. 기업체들은 훈련비의 일부를 세금공제 받을 수 있으며, 현직 훈련 보조금 수령 등의 형태로 연방정부의 다양한 재정지원 정책이 이루어지고 있다.

주요특성 및 과제

캐나다의 국가적 자원의 인재개발을 위한 주요과제는 다음과 같이 정리할 수 있다.

첫째, 교육훈련에 대한 투자총액의 규모를 늘려 가야 한다. 특히 고등교육의 국제화가 증대되면서 내국인 학생들의 해외 진출과 외국인 학생들의 캐나다 진입은 급속히 증가할 것으로 예측된다. 선진국의 경쟁력은 고등교육수준의 인재개발에 달려 있다고 볼 수 있기 때문에 교육훈련에 대한 투자를 지속적으로 증가시켜 나가야 할 것이다. 캐나다는 현재 GDP 대비 교육에 대한 공공 재정 투자가 타 국가에 비해 많은 편이다. 그러나 사교육비 지출은 다소 적은 편이므로 투자총액의 규모를 늘려 가야 한다.

둘째, 노동시장의 요구에 부응하는 교육훈련 환경을 마련해 나가야 한다. 캐나다의 교육훈련은 원칙적으로 주정부가 자치적으로 운영한다. 이렇게 주정부 자치로 이루어지는 교육과 훈련에 대해 연방정부는 국가 전반의 인적 자원 관련 전략을 수립하고, 노동시장의 요구에 부응하는 공평한 취업이 가능하도록 고무적인 학습환경을 마련해주는 데 중점을 두고 있다. 또 인적자원기술개발부에서는 직업별 인력 수요뿐만 아니라 직종별 필요 학력 수준, 업무의 종류 및 난이도를 고려하는 직업 분류 체계를 개선함으로써 직업별 인력 수요 전망의 실질적인 유효성을 높이고자 시도하고 있으며, 노동시장 정보 시스템 체제를 정착시켜 노동시장 정보의 효율적인 활용을 통한 고용 확대를 시도하고 있다.

셋째, 다양한 집단들이 조화를 이룰 수 있도록 다양한 학습 프로그램이 마련되어야 한다. 적극적 이민 정책을 추진하다 보니 이민자들의 영어 능력 향상이 산업 안전과 사회 통합에 필수요소가 되었다. 다문화주의를 정책 기조로 하고 있는 것과 비례해 다문화 가정, 이민자들을 위한 교육훈련에 지속적 투자가 이루어져야 한다. 따라서 이들을 위한 평생학습은 사회 안전망으로서, 그리고 사회 통합을 위한 장치로 작동이 되도록 더욱 다양한 집단을 위한 다양한 프로그램 개발과 지원이 강화되어야 한다.

넷째, 실업률을 감소시키는 노동시장 정책이 강화되어야 한다. 인적자원기술개발부가 실시하는 근로 복지 프로그램의 목적은 보다 공정하고 안전하며, 건실하고 안정적이며, 협력적인 근로 환경을 생산적으로 개선해 모든 캐나다 국민의 사회·경제적 복지에 기여하고자 하는 것이다. 노동 시장 관련 정보 제공과 개선기능 수행을 목표로 근로자들의 보상과 해고 방지, 노동법 관련, 노사의 파트너십 프로그램, 근로조건과 안전 문제, 일과 생활의 균형 등을 도모한다. 이러한 근로자 복지 프로그램과 더불어 직업교육훈련으로 실업자를 유인하고, 재취업 및 전직으로 연계될 수 있도록 함과 동시에 중장기적인 관점에서 일자리 창출도 병행되어야 한다.

캐나다는 비교적 고학력 사회이며 고용률과 실업률이 함께 높다는 특성을 가지고 있다. 따라서 인적자원기술개발부는 인력 수급 전망에 기초한 인재 양성 계획을 수립, 추진하기 위해 직업교육과 직업훈련에 대한 적극적 지원이 요구된다. 특히 캐나다의 고등교육 진학률이 높은 반면 직업기술교육 프로그램보다 학문적 고등교육 프로그램을 선호하는 경향이 있으므로 산업의 발전 방향에 적합한 인력을 양성하기 위한 국가적 차원의 인력 양성 중장기 계획을 수립해 추진해 나가야 한다.

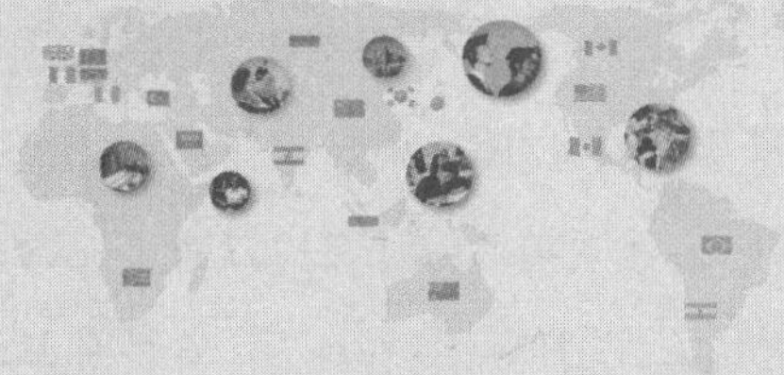

CHAPTER 5

중국CHINA

강 일 규

대만국립정치대학교 정책 및 행정학 전공 행정학 박사, 현 한국직업능력개발원 미래인재연구실 선임연구위원, 민주평통 상임위원, 총리실·교과부 등 평가위원, 중국연구포럼 회장, 지역인적자원개발학회 부회장. 주요 연구 실적으로는 [동북아 인재개발 협력강화를 위한 한·중 직업교육 비교 연구], [북한 인적자원개발 지원·협력 방안 연구], [직업의 이해(북코리아, 2008)], [한국사회와 행정개혁(법문사, 2002)] 외 다수.

사회경제적 배경

사회와 문화

중국7은 5천 년 역사를 가진 나라로 공식 명칭은 중화 인민 공화국(中華人民共和國, People's Republic of China: PRC)이며, 건국일은 1949년 10월 1일이다. 면적은 959만 6,900.2㎢(한반도 면적의 43.45배, 남한 면적의 약 96.66배에 해당)이다. 국경선 총길이는 2만 280km(14개 국가와 육지 접경)이다.

인구는 13억 2,129명(2007년 기준)이며, 인구의 연령별 분포는 0∼14세 19.4%, 15∼59세 69.0%, 60세 이상 11.6%이다. 65세 이상 인구는 1억 명으로 전체인구의 7.7%에 해당된다. 특히 인구 측면을 보면, 2007년의 출생률은 1.210%, 사망률은 0.693%이고, 남성과 여성의 출생 비율은 1.2:1이다. 언어는 한어漢語(지역에 따라 소수 민족 언어 병용)이며, 2000년 9년제 의무교육 실시 이후 2008년 전국 문맹률이 6.7%로 감소했다.

중국의 민족은 한족漢族과 55개 소수 민족(전 인구의 8%)으로 구성되어 있으며, 행정 구획은 성·현·향 3급으로 구성되어 있다. 전국은 성·자치구·직할시와 특별행정구로, 성·자치구는 자치주·현·자치현으로, 시와 현 및 자치현은 향·민족향·진으로 나뉜다. 자치구(성에 해당)와 자치주(자치구와 자치현 사이) 및 자치현은 소수 민족 자치 지역이다. 특별행정구는 중앙정부의 직접적 통치를 받는 지방 행정 구역이다. 현재 중국에는 23개 성, 5개 자치구, 4개 직할시, 2개 특별행정구가 있다.

중국은 중국어와 중국 문화를 널리 알리기 위해 2004년 11월에 한국에서 첫 공자학원을 설립한 후, 현재 80여 개의 공자학원이 36여 국가와 지역에 정착되었고, 그 외에 38개 국가의 99개 기구가 공자학원을 설립하겠다고 신청했다. 통계에 의하면 현재 해외에서 각종 방식을 통해 중국어를 공부하는 인구가 약 3,000만 명을 초과했고, 100개의 나라와 지역의 2,500여 개 대학에 중국어 과목이 개설되어 있으며, 중국어 교재는 이미 미국·영국·일본·한국 등 여러 나라의 초·중등학교 교실에서 사용하고 있다. 최근 5년 동안 중국에 온 외국 유학생도 연 20% 증가하고 있다.

경제 및 노동시장

중국은 1978년 등소평鄧小平 집권 이후 사회주의적 시장 경제 체제 확립을 위한 개혁·개방 정책을 추진해 왔다. 또한 1981년의 제6차 5개년 계획 이후 농업 개혁·무역과 투자자유화, 사유재산권·회사법·노동 계약제 등 시장 경제 제도를 도입하고, WTO 가입(2001)에 따른 시장 개방과 부실 금융 기관 구조 조정, 국유 기업 구조 조정 및 민영화, 해외 직접 투자FDI 유치, 환율제도 개편 등을 통해 경제 구조의 선진화를 도모하고 있다. 그 결과 1978년 이후 현재까지 중국의 평균 소득은 약 9배 상승했고, 1978년 이후 경제성장률은 연평균 9.5% 이상이다.

2006년 시작된 제11차 5개년 계획에서는 수출 주도형, 외자 의존형 고도 성장에 따른 지역·계층·업종 간 격차 해소, 환경·에너지 보존 관련 지속가능 발전을 위한 경제 발전 전략의 대전환을 추진 중이다. 아울러 서비스 산업 육성을 통한 내수주도형 성장과 기술 혁신 및 교육 시스템 개혁, 지역 균형 발전[8][서부 대개발, 동북 3성 진흥, 3농農 정책] 및 사회 복지 정책 강화를 추진하고 있다.

최근 중국은 세계적인 경제 대국으로 부상 중이다. 2008년 말 현재 경제 규모[9]는 세계 3위, 교역 규모 세계 3위, 외국인 투자 유치 세계 3위, 외환 보유액 세계 1위로 나타났다. 다만 중국 경제는 앞으로 대외 부문의 불균형 해소와 내수(소비) 육성, 지역·계층 간 소득 격차 완화, 정치체제와 시장 경제의 중장기적 부조화 가능성이라는 당면 과제를 안고 있다. 특히 무역수지 흑자 규모가 GDP의 6.8%로 지나치게 크고, 소비의 비중이 GDP의 50%에 불과(한국은 68%)하며, 지역별 소득 격차가 최대 10배(상해 1인당 소득은 귀주의 10.4배)에 이르고 있다.

지난 30여 년 동안의 급속한 경제성장과 함께 중국의 1인당 국민 소득도 급증했다. 1인당 국민 소득은 1962년 70달러에서 1978년에 190달러, 2001년 1,000달러, 2008년에 2,770달러에 이르러 1962년 대비 2008년에는 38.6배 증가했다.

중국은 노동력 과다 등으로 심각한 고용문제를 안고 있다. 우선 실업 문제를 보면, 노동력 공급 초과로 도시 지역 실업률이 4%(2008년 4.5% 이내 통제 목표)에 달하며, 농촌 지역은 잉여 노동력이 2억 명에 달해 잠재실업률이 13%대로 추정되는 등 어려운 고용상황[10]이 지속되고 있다. 중국 정부는 실업 문제 완화를 위해 경제성장을 통한 취업 창출, 정리 해고자 새취업 족진, 노동력 배분 정책, 실업 지향 거시 정책, 사회 보장 등 5대 취업 촉진 정책을 추진 중이다.

인재개발 현황

교육제도

중국 교육부는 국무원 교육행정 부서로서 전국의 교육 업무를 주관하고 있으며, 전국 교육사업을 총괄 계획·관리하고 있다. 각 광역시에는 교육위원회가 설립되어 있고, 각 성과 자치구에는 교육청이, 각 지방 시·구·현에는 상응하는 교육국 혹은 교육판공실이 설치되어 있다.

중국의 교육제도는 초등학교 6년, 중학교 3년, 고등학교 3년, 본과(대학) 4년의 6-3-3-4제를 기본 학제로 한다. 농촌 및 내륙 지방 등 일부 지역은 생활 수준과 지역 실정에 따라 일부 변형된 학제(초등학교 5년, 중학교 4년 등)로 운영한다.

중국의 학교교육은 그 기능에 따라 기초 교육(유치원 및 초·중등교육)?직업기술교육, 고등교육 및 성인교육으로 구분되며, 9월에 신학기가 시작되어 다음 해 7월에 끝나는 2학기로 운영된다.

고등교육은 4~5년 과정의 대학大學(종합대학) 및 학원學院(단과대학)과 2~3년 과정의 전과학교專科學校(전문대학) 및 단기직업대학短期職業大學, '大專'으로 구분되고, 대학 내에도 본과本科 이외에 수업 연한 2~3년의 전과專科가 설치된 경우도 있다.

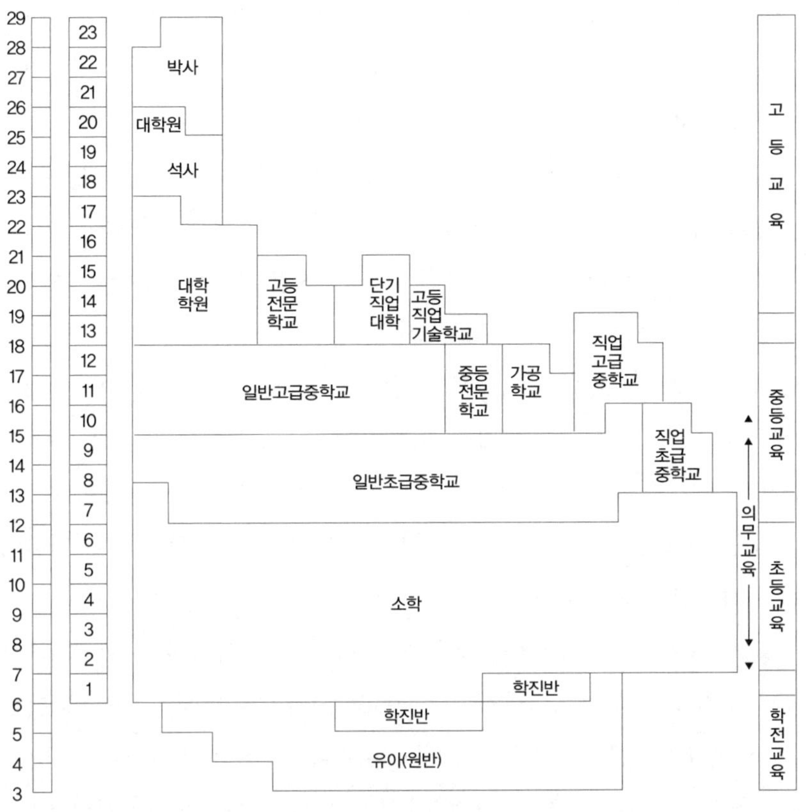

자료 : 중국 교육부(2010).

취학 전 교육은 3~5세의 아동이 유아원(유지원)에서 교육받는 과정이다. 2008년 현재 중국은 13만 3,722개의 유아원이 있고, 유아원 교직원은 143만여 명에 달하며, 유아원 재학 아동은 2,474만여 명이다. 유아원은 일반적으로 민간이 설립하며, 경제 발전 수준이 높은 대·중도시에서는 유아들의 취학 전 교육 수요를 기본적으로 만족시키고 있다. 유아 교육사업의 발전은 도시에서 농촌으로 추진되고 있으며, 일부 향진鄕鎭(현 이하의 소도시)은 이미 취학 전 1년 교육이 보급되었다.

초등교육은 6~11세의 아동이 소학교(초등학교)에서 교육받는 과정이
다. 중국 전국에 34만 9,126개의 소학교가 있고, 소학교 교직원은 634만
여 명에 달하며, 소학교 학생은 1억 566만여 명이다. 소학교는 일반적으
로 지방정부가 설립하나 개인이나 민간 단체가 설립한 곳도 있다.

중등교육은 12~17세의 청소년이 중등 학교에서 교육받는 과정이다.
중등교육은 다시 초급 중학 단계 교육(중학교교육)과 고급중학단계 교육(고
등학교교육)으로 나뉘며, 일반초급중학교 · 직업초급중학교 · 성인초급중
학교는 초급 중학 단계 교육으로, 고급중학교와 중등전문학교는 고급중학
단계 교육으로 분류된다. 일반 초급중학교의 학제는 각 3년이며, 졸업생
의 일부는 고급중학교로 진학하고, 일부는 중등전문학교로 진학한다. 초
등학교에서 중등 학교의 입학률은 99.7%에 이르며, 전국에는 9만 121개
의 중등 학교가 있고, 재학생은 1억 204만여 명이며, 중등 학교는 일반적
으로 지방정부가 설립한다.

고등교육(대학교교육)은 중등교육 이후 진학되는 전문대학과 4년제 대학
및 대학원 교육이다. 중국에서 고등교육을 실시하는 기관은 대학 · 학원(단
과대학)과 고등전문대학이 있다. 대학교는 교학, 과학 연구, 사회 봉사의 3대
기능을 갖고 있다. 전국에는 2,263개의 일반 대학교와 민간이 설립한 640
개 대학교가 있으며, 교직원은 205만여 명이고, 재학생은 2,021만 명이다.
또 400개의 성인대학교가 있으며, 교직원은 약 9만 명이다. 고등교육의 발
전과 개혁을 위해 국가 '9차 5개년' 계획 기간에 '211 프로젝트'를 제시해
21세기를 맞아 100여 개의 대학교와 일부 중점 학과를 건설했다.

직업교육훈련

중국의 직업교육훈련은 일반 중등전문학교, 성인중등전문학교, 직업고급

중학, 기공학교 등에서 실시하고 있다. 일반적으로 직업고급중학 졸업생은 2년, 직업초급중학 졸업생은 3년 또는 5년 과정을 이수하고 있다. 기공학교技工學校는 주로 기본 조작 기술을 학습해 노동 현장에서의 적응 능력을 배양하는 것을 목적으로 하며, 이론과 실습의 비율은 1:1 정도이다. 중등전문학교는 공업·농업·임업·의약위생·재경·관리(=행정과·정법·예술·체육·사범계열 등으로 전공이 구분된다. 2008년 현재, 학교 수는 약 1만 4,847교이며, 학생 수는 약 2,087만 명이다(중국 교육부, 2010). 중국의 직업교육훈련과 관련한 주요내용을 개괄하면 다음과 같다.

1. 직업교육훈련의 관리 체제

중국의 직업교육은 국무원 교육행정 부문에서 직업교육 업무를 총괄 계획·협의하고, 거시적인 관리를 담당한다. 국무원 교육행정 부문 및 노동행정 부문과 기타 관련된 부문에서는 국무원 규정의 직책 안의 범위에서 각각 직업교육을 담당한다. 현급 이상의 각급 지방 인민 정부는 해당 행정 지역 내 직업교육을 지도하며, 총괄·협력·감독·평가한다.

직업교육 체계는 직업학교 교육과 직업훈련을 포함한다. 초급 직업교육은 중학교 단계의 직업기술교육으로 중등전문학교에서 제공한다. 모집대상은 초등학교를 졸업한 학생과 초등교육과 동등한 학력을 갖춘 청소년이며, 3~4년제 학제로시 초보적인 직입 기초 시식과 일성한 직업 기능을 갖춘 공인工人 및 농민과 기타 종사사를 양성한다. 초등 직업교육을 목표로 하는 학교는 지역 경제 발전에 필요한 노동력 수요를 충족시키기 위해 대체로 경제 발전이 미흡한 지역에 설립되있으며, 이는 9년 의무교육에 속한다.

중등전문학교는 일반 중등전문학교, 성인중등전문학교, 직업고급중학교 및 기공학교에서 교육을 제공하며, 중국 직업교육의 핵심으로 각 직종의 초·중급 인재를 양성히는 대 중추적인 역할을 한다.

일반 중등전문학교는 초급 중학 단계 교육(중학교) 졸업생을 대상으로 하며, 3년제 과정으로 운영한다. 일부 전공에서는 고급중학단계교육(고등학교) 졸업생을 대상으로 2년제 과정을 제공하기도 한다. 일반 중등전문학교는 현장 실무를 할 수 있는 기능 및 기술 인력을 양성하기 위해 기본 이론과 기초 직업능력을 강조한다.

기공학교는 중급 기술 양성이 목적이며, 중학교 졸업생을 대상으로 3년제 과정으로 운영한다. 학생들로 하여금 졸업 후 직접 생산현장에서 종사할 수 있도록 실제 현장에서 사용할 수 있는 기능을 습득하도록 한다.

직업고급중학교는 개혁 개방 이후 중등교육의 구조적 기능에서 발전한 것이다. 대부분은 일반고급중학교를 개조해 설립된 것이며, 초급 중학 단계(중학교) 졸업생들을 모집하고, 학제는 3년이다. 이들은 종합적 직업능력과 전반적 소질을 함양해 생산 · 서비스 · 기술과 관리 등 현장의 응용부문 중급 인재와 기타 종사자로 일하게 된다.

고등 직업교육은 대체로 고급중학교 졸업생과 중등전문학교 졸업생을 대상으로 하며, 3년제 과정이다. 경제 건설에 필요한 중 · 고급 전업 기술과 관리 인재 · 응용을 강조하며, 응용형 인재 및 공예형 인재를 양성하는 것이 목적이다. 현재 고등 직업교육의 학교는 1)고등 직업기술 학원과 고등 직업기술학교(전과학교), 2)직업성 · 지방성 · 실용성을 갖고 있는 단기직업대학, 3)일반 중등전문학교에서 개설하는 5년제 고등 직업교육반, 4)일부 일반고급중학교와 성인고급중학교에서 개설하는 고등 직업교육, 4)일반 전과학교 개혁을 통한 고등 직업기술 인재 양성 등 5가지 유형이 있다.

2. 중국의 직업교육 현황

중국의 직업교육은 최근 대학의 학생 모집 확대와 취업 스트레스 증가 및 기타 요인의 영향으로 1999년 전국 중등전문학교 모집 인원이 1998년에 비해 67만 명 감소했으며, 이는 20년 이래 처음으로 미달로 나타났다. 2001년에는 중등전문학교 모집 수와 재학생 수 모두가 최저였다. 그

학교＼연도	2004	2005	2006	2007	2008
전문 기술대학	872	921	981	1015	1036
중등전문학교	8,673	8644	8928	8916	8932
1. 직업고급중학교	5,781	5822	5765	5916	5915
2. 성인중등전문학교	2,742	2582	2350	2120	1983
3. 일반 중등전문학교	3,047	3207	3698	3801	3846
4. 기공학교	2,884	2855	2880	2995	3103

자료 : 중국 교육부(2010).

러나 2002년에 공포한 '국무원의 대대적 직업교육의 개혁과 발전 지지에 관한 결정'으로 고등 직업교육이 급속하게 발전했고, 중등 직업교육도 회복되었다.

2003년에 이르러 중등전문학교 학생 모집의 규모가 계속적으로 상승하는 추세였다. 중국 당국은 이러한 기회를 놓치지 않기 위해 2003년 초반부터 교육부에서 관련 부문과 긴밀히 연계해 직종을 조직화했다. 또한 기업과 직업학교의 전문가 및 중국 내 제조업과 서비스 발전 기술에 대해 기술형 인재에게 실제로 요구되는 전문성에 대해 조사를 진행했다. 중국 당국은 교육부, 노동보장부, 국방과공업위원회, 정보산업부, 교통부, 위생부와 연합해 '직업대학 내 제조업과 현대 서비스에 긴급 필요한 실무인재 양성 계획'을 추진했다.

중국은 2004년 국무원의 인준을 받은 후 교육부 등 7개 부처 연합으로 '전국 직업교육 회의'를 개최했고, 2005년 2월 28일 '중등 직업교육 가속화에 관한 의견'을 발표하고, 2005년 중등전문학교 모집 학생 수를 2004년의 모집 인원수에 100만 명을 증원하도록 했다. 한편 2005년 10월 28일 국무원에서 '대대적인 직업교육 발전에 관한 결정'을 발표해, 2010년까지 중등 직업교육 모집 규모가 800만 명을 달성하도록 했다. 이는 일반고급중학교 모집 학생 규모와 비슷하게 가야 한다고 제안한 것이다. 즉, 3년간 연속적으로 모집을 확대해 중등전문학교와 고급중학교 모집 규모가 비슷하도록 목표를 설정한 것이다.

　2008년의 통계에 의하면, 전국 중등전문학교(직업고급중학교, 성인중등전문학교, 일반 중등전문학교, 그리고 기공학교)는 총 14,847개이다. 중등 직업학교의 모집 규모는 810만 명에 달했고, 2001년에 비해 410만 명 이상이 증가했다. 재학생은 2,087만 명에 이르러, 정부는 중등전문학교(직업고등학교)와 고급중학교(일반고등학교)의 모집 규모를 비슷하게 하는 계획과 목적을 달성했다. 고급중학교는 총 15,959개이고, 매년 모집 규모는 837만 명에 이르며, 재학생 수는 약 2,489만 명으로 중등전문학교의 모집 인원(45.64%)이 고급중학교 모집 인원(54.4%)과 거의 같음을 알 수가 있다.

표 3-9 | 중등교육단계(고교단계) 학생 수 및 구성　(단위 : 만 명, %)

	합계	보통고급 중학교	성인고급 중학교	중등직업교육				
				소계	중등전업 학교	성인중등 전업학교	직업 고등학교	기공학교
1965	622.9 (100.0)	130.8 (21.0)	–	492.1 (79.0)	52.7 (8.5)	351.8 (56.5)	77.5 (12.4)	10.1 (1.6)
1980	1720.5 (100.0)	969.8 (56.4)	75.1 (4.4)	675.6 (39.3)	124.3 (7.2)	449.4 (26.1)	31.9 (1.9)	70.0 (4.1)
1985	1295.7 (100.0)	741.1 (57.2)	139.0 (10.7)	415.6 (32.1)	157.1 (12.1)	–	184.3 (14.2)	74.2 (5.7)
1990	1528.6 (100.0)	717.3 (46.9)	47.8 (3.1)	763.5 (49.9)	224.4 (14.7)	158.8 (10.4)	247.1 (16.2)	133.2 (8.7)
2000	2463.2 (100.0)	1201.3 (48.8)	32.4 (1.3)	1229.5 (49.9)	489.5 (19.9)	169.3 (6.9)	414.6 (16.8)	156.1 (6.3)
2001	2606.3 (100.0)	1405.0 (53.9)	31.0 (1.2)	1170.3 (44.9)	457.9 (17.6)	189.2 (7.3)	383.1 (14.7)	140.1 (5.4)
2002	2889.8 (100.0)	1683.8 (58.3)	33.5 (1.2)	1172.5 (40.6)	456.4 (15.8)	153.3 (5.3)	428.1 (14.8)	134.7 (4.7)
2003	3240.9 (100.0)	1964.8 (60.6)	21.5 (0.7)	1254.6 (38.7)	502.4 (15.5)	105.5 (3.3)	455.7 (14.1)	191.1 (5.9)
2004	3649.0 (100.0)	2220.4 (60.8)	19.4 (0.5)	1409.2 (38.6)	554.5 (15.2)	103.3 (2.8)	516.9 (14.2)	234.5 (6.4)
2005	4030.9 (100.0)	2409.1 (59.8)	21.8 (0.5)	1600.0 (39.7)	629.8 (15.6)	112.5 (2.8)	582.4 (14.4)	275.3 (6.8)
2006	4341.9 (100.0)	2514.5 (57.9)	17.5 (0.4)	1809.9 (41.7)	725.8 (16.7)	107.6 (2.5)	655.6 (15.1)	320.8 (7.4)
2007	4527.5 (100.0)	2540.5 (56.1)	18.1 (0.4)	1987.0 (43.9)	781.6 (17.3)	113.0 (2.5)	725.2 (16.0)	367.1 (8.1)
2008	4576.1 (100.0)	2489.0 (54.4)	12.7 (0.3)	2087.1 (45.6)	817.3 (17.9)	120.6 (2.6)	750.3 (16.4)	398.8 (8.7)

자료 : 중국 교육부(2010).

3. 직업교육훈련의 개혁

1) 직업교육훈련 이념의 확립

중국 직업교육훈련은 인재 양성과 도덕 교육을 우선으로 실시하며, 전체적으로는 소양 교육과 사회 봉사를 목적으로 취업 위주 및 수준 높은 노동자와 기술형 인재를 양성하는 것이다.

한편, 정부가 직업학교의 설립의 주체가 되지만 기업의 역할이 충분히 발휘될 수 있도록 한다. 민간에서는 학교 설립과 국제 교류 및 협력을 전폭적으로 지지한다. 나아가 정규 학교교육과 단기 훈련을 공동으로 시행하며, 사전 교육과 현직 교육을 연계해 적극적으로 평생교육체제를 구축하고 학습형 사회건설을 추진한다.

2) 다양한 직업교육의 설립 체제 확립

① 중등과 고등 직업학교의 연계

중등 직업학교(중등전문학교)와 고등 직업학교(전문 기술대학)의 연계를 활성화하는 것은 직업교육의 육성을 위해 필수적이며, 평생교육 체계를 구성하는 중요한 요인이다.

중등과 고등 직업학교의 연계 방식은 다음과 같다. 첫째, 관통식이다. 즉 한 개 혹은 몇 개의 중등 직업학교와 전공이 일치하는 고등 직업학교와 연합으로 실립[11]하는 것이다. 둘째, 상승식이다. 국기급 중점 숭등 직업학교를 선택해서 '고등교육법'의 규정에 따라 5년 전일제인 고등 직업교육기관을 설립하는 것이다. 셋째, 하향식이다. 즉, 대하(현존 직업대학, 독립 설치한 성인내학, 고등전과학교 및 일부 본과에서 설립한 직업기술교육대학 포함)에서 중학교 졸업생을 대상으로 모집해 5년제 고등 직업학교를 설립하는 것이다.

② '이중 증서' 호환

졸업 증서와 직업자격증 제도를 동시에 중시할 것을 추진한다. 즉, 두 종류 증서의 내용, 표준적 교류, 연계 및 상호 인정 등을 추진해 직업교육이 계획적으로 시장형 교육으로 전환하고, 학과 중심에서 능력 중심으로 전환하는 것은 인재 평가 기준과 평가 방식의 개혁을 의미한다. 또한 이는 공산당 중앙에서 제기한 '교육이 국가를 부유하게 한다'는 것을 실천하며, 인재 강국의 전략 및 인적자원개발과 활용의 가속화 및 노동자의 소질을 제고해 종합적인 국력을 높이는 데 중요한 조치일 뿐만 아니라 중요한 제도적 변혁이며 체제의 개혁이다.

중국 직업교육졸업증과 직업자격증 제도의 상호 호환에는 정책적 보장이 이루어져야 하는데, 1994년 공산당 중앙에서 국무원 조직 하에 개최된 '전국교육회의'에서 '전 사회적으로 졸업증과 직업자격증은 동시에 중요하다는 제도를 실현한다'고 제시함으로써 직업교육이 단순히 학력만을 추구하지 않음을 확인했다. 이에 따라 각 성·시 직업고급중학교와 일반 중등전문학교에서 앞다투어 '직업자격증 제도'를 시행했다.

중국의 졸업증 및 직업자격증의 주요 상호 호환 방식은 직업 자격 표준의 내용이 학습 계획에 융합되게 하고, 직업자격증 시험은 여전히 독자적으로 보게 하는 것이다. 즉, 앞으로 직업 자격의 표준 내용을 직업학교의 학습 계획에 포함하도록 내용을 조정하는 것이다. 학생들은 전공을 이수하고, 졸업증을 받는 동시에 직업 자격 훈련과정도 이수하게 된다. 그러나 학생들이 해당되는 자격증을 받으려면 반드시 국가직업자격증시험을 통과해야 한다.

현재 시범적인 직업자격증으로 직업교육 학력 졸업증을 대체하는 시도도 하고 있다. 중국 직업교육에 있어 '이중 증서' 전환의 시행은 직업교육이 '서비스 지향, 취업 지향'의 기본 이념을 실천해 직업대학이 인재 양성 표준과 기업 고용의 표준을 통합하고, 기본적인 인프라를 강화하기 위함이다. 또한 현장감 있는 교육을 실시해 학생의 취업능력을 양성하고, 직업교육 학습개혁을 추진해 국가가 '이중 증서'를 소지한 기술공과 전문인재를 양성하기 위함이다. 다른 한편 '이중 증서'의 호환과 연계를 시행함으로써 다양한 학습 형태를 통해 직업교육의 독자적인 발전을 보장한다. 동시에 각급·각류의 교육이 연계하는 효과를 지니기 때문에 직업교육과 보통 교육, 학력과 비학력 교육 간의 경계가 완화됨으로써 직업교육이 평생교육의 일부분으로서 평생교육 체계의 완성을 촉진하는 역할을 하게 한다(黃堯, 2007).

③ 학생 모집의 연합, 설립 합작

중국은 동서부 간, 도농都農 간에 직업대학이 연합, 학생 모집과 합작 설립을 추진해 도시와 동부 지역의 우수한 교육 자원과 취업 시장을 충분히 활용하도록 하고 있다. 즉, 조건을 갖춘 직업학교로 하여금 앞의 1~2년은 서부와 농촌 지역에서 학습하고, 잔여 기간은 동부 지역과 도시에서 학습하도록 하는 것이다. 2004년 전국 동서부 연합의 학생 모집과 합작 설립의 규모는 이미 10만 명 정도에 이르렀고, 이는 매우 양호한 모형이다. 허난성河南省은 2005년 성내 도시와 농촌 직업학교 395개가 자매결연으로 연합해 총 6만 2,000명을 모집했다. 동부 성시省市 171개 직업학교와 자매결연으로 1.5만 명을 모집했고, 서부 41개 직업학교는 연합으로 5,000여 명의 학생을 모집했다.

④ 투자 확대로 직업교육 기반 조성 강화

중국은 '제11차 5개년 계획' 기간에 중앙재정을 통해 100억 위안人民幣의 전용 자금을 투자해, 직업교육의 인프라구축 강화에 사용하기로 했다. 통계에 의하면, 2003~2008년까지 중앙재정은 이미 누적된 100억 원의 전용 자금으로 1,396개 직업교육 시범 기반 조성, 2,200개 현급 직업교육 센터

와 시범 중등 직업학교, 100개 국가 시범 고등 직업기술대학의 설립에 중
점적으로 지원되었다. 조직적으로 '중등 직업학교 교사 소양 제고 계획'을
실시해, 전공 간부 교사 10만 명을 양성했다. 각 지역 또한 직업교육의 투
자를 확대했다. 각 분야의 관심과 지지하에 직업대학 설립 요건이 대대적
으로 개선되었고, 도농 간의 직업교육 양성 네트워크가 형성되었다.

⑤ 전공의 강화

중국 당국은, 과학적이고 합리적인 전공 개설은 직업교육 양성 목표와 직
업교육 특색 체계를 확립하는 기본 요건이며, 또한 직업학교가 주체적으
로 사회 수요에 적응하는 관건이라고 보고 있다.

전공 목록은 교육행정 관리와 학교 학사 업무의 기본 사항이다. 목록은
전공의 분류와 전공의 명칭을 규정하고, 전공 분야의 인재 양성과 취업 방
향을 반영한다. 국가는 직업교육 계획, 개설 및 전공의 조정 등 중요한 규
정을 확정한다. 또한 경제와 사회 발전의 수요에 근거해 졸업생의 취업을
지도하고, 고용 단위의 졸업생을 평가하는 중요한 근거가 된다.

중국의 개혁 개방 이후 직업교육은 학교 설립과 전공 개설에 있어 해당
지역의 경제·사회 발전 수요와 긴밀하게 연결되어 있고, 그 성과가 두드
러져 사회적으로 환영을 받고 있다. 1998년 교육의 질과 관리 수준을 제
고하기 위해 교육부는 직업 고교의 전공 목록을 연구·제정해 전공 개설
이 점차 합법적인 관리가 되도록 했다. 2007년부터 교육부는 '중등 직업
학교 전공 목록'에 대한 조정과 수정을 진행해 경제·사회적 발전 수요에
부적합한 전공을 폐지하고, 새로운 전공을 신설해 새로운 '중등 직업학교
전공 목록'을 발표하고 '5년제 고등 직업교육 전공 목록'을 제정했다.

평생학습(성인교육)

중국의 평생교육은 성인 기술 훈련, 성인 고등교육 및 문맹 퇴치 교육 등을 포함한 것이다. 전국 성인 기술 훈련 학교는 46만여 개로 재학생은 약 6,293만 명이며, 전국 각종 성인 고등교육 수료생은 약 280만 명 정도이다.

성인교육기관으로는 방송대학放送大學, 함수학원函授學院, 교육학원敎育學院 및 관리간부학원管理幹部學院 등이 있고, 일반 대학의 교육과정과 큰 차이가 없다. 입학 자격은 방송대학이나 함수학원은 방송매체에 의하거나 통신교육을 통해 취득하게 되므로 우리나라의 경우와 다를 바 없다. 그 외에 직공대학職工大學은 연령 35세 이하, 직장 재직 경력 2년 이상으로서 고급중학교高級中學交를 졸업한 자 중에서 국가에서 실시하는 성인대학 통일 입학 시험에 합격한 자에 대해 재직자 교육을 하는 곳이고(전일제의 경우 3년, 근무 시간 중 일부는 근무하고 나머지는 학업에 종사하는 경우 4~5년), 교육학원은 중등 학교 재직 교사에 대한 전문대학 또는 대학과정의 재교육을 시행해 고등교육수준의 학력을 취득할 수 있는 곳이다(전문대학과정은 2년, 대학과정은 4년). 관리간부학원은 고급중학교를 졸업한 관리 담당 간부에 대한 재교육을 시행하는 2년 과정의 교육기관이다.

인재개발의 정책동향 및 특성

정책동향

최근 중국은 직업교육훈련에 대한 정책적 관심과 배려로 괄목할 만한 성과를 거두고 있다. 최근의 정책동향 개요와 특성 등은 다음과 같다(이천우, 2007).

중국 당국은 2005년 말에 국무총리가 주최한 '전국직업교육회의'를 소집하고, 직업교육을 대대적으로 발전시키는 정책을 재확인했다. 이러한 국가 차원의 정책 주도는 우리와 같은 국가 인적자원개발의 입장인데, 아직은 일반적인 직업교육의 개념에서 벗어나지 못하고 있으며, 국가 차원의 정책 결정에서 어려움을 겪고 있다.

중국은 2001~2005년까지의 기간을 10차 5개년 계획 기간으로 정했는데, 이 기간에 중국의 인적자원개발 정책은 인재개발이 주된 내용으로 되어 있다. 우선 중국의 인적자원개발과 관련한 정부 당국의 관심은 지역에서 찾을 수 있다. 이 시기 중국은 지역 인적자원개발이 활발하게 전개되기 시작했다.

2002년 중국 교육부는 국가 연구 프로젝트를 통해 중국의 인적 자원 현황을 분석하고, 인적자원개발 전략의 중요성을 역설하면서 향후 50년 중국 인적자원개발의 장기 전략[12]을 제시했다.

　다른 한편으로 재취업과 노동시장 정책을 들 수 있는데, 중국 당국은 심각해진 취업 문제를 해결하기 위해 취업 훈련을 의무화하는 조치를 취했다. 1999년에 국무원에서 노동부와 취업 관련 부서에 노동 예비 제도 추진에 관한 제안을 마련하도록 지시했다. 2000년 4월에 〈노동 예비제 양성 실시방법〉이라는 법령을 제정해 각 성, 자치구, 직할시 노동청에 전달했다. 실시 대상은 도시 · 농촌의 진학 중 · 고교 졸업생이었다. 농촌의 비진학자는 농업에 종사하도록 하고, 양성 방법을 별도로 지도하기로 한 것이었다.

　중국은 2002년 전국 재취업 업무 회의가 끝난 후 '중공중앙, 국무원 실업 인원의 재취업을 잘 운영하는 데 관한 통지'를 비롯해서 정부 관련 부서에서 8개의 협조공문을 발표함으로써 재취업 정책의 체계를 형성시켰다. 2005년 11월 4일에는 '국무원 취업과 재취업 업무 진일보 강화에 관한 통지國務院關于進一步加强就業再就業工作的通知'를 발표하고, 일자리 창출과 실업자 재취업촉진 및 취업 지도와 직업훈련 강화, 재취업 관련 사회 전체 지원 유도 등의 조치를 취했다.

　한편 농업 교육에서도 직업훈련을 강화하고 있다. 1990년대 중반 이후 도시화의 진전에 따라 농촌 노동력이 도시로 대량 유입되기 시작했다. 2004년에 양광공정陽光工程(햇빛사업)을 추진해 정부 예산 2억 5,000만 위안(한화 약 3,000억 원)과 지방정부이 지원으로 250만 명의 농민공農民工(농민 출신 근로자)을 대상으로 직전 교육훈련을 시행해 220만 명을 취업시켰다.

주요특성 및 과제

중국은 1999년부터 고등 직업교육 발전을 가속화하면서 중등 직업교육에서도 점차 회복세를 보여 왔다. 그동안 직업교육의 여건 결여와 운영체제 상의 장애로 인해 직업교육의 양이나 질은 사회 발전의 수요를 충족시키지 못하고 있었다. 특히 재직 근로자의 직업능력과 창업능력이 부족해 경제의 지속가능한 발전에 걸림돌이 되고 있었다(Jie Ke & Chermack, 2004). 이러한 상황에서 중국 당국은 2000년 이후 경제 발전 지역에서 고등교육 보급 확산을 목표로 정책을 추진하게 되었다.

주요내용은 첫째, 이러한 지역에서 직업교육의 중심은 상급 단계로 움직이고, 고등 직업교육을 발전시킨다는 것이다.

둘째, 관련 부처 간 긴밀한 협력을 들 수 있다. 2004년에 중국 국무원은 교육부, 국가발전개혁위원회, 재정부, 노동 및 사회 보장부 등 7개 부서로 구성한 직업교육 업무 부서 간 연석 회의를 출범시켰다. 6월 남경에서 전국 직업교육 업무 회의를 소집해 '직업교육을 진일보 발전시키는 데 관한 의견(關於進一步加强職業敎育的若干意見)'을 발표해 취업 지향형 직업교육의 개혁과 발전을 추진하는 지침을 확정했다.

셋째, 직업교육을 국가의 전략적인 정책 차원에서 추진했다. 중국은 직업교육에 대한 기업체의 참여도가 아직 낮은 수준이다. 즉, 중국 당국은 '국무원의 대대적인 직업교육 개혁과 발전에 관한 결정'에서 기업에 의한 직업교육을 진행한다고 규정하고 있지만, 중국 사회의 과도기적 특성 때문에 기업체들은 아직 직업교육기관을 비생산적인 자원으로 보고 참여를 꺼리는 상황이다. 이러한 현실에서 중국 중등 직업교육의 재정은 계속 악화되고 있으며, 중국 당국은 2005년 12월 중앙정부에서 직업교육에 관한 국무회의를 개최해 직업교육이 제11차 5개년 계획 기간에 국가 전략적인 정책 차원에서 논의했다. 이 회의에서 사회 경제 발전을 촉진할 수 있는 직업교육이 중국의 중·장기적인 경제 사회의 발전과 제11차 5개년 계획의 주요과제인 조화로운 사회(和諧社會)를 만드는 데 중요한 역할을 담당할 수 있다는 것으로 설명했다.

한편 다양한 인재개발 정책을 통해 직업교육훈련의 성과가 충분히 나타났음에도, 중국 직업교육 개혁과 발전 중에도 해결되어야 할 정책 과제들은 여전히 존재하고 있다.

첫째, 주로 거론되는 과제는 일부 지역과 부서에서 직업교육의 중요성에 대해 명확하게 인식하지 못하고 있어 직업교육 개혁 발전 정책을 추진하지 못하고 있다는 것이다.

둘째, 직업교육의 유인가격incentive price이 강화되지 못해 사회 일부 인사들은 직업교육을 정규 교육으로 간주하지 않고, 직업교육의 이념을 비천하게 취급하기 때문에 생산현장 노동자와 기능 인력의 사회적 지위와 경제적 수입이 여전히 낮은 수준이다. 따라서 중국은 직업교육 관리 체제가 확립되어야 하며, 직종 및 기업과 학교차원에서 직업교육 설립에 대한 적극성이 필요하다고 볼 수 있다.

셋째, 중국은 직업교육에 대한 더 많은 투자가 필요하며, 학생의 기초능력 제고와 교사의 자질확립이 강화되어야 할 것이다.

넷째, 특히 중국 농촌 지역의 직업교육수준은 여전히 낙후되어 있다는 점이다.

이와 같이, 중국의 직업교육훈련은 중국 교육에 있어 취약한 부분이고, 경제 사회 발전과 인민의 수요와는 아직 상당한 거리가 있다고 볼 수 있다. 따라서 중국은 향후 지체적인 노력과 더불어 주변 국가와의 교류협력을 통한 발전 방인의 모색이 필요하다. 득히 문화적 · 억사석 · 지성학적 차원에서 보면, 우리나라와 직업교육훈련 분야의 다양한 교류협력도 가능할 것이다.

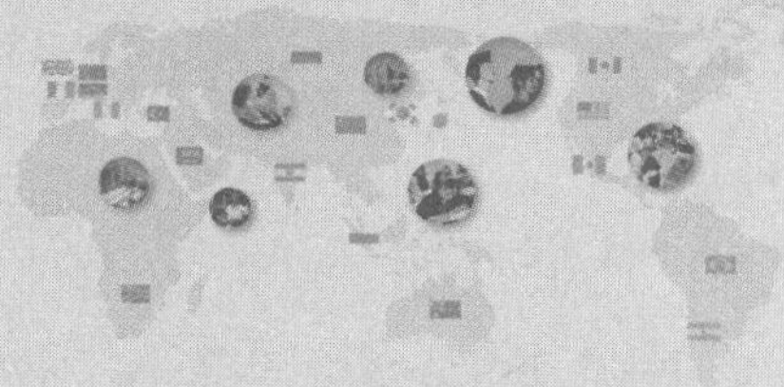

CHAPTER 6

프랑스 FRANCE

김 안 국

고려대학교 노동경제학 전공 경제학 박사, 현 한국직업능력개발원 고용·능력개발연구실장. 주요 연구 실적으로 [직업훈련정책평가계량모형연구], [사회적 자본과 인적자원개발(Ⅲ)], [기술변화와 교육훈련] 외 다수.

·01·
사회경제적 배경

사회와 문화

프랑스는 보통선거에 의해 임기 5년의 권한이 강한 대통령을 선출한다. 프랑스는 3개의 행정적 층위로 구성되어 26개의 주regions는 2~6개의 카운티counties로 구성되며, 카운티는 몇 개의 콤뮨municipalities으로 구성된다. 1982년의 분권화법에 의해 중앙정부의 권한과 책임들은 주와 카운티에 점차적으로 이양되고 있다.

1980년대 미테랑 정부가 경제 계획을 바탕으로 국가 주도형 경제 발전에 성공하면서 1990년에는 영국과 독일을 제치고 2만 달러 소득을 먼저 달성해 '영광의 프랑스' 시절을 구가했다. 미테랑의 사회당 정부는 국유화에 기반한 균형 성장, 경제 계획을 비탕으로 국가가 주도하는 경세 발선을 추구했다.

그러나 이후 점차로 실업률이 높아지고, 특히 청년실업률이 20%대에 달하면서 사회 문제로 대두되었다. 이에 2000년 조스팽 총리 내각은 일자리를 나누어 실업률을 낮추기 위한 근로 시간 단축을 시행했다. 그 결과 노동 비용이 증가하고, 공공 부문의 비대화와 사회 보장 지출로 인해 GDP 대비 세수 비중이 2006년 44.5%로 증대되어 민간경제를 압박했다. 이에

기업들이 고용을 억제하고, 해외이전을 모색하면서 2001~2006년 경제성
장률은 1.5%, 실업률은 9%를 웃돌면서 2007년 IMD 국제 경쟁력 순위 27
위로 떨어지는 등 위기를 겪게 되었다.

2007년 출범한 현재의 사르코지 정부는 '프랑스를 바꾸자' 며 근로 유
인 강화, 재정 준칙 준수, 소비 촉진을 위한 감세 등을 추진하면서 개혁
드라이브를 가속화하고 있다. 사르코지 정부는 근로 유인을 위해 초과
근무 수당에 대한 소득세와 사회 분담금을 면제해 근무 시간 연장을 유
도하고 있으며, 저소득층의 근로 의욕 고취를 위해 근로 소득에 보조금
을 지급하는 적극적 연대 소득 제도를 추진했다. 그렇지만 이러한 개혁
이 공공 부문 노조의 파업 등 저항에 부딪히고 있어 순탄하게만 전개되
고 있지는 않다.

경제 및 노동시장

프랑스의 명목 GDP는 2008년 28억 5,200만 달러로 OECD 회원국 중에
서 4번째에 해당한다. 1인당 명목 GDP는 2008년 약 4만 5,969달러로 EU
27개국 평균보다는 조금 높지만, 미국에 비해 1만 달러 이상 적어 OECD
회원국 중에서 12위이다. 이는 1981년 1인당 국민 소득 세계 7위에서 크
게 추락한 것이다. GDP의 증가율은 1990년대 초반에 마이너스 경제성장
을 기록했다가 90년대 후반기에는 좋은 성과를 보여 2000년에 3.9%로 정
점에 이르렀다. 2001년 이후는 1~2%대의 경제성장을 이루다가 2008년
에는 세계경제의 위축으로 0.5%의 경제성장을 보였다. 동시에 프랑스는
중위소득의 60%에 미달하는 저소득층 비중이 1970년대 18%, 1990년대
14%, 2000년대 12%로 낮아져, 사회의 양극화가 줄어드는 '풍요와 공존
의 국가' 라는 외면을 자랑하고 있다.

표 3-10 | 연령 계층별, 교육 정도별 고용율

연도		2002년			2005년			2007년		
연령 계층		15~24세	25~49세	50~64세	15~24세	25~49세	50~64세	15~24세	25~49세	50~64세
전체		29.9	80.2	51.4	30.7	81.2	53.8	31.5	82.6	53.5
교육 정도별	ISCED0–2	15.1	68.3	42.4	15.5	70.1	45.8	16.5	71.1	45
	ISCED3–4	42.5	83.8	55.7	41.4	83.9	57	41.5	84.8	56.9
	ISCED5–6	47.2	87.4	69.9	46.9	87.2	68.6	49.2	88.2	67.8

자료 : EUROSTAT(각 연도).

경제 활동의 전반적 활력을 나타내는 고용률을 보면 2002년에 63%에서 2009년 64%의 고용률을 보여 안정적인 증가세를 보이고 있으며, 여성의 고용률도 60.1%로 낮지 않다. 연령별, 교육 정도별로 고용률에서 차이가 나는데, 이는 시간이 갈수록 분명해진다. [표 3-10]에서 고학력일수록 고용률이 높게 나타나며, 특히 청년층의 경우 중졸 이하 저학력자의 고용률이 15~16%대로, 고등학교 혹은 대학 졸업자의 41~49%에 비해 크게 떨어지고 있어 주목된다. 중심적 노동 연령층인 25~49세에서도 중졸 이하 저학력층은 다른 학력층에 비해 약 13~14%p 정도 고용률이 떨어지고 있다.

인재개발 현황

교육제도

프랑스에서 학교교육은 모두 교육부의 책임하에 있고, 교육은 공립학교에서 모두 무상으로 이루어진다. 6세부터 16세까지의 교육은 의무교육이다.

프랑스의 교육은 유치원 혹은 유아원부터 시작된다. 공립이 대부분인 유치원과 유아원은 교육부가 관장하며, 무료이다. 아동들은 6세가 되면 초등학교에 들어가 5년 동안 공부를 하고 12세에 중학교에 들어간다. 정보 통신 기술이 학교 생활과 활동에 다양하게 사용되며, 초등학교 단계에서 컴퓨터와 인터넷 활용 능력 1급을 취급한다.

초등학교를 졸업한 모든 학생들은 무시험으로 중학교에 입학한다. 중학교 의무교육은 7학년에서 10학년까지 4년으로 구성된다. 중학교의 교육목표는 학생들이 최소한의 공통 핵심 지식과 능력을 갖추는 것이다.

중학교를 마친 학생들에게 두 경로가 주어지는데, 첫째는 고등교육으로 가는 일반 혹은 기술 학문 경로이다. 이들은 11학년의 리세lycée(일반/기술고등학교)에 입학한다. 둘째는 직업경로로 직업 세계에 나가거나 직업고등학교에 진학하는 것이다.

일반/기술고등학교를 마치면서 경제와 사회, 문학, 과학 중에서 하나의 학

			학교교육제도 기반 학위 자격들			도제제도 기반 학위 자격들	
고등교육	기술대학/대학교	18세 이상	박사과정				도제훈련센터
			M2	Master		Master/ Titre d' ilgenieur	
			M1				
			L3	Licence	Licence pro	Licence Pro BTS-DUT	
			L2		BTS-DUT		
			L1				
중등교육	고등학교	15~18세	일반 baccalaureat (general terminale)	기술 baccalaureat (technique)	직업 baccalaureat (professionnel)	Bac Pro	
			1st	11th year 기술과정	11th year 적응과정	Brevet Professionnle	
			2nd		CAP – BEP	CAP – BEP	
	중학교	11~15세	brevet des colleges 9th year				
			8th year				
			7th year				
			6th year				
초등교육	초등학교와 유치원	6~11세	초등학교				
		3~5세	유치원				

위를 얻거나 7개의 기술 바칼로레아baccalaureat(프랑스의 후기 중등교육 졸업 인증 시험이자 대학 입학 자격 시험) 중의 하나를 얻은 학생들이 이 대학으로 가는데, 고등교육은 대학에서 혹은 공공·민간의 칼리지에서 제공되며, 이들의 일부는 그랑제꼴이라 불린다. 입학 조건은 바칼로레아 혹은 DAEU(Diplôma d' Accés aux Etudes Universitaires, Bac 이외의 대학 특별 진형)이다.

2004년 12월 교육부는 '학교의 미래에 대한 지향에 대해' 라는 법안을 제출했다. 이 법안의 주요목적은 모든 학생들의 성공을 확실하게 하기 위한 것이었다. 이를 이어 2005년 4월 '학교의 미래를 위한 프로그램과 지향에 관한 법 2005-380'은 다음을 목표로 하고 있다.

프랑스는 교육적 성취 측면에서 지난 20년간 상당한 진전이 있었다. 중졸 이하 학력자의 비중은 EU 평균보다 낮으며, 20~24세의 고등학교 이상 교육 자격 소지자는 2007년 82%에 달했다. 중도 탈락자는 1965년에 35%에서 1985년에 14%, 2002년 7%로 감소했다. 이러한 지속적 감소는 직업 바칼로레아의 도입, 도제 훈련 경로를 매력적이게 한 조치들, 양성 직업훈련에서 학습의 비중 확대에 기인한다.

고등교육의 측면에서도 2007년 25~34세 인구의 고등교육 이수자 비중은 41%로 45~54세 인구 고등교육 이수자 비중 20%의 배가 넘는 진전을 보였다. 이러한 진전은 한국 다음으로 큰 것이며, 1980년대 이래 프랑스 고등교육 확대 정책의 결실이라 할 수 있다(OECD, 2009).

직업교육훈련

1. 학교에서의 직업교육

고등학교 단계에서 시작되는 직업경로는 영업 활동이나 직업에 연계되는 비학문 과정 교육을 제공한다. 직업 학위(자격) 시험을 위한 공부는 직업 고등학교의 학교 시스템 내 혹은 도제 훈련에서 수행된다. 직업고등학교 와 도제 훈련 모두 교육부의 소관사항이다.

프랑스에서 직업교육은 고등학교에서 시작된다. 구체적으로 직업고등 학교는 직업 과정인 CAPCertificat d' Aptitudes professionnelles(직업적성증서) 과정 과 BEP(Brevet d' Etudes Professionnelles : 직업학습증서)과정을 운영하며, 이 외에 대학 입학 자격 과정도 운영한다. 직업 전문 분야의 이론 센터 실습 수업은 주로 프로젝트 활동으로 이루어진다. 학생들에게는 일하고 학습하 는 방법을 습득하게 하며, 일을 주도하는 적극성, 팀워크, 조직감, 책임성, 직업 전문성, 동기 유발을 고취시킨다. 이 프로젝트 활동은 의무적이며, 직업에 따라 매우 다양한 형태를 취한다.

직업고등학교 학생들은 과정을 마치면서 직업 바칼로레아를 취득하거 나 직업 적성 증서를 취득한다. 이들 직업 학위는 기업이나 여타 직업 환 경에서의 훈련이 필수이다. 기업 혹은 직업 환경에서의 훈련 기간은 직업 교육기간과 전문성에 따라 달라지는데, 가장 하위의 직업 자격인 직업 적 성 증거는 12~16주의 교육훈련이 필요하며, 직업 바칼로레아를 취득하기 위해서는 22주의 교육훈련이 필요하다.

2009년 프랑스 고등학교의 직업경로에 개혁이 있었다. 개혁의 목적은 청년들이 직업경로에서도 자격을 증진시키고, 고등 직업교육에 대한 접근 을 용이하게 하기 위한 것이다. 개혁의 내용은 첫째, 직업고등학교 학생들 이 대학 입학 자격 시험인 바칼로레아를 취득하는 데 필요한 교육 연한을 4년에서 3년으로 줄인 것이다. 둘째, 직업 적성 증서서를 취득한 뒤에 나 시 대학 입학 자격 시험 과정(2년 과정)에 편입할 수 있게 했다. 이를 위해 직업 바칼로레아 취득을 위한 학습 기간을 변경하고, 그것이 일반/기술 바 칼로레이로 연계되도록 했다.

직업고등학교 졸업생들 혹은 일반/기술고등학교를 마친 학생들 중에

프랑스 분류	교육훈련의 수준	상응하는 ISCED
수준(level) 5	* 두 번째 단계 단기 직업 학위(CAP : Certificat d' Aptitudes profession-nelles 혹은 BEP : Brevet d' Etudes rofessionnelles)	3C
수준(level) 4	* 직업 바칼로레아(BAC Pro : Baccalauréat Professionnel) * 직업 증서(BP : Brevet professionnel 혹은 BT : Brevet de Technicien Supérieur) * 부가적 학위(MC : Mention Complémentaire)	3B
수준(level) 3	* 바칼로레아 + 2년 학위(BTS: Brevet de Technicien Supérieur) * DUT(DiplÔme Universitaire de technologie) * DNST(DiplÔme National de technologie Spcialis?) * DEUST(DiplÔme d' Etudes Universitaire en Sciences et Techniques)	5B
수준(level)2	* 학사 학위(직업 전문자격, 직업 학위)	6
수준(level) 1	* 석사 학위(기사학위), 그 이상	6

대학으로 가지 않는 학생들은 2년 프로그램인 고등 직업교육을 이수해 고급 직업 자격Brevet de Technicien Supérieur, BTS를 얻거나[13] 기술 대학 기관Institut universitaire technologique, IUT에 입학해 기술대학학위DiplÔme Universitaire de technologie, DUT를 취득할 수 있다. 즉, 리세의 졸업자 기술 과정은 2년의 교육과정을 제공해 BTS를 취득하게 하며, 그 자격은 고용으로 연결된다. 대학에 부속된 기술교육기관도 2년의 과정을 제공해 '대학 기술 학위' 로 불리는 전문 자격을 취득하게 한다.

직업 바칼로레아 등의 직업 학위는 모두 교육부에 의해 수여되는 국가자격이다. 직업 학위는 직업 전문 자문 위원회Commission professionnelle consultative: CPC에서 관리한다. 각각의 CPC는 해당 분야의 전문가들로 구성되는데, 경영자, 근로자, 정부, 자격을 갖춘 전문가의 4그룹으로 구성되어 있다.

CPC에는 관련 산업 혹은 직업 분야의 사용자와 근로자 대표가 동수로 참여해 각 학위의 전공별로 교육과 고용의 관계를 진단한다. 사용자 대표와 근로자 대표는 각각 10인으로, 해당 산업 분야의 주요 사용자 단체의 대표들과 주요 노동조합의 대표들이다. 새로운 전공과정의 신설 혹은 기존 전공의 변경을 위해서는 먼저 인력 수요 진단이 있어야 하며, 직업 활동과 학위(자격)를 정의하고, 학위 발급을 위한 평가 방법이 정의되어야 한다.

2. 도제 훈련 혹은 기업에서의 직업교육훈련

양성 직업교육훈련은 도제 훈련이나 특별한 고용 계약에 의한 기업에서의 훈련을 통해서도 이루어진다. 먼저 도제와 기업에 의한 특별 고용 계약에 의해 이루어지는 도제 훈련은 26세 이하의 청년들에 대한 양성 직업훈련이다. 도제계약은 1~3년 사이의 기간으로 이루어지는데, 도제의 자격 요건과 훈련 단계에 따라서 달라진다. 2006년 1년에서 2년 사이의 도제계약은 72.7%였고, 1년 미만의 도제계약은 15.2%였다.

도제 훈련의 기금은 중앙정부와 지방정부의 지원이 다수를 이루며, 여기에 기업의 도제 훈련 분담금과 가계의 비용 지출로 마련된다. 도제들은 연령과 훈련 단계에 따라 최저 급여의 25~78%의 임금을 받는다. 2007년 도제 훈련 센터를 졸업하고 8개월 뒤 자격을 갖춘 70%의 도제들이 고용되었고, 24.2%는 구직 중이었다.

프랑스에서는 적절한 자격이 없이 노동시장에 나온 16~25세 청년들의 일자리 취업을 위해 특별한 프로그램들을 고안하고 있다. 이들 프로그램의 일부는 '일자리 계약'으로 혹은 '인턴십'으로 조직되었다. 일자리 계약의 경우 청년들이 근로자의 지위를 가지며, 인턴십의 경우 청년들은 직업훈련 중에 있는 인턴이 된다. 2004년 9월까지 도제 훈련, 일자리 계약, 인턴십 등 3가지의 프로그램들이 청년들에게 제공되었으며, 2002년의 경우 약 18만 6,000명의 청년들이 이러한 계약을 통해서 취업했다.

2004년 10월 새로 도입된 '직업화 계약professionalisation contract'이 이전의 3가지 프로그램들을 대체했다. 직업화 계약이 체결되면 사용자는 청년들에게 일정한 기간(6~24개월 사이) 동안 일자리를 제공하고 '인증되는 직업 자격(국가에서 인증하는 직업 학위 혹은 직종 부문에 의해 인증되는 직업 증명서)’을 얻도록 도와주는 훈련을 제공한다. 교육과정은 총 계약 시간의 15% 이상이 되어야 하며, 이 비율은 부문별 협약에 의해 25%까지 상향될 수 있다.

평생학습

1. 평생학습의 제도화

프랑스에서 평생학습은 국가의 의무이다. 계속 직업훈련은 근로자들이 변화하는 기술과 작업 조건에 적응하고, 그들이 경제·사회·문화의 다양한 수준으로 상향 이동을 할 수 있도록 촉진하기 위한 것이다(노동법전 L.6311-1).

프랑스에서 계속 직업훈련은 1971년 ‘직업훈련법(Jacques Delors법)’으로 정비되었다. 이 법은 직업교육훈련에 관한 모든 사항을 단체 교섭을 통해 합의할 것과, 모든 사람은 평생학습의 맥락 속에서 직업훈련을 받을 권리가 있음을 규정했고, 프랑스의 기업들이 계약상, 법률상으로 정규 교육기관 이후의 직업교육훈련의 발전에 기여해야 한다는 의무를 규정했다. 이후 프랑스에서 계속 직업훈련은 노조와 경영자 협회 등 사회적 파트너들의 협상 주제였고, 이러한 사회적 파트너들이 국가적 수준에서의 직업 간 협정을 이루어 내면, 정부는 이를 입법화해 제도화했다.

2002년 소위 ‘사회현대화법’은 계속 직업훈련의 우선권, 목표, 자원들에 관한 직종 간 합의에 관련된 사항을 법제화한 것이다. 이 합의로 근로자들이 그들의 일자리에서의 변화에 적응할 수 있도록 하는 훈련, 새로운 숙련의 획득, 회사 내에서 객관적 기준에 의한 승진 등이 보장되었다. 2004년 8월 법은 성인 실업자의 직업훈련에 대한 책임도 주 위원회가 지도록 주위원회의 역할을 강화했다.

이후 계속 교육훈련에 관련된 최근의 법제화는 실업자의 훈련 지원에

표 3-12 | 최근의 계속 직업훈련 관련법

일시	내용
2001년 7월 17일	실업보험을 포함하여 실업자의 취업 복귀를 지원하는 법적 조항들. 여기에 사회적, 교육적, 문화적 조항들을 포함하고 있음.
2001년 11월 16일	훈련에 영향을 미치는 모든 차별의 형태를 금지하여 근로자를 보호하는 반차별 법안.
2002년 1월 17일	소위 '사회현대화법'으로 직업훈련과 관련한 몇 가지 조항을 포함하고 있음. 직업 경험 인증(VAE), 도제 훈련 재정지원, 훈련내용, 지역고용직업훈련조정위원회 설립 등
2004년 5월 4일	민간 부문 근로자들을 위한 프랑스 VET법의 개혁
2004년 8월 13일	지방정부의 권한과 책임을 강화한 법으로 지역위원회가 지역의 직업훈련에 관한 사항을 책임지도록 역할을 강화함.
2009년 이후	이 법안의 목적은 직업훈련 체계를 적합시키는 것으로, 경력안정의 기금 창출과 민간 부문 근로자의 적합을 포함하고 있음.

자료 : CEDEFOP(2009).

대해, 훈련에 영향을 미치는 모든 차별을 금지하는 조치, 직업 경험 인증 및 지역 고용 직업훈련조정 위원회의 설립, 직업훈련의 체계와 경력 안정의 기금 창출 등을 포함해 지속적으로 확충되고 있다.

2. 평생학습의 관련 주체들

1982년 이후 주들은 자신들의 계속 직업훈련정책을 수립해 왔다. 각 주는 지역 훈련 발전 계획을 작성하고, 지역 수준에서 청년들에 대한 양성과 계속 직업훈련, 실업자와 성인의 훈련을 조성해 왔다. 구체적 훈련 계획들은 모든 관련 주체들의 실제적 파트너십에 기반을 두고 있다.

계속 직업훈련에 사회적 파트너들의 참여는 필수적인데, 직업 평생학습 국가 위원회는 노조와 경영사 협회의 대표들을 포함하는 사회적 파트너들의 자문을 구해야 한다. 먼저, 국가 수준에서 사회적 파트너들은 국가 직업훈련 공동 위원회Comité paritaire national pour la formation professionnelle, CPNFP를 두어 훈련 관련 이슈들을 조정하고 규제하며, 계속 직업훈련이 합의된 틀 내에서 제대로 수행되고 있는지를 모니터링한다.

다음으로 각 직업 부문 수준에서 사회적 파트너들의 협의체가 있다. 각 직업 부문의 협상에 의해 구성된 국가 공동 고용 위원회Commissions paritaires nationales de l' emploi, CPNE는 경영자 대표와 노조에 의한 협의체이다. 이들은 고용 정책과 개인의 훈련 휴가 관련 정책들이 만들어질 때 훈련 이슈들을 제기한다. 각 직업 부문에는 계속 직업훈련의 재정을 관리하는 인정 공동 징수 기구Organismes paritaires collecteurs agréés, OPCA가 있어 기업들의 분담금 및 기금들을 징수하는 데, 이들 역시 사회적 파트너들에 의해 관리된다.

3. 재직 근로자들의 직업능력 개발

프랑스에서 계속 직업훈련은 지역 수준에서 주들이 지역 직업훈련 발전 계획Plan régional de développement de la formation professionnelle, PRDFP을 통해 훈련 프로그램들을 개발하고 있다. 사회적 파트너들과 지역 정부는 다수의 훈련프로그램을 고안하고 개발했는데, 일부는 실업자를 위한 훈련이고, 일부는 현직 근로자(민간 및 공공 부문 취업자, 자영업자)를 위한 훈련이다.

재직 근로자들의 직업능력 개발을 먼저 살펴보면, 현직 근로자들에 대한 훈련은 기업에 의한 '훈련 계획'이 있고, 근로자의 선택에 의한 '개인 훈련휴가conge individuel de formation, CIF'가 있으며, 근로자와 기업의 협상에 의한 '개인훈련권리droit individuel à la formation, DIF'가 있다. 세 번째 범주인 개인훈련권리는 2003년 말 사회적 파트너들이 합의해 2004년 5월 법제화에 의한 것이다.

프랑스의 사용자들은 종업원들을 훈련시키지 않을 경우 계속 직업훈련에 기금을 내어야만 한다. 이 의무 분담금은 규모에 따라 달라지는 데, 10인 이상 기업의 경우 임금 총액의 1.6%, 10인 미만 기업은 0.55%로 규정되어 있다. 이러한 분담금은 인정 징수 기구OPCA에 내야 한다. 기업은 '훈련 계획'을 수립해 훈련을 실행하면 분담금을 내지 않아도 된다. 기업의 훈련 계획은 종업원들이 가지고 있는 숙련과 이수한 훈련(개인 훈련 휴가는 제외됨)에 대한 조사를 바탕으로 작성된다.

근로자 개인이 주도해 계속 직업훈련이 이루어질 수 있다. 한 기업에서 혹은 한 직업 부문에서 일정 기간 이상 근무한 근로자는 개인 훈련 휴가 프로그램을 통해 일을 하지 않으면서 훈련을 받을 수 있다. 휴가기간은 훈련 프로그램의 길이에 상응하며, 법적으로 할 계속 훈련의 경우 1년, 기간적 훈련 스케줄의 경우 1,200시간으로 한정되어 있다. 개인 훈련 휴가에 의한 훈련 프로그램들은 공식자격을 얻는 장기의 프로그램으로 2007년의 경우 훈련 시간은 평균 754시간이었다.

근로자들이 주도하고 사용자와의 협상에 의해 이루어지는 훈련으로 개인훈련권리가 있다. 이는 개인들의 상향 이동을 위해 개인 주도로 지식의 획득과 향상을 통해 학위나 직업 자격을 취득하도록 지원하는 것이며, 근무 시간 이외에 이루어진다. 훈련은 부분적으로 혹은 전적으로 작업 시간 이외에 특별 수당과 함께 이루어질 수 있다. 정규직 근로자는 누구나 1년에 20시간을 근무 시간 이외에 교육받을 수 있으며, 이는 6년 동안 총 120시간까지 축적할 수 있다.

근로자는 직업 경험을 통해서도 일정한 능력을 획득할 수 있다. 프랑스에서는 무형식 혹은 비형식교육과 관련한 특별한 프로그램은 없는데 이는 직업훈련에 대해서도 마찬가지이다. 그렇지만 2002년 이러한 무형식 혹은 비형식 학습을 인정하는 시스템이 확립되었다. 이 시스템은 선행 학습을 객관적으로 인정해 자격화하자는 것으로 각 개인들은 자신의 학습(교육과 훈련 혹은 일) 경험의 인정을 요청할 수 있다. 특정 업무에서 3년 이상의 경험을 했을 경우, 경험인정을 통해 그 직업 부문에서 인정되는 증서나 자격증, 학위취득에 필요한 과정을 부분적으로 혹은 전적으로 면제받을 수 있다.

4. 실업자 직업능력 개발

프랑스에서 실업 보험 기금의 일부는 실업자들에게 직접적으로 배분되지 않고 고용 관리와 훈련정책의 비용으로 사용되며, 실업자들이 훈련에 용이하게 접근하기 위해서 여러 조치들이 취해져 왔다. 실업자들은 개인별 활동 계획을 수립하고 훈련에 참여할 수 있다.

새로운 직업을 위한 재훈련에 어려움을 겪는 실업자는 그들의 직업목표를 정하고 취업을 하기 위해 국가 고용 기구가 제공하는 심층적인 숙련진단Bilan de Competence Approfondi, BCA을 받을 수 있다. 실업자가 새로운 직업으로 옮기는 데 도움을 주는 이 숙련 진단은 2004년 15만 건이 수행되었다.

실업자를 위한 프로그램은 둘로 나뉘는데, 하나는 훈련만을 받는 훈련 과정이고, 다른 하나는 훈련을 포함하는 특별한 일자리 계약이다. 실업자가 받는 훈련은 사회적 파트너들에 의해 관리되는 전국상공업고용연합회Unedic 공공 기관으로부터의 기금을 지원받아 비용이 들지 않는다. 훈련을 포함하는 일자리 계약에는 '직업화 계약' 이나 '고용 초기 계약contract initiative emploi, CIE' 과 같은 특별한 계약이 있는데, 이러한 일자리 계약은 기업에서의 실질적 훈련과 훈련 제공자의 이론적 훈련으로 조직된다. 이 계약의 목적은 인증된 학위나 자격을 취득하고자 하는 것이다. 계약은 6개월에서 12개월로 이루어지며, 24개월까지 연장될 수 있다. 훈련구성의 길이는 150시간 상한으로 계약 기간의 15%이다.

5. 훈련과 취업을 위한 안내와 상담

2008년 프랑스는 EU 의장국으로 '훈련과 취업을 위한 안내' 의 이슈를 제기했다. 한편으로 훈련과 취업을 위한 안내와 상담의 이슈는 프랑스 평생학습과 관련된 개혁논의에서 중심적인 위치를 차지하며, 관련된 법들은 개인들이 안내와 상담을 받고 훈련을 받을 수 있는 권리를 부여하고 있다.

먼저 국가는 안내 및 상담 활동을 반+공공 부문, 협회들, 민간 부문에 적지 않게 이관하거나 아웃소싱하고 있지만 아직도 정보 제공, 안내, 상담서비스의 상당 부분을 관할하고 있으며, 무엇보다도 재정에 큰 기여를 하고 있다. 특히 교육부는 학령기에 있는 학생들을 대상으로 정보 제공, 안내, 상담 활동을 해야 하며, 이는 주로 학교 내에서 이루어지지만, 정보안내센터 CIO에서 이루어지기도 한다. 교육부는 안내와 상담을 위해 프랑스직업센터 ONISEPOffice national d' information sur les enseignement et les profession를 설립했다. 노동부에서 제공하는 서비스들은 성인 구직자들이나 새로운 직업 영역으로 옮기는 근로자들을 대상으로 하며, 노동부의 안내 및 상담 서비스들은 국가 고용국Pôle Emploi를 통해서 전달된다. 안내와 상담을 하는 1,800여 개 집행 기구들은 전국에 퍼져 있으며, 취업 상담가들로 채워져 있다. 또 노동부는 계속 훈련에 대한 정보를 제공하는 기구인 Centre INFFOCenter pour le developpement de l' information sur laformation permanente를 관할하고 있다.

정부 이외에 다수의 공공 혹은 반 공공 조직, 민간 조직, 협회들이 정보 제공·안내·상담 서비스를 제공한다. 노동시장 진입에 어려움을 갖는 청년들을 위한 진로 정보 사무소permanence d' accueil, d' information et d' orientation: PAIO와 그 지역 지부들MLs은 공공 조직들이다. 훈련 계획이 있는 근로자나 실업자를 위한 CIBCCentre interinstitutionnel de bilan de compétence는 국가에 의해 일부 지원을 받는 반 공공 조직이다. 민간 조직으로 중고등학교 학생이나 대학생들에게 정보와 안내를 제공하는 L' Etudiant 도 있다.

2004년 이후에는 지방정부가 정보 제공, 안내, 상담 제공에서 우선적인 의무를 지도록 규정되었다. 이와 동시에 지역에서 이거한 서비스들을 하나로 모으는 실험이 현재 진행 중이다. 2005년의 사회 통합법에 의해 영국의 Job Center와 유사한 취업 상담 센터인 Maison de l'Emploi가 설립되었다. 이들 센터들은 각 지역에 위치하면서 다양한 기관에서 이루어지고 있는 서비스를 통합 지원하고 있다.

인재개발의 정책동향 및 특성

정책동향

프랑스 교육훈련정책의 기조는 교육수준의 제고를 지속적으로 추구하는 것이다. 1970년대까지 프랑스는 교육의 사회적 수요 증가에 따른 학력상승을 억제하는 정책을 취했었다. 즉, 석유 파동 이후 세계경제 침체로 인력수요가 적음에도 불구하고 학력상승으로 청년층의 직업기대만 높아지는 것을 경계했던 것이다. 그러나 1970년대 말에서 1980년대 초에 이르러 저임금 저부가가치 산업보다 고임금 고부가가치 산업에서 국제 경쟁력을 확보할 필요가 있다는 판단하에 전반적인 교육수준 제고 정책을 추진하기 시작했다. 이후 프랑스는 교육수준 제고 정책을 지속적으로 추진해 왔다.

프랑스 교육의 첫 번째 정책 목표는 학교교육을 마치고 사회로 진출하는 신규 인력의 100%가 직업 세계에서 인정받는 CAP나 BEP와 같은 최소한의 자격 이상의 학위를 획득하도록 하는 것이다.

두 번째의 정책 목표는 대학 입학 자격 시험BAC 응시 수준에 도달하는 인구를 해당 연령층에서 80%까지 높이는 것이다. 프랑스는 이 목표를 달성하기 위해 두 차례에 걸쳐 직업고등학교교육을 크게 개혁했다. 먼저, 1985년에 직업계 고등학교의 CAP나 BEP 과정 학생들이 대학 입학 자격 시험에 응시할 수 있도록 직업계 대학 입학 자격 시험을 신설했다. 다음으로, 2009년부터 직업고등학교 학생들이 대학 입학 자격 시험에 응시하는 데 필요한 교육 연한을 4년에서 3년으로 줄였다.

교육수준 전반적 제고를 위한 세 번째의 정책 목표는 고등교육기관 졸업자 비율을 한 연령층의 50%까지 높인다는 것이다. 프랑스는 전반적인 기술 발전이 고등교육을 이수한 인력에 대한 수요를 증가시킬 것으로 판단하고 있다. 이에 프랑스는 2004년 말에 고등교육기관 졸업자 비율을 한 연령층의 50%까지 높인다는 목표를 세웠다.

마지막으로, 프랑스 교육훈련의 정책기조는 직업훈련을 통한 자격 수준의 향상 정책이다. 정규 교육과 산업체의 인력 수요 간에 질적·양적인 격차가 커지고 있어 2004년 직업훈련 제도를 크게 개혁했고, 직업훈련을 통해 근로자의 능력 개발을 강화하기 시작했다. 가장 주목할 변화는 '능력competency' 개념이 도입되면서 학위나 자격 취득 과정에서 획득한 능력 이외에도 직업현장이나 경험, 훈련을 통해서 획득한 능력을 인정받을 수 있는 제도, 근로자 개인별로 직업능력을 향상시킬 수 있는 훈련 제도 등이 새로 도입되거나 확대되었다는 점이다. 또한 개인 훈련 휴가CIF나 숙련 진단 휴가Congé de bilan de compétences, CBC(교육 경험, 직업 경력, 훈련 경험을 통해 자신이 획득한 숙련을 진단하기 위한 휴가), 직업 경험 인증la validation des acquis de l'expérience, VAE 등의 개인주두의 직업훈련 제도가 강화되었다.

주요특성 및 과제

1. 사회적 파트너십

프랑스는 관료제가 발달한 나라로 국가의 관료적 조정 메커니즘이 발전해 왔다. 이에 사회적 파트너들 사이의 거시 경제적 정책 협의나 사회적 대화가 잘 이루어지지 않는 나라이다. 이러한 프랑스에서 1970년 노사 단체의 협상으로 맺어진, 전국의 전 산업과 전 직종에 적용되는, '전국직종협약'에 의해 노사파트너십주의의 직업훈련 제도가 수립되었다. 이후, 사회적 파트너들의 협상과 합의에 이은 법제화는 프랑스 직업교육훈련 체제의 특징이 되었다.

직업훈련만이 아니라 모든 인재개발 분야에서 노사파트너십은 이후 프랑스 사회의 전통이 되었다. 직업고등학교의 전공 신설 및 변경·폐지를 담당하는 기구인 직업 전문 자문 위원회CPC는 각 관련 산업 혹은 직업 분야의 사용자와 근로자 대표가 10인씩 동수로 참여한다. 프랑스의 대학 부설 고등교육기관인 기술 대학 기관IUT의 교육 활동 방향, 학생 선발, 전공 신설 및 폐지를 담당하는 것이 IUT 국가 자문 위원회Commission Consultative Nationale, CCN이다. 34명의 위원으로 구성되며, 여기에 사용자와 근로자 대표가 각각 6명씩 동수로 참여한다. 그리고 모든 고등교육 학위를 책임지는 국가 연구 및 고등교육 위원회conseil ntaional de l'enseignement superieur et la recherche와 주의 교육과 훈련에 관여하는 경제 사회위원회Conseil Econimique et Social Regional, CES에서도 사회적 파트너들은 자문역할을 맡는다.

평생학습 차원의 직업훈련도 사회적 파트너들의 합의를 통해 이루어진다. 기업 차원에서 직업훈련 논의는 먼저 기업 내 '훈련 계획'에 대한 기업위원회Comité d' Entreprise, CE 또는 근로자 대표의 의견을 청취하는 과정에서 이루어지며, 산업차원에서 직업훈련 논의는 산별협상에 의해 이루어진다. 산별협상은 직업화 계약, 개인훈련권리, 훈련 비용 분담금, OPCA와 관련한 규정을 만들어 냈다.

직업훈련과 관련된 정책과 조치들을 조정하고 조절하기 위해 전국 차원, 산업차원, 지역 차원에서 노사파트너십에 의해서 기구들이 구성되었다. 먼저, 국가직업훈련 공동 위원회CPNFP는 노사 협약에 의해 결정된 정책들이 잘 적용되는지 감시한다. 단일 조정 기금Fonds unique de péréquation,

FUP은 개인 훈련 휴가CIF, 직업화, 개인훈련권리DIF를 위해 Opca에 의해
모금된 기금의 전국적인 조정을 담당한다. 또 국가 공동 위원회CPNE는 산
업차원에서 각각의 직업과 관련되는 훈련정책을 결정한다. 지역 전산업
노사 협의회Commissions paritaires interprofessionnelles régionales de l'emploi, COPIRE는
지역 수준에서 CPNE가 하는 역할을 담당한다. 이들 기구들은 모두 노사
동수의 대표들로 구성되어 있고, 노사파트너십으로 결정한다.

2. 숙련 수요와 공급의 일치

프랑스는 자격과 숙련의 공급 영역에서 산업의 수요를 맞추기 위해 몇 가
지 프로그램을 실행하고 있다. 먼저 총괄 계획 위원회General Planning
Commission는 직업 영역과 자격 영역에서의 변화를 측정하기 위한 연구를
수행한다. 위원회는 단기와 중기의 인력 자원 수요에 대한 변화도 다룬다.
교육부의 요청에 따라 부가적인 예측 연구가 각 대분류 업종별, 직종별로
시시때때로 수행된다. 1988년에 개발된 예견 연구 계약Foresight Study
Contracts이 1993년 예측 연구 계약Forecasting Study Contracts으로 개칭이 되어
각 부문에서 진행되고 있는 경제적, 기술적 변화를 점검한다. 2005년 이
들 연구 계약들은 고용 기술 개발 협약engagements de développement de l' emploi
et des compétences, EDEC으로 대체되었다.

　EDEC는 산업과 기업들의 변화를 예측하고 부적절한 인력 사용의 위험
을 막는 것을 목적으로 한다. EDEC는 숙련 관리의 개발을 시원하며, 이
영역에서 사회적 파트너들의 주도적 참여를 제도화하고 있다. 그 EDEC
활동의 결과가 전망 연구 계약Contrats d' études prospectives, CEP이다. CEP는
국가와 사회적 파트너들이 산업 부문에 대한 진단을 함께하고 가능한 조
치를 취할 수 있도록 한다.

　각 주에는 주 직업훈련 관측소Observatoires régionaux emploi formation, OREF가
있어 1989년 이래 지역에서의 주 위원회, 정부 부처, 국가 통계 경제 연구

소, 교육부, 사회적 파트너들에 대해 서비스를 제공한다. 관측소들의 역할은 각 지역에서 직업과 숙련의 전망 분석을 위한 고용과 훈련 자료를 수집하는 것이다.

2004년에 관측소들은 한 단계 질적인 발전을 이루어 직업 자격 관측소 Observatories of Professions and Qualifications로 개편되었고, 이들은 각 부문 사회적 파트너들에 의해 관리되며, 고용과 훈련을 진단하고 미래의 필요에 대한 예측을 수행한다.

3. 과제

프랑스에서 직업교육과 훈련의 내용 및 형식의 결정은 산업계의 노사파트너십으로 이루어진다. 이러한 노사파트너십의 제도화와 체계적인 산업계의 참여로 산업수요에 맞는 직업교육과 훈련의 공급이 이루어지고 있음은 시사하는 바가 크다.

그렇지만 이러한 프랑스 직업교육훈련 시스템이 산업 구조의 변화와 기술 변화가 극심하게 이루어지는 작금의 현실에서 잘 기능하고 있는지에 대해서는 정밀하게 관찰할 필요가 있다. 이는 제도주의적 접근을 하고 있는 나라들 모두에서의 숙련 공급 면에서의 공통된 문제인데, IT나 BT, NT 등 신성장 산업에서 필요로 하는 숙련 공급이 기존의 제도적 틀 내에서 원활하게 이루어지는지는 의문이 있을 수 있다. 왜냐하면 프랑스의 노사파트너십이 신성장 산업에서도 잘 이루어지려면 산업에서 경영자 조직이나 근로자 조직이 활성화되어야 하기 때문이다. 미국의 예에서 보듯이 그러한 신성장 산업에서는 경영 조직은 물론 근로자 조직이 원활하게 생성되지 않아 경쟁적인 시장의 역할이 더욱 크게 나타난다. 현재 시장주의적 접근을 하는 국가들에서 신성장 산업의 성과가 크게 나타나고 있는 것도 시장의 역할이 크게 나타나는 것과 관련된다고 할 수 있다.

기술 변화가 특히 빠르게 전개되기 때문에 산업 구조의 변화를 예측하

기 어려운 신성장 산업에서 경영자들의 조직과 근로자들의 조직을 형성
하고 노사파트너십을 어떻게 꾸려 나가야 할 것인가는 현재 프랑스에서
당면한 과제라 할 수 있다. 노사파트너십이 바탕이 되지 않는다면 시장
주의적 접근이 용이하지 않은 프랑스에서 신성장 산업에 필요한 숙련된
기술자의 수요와 공급을 맞추기란 여러 가지 어려움이 따를 것이라 예측
된다.

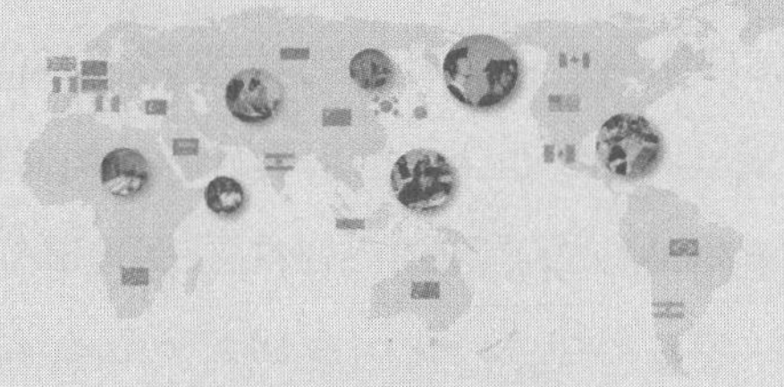

• CHAPTER 7 •

독일GERMANY

나 영 선

이화여자대학교 사회학 박사, 현 한국직업능력개발원 고용·능력개발연구실 선임연구위원, 노동부 자체 정책평가위원, 중앙노동위원회 공익위원, 주요 연구 실적으로는 [시장친화적 직업능력개발체계 혁신], [고용보험사업평가], [직업능력개발계좌제 발전방안 연구] 외 다수.

· 01 ·
사회경제적 배경

사회와 문화

독일은 정치적으로 '사회 시장 경제'를 채택하고 있는 '연방 민주주의 공화국'이다. 사회 시장 경제는 '시장에서의 자유 경쟁 원칙과 사회적 형평의 원칙을 서로 연계하는 시도'라고 볼 수 있는데, 이와 같은 원칙에 따라서 국가가 직접 개입해야 할 분야와 시장에 일임해야 할 분야를 명확히 구분하고 있다. 특히, 교육은 국가가 중점적으로 개입하는 분야로 간주하고, 6~18세까지 12년 동안 무상 의무교육을 제공하고 있다.

독일은 16개의 주Landers를 포함하는 연방국가이지만, 각 주는 독립적인 법률 체제와 집행부를 보유하면서 독립성과 책임을 가진다. 헌법에서 규정된 것이 아닌 국가의 책임은 특정 시역에 법률적인 권력을 가진 수 정부의 영역에 있다. 교육·문화 관련 법령 및 행정은 주로 주정부의 소관이다. 직업교육훈련과 관련해서 연방정부는 현장훈련(사업 내 훈련)을 관장하고 주정부는 학교에서의 직업훈련과 직업학교를 관리하고 있다. 사업체에서의 직업훈련은 시장과 국가의 중간 단계에 위치하는 제3의 시스템으로서, 사업체와 국가가 함께 관리한다. 이는 독일의 정치 시스템이 사회적 파트너십에 의해 근거하는 역사적 전통과 같은 맥락으로 볼

연령	2005년	2010년	2020년	2030년
0~9세	20.0%	18.3%	16.9%	16.6%
20~59세	55.1%	55.4%	52.9%	47.6%
60세 이상	24.9%	26.2%	30.2%	35.8%

자료 : 독일연방통계청, 11차 조정인구전망 2006.

수 있다.

2009년 3월 현재, 인구는 약 8,200만 명으로 2003년에 비해 약간 감소하고 있는데, 이민자 공급이 출산율 하락 추세를 반전시키지 못하고 있다. 연방 통계국의 인구 추계에 따르면 평균 수명이 늘어나고 이민자 공급도 연간 20만 명 이내로 줄어들면서 2050년 인구 규모는 7,400만 명 수준으로 낮아질 것으로 보고 있다. 고령화도 급속히 진전되어 2010년에는 65세 이상 노인 부양율이 31.2%로, EU 평균(25.9%)에 비해 5%p 높게 나타나고 있다.

독일은 한국과 마찬가지로 천연자원이 부족한 국가로서, 숙련된 산업인력에 대한 국가경제의 의존도가 높아 교육훈련에 많은 관심과 투자를 쏟고 있다. 가구 보조금(장학금, 수업료 및 생계비 대부 등)뿐만 아니라 교육기관에 제공하는 직접적인 교육비를 포함해 2005년의 경우에 전체 공공 지출의 9.7%를 교육비로 소비했다.

학교교육은 6~18세까지 12년간 무상 의무교육으로 실시되고 있는데, 교재와 같은 학습자료는 대부분 무료로 제공되거나 대여의 형태로 공급된다. 자료들이 학생들의 완전한 소유로 되기 전까지는 비용을 지불하는데, 그 금액은 부모의 수입에 근거해 산출된다.

2006년에 발표된 독일의 국가교육 보고서에 의하면, 인구 고령화 및 청년실업 증가는 향후 독일이 직면하게 될 주요 사회 문제이며, 이에 대응해 지속적으로 교육참여율을 높여 독일인의 교육수준을 향상시켜야 함을 촉구하고 있다. 미래의 교육품질은 교육제도와 관련된 모든 사회 구성원들이 높은 책임 의식을 가질 때 비로소 유지될 수 있기 때문에 교육에 대한 국가 사회의 책무성을 강조한다(Hans-Dieter Shinner, 2007).

경제 및 노동시장

최근 수십 년 동안 독일의 경제성장률은 꾸준히 감소했다. 1980~1991년에 평균 2.6%의 경제성장률을 보였으나, 1992~2001년에는 평균 1.7%에 머물고 있다. 2002~2003년은 거의 침체상태라고 볼 수 있는데, 이는 치열한 국제 경쟁, 독일 통일, 유로화의 도입 등에 막대한 영향을 받았기 때문이다. 2004년 이후 서서히 경기 불황에서 회복하기 시작해 2006~2007년 경제성장률은 2%를 상회하고 있다.

독일도 서비스 경제로의 이행이 분명히 나타나, 서비스 부문이 국민 경제 및 임금 구조에서 가장 큰 비중을 차지하고 있다. 지난 5년간 고용률은 큰 변화가 없었으며, 단지 여성의 고용률 증가에 기인해 약간 높아졌다.

지난 몇 년 동안 독일 노동시장 상황은 호전되었지만 2007년 실업률은 8.4%에 달해 EU 평균 7.1%보다 높은 수준이다. 다만 15~24세의 청년실업률은 11.7%로써 EU 평균인 15.4%보다 낮은 수준이다.

2008년 하반기부터 글로벌 금융위기로 인해 독일 경제도 유사 이래 최악의 경기 침체에 직면했다. 특히 수출집약적 기업들은 주문량 감소에 내

표 3-14 | 독일의 생산 가능 인구(15~64세)의 성별 고용률 (단위 : %)

	여성	남성	전체
2002년	58.9	71.8	65.4
2003년	58.9	70.9	65.0
2004년	59.2	70.8	65.0
2005년	60.6	71.3	66.0
2006년	62.2	72.3	67.5
2007년	64.0	74.7	69.4

자료 : Eurostat, 유럽노동력조사(EU Labour Force Survey), 온라인 DB 2008. 8. 20.

응해 파견 근로자 감축, 조업단축 등 다양한 대처 방안을 강구하고 있다. 예를 들어 정부는 경제위기 상황에서 고용을 보장하고 해고를 피하기 위해 조업단축을 실시하는 사용자에게 사회보험료의 50%를 대신 납부해준다. 또한 근로자에게 직업훈련을 실시하는 사용자에게는 사회보험료 전액을 대신 납부해 주는 제도를 도입했다.

인재개발 현황

교육제도

독일의 교육제도는 연방정부의 관장하에 통일된 제도와 운영방식을 따르는 것이 아니라 각 주정부 관장하에 이루어지기 때문에 각 주별로 서로 다른 특징을 가지고 있다. 교육과정, 필수 과목, 학습 수준 등의 통일을 도모하기 위해 16개 주가 참여하는 상설 공동 협의 기구를 두고 있으나, 무엇을 우선순위로 삼는가는 각 주에 따라 다를 수 있다.

독일 전역에 공통적으로 유사하게 운영되는 일반 교육제도를 중심으로 개괄적인 사항을 소개하고자 한다. 가장 특징적인 것은 일반 교육과 직업 교육이 단계별로 밀집하게 상호 연결되어 있으며, 최대한 현실의 산업수요 및 직업적 요구를 반영하고 있다는 점이다. [그림 3-10]은 독일의 연방교육 연구부Federal Ministry of Education and Research, BMBF가 2004년에 발표한 독일 교육제도의 기본구조이다.

독일 학생들의 전형적인 일반 교육 진로는 다음과 같다. 취학 전 유치원Kindergarten, 초등학교 과정 4년, 김나지움Gymnasium 중등 학교 9년을 마치면 대학교Universität 입학 자격 시험인 아비투어Abitur에 응시할 수 있다. 김나지움을 선택하지 않고 직업 사회로의 진출을 희망하는 경우 실업계 과

<table>
<tr><td colspan="9" align="center">계속교육</td><td></td><td>교육연령</td></tr>
<tr><td rowspan="2">기업내
계속
교육</td><td rowspan="2">야간수업
및
전일제
성인교육
대학</td><td>상업
기술
학교</td><td rowspan="6"></td><td rowspan="6"></td><td rowspan="2"></td><td rowspan="8">대학교

신학대학

교육대학

미술·음악대학

종합대학</td><td rowspan="8"></td><td>계속교육</td><td>23</td></tr>
<tr><td rowspan="2"></td><td rowspan="3">고등교육</td><td>22</td></tr>
<tr><td rowspan="2">직업활동</td><td rowspan="4">전문단과대학

종합대학

공공행정대학</td><td>21</td></tr>
<tr><td>20</td></tr>
<tr><td rowspan="3">간호사·조산원학교</td><td rowspan="2"></td><td>19</td></tr>
<tr><td>18</td></tr>
<tr><td rowspan="2">이원적 제도
(기업내 훈련과
파트타임
직업훈련학교)

기초
직업훈련기간</td><td rowspan="2">직업향상학교</td><td rowspan="2">전일제직업전문학교</td><td rowspan="2">전문학교</td><td rowspan="2">특수고등학교</td><td rowspan="2">11–12/13학년</td><td rowspan="4">종합학교</td><td rowspan="2">중등교육
2단계</td><td>17</td></tr>
<tr><td>16</td></tr>
<tr><td rowspan="2">중등교육
1단계</td><td>15</td></tr>
<tr><td rowspan="3">특수학교</td><td rowspan="2">기본학교</td><td rowspan="2">실업학교</td><td rowspan="2">고등학교
5–10학년</td><td>14</td></tr>
<tr><td>13</td></tr>
<tr><td>오리엔테이션 과정</td><td>12</td></tr>
<tr><td colspan="8" align="center">초등학교</td><td>초등교육</td><td>11
10
·
·
·
6</td></tr>
<tr><td colspan="8" align="center">유치원</td><td>취학 전
교육</td><td>·
3</td></tr>
</table>

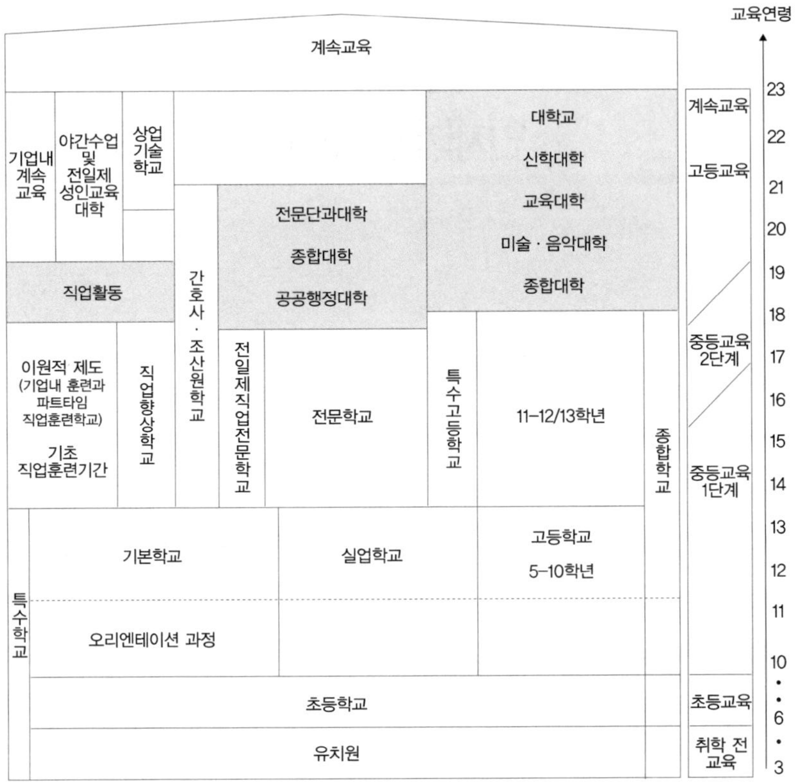

자료 : CEDEFOP(2009).

정인 레알슐레Realschule로 진학하거나 그 밖에 진학하지 않는 학생들은 의
무적으로 가야 하는 하우프트슐레Hauptschule로 진학한다. 김나지움보다 레
알슐레나 하우프트슐레에 진학하고 직업교육을 받아 직접 직업 사회에 진
출하는 학생들이 절반 이상이 된다.

김나지움을 선택하는 학생들은 일반적으로 대학 진학을 준비한다. 4년
제 대학 진학률은 40% 수준이며, 대학들은 대체로 평준화, 특성화되어 있
는 편이어서 일류 대학에 폭발적으로 집중 응시하는 한국과 같은 현상은
찾아보기 어렵다. 아비투어에 합격하면 대학에 입학하는 것은 크게 어렵

지 않으나, 학위를 받고 졸업하는 것은 쉬운 일이 아니다. 독일의 종합대학교를 졸업하면 한국의 석사에 해당하는 학위를 받는 셈이지만, 재학 기간이 정해져 있지 않고 학과별로 요구하는 필수 과목을 이수해야 졸업이 가능하기 때문에 졸업에 보통 6~7년이 걸린다.

독일은 가장 경쟁력 있는 직업교육훈련 제도를 가진 나라로 알려져 있다. 독일에서 직업교육훈련은 크게 2가지 형태로 나눈다. 첫째, 학교기반 직업교육훈련이다. 중등1단계에서 하우프트슐레 및 레알슐레, 그리고 중등2단계의 전일제 직업 전문학교Berufsfachschulen, 전문학교Fachobersdculen 등이 이에 속한다. 둘째, 기업의 직업교육으로서 이원화 직업훈련 프로그램이다. 독일 청소년의 거의 75%는 직업학교에 다니면서 동시에 기업에서 자신의 직업기술을 배운다.

독일 국민의 교육 성취도는 EU 평균(47%)보다 높은 수준으로 전 국민의 60%가 고등학교 졸업 이상의 학력을 보유하고 있다. 이와 같이 높은 교육수준을 보유한 이유 중의 하나는 오랜 전통을 가진 이원화 직업훈련 시스템에 기인한다. 고등교육수준의 학력을 보유한 국민의 비중도 EU 평균과 유사한 수준으로서 24%에 달한다. 18~24세 인구 중에서 중등1단계(한국의 중학교 졸업 수준) 수준에 그친 사람들의 비중은 12.7%로서, 이러한 청소년층은 훈련기관을 선택하거나 일자리를 찾는 데 어려움이 많다. 대안적 진로를 마련해 주기 위해 다양한 프로그램이 주정부 차원에서 개발되고 있다.

이와 같은 교육제도의 특징은 다음의 2가지로 설명할 수 있다(김창환, 2008). 첫째, 기회 균등의 원칙이 적용되고 있다는 점이다. 초등학교 단계에서는 수준의 차이 없이 모든 학생들이 동일한 교육을 받는다. 둘째, 수월성의 원칙이 적용되고 있다. 중등 단계부터는 복선형 학제를 통해 다양한 유형의 학교에서 능력에 맞는 교육을 제공받는다.

직업교육훈련[14]

1. 제도적 틀

독일의 직업교육훈련도 연방정부, 주정부 등 다양한 수준에서 명시된 법률 규정에 근거한다.

먼저, 기업에서의 양성 훈련은 일련의 연방법에 의해 직간접적으로 규제를 받는다. 가장 중요한 법률적 틀은 헌법이다. 헌법에서는 직업 선택 및 개업의 자유에 관한 사항, 학교 외의 기관에서의 직업훈련에 관한 사항을 법제화할 수 있는 연방정부의 권한을 규정한다.

2005년에 개정된 직업교육훈련법BBiG은 사회적 배경과 관계 없이 청소년층에게 훈련기회를 보장할 것을 명시하고 있다. 그 밖에 수공업법, 근로청소년보호법, 사회법전 제3권 등이 연방정부 수준에서 직업교육훈련과 관련된 법률이다. 주정부 법률은 주로 직업학교 및 몇몇 사립학교를 포함하는 학교교육의 법률적 기초를 제공한다.

연방정부 내에서 직업교육훈련을 관장하는 부처는 교육 연구부Bundesministerium fur Bildung und Forshung, BMBF이다. 학교 밖 청소년 문제, 계속 교육, 훈련 지원, 고등교육 시스템에 관한 정책 수립, 조정, 법률 제정 등의 책임을 맡고 있다. 연방경제기술부 및 다른 부처는 훈련 직종을 인정하고 BMBF와의 양해각서하에 훈련직종별 훈련 규칙을 발표한다. 직업교육훈련과 관련해 연방 수준의 중요한 기구는 연방직업교육훈련연구소Bundesinstitut für Berufsbidung, BIBB이며, 이곳에서는 사업 내 직업훈련에 대한 연구를 수행하고, 연방정부 및 직업훈련 공급자에 대한 서비스 제공 및 자문 기능을 담당한다.

주정부는 연방정부와 상호 협조 관계를 유지하며, 주정부의 교육 문화를 담당하는 부처가 학교교육을 관장한다. 주정부 수준에서 사용자, 근로자, 주정부 3자 각각 동일한 인원이 참여하는 직업교육훈련위원회를 운영하는데, 주로 학교에서의 직업훈련 이슈에 대해 조언하는 기능을 한다.

독일 직업교육훈련 시스템의 중요한 특징으로서 사용자, 노동조합, 정부 간의 밀접한 파트너십을 들 수 있다. 사용자와 노동조합의 의견이 직업훈련의 내용과 형식에 상당한 영향을 미치면서 산업 현장의 요구와 이해관계를 반영하는 시스템은 이원화 직업훈련의 효율성을 가져오는 토대가 되었다.

2. 중등교육 1단계 직업교육훈련

한국의 중학교 수준에 상응하는 중등교육 1단계에서 하우프트슐레, 레알슐레는 의무교육단계의 학교이며, 모두 직업 세계로 진입하기 위한 준비학교이다. 두 종류의 학교 진학 이전에 모두 2년 정도 오리엔테이션 과정을 거치며, 졸업하기 이전의 2년간은 현장에 배치되어 직업 선택의 기회를 가진다. 중등교육1단계를 마치면 99%의 학생들이 전일제 직업학교에 진학하거나 이원화 직업훈련 프로그램에 진학한다.

3. 중등교육 2단계 직업교육훈련

본격적인 직업교육훈련은 한국과 마찬가지로 고등학교 수준에 상응하는 중등교육 2단계에서 이루어진다. 이때 직업교육훈련은 주로 전일제 직업전문학교 및 전문학교에서의 학교기반 직업교육, 그리고 이원화 직업훈련의 방식으로 이루어진다. 중등교육 2단계에서 일반 교육 진로를 선택한 학생들은 41%인 데 비해, 직업교육 진로를 선택한 학생들의 비중은 EU 평균 46%보다 약 13% 높은 59%에 달한다.

1) 학교기반 직업교육훈련

전일제 직업 전문학교 및 전문학교에서의 학습 기간은 짧게는 1년에서 길게는 4년이 소요된다. 학교 유형에 따라 대학, 전문단과대학 등으로 진학한다. 김나지움에서도 직업교육이 이루어지는데, 이러한 유형의 학교를 졸업하면 일반적인 고등교육기관에 입학할 수 있는 자격을 얻는다. 이와 같이 특성화된 직업 김나지움은 상업, 과학 기술, 영양, 가정 경제, 건강 보건, 복지, 정보 기술 등과 관련된 직업 커리큘럼을 제공한다.

2) 이원화 직업훈련 프로그램

독일의 이원화 직업훈련은 직업교육훈련법의 적용을 받는데, 실제로는 훨씬 오래된 장인 교육의 전통에 기반하고 있다고 볼 수 있다.

이원화 직업훈련 프로그램은 정부보다는 민간 부문에 의해 많이 규제된다. 훈련생의 전공과 관련된 교육훈련내용은 사회적 파트너의 교섭에 의해 결정되며, 이 과정에서 BIBB는 전문 지식에 대한 자문을 제공한다. 개별 기업에서 이루어지는 훈련에 대한 감독, 승인과 훈련과정을 마친 훈련생들에 대한 심사는 해당 산업의 사용자들이 반드시 가입해야 하는 상공회의소에서 맡고 있다. 기업 수준에서 기업별 협의회는 일반적인 기술과 해당 기업 차원의 특수한 기술 훈련 간의 균형을 유지할 목적으로 기업 차원의 훈련을 관리하는 데 공동 참여할 수 있는 법적인 권리를 가지고 있다.

경기가 호전되기 이전까지는 이원화 직업훈련 프로그램의 장점에도 불구하고 현장 실습 일자리가 계속 줄어들었다. 그 원인으로서 독일의 낮은 경제성장률과 더불어 산업 구조 조정으로 인해 '이론과 실습'이라는 강도 높은 이중 훈련이 필요한 직업을 기피하는 현상이 지적됐다(Lothar Funk, 2005). 2008년 훈련시장이 호전되면서 학교 졸업자들이 더 많은 훈련 장소를 찾게 되어 도제(견습생) 계약에 성공한 청소년층의 비중이 67.7%에 이르고 있다(2008년).

2005년 학력별 노동시장 진입 비율을 살펴보면, 직업교육훈련 중심의 진로를 택한 경우, 가장 많은 비중을 차지하는 것이 이원화 직업훈련 프로그램(43.8%)을 이수한 경우이며, 이원화 고등교육인 전문단과대학 및 일반

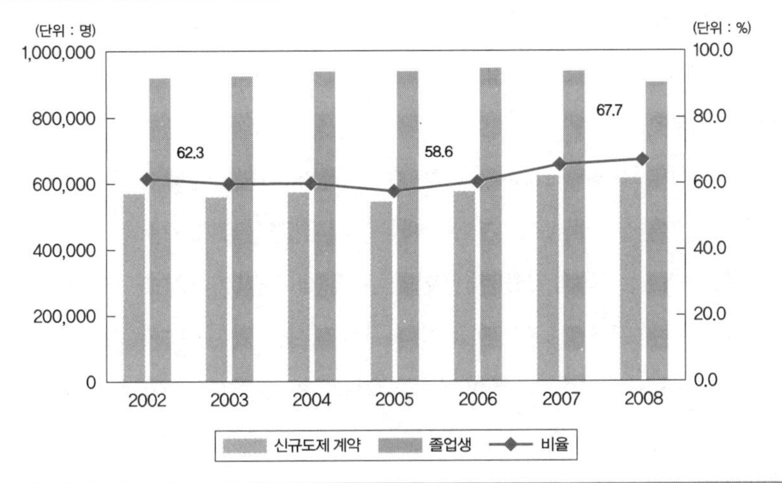

자료 : CEDEFOP(2009).

대학 졸업생은 각각 5.4%, 16% 수준이다. 인문 교육 중심의 진로를 택한 경우, 김나지움 이수자, 대학교 졸업생이 가장 많은 비중을 차지하고 있으나, 직업계인 하우프트슐레 졸업생도 24.8%에 이르고 있다(Bosch & Charest, 2010에서 재인용).

3) 취약 청소년 직업교육훈련

2005년 조사에 의하면 청년층의 16.1%가 직업자격을 보유하지 못하는 것으로 나타났다. 독일 직업교육훈련은 모든 청년층에게 직업자격을 획득할 수 있는 기회를 제공하는 것이 목표이기 때문에 학습에 장애를 가진 특정집단을 위해서는 별도의 프로그램을 제공하고 있다. 즉, 중등교육2단계에서 전일제 직업 전문학교 및 전문학교, 이원화 직업훈련에 진학하지 않은 청소년들은 대안적인 다른 프로그램으로서 직업 전 훈련Berufsvorbereitungsjahr, 기초 직업훈련Beryfsgrundbildungsjahr에 참여한다.

4) 기타

중등교육 2단계에서 주류를 이루는 학교 외에 직업향상학교 및 기타 직업 관련 학교, 직업 김나지움이라고도 불리는 특수고등학교 등이 직업과 밀접히 관련되어 있다.

직업향상학교Berufsaufbauschulen는 현재 직업교육을 받고 있거나 직장을 가진 젊은이들을 대상으로 한다. 대부분의 직업향상학교는 특정 전문 과목을 특화하여 교육과정을 제공한다. 전일제 과정은 12~18개월 과정이며, 시간제는 3~3.5년 과정이다. 간호사, 조산원 학교Schulen des Gesundheitswesens는 비인문 분야인 보건직종, 즉 간호사, 소아과 간호사, 조산원(남/여), 안마사, 직업치료사, 물리치료사 등을 대상으로 교육과정을 제공한다.

4. 고등교육단계 직업교육훈련

고등교육단계의 직업교육훈련은 다양한 형태의 기관에서 이루어진다. 대표적인 것으로 우리의 전문대학과 유사한 전문단과대학Fachhoschschule, 중등교육 2단계를 마친 학생들에게 직업자격 코스를 제공하는 직업 아카데미Berufsakademien가 있다(김기홍·김경주, 2008).

독일의 353개의 고등교육기관 가운데 189개가 전문단과대학 또는 박사학위 과정을 제공하지 않는 전문단과대학이다. 예전에는 전문단과대학을 졸업하기 위해서는 2년 반의 상공인 직업훈련, 3년의 경영·경제 과정, 6개월 산업체 실습 등 약 6년간의 교육훈련을 받아야 했으나, 직업훈련통합교육과정에서는 경영·경제 과정에 산업체 현장 실습 단계와 상공인 직업훈련 졸업을 전제로 3년간 이루어지며, 바로 산업체에 진입할 수 있다.

고등교육단계의 또 다른 형태인 직업 아카데미는 기업이 주도적으로 참여한다. 즉 기업이 회사 내 훈련에 대한 비용을 부담하고, 직업 아카데미의 이론 훈련을 포함해 훈련생에게 훈련 보수를 지불한다. 통상 3년의

표 3-15 | 독일의 단계별 직업교육훈련의 특징 및 진학 경로

프로그램 유형	주요 경제 부문	현장훈련 비중	평균 학습 기간	진학경로
고등교육 단계 직업교육훈련				
대학 (Universitaten)	전 과목	학교	3~5년	박사과램 유정 (Doctoral studies)
직업 아카데미 (Berufsakademien)	사회복지, 과학, 경제학	부분적으로 학교 및 실습	3~5년	대학 (Universitaten)
직업 아카데미 (Berufsakademien)	사회복지, 과학, 경제학	부분적으로 학교 및 실습	3~5년	대학 (Universitaten)
전문단과대학 (Fachhochschule)	엔지니어링, 경제학, 상법, 사회복지, 행정 및 사법, 컴퓨터과학, 디자인, 수학, IT, 헬스케어/간호	부분적으로 학교 및 실습	3~5년	대학 (Universitaten)
이원화 프로그램 (Dual study)	경제과학, 과학기술	부분적으로 학교 및 실습	3~5년	대학 (Universitaten)
중등교육 2단계 직업교육훈련				
이원화 직업훈련 (Berufsausbildung)	전 부문	학교, 현장 모두	대부분 3년	전일제 직업전문학교 (Berufafachschule), 직업향상학교 (Berufsaufbauschulen)
직업 김나지움 (Berufliches Gymnasium/ Fachgymnasium)	상업, 과학기술, 보건, 영양, 헬스케어 및 복지 정보커뮤니 케이션기술	학교 위주	3~4년	대학(Universitaten), 전문단과대학 (Fachhochschule)
전문학교 (Fachoberschule)	복지, 상업 및 금융, 과학기술	–	최소 1~2년	협력교육대학? 전문단과대학 (Fachhochschule)
전일제 직업전문학교 (Berufafachschule)	상업, 언어, 수공예, 가사 및 간호, 예술	학교 위주	최소 1~3년	직업향상학교 (Berufsaufbauschulen) 상업기술학교 (Fachschulen)

자료 : CEDEFOP(2009)에서 정리.

직업 아카데미에 입학하기 위해서 지원자는 전문단과대학 수준의 고등교육 입학 자격을 얻어야 하며, 직업자격이 있는 경우 입학 시험을 치를 수 있다. 훈련 계약이 이루어지면 지원자는 훈련기업에 의해 직업 아카데미에 등록된다. 학사학위 수준의 자격을 취득할 수 있으며 경제학, 기계공학, 사회과학 등의 과목을 수강한다.

계속 직업교육훈련

1. 제도적 틀

계속 교육이란, 아동 및 청소년 시기에 걸쳐 다양한 학교교육(비공식적 교육을 포함)을 이수한 후에 학습을 지속하거나 다시 시작하는 것을 의미한다. 보통 일반 계속 교육과 직업계속 교육으로 구분되는데 대부분의 정치 및 문화 관련과정은 일반 계속 교육에 포함되는 것으로 간주된다.

계속 직업훈련은 연방정부, 주정부 양쪽으로부터 규제를 받는다. 연방정부는 직업훈련법, 경영조직법, 수공업법, 사회법전 제3권, 진로개선훈련촉진법, 원격학습보호법 등과 관련이 있으며, 주정부에서는 성인교육 및 계속 교육에 관한 법률, 교육휴가법 등이 관련이 있다.

하르츠개혁에 의해 사회법전 하의 성인교육 관련 내용이 개정되면서 계속 직업훈련기관의 인증에 관한 업무가 연방노동국Bundesagentur für Arbeit, BA으로부터 민간 인증 기관으로 이관되었다. 또한 2003년부터 사회법전 제3권의 규정에 따르는 계속 직업훈련은 훈련 바우처를 통해 전달되도록 했다.

독일에서 계속 직업교육훈련은 다수의 훈련 공급자, 상당히 진전된 시장적 특성, 상대적으로 적은 규제 등을 특징으로 하며, 아주 소수의 훈련기관만이 공식적인 직업자격증을 발급한다. 계속 직업교육훈련은 직업교육훈련법에 의해 향상훈련과 직업 재훈련 등 2가지로 구분할 수 있다. 향상훈련은 직업적 승진 또는 직업적 지식, 숙련기술, 능력의 습득, 기술 변화에 따라 직무 능력의 업데이트 등이 목적이다. 국가적으로 표준화된 직업 향상훈련 및 재훈련은 법률 규정에 따른 특정한 내용, 목적, 시험 조건

을 충족시켜야 마이스터, 비즈니스 행정가, 숙련 근로자 등의 자격을 부여
받을 수 있다.

2. 평생학습

독일은 개인 및 기업체 모두 전 근로 생애 동안 평생학습 및 훈련에 전념
할 것을 정책 목표로 추구하고 있다. 2009년 연방교육 연구부BMBF의 발표
에 따르면, 2006년 43%의 계속훈련참여율을 2015년까지 50%로 끌어올
린다는 계획을 수립했다.

2004년 이래 주정부와 함께 추진하는 연방정부의 평생학습전략은 무형
식 및 비형식적으로 습득한 숙련 및 능력에 초점을 두고 있으며, 직업교육
훈련과 관련해서는 선행 학습의 인정, 교육과 훈련의 상호 호환성 및 투명
성 증진을 권고하고 있다. 나아가 관련된 연구 및 시범사업이 진행 중이며,
그 예로 '학습 지역-네트워크 지원사업'Learnende Regionen-Forderung von
Netzwerken을 들 수 있다. 이 프로그램을 통해 연방교육 연구부BMBF는 지역
수준에서 서로 다른 유형의 교육훈련기관 및 해당 지역의 교육 및 훈련 시
스템의 상호연계 네트워크 구축을 지원하고 있다. 유럽 사회 기금European
Social Fund, ESF을 통해 이 프로그램을 지원하고 있으며, 현재 독일 내 76개
의 학습 지역이 운영되고 있다.

2008년 4월, 독일정부는 평생학습 형성 전략을 위한 제안서에 기반을
두고 다음과 같은 평생학습 원칙을 발표했다. 이는 16개의 주정부와 지방
자치 단체, 사회적 파트너, 교육 연합회 등과 협력해 행할 조치들로서, 현
독일정부가 주장한 히이테크 전략, 사회 통합 전략 및 독일 능력 개발 전
략과도 맥을 같이한다(평생교육진흥원, 2009).

3. 계속 직업교육훈련

공식적 형태의 계속 직업교육훈련은 실업자부터 학교 미진학자, 기업의

간부층까지 다양한 집단을 대상으로 한다. 교육과정의 목적, 내용, 기간 등은 매우 다양하며, 이러한 과정들 중 몇몇 과정만을 법률로 인정하거나 산업체가 자발적으로 부여하는 자격을 취득할 수 있도록 설계되어 있다.

독일 계속 직업교육훈련의 주요 특징 중의 하나는 훈련기관이 수적으로 많고 다양하다는 점이다. 주요 훈련기관 및 프로그램을 살펴보면 다음과 같다.

첫째, 전일제 또는 시간제 형태의 '상업기술학교', '마이스터학교' 등 전문고등 직업교육 학교Fachschulen을 들 수 있다. 상업기술학교는 직업교육을 이수한 실무경험자를 대상으로 한 자발적 교육과정이다. 일부는 다년간 실무에 종사하거나 특수능력을 인정받아 진학하는 경우도 있다. 이들 학교에서는 고급 직업훈련(예 : 석사 또는 기술 자격증 과정)이 가능하다. 전일제는 6개월~3년, 시간제는 일반적으로 6~8.5년 과정이다. 마이스터학교는 고등학교 수준의 직업학교를 졸업하고 약 3년간의 기업체 경험을 쌓은 다음 1~2년간의 교육과정을 거쳐 시험을 치른 후 마이스터가 되는 학교이다.

둘째, '경력증진훈련촉진법Meister-BafoG'에 의해 숙련기술자들이 향상훈련에 참여할 때 재정적인 지원을 받을 수 있는 프로그램이 있다. 일정 규모의 학비, 검정 수수료 등을 대부해 주는 제도로, 지원을 받은 근로자들이 2007년에는 13만 3,000명에 달했다.

셋째, 재능 있는 청년층 근로자에게 계속 직업교육훈련 보조금을 제공하는 '우수 인재 직업훈련 프로그램Begabtenforderung Berufliche Bildung'이 있다. 그 목적은 전 근로 생애 동안 지속적으로 이루어지는 훈련의 중요성을 강조하기 위한 것이다. 2007년에는 5,220명이 선발되어 보조금을 받았다.

넷째, 야간 수업Abendschulen 및 전일제 성인대학 교육Kollegs이 있는데, 이러한 기관들은 일반적인 계속 직업교육훈련에 초점을 두고 있다. 2006년 11%의 수강생들이 직업과 관련된 과정에 참여했으며, 25~49세의 중장년층이 51.9%를 차지한다. 65세 이상 노인이 10.6%에 이르며, 남성(37.8%)보다 여성(62.2%)의 참여 비중이 높다. 이 기관에서는 성인들을 대상으로 기초학교 졸업 증서, 실업학교 졸업 증서 또는 고등교육단계에 진학할 수 있는 아비투어 취득을 지원한다. 기초학교, 실업학교 및 고등학교에서는 야간 수업을 제공하는데, 이 수업에 참여할 경우에도 초기 몇 년간 일을 병행한다.

근무시간 동안 사업체 내부 또는 외부에서 이루어지는 계속 직업교육훈련은 통상적으로 사업체가 비용을 지불한다. 최근에는 근로자 조직도 계속 직업교육훈련에 비용을 지불하는 경향이 강해지고 있어 정규 근로 시간 외에 이루어지는 과정에 대해서도 비용을 지원하고 있다. 이는 단체 협약을 전제로 하는데, 산업 안전, 환경 보호, 개인적 숙련 개발, 작업 조직, 보수 규정, 근로 시간 등 근로 규정과 관련해 훈련을 포함하는 단체 협약도 많이 이루어지고 있다.

4. 실업자에 대한 계속 직업교육훈련

독일 내에서는 공식적인 자격 인증이 필요하지 않은 비공식 교육도 실시되고 있다. 다양한 방식으로 양적·질적 관리가 이루어지고 있으나, 외부의 공식 시스템으로부터의 자격 인증을 관리하는 것은 아니다.

현재, 실업자 및 실업 위험에 있는 집단에 대한 계속 직업교육훈련이 이에 속하는데, 실업자에 대한 계속 직업교육훈련은 연방노동사회부 Bundesministerium f?r Arbeit und Soziales, BMAS 산하 기관인 연방노동국BA의 관리 책임 하에 있다. 실업자훈련은 2003년 이후 하르츠개혁에 의해 지역고용청이 실업자에게 훈련 바우처를 발급하는 방식으로 전환되었다. 이 훈련 바우처에는 훈련 목적, 훈련내용, 해당 지역, 유효 기간 등이 기재되어 있다.

사회법전 제3권의 규정을 적용받는 계속 직업교육훈련은 두 종류로 구분된다. 첫째, 향상훈련으로서 이미 직업적 자격을 보유하거나 적절한 근로경험을 보유한 성인들의 직업적 지식 및 직업능력을 유지·향상시키기 위한 과정을 의미한다. 둘째, 직업 재훈련으로서 공식적 훈련을 요구하는 직종에서 자격을 취득하기 위한 과정으로 직업능력이 부족한 실업자들을 대상으로 한다.

실업자훈련의 가장 중요한 공급자는 민간 교육훈련기관이다. 기타 다른 기관으로서 공공 부문의 사업체, 상공회의소 및 수공업 협의회, 사회복지 단체, 대학 및 전문대학 등이 있다.

인재개발의 정책동향 및 특성

정책동향

독일의 직업교육훈련정책은 전 국민의 평생학습 촉진에 초점을 두고 있다. 이는 경제 사회 발전, 인구 변화, 글로벌화는 필연적으로 직업훈련 시스템이 새로운 필요조건에 적응할 것을 요청하기 때문이다.

미래의 도전에 대처하고 직업교육훈련 시스템의 구조와 이행 기회를 개선하기 위해 연방교육 연구부BMBF 장관은 2006년에 다음과 같은 과제를 제안했다. 양성직업교육 및 계속 직업교육훈련을 새로운 구조로 정비하기 위한 '직업교육훈련의 혁신Innovationskreis Berufliche Bildung, IKBB'과 '계속 교육훈련의 혁신Innovationskreis Weiterbildung, IKWB'이다. 2007년 7월, IKBB는 직업교육훈련의 개편을 위해 10개의 가이드라인을 제시했는데, IKBB의 공식적인 목적은 독일 직업교육훈련 시스템의 혁신을 위한 구체적인 대안을 추출하는 것이다. IKWB의 권고안recommendation은 2008년 3월 〈독일연방공화국의 평생학습의 전략〉에 게재되었다. 이에 따라 독일 정부는 다른 국가와 비교했을 때 매우 낮은 수준에 있는 성인의 평생학습 참여율을 2015년에 이르렀을 때 25~64세 연령 인구의 80%까지 증가시켜야 한다는 새로운 교육정책 목표를 제안했다. 또한 공식적 계속 교육과 관련해 전체

적으로 43%에서 50%로 끌어올리고, 저숙련자는 28%에서 40%까지 끌어
올릴 것으로 제안했다.

한편, 연방정부는 2008년 1월 '자격 혁신' 정책을 수립했는데, 이는 넓
은 의미에서 일반교육, 고등교육, 직업교육훈련을 포괄한다. 청년층에게
사회적 배경과 무관하게 양호한 경력과 진로를 설정해 주기 위한 것이며,
정책추진 및 정책 수단은 주정부, 기업체, 사회 파트너가 담당한다.

2008년에는 국가의 숙련 수준 신장 전략으로서 연방정부와 주정부의
교육회의를 통해 교육정책의 목표가 노동시장의 숙련 인력 수요에 부응할
것을 재확인했다. 구체적인 목표는 다음과 같다. 교육 연구에 대한 투자는
2015년까지 GDP의 10% 수준으로 올리고, 무자격 졸업생의 비율을 현재
의 8%에서 4%로 감소시키며, 직업교육훈련을 받지 못하는 청년층의 비율
을 현재의 17%에서 2015년 8.5%까지 줄이기 위한 해결책을 모색하는 것
이다.

마지막으로, 공식 그리고 비공식 학습에 대한 인정을 촉진할 필요가 있
음을 권고하고 있다. IKWB는 외부의 교육훈련 시스템에서 습득한 역량
을 인정하기 위해 인정 및 평가 절차가 필요한데, 이와 같은 과정은 결과
적으로 교육과 훈련 부문의 통합에 기여할 것이라고 지적한다.

고령화가 빠른 속도로 진행되고 있기 때문에 전 국민의 직업 관련 자격
취득과 역량의 유지·습득이 더욱 중요하게 되었다. 이에 따라 독일의 직
업교육훈련정책은 교육과 훈련 간의 투과성을 높여 이행을 촉진하는 것이
시급한 과제이다. 학습자의 입장에서 직업교육훈련의 중요성은 일반교육
에서뿐만 아니라 고등교육단계에서도 중요하다. 이와 같이 교육과 훈련에
서의 이행을 촉진하기 위해 다음과 같은 방안을 검토 중이다. 첫째, 일반
교육을 제공하는 학교와 직업훈련 간의 상호 교류를 촉진하기 위해 자격
모듈을 도입하는 방안이다. 둘째, 직업교육훈련과 고등교육과의 상호 교
류를 촉진하기 위해 상공회의소와 독일 대학 교육 협회의 직업자격에 대

한 고등교육 접근 규정을 표준화하는 작업이다. 셋째, 교육의 국제화 조류에 부합하도록 국제적으로 인정되는 학제와 학점 인정 제도를 도입해 교육내용과 제도를 국제화하는 것 등이다.

주요특성 및 과제

세계적인 산업 경쟁력 확보의 원천으로 알려진 독일 직업교육훈련의 성공 포인트는 다음의 3가지로 요약된다.

첫째, 기업의 숙련 인력 수요를 최대한 충족시키면서 개인의 직업 선택 기회 및 이동을 보장하는 직업교육훈련과 인문 교육의 연계 시스템이다. 독일에서는 4년간의 초등학교 과정을 마친 다음 10세 전후에 인문계와 직업계의 진로를 결정하는데, 이와 같은 조기 직업 지도가 직업교육훈련과 인문 교육의 동등성을 보장하는 토대가 되고 있다. 결과적으로, 다양한 수준의 기초 교육을 이수한 청소년들이 경쟁하게 됨에 따라 산업체는 우수한 인력을 선발할 수 있게 된다. 산업 현장의 숙련 요구가 고도화되면서 산업체도 고학력 견습생apprentice를 선호해 1970년에는 80%의 견습생이 중등교육 1단계 수준의 졸업생이었으나, 2005년 이 비중은 37.5%로 떨어진다. 중등교육 2단게 졸업생들까지 직업훈련에 내한 요구, 즉 고등교육 수준에서의 이원화 프로그램에 대한 요구가 낳아진 것이다. 결과적으로, 산업 숙련 수요에 부응하는 고등교육단계의 이원화 프로그램 활성화는 독일의 직업교육훈련과 인문 교육의 연계 노력과도 무관하지 않다.

둘째, 산업 현장과 결합된 이원화 직업훈련 제도이다. 독일의 이원화 직업훈련 프로그램은 청소년들이 기업의 실무에 참여하고 직업교육기관에서 제공하는 강의를 수강해 가장 효율적으로 지식을 습득하도록 해줌으로써 성공적이라는 평가를 받고 있다. 실무와 강의를 혼합함으로써 견습과정 시험에 합격한 '숙련된 노동자'가 실무를 전문적으로 수행할 수 있도록 해준다. 이를 통해 사용자는 해당 근로자의 자격 요건과 업무 수행 능력 수준을 예상할 수 있다. 전문단과대학 수준의 고등교육단계에서도 이원화 프로그램 운영은 산업체의 여건을 전적으로 반영해 실행한다. 즉, 산업체에서 중요한 가치 기준은 실무와 학문과의 거리가 얼마나 근접한가에 두고, 직업 활동과 관련된 자질, 지식과 기술의 응용 능력, 직무활동의 계획·시행·관리 업무를 독자적으로 수행할 수 있는 능력을 평가한다.

이와 같이 독일의 산업체는 직업교육훈련과 강력하게 연계되어 있는데, 이는 독일 노동시장의 특성과도 밀접한 관계가 있다. 독일 노동시장의 특성은 동일한 직종으로의 사업체 간 수평이동이 가능한 직종별 노동시장이라는 점을 들 수 있다. 이와 같은 직종별 노동시장에 진입하기 위해서는 구직자가 특정 직종의 직무를 수행할 수 있도록 적합한 훈련을 통해 준비하는 것이 필수적이며, 이러한 조건이 독일의 중등교육단계와 고등교육단계에서 이원화 직업훈련 체제의 성공을 가능하게 했다.

셋째, 정부, 산업체, 근로자 등 주요 이해 당사자가 직업교육훈련의 형식과 내용에 깊이 관여하는 사회적 파트너 시스템에서 찾을 수 있다. 전일제 직업 전문학교를 포함한 학교, 상위 교육에서의 교육 및 자격 형태 및 수준은 주정부에서 책임을 진다. 그러나 산업체도 이원화 직업훈련 제도의 규정과 가이드라인의 개발에 적극적으로 참여하고 있다. 산업체는 연방정부와 공동으로 직업훈련 규정을 개발하고, 상세한 직무 내용, 훈련과정 및 훈련기간에 대해 논의하며, 주정부와 훈련 개발을 위한 기술과 지식의 구체화된 커리큘럼을 개발한다. 이때 연방직업교육훈련연구소BIBB는 자문역할을 수행한다.

수백 개의 직종을 포괄하는 480개의 상공회의소는 산업체 제공, 훈련생 등록, 훈련 강사의 기술 적성 증명, 시험주관 등의 업무를 담당하며, 견습생이 훈련을 완료하면 상공회의소가 시험을 주관한다. 또한 상공회의소,

지역 내 기업이 제공하는 훈련의 업무 수행을 감시하고, 훈련 제공의 지속성과 능력을 검토한다. 이와 같은 일련의 활동은 산업체가 훈련개발커리큘럼 개발애 강력한 영향력을 발휘할 수 있도록 해 준다. 이러한 배열 때문에 이원화 체제는 도제 제도의 전통적인 요소를 따를 뿐만 아니라 직업교육 이론의 원리를 고수할 수 있었다.

CHAPTER 8

인도 INDIA

전 종 호

고려대학교 컴퓨터교육 전공 이학박사 수료, 현 한국직업능력개발원 평생직업교육연구실 교과서편찬특임
센터 전문연구원, 외부 활동 실적은 '장애학생 진로직업교육 내실화 방안 TF 위원' (2009), 교육과정심의회
교과별위원회(공업에 관한 교과) 위원(2009) 외, 주요연구실적으로는 [직업교육 혁신 연구] 외 다수.

사회경제적 배경

사회와 문화

인도의 정식 명칭은 인도공화국Republic of India[15]이며, 28개 주state와 7개 연방 직할시union territory로 구성된 연방 민주주의 공화국이다. 수도는 뉴델리이고, 세계에서 7번째로 큰 국토(한반도의 15배)와 2번째로 많은 인구를 가지고 있다(MoIB, 2010).

세계 4대 문명 중 하나인 인더스 문명의 발상지인 인도는 도시, 종교, 예술, 무역 등이 발달했다. 100여 년 동안의 영국 통치로부터 벗어나기 위해 1919년 이후 마하트마 간디는 독립 운동을 이끌었고, 마침내 1947년 8월 15일 독립했다. 인도는 독립 이후에도 파키스탄, 중국과의 영토 분쟁, 다양한 소수 민족과 종교로 인한 내부 정치·사회적 불안이 시속되어 낳은 어려움을 겪고 있다(써리나 씽 외, 2005).

인도의 언어는 수천 개가 있는데 이 중에서 헌법이 인정한 지정 언어는 18개이다. 중앙정부에서는 공용어로 힌디어, 부공용어로 영어를 지정했고, 주마다 각기 다른 공용어를 지정해 사용하고 있다. 이처럼 언어가 다양한 것은 인도를 구성하고 있는 민족과 종교가 다양하기 때문이다.

인도 정부에서 10년마다 공식적으로 실시하는 인구 조사[16] 결과에 의하면 2001년 10억이 조금 넘는다. 정확한 통계치는 아니지만, 2010년 현재 약 12억 명, 2030년 약 15억 명이 넘을 것으로 예상하고 있다(MoIB, 2010).

인도는 부권중심의 가족 사회이며, 신분과 직업에 가장 큰 영향을 미치고 있는 것은 카스트 제도[17]이다. 카스트는 4개의 계급(성직자Brahmin, 무사 Kshatriya, 상인Vaishya, 천민Sudra)을 말하고, 그 아래 덜릿Dalit(불가촉천민 Scheduled Castes)이 있다. 정부는 천민을 위한 다양한 지원 정책(대학 진학, 공무원 채용 등)을 추진하고 있다.

교육은 중앙정부와 주정부가 함께 담당하고 있으며, 헌법에 따라 14세까지 무상 의무교육을 실시하고 있다.

경제 및 노동시장

인도의 경제는 1947년 영국으로부터 독립한 이후 구소련의 사회주의 경제 모델을 도입해 거대 내수 시장 중심(수출 의존도는 GDP의 15%)의 자급자족형 경제개발을 추진했고, 이는 1950~1960년대 나름대로 성과를 보였다. 1991년 금융위기를 맞이하면서 경제 개혁·개방 정책을 강력하게 추진한 결과, 최근 인도의 경제는 급부상하고 있다.

인도의 GDP 규모는 2008년 기준 1조 2,000억 달러로 세계 12위이다. GDP 성장률은 1961년 3.1%에서 2006년 8~9%대로 급성장했다. 외환 위기 이후 5~6%대로 낮아졌으나, 최근에는 다시 7% 이상 증가추세를 보이고 있다. 골드만 삭스나 미국 CIA 보고서에 따르면 인도의 GDP 규모는 2025년 일본을 추월하고, 2042년 미국도 추월할 것으로 전망하고 있다.

인도의 대외 무역은 수출보다는 수입이 많은 무역 적자를 보이고 있으며, 수출품은 가공재(공학물품, 석유제품 등)가 주를 이루고, 수입품은 자본재와 중간재가 주를 이루고 있다. 최근 주요 대외 무역 대상지로는 아시아와 아세안, 아프리카의 비중이 높아지고 있다. 한국과 인도는 2009년 8월 포괄적경제동반자협정Comprehensive Economic Parthnership Agreement, CEPA을 체결했고, 2010년 1월부터 공식적으로 발효되었다(MoIB, 2010).

인도 노동시장의 특징은 경제성장을 노동시장이 따라가지 못하고 있다는 점이다. 고용의 질과 노동 생산성이 낮고 법적·제도적 관리 및 지원이 용이하지 않은 비공식적 부문에 고용이 집중되어 있다. 최근 정부는 고용 정책을 경제 정책 다음으로 중요시하고 다양한 정책을 발표하고 있다(ILO, 2008: Papola, 2008).

2004년 현재 4억 5,700만 명 노동력 중에서 60% 이상이 1차 산업(주로 농업)에 종사하고 있으며, 92.4%가 비공식 부문 근로자[18]이다. 실업률은 1999년 2.23%에서 2007년 7.28%로 증가했으나, 최근 경기 회복과 함께 실업률이 다소 낮아지고 있다.

노동시장에서의 주요이슈는 감소하지 않는 실업률(매년 1,200만 신규 노동 인구 유입), 낮은 임금과 소득수준, 여성 고용 불평등, 아동노동(5~14세 중 3.4% 노동 참여) 등이다.

인재개발 현황

교육제도

인도 교육의 기본 정책은 헌법에 보장되어 있는 지역 · 계층 간 차별 금지, 14세까지의 무상 · 의무교육 실시, 영어 · 힌디어 및 주의 공용어 등 3개 언어교육 실시 등이며, 이를 위해 중앙정부와 주정부가 공동으로 노력하고 있다. 중앙정부는 7개 종합대학, 5개 기술대학Indian Institute of Technology, IIT, 주요 연구기관을 직접 관장하고, 전국적으로 초 · 중등교육의 수준을 일정하게 맞추기 위해 국가교육연구훈련협의회National Council of Educational Research and Training, NCERT를 통해 영어 · 힌디어 교과서를 제작 · 배포해 각 주가 이를 모델로 교과서를 제작하도록 하고 있다. 이 외의 초중등, 고등 교육 등은 각 주정부가 위원회를 통해 직접 운영하고 있다.

인도의 교육 체계는 '10+2' 시스템이다. 8무상 의무교육인 년제 초등교육과 2년간의 중학교교육[19]을 합쳐 총 10년간은 모든 학생들에게 공통적으로 동일한 교육이 제공된다. 이후 +2 단계인 고등학교에서는 유급 제도가 있으며, 일반교육과정과 함께 처음으로 직업교육과정을 제공한다. '10+2' 단계를 통해 사실상 학교교육이 종료되며, 이후에는 고등교육기관 또는 기술교육기관으로 진로를 결정한다. 인도의 직업교육은 실제로 학교

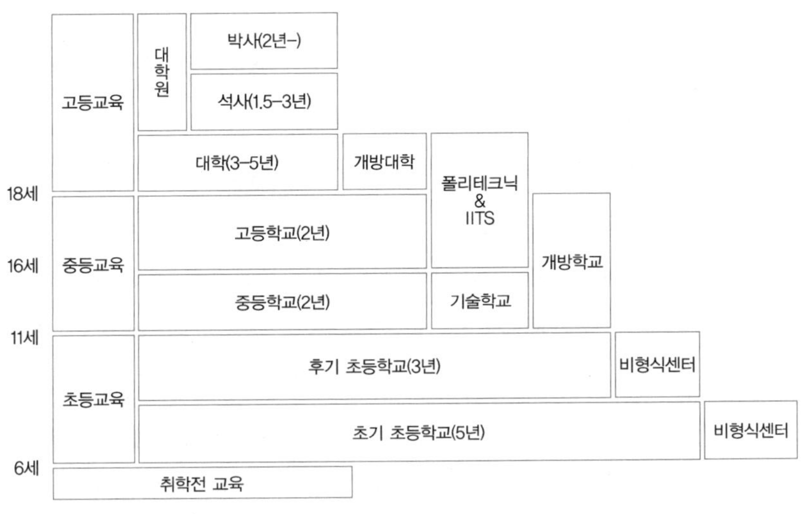

자료 : 홍제호(2008) p.126의 '인도의 학교구조' 그림 재구성

교육과정의 모든 단계에서 필수불가결한 요소로 제시되고 있다.

인도의 직업교육 진입 시점은 중학교 입학 전후이며, 선발 절차(시험)가 실시된다. 직업교육에 대한 자세한 내용은 다음 절에서 구체적으로 설명한다.

초등교육은 6~14세 아동을 대상으로 한 무상 의무교육으로 초기 초등교육(1~5학년)과 후기 초등교육(6~8학년)으로 구분된다. 상급 단계로 갈수록 영어(공용어)의 중요성이 커지며, 주마다 지정된 공용어로 교육을 실시한다. 초등교육과정은 읽기, 쓰기, 산수, 역사, 지리, 과학, 윤리, 외국어로 구성된다. 초등교육단계의 직업교육을 살펴보면, 전기 초등 학교에서는 일상생활의 기본적인 영역과 관련된 활동을 교내외에서 참여하고, 후기 초등 학교에서는 학생들이 기술을 선택해 집중적으로 실습한다. 2005년의 통계에 따르면, 전기 초등 학교는 약 77만 개교, 약 1억 3,000만 명이 등록되어 있고, 후기 초등 학교는 약 29만 개교, 약 5,000만 명이 등록되어 있다(GoI,

2007: MoHRD, 2008).

중등교육은 중학교(2년)와 고등학교(2년)로 구분된다. 중학교에서는 언어, 수학, 과학 등을 주로 배우며, 졸업 자격 시험Secondary School Certificate: SSC을 치르게 된다. 이 시기에는 직업을 탐색해 보는 수준의 직업교육(약 200시간)이 9만여 개의 학교 중 2% 정도에서 실시되고 있다. 고등학교에서도 언어 과목과 선택 과목을 중심으로 교육이 이루어지며, 졸업 자격 시험Higher Secondary Certificate, HSC을 치르게 된다. 이 시기에는 학생들이 인문반과 직업반[20]을 선택하게 된다. 직업교육은 언어(10~15%), 직업 과목(50~70%), 기초 과목(기업가 정신 등 10~15%)으로 구성되며, 직업교육을 실시하는 학교는 전체 학교의 10% 내외이다. 중학교와 고등학교는 보통 같은 캠퍼스에 있으며, 2005년 현재 약 16만 개교, 약 4,000만 명이 등록되어 있다(MoHRD, 2008).

고등교육은 한국의 대학 교육에 해당하는데, 교육 방식에 따라 종합대학(여러 개의 단과대학과 대학원을 총괄하는 형태), 일반대학(하나의 캠퍼스), 전문대학(한 분야 특화)으로 구분된다. 인도의 대학은 보통 3년제이며, 공과대학의 경우 4년제, 폴리텍의 경우 3년제로 운영되기도 한다. 정부는 중앙정부의 보조금을 각 대학에 집행하는 UGCUniversity Grants Commission를 통해 대학을 관장하고 있다. 2005년 종합대학의 단과대학은 1만 1,000여 개교, 일반대학은 490여 개교(연구소 포함), 전문대학은 1,500여 개교이다. 비형식 고등교육으로 기술과 상업 영역에서 고등교육수준의 교육을 실시하는 곳은 산업 훈련기관ITI과 폴리텍이다. 폴리텍은 3년 과정으로, 조직화된 부문organized sector에서 필요로 하는 인력을 양성하는 것을 목표로 직업교육을 실시한다. 2005년 기준 1,200여 개교, 26만여 명이 등록되어 있다(GoI, 2007: MoHRD, 2008).

직업교육훈련

1. 직업교육훈련 개요

인도에서 직업교육훈련 개념으로는 VE Vocational education, VET Vocational Education and Training, 또는 CTE Career and Technical Education 가 동일한 의미로 사용되며, 때로는 특정직업의 기술을 습득하는 TE Technical Education 도 직업교육훈련의 의미로 사용되기도 한다.

인도의 직업교육훈련 역사는 예로부터 생활에 필수적인 것을 배우기 위해 시작되었다. 이후, 1966년 교육 위원회에 의해 '10+2' 교육 시스템이 제안되었고, 1968년 실제로 현장에 적용되면서 '+2' 단계에서 직업교육훈련이 실시되었다. 1970년대부터 다양한 직업교육훈련 프로그램들이 개발, 제공되었는데 참여율은 매우 저조했다(20~24세 청년 중 단지 5%만 참여). 인도의 급속한 경제 발전에 따라 숙련 노동자가 필요했지만, 이를 충족시키지 못했다. 이후 직업교육훈련의 중요성이 부각되면서 1990년대에는 초기 훈련을 담당할 기관TI/ITC을 설립하기 시작했다. 국가교육연구훈련협의회는 '국가교육과정 프레임워크 2005'를 만들면서 학교교육과정의 교수 매체로서 직업교육훈련을 소개할 것을 제안했다. 이로부터 인도의 형식교육 시스템에서 직업교육훈련이 운영되기 시작하였다.

인도의 직업교육훈련은 연방정부와 주정부의 행정 기관이 각자의 영역에서 근로자의 직업능력개발을 담당하고 있다. 이 중에서도 직업교육훈련 프로그램의 재정지원 및 관리에 중추적인 역할을 수행하는 행정 기관은 인적자원개발부MoHRD와 고용노동부MoLE이다. 특히 고용노동부 산하의 고용훈련청DGET은 국가 차원의 매우 중요한 역할(직업 정책, 표준, 가입 인증 등)을 수행한다. 그 외 정책과 훈련 표준, 직업 평가 및 인증, 직업의 소개와 삭제 등의 자문 기구로 국가직업훈련협의회NCVT와 중앙도제협의회CAC를 연방정부 차원에서 운영하고 있으며, 주정부 차원에서 주직업훈련협의회

SCVT를 설립해 운영하기도 한다. 특히 국가직업훈련협의회에서는 자격 검정과 도제 자격 제도를 담당하고 있다. 이 자격증은 정부 및 준정부 부서나 조직에 대한 취업을 위해 활용된다.

인도의 직업교육훈련은 직업교육, 직업훈련, 도제 훈련, 고등교육단계의 교육훈련, 계속 직업교육훈련과 같이 5가지로 분류된다.

인도의 직업교육훈련을 제공하는 기관은 일부 고등학교, 직업교육훈련 단체, ITI/ITC, 지역사회 폴리테크닉, JSSJan Shikshan Sansthans, 국립개방학교NIOS, 간디국립개방대학IGNOU 등이 있다.

2. 학교교육에서의 기술교육

국가교육 연구훈련협의회가 '국가교육과정 프레임워크 2005'에서 제안한 것처럼 인도의 교육 시스템에서는 기술교육을 실시하고 있다. 인도의 기술교육을 이해하기 위해서는 '10+2' 교육 시스템을 '8elementary+2secondary +2higher secondary'로 구분해서 생각할 필요가 있다.

인도에서의 기술교육은 세 가지 시스템으로 구분된다. 첫째, 산업 훈련기관과 '10+ 기술 직업학교' 수준에서 제공되는 자격증 수준의 '직업교육훈련 시스템', 둘째, 공학과 기술에서 졸업장을 제공하는 폴리테크닉으로 구성된 '중간기술자 교육 시스템', 셋째, 공학과 기술에서 학위와 높은 수준의 자격증을 제공하는 단체로 구성된 '기술자 교육 시스템'과 같이 구분된다.

[그림 3-13]에서 제시한 바와 같이 '직업교육훈련 시스템'을 통해 기능공craftsman이 양성되고, '중간기술자 교육 시스템'을 통해 중간기술자technician가 양성되며, '기술자 교육 시스템'을 통해서는 고급 전문가advanced, professional가 양성된다.

'직업교육훈련 시스템'은 8년간의 초등교육을 마치고, 산업 훈련이나 직업학교에서 2년간 훈련받는 것을 말한다. 이때 산업 현장에서 필요한

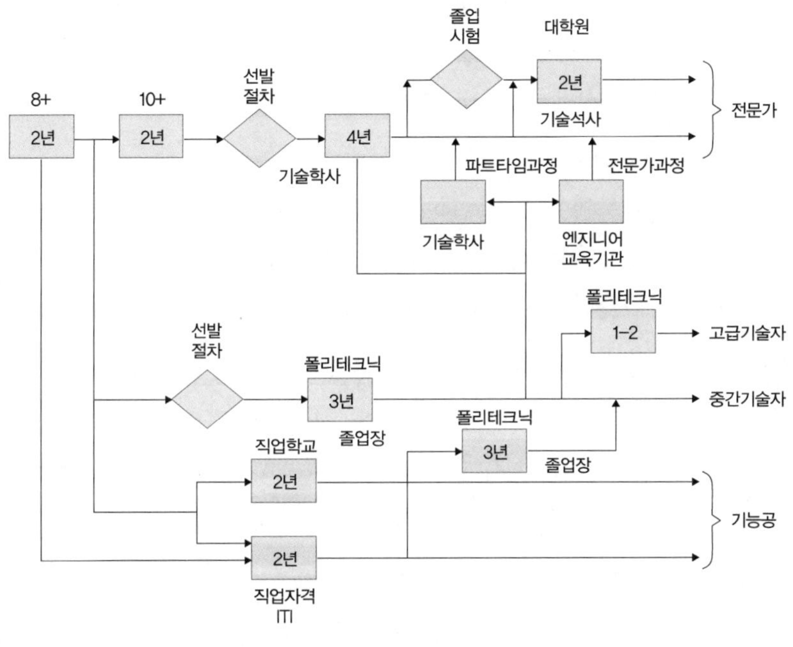

자료 : Shyamal Majumdar(2008) p.20의 '인도의 기술과 직업교육 흐름 경로' 그림 재구성.

숙련 노동자 또는 서비스나 사회 기반시설과 같은 영역에서 필요한 기능을 갖추도록 훈련을 실시한다.

'중간기술자 교육 시스템'은 주로 폴리테크닉[21]에 의해 이루어지는데, 3년 동안 훈련을 실시하게 된다. 3년 과정을 마치면 졸업장을 받고 산업현장에서 관리직 수준으로 일하게 된다.

'기술자 교육 시스템'은 공과대학 4년간[22]에서 기획, 설계, 생산, 관리 등에 대해 학습을 하고 학위를 받게 된다. 석사 또는 박사학위 과정으로 진학할 수 있으며, 이를 위해서는 입학 자격 시험Graduate Aptitude Test in Engineering, GATE을 통과해야 한다.

3. 주요 직업교육훈련 프로그램

연방정부 및 주정부의 서로 다른 정부 부처에서 직업교육훈련과 관련된 다양한 프로그램을 운영하고 있다. 특히 인적자원개발부와 노동고용부가 핵심적인 역할을 담당하고 있다. 인적자원개발부에서 운영하는 주요 직업교육훈련 프로그램은 다음과 같다.

인적자원개발부에서는 학교교육 시스템 내에서 직업교육을 실시하기 위해 '+2' 단계(고등학교)에서 직업교육과정 운영, 대학 학부에 직업 관련 선택 과목을 개설해 과정 운영, 소외 계층(천민 계층, 여성, 문맹자, 이주 노동자 등)을 위해 직업능력과 가족을 포함한 삶의 질을 향상시키는 프로그램 운영 지원, 지역사회의 수요에 맞추어 소외 계층의 직업훈련을 지원하거나, 특정직업에 대한 학위 과정을 운영하는 프로그램 등을 제공하고 있다.

중학교단계에서 직업교육을 제공하는 '정부 지원 직업교육화 방안'이 1988년 소개되었는데, 직업교육과정으로 15% 언어 교육, 15% 일반 소양 교육, 70% 직업교육, 그리고 4주간 현장훈련을 운영한다.

고용노동부에서 운영하는 직업훈련 프로그램은 다음과 같다. 공식 부문에서 훈련기관 중심으로 직업훈련이 이루어지는 기능공 훈련 프로그램과 산업 현장 중심으로 직업훈련이 이루어지는 도제 훈련 프로그램, 비공식 부문에서 직업능력을 개발하기 위한 직업훈련 프로그램, 장애인을 위한 직업훈련 프로그램이 있다.

기능공 훈련 프로그램은 1950년 산업 훈련기관ITI/ITC의 설립과 함께 시작되었다. 반숙련공 또는 숙련공 양성을 목적으로 하며, ITI(주정부가 관리)와 ITC(민간 조직 또는 NGOs가 관리)에서 훈련을 실시하고, 8~12년 사이에 학교를 다닌 학생이나 14~40세 사이의 청년을 대상으로 한다. 훈련기간은 6개월~3년까지 다양하며, 훈련기간 중 70%를 실제 기술 훈련에 할애한다. 훈련생은 국가직업훈련협의회NCVT 주관으로 평가를 받는다. 현재 ITI/ITC 합쳐 6,900여 개 기관이 있으며, 이 가운데 여성을 위한 11개의 직업훈련단체도 포함되어 있다.

도제 훈련 제도는 1961년 도제관련법Apprentices Act의 제정을 통해 시작되었다. 도제는 네 가지 유형이 있는데, 유형에 따라 훈련수당과 훈련기간 등이 달라진다. 2008년 현재 19만 명 정도가 참여하고 있다.

비공식 부문에서 직업훈련을 제공하는 SDISSkill Development Initiative Scheme는 앞서 소개한 고용노동부의 많은 프로그램들이 공식 부문의 직업훈련이기 때문에 인도 전체 고용 인구의 90% 이상을 차지하는 비공식 부문의 훈련 대상자에게 혜택이 주어지지 못하는 문제점을 해결하고자 2007년부터 시작되었다.

SDIS를 운영하기 위해 고용노동부는 산업계, 정부, 교육계와 협력해 사업 계획을 수립하고, 훈련 프로그램을 조정한다. SDIS는 학교 중도 탈락자, 재직 근로자, ITI 졸업자 등의 고용 능력을 향상시키고, 이를 인증하는 역할을 수행한다. 비공식 부문에서 근로환경 및 훈련생 환경을 고려해 단기 훈련과정MES을 산업계 중심으로 개발해 운영하며, 훈련 시간(파트타임, 주말, 풀타임, 현장/오프 등)과 수준(기초, 고급 등)을 훈련 대상자의 요구에 맞춰 유연하게 운영한다.

SDIS를 제공하는 훈련기관에는 중앙정부, 주정부, 공공 기관, 민간기관, 산업체 등이 포함되며, 기술교육과 관련된 전반적인 사항에 대해서 자문을 수행하는 AICTEAll India Council For Technical Education 등과 같은 기관의 승인절차를 거쳐 훈련을 실시하게 된다. 훈련 실시 후에는 훈련생의 시험 합격률 등으로 평가(A~D등급 부여)를 받는다. 고용훈련청은 훈련생의 훈련 능력을 평가한다.

평생학습

1. 계속 직업교육훈련

계속 직업교육훈련 프로그램을 제공하는 대표적인 두 가지 모델이 있다. 첫 번째는 1985년 설립된 인디라간디국립방송통신대학이고, 두 번째는 1년 동안 상시 등록이 가능한 국립방송통신학교National Institute of Open Schooling, NIOS이다.

인디라간디국립방송통신대학GNOU은 14세 이상을 대상으로 하며 정규교육을 받지 않았더라도 참여할 수 있다. 학습자 중심으로 원격 모드에서 직업교육 프로그램을 학습할 수 있도록 서비스를 제공한다.

국립방송통신학교는 다양한 직업에 대한 교육과정을 제공하는데, 60%가 실습이고, 40%가 이론으로 구성된다. 8년~10년간 학교를 이수한 학생을 대상으로 자격이 주어지며, JSS와 NGOs 등이 인증을 거쳐 직업훈련기관이 될 수 있다. 국립방송통신학교는 개방 학습과 원격 교육을 통해 프로그램을 전달하기 위한 학습 센터들과 네트워크를 이루고 있다.

2. 문맹 퇴치와 직업훈련

인도의 2001년 통계에 따르면 인구의 64% 정도가 읽고 쓰는 능력이 미흡한 문맹이었다. 1988년 수립된 NLMNational Literacy Mission에 의해 지속적으로 문맹 퇴치를 위한 캠페인과 교육을 실시하고 있음에도 불구하고, 문맹률은 여전히 높다.

인도의 문맹 퇴치 프로그램은 우선, 읽고 쓰는 능력에 대해 학습을 하고, 이후에는 읽고 쓰는 능력을 심화시키며 직업기술을 습득하는 등의 훈련을 받는다.

인도 정부에서는 문맹 퇴치 프로그램을 운영하는 기관에 대한 지원을 확대 실시하게 되었는데, 대표적인 운영 기관이 JSS이다. JSS는 빈민, 문맹자 등을 대상으로 읽고 쓰는 능력을 직업기술과 접목시켜 삶을 풍요롭게 하는 교육을 제공한다. JSS는 양질의 직업기술과 기술 지식을 매우 낮은 비용으로 제공하며, 빈민가의 중심지나 원거리의 농촌 지역에 지부를 설치함으로써 접근성을 높였다. 연령 제한이 없으며, 이전의 교육 경험이 필요하지 않다. 2006~2007년 동안 175만여 명이 직업훈련 프로그램에 참여하고 있다.

인재개발의 정책동향 및 특성

정책동향

인도 정부는 최근 11번째 5개년 계획(2007~2012)을 발표했다. 직업교육훈련에 대한 중요성을 강조하면서 여러 정책을 소개했고, 2008년 8월에는 국가 고용 정책을 발표하면서 경제성장 다음으로 능력 개발의 중요성을 재차 강조했다.

최근 인도 정부의 직업교육훈련정책의 동향을 요약하면 다음과 같다.

첫째, 학력 수준이 미흡하거나 학교를 중도 탈락한 청소년에 대한 능력 개발의 필요성을 강조하고 있다.

둘째, 비공식 부문 능력 개발 체제에서 수요자 중심의 교육훈련, 단기 훈련과정의 운영을 위해 훈련 시간과 수준을 수요자의 요구 및 수준에 맞추고, 훈련과정을 모듈화하는 등의 노력을 하고 있다. 또 비공식 부문에서 훈련을 받은 수료생의 취업, 대부 등의 혜택을 위해 평가 인증 공신력이 매우 중요한데, 최근 국가직업자격 인증시스템NVQCS을 수립하기 위한 노력을 시작했다.

셋째, 기술 변화와 수요자 중심의 직업훈련을 실시하기 위해서 기능공 훈련 제도와 도제 훈련 제도에서 많은 직업들이 삭제되거나 새롭게 신설되었다.

넷째, 국제화되고 있는 산업, 경제 및 노동시장에서 경쟁력을 갖추기 위해 국제적으로 활동할 수 있는 우수한 인력의 양성이 필요하게 되었고, 이를 위해 기존 산업 훈련기관의 수준을 높이기 위한 노력을 시작했다. 다기능 노동자를 양성하기 위해서 고급·전문화된 모듈과정이 개발되었고, 공공과 민간 파트너십의 강화, 산업체의 능동적인 참여를 통한 과정 개발 등이 필요했다. 2007년 예산의 경우 ITI를 업그레이드하고 우수한 훈련기관을 추가로 수립하기 위한 예산이 반영되기도 했다.

다섯째, 모듈식 단기 훈련과정MES을 새로운 능력 개발 프로그램의 핵심으로 인식하고 있다. 모듈식 단기 훈련과정은 '최소한의 능력 집합'으로 개발되어 직업능력을 개발하고자 하는 다양한 계층의 훈련생 요구에도 쉽고 효율적으로 훈련을 실시할 수 있다.

여섯째, 고용훈련청은 ITI가 제공하는 직업교육훈련에 산업체가 자문기구가 아닌 파트너로서 참여하도록 1998년부터 시범적인 프로그램을 운영, 모니터링하고 있다.

일곱째, ITI나 기타 직업훈련단체를 졸업한 학생들이 폴리테크닉에 들어가서 졸업할 수 있는 길을 열어 주고 있다. 물리, 화학, 수학과 같은 과목들을 이수하지 않았어도 입학 시험을 통해 폴리테크닉에 입학할 수 있게 해 주고, 있다. 또한 12년간의 학교교육을 마친 경우(폴리테크닉 1학년 과정을 이수한 경우) 폴리테크닉 2학년에 편입할 수 있도록 허용하는 정책을 펼치고 있다.

주요특성 및 과제

인도는 꾸준한 경제성장에도 불구하고, 높은 실업률과 근로 빈곤층working

poor이란 말과 같이 저임금과 낮은 고용의 질로 인해 빈곤에서 벗어나지 못하는 근로자가 많다. 이는 많은 인구, 넓은 국토, 여러 종교와 민족으로 인한 정치 · 사회적 불안, 급속한 산업화에 따른 환경 파괴와 지역 간 발전의 불균형, 사회에 잔존해 영향을 미치고 있는 신분제(카스트 제도), 남성 중심 사회(남아선호, 부권중심 가족 사회), 농업 등 1차 산업의 비중이 높고 고용 인구도 높은 점 등이 국가 인재개발의 장애물로 작용하고 있기 때문이다.

인도 정부는 이를 해결하기 위해 다양한 정책과 프로그램을 발표해 운영하고 있지만, 가시적인 성과를 거두기 위해서 해결해야 할 많은 문제점을 안고 있다. 이러한 문제점 해결하기 위해 인도 정부가 추진해야 할 과제를 요약, 정리해 보면 다음과 같다.

첫째, 국가 인재개발을 위한 국가 · 사회적 인프라를 개선해야 한다. 현재 인도 근로자의 대부분이 8년간의 초등교육도 이수하지 못했고, 심지어 읽고 쓰는 능력이 부족한 경우도 있다. 이로 인해 직업교육훈련의 실시에 많은 어려움이 발생하고 있어, 인도 정부는 문맹 퇴치를 위한 프로그램을 지속적으로 추진하고 있다. 또한 비공식 부문의 규모가 큰 인도의 특성상 전체 노동시장에 대한 정확한 데이터 수집에 어려움이 있는데, 이는 관련 정책 수립에 많은 문제점으로 나타나고 있다. 따라서 노동시장 정보 수집, 모니터링, 관리 시스템의 개발과 운영이 필요하다.

둘째, 사회 및 직업 생활에 필요한 소양 교육과 기술교육을 받을 수 있는 중등교육기관의 확충과 내실화가 필요하다. 인도는 중등교육에서 처음으로 직업교육을 선택적으로 받을 수 있는데, 인도의 넓은 지역과 많은 인구에 비해 중등교육기관의 수가 너무 적고 중도 탈락률이 높아 전체적인 참여율이 저조한 편이다.

셋째, 수요자 중심의 직업훈련 체제로의 개선이 필요하다. 현재 공급자(정부) 중심의 정책 수립 및 재정지원, 전통적인 산업과 공식 부문 중심의 직업교육훈련으로는 빠른 기술 변화와 노동 생산성이 높은 산업체의 요구와 인도 대부분의 노동력이 근무하고 있는 비공식 부문에 대한 직업 훈련 수요에 적절히 대응하지 못하는 문제점을 드러내고 있다. 이를 해결하기 위해서는 직업교육훈련정책 수립에 산업체가 주도적으로 참여하고 공급자(정부)가 충분히 제공하지 못하는 비공식 부문에 대해서는 지역 및 산업에 따라 적절하고 우수한 해외 지원(세계은행 등)을 받기 위한 국제적인 노력을 확대하며, 직업교육훈련기관의 경영 효율화 및 안정적인 기관 운영을 위한 산업체의 투자와 참여 확대 등이 필요하다.

넷째, 직업교육과 직업훈련, 그리고 산업체와 지역사회의 효율적인 연계를 강화해야 한다. 산업체와 지역사회의 참여가 저조한 것은 결국 적절한 직업훈련을 실시하지 못하여, 해당 지역의 산업체에서 필요한 인력만큼 고용으로 연결시키지 못하는 문제점으로 나타나고 있다. 최근 인도 정부에서도 산업체 참여와 지역사회와의 협력을 통해 직업훈련의 성과를 높이고자 노력하고 있다. 최근 첨단 산업에서 필요로 하는 지식 근로자 및 고숙련 근로자를 양성하기 위해서는 직업교육, 직업훈련, 그리고 학교교육 시스템과 연계될 수 있도록 개선해야 한다. 또한 기술력이 미약한 산업체에 최신의 우수한 기술을 전파(예를 들면, 대기업의 우수 기술을 중소업체에 전파)하고, 필요한 경우 국제적인 기술 및 재정 협력 등을 통한 지원도 추진해야 한다.

다섯째, 글로벌화에 대비한 직업능력 표준 개발 및 대외 협력의 강화가 필요하다. 인도는 연방국가이기 때문에 주마다 실시히는 직업훈련, 자격 인증 등에 있어서 표준의 제정이 시급히 필요하다. 이는 지역별 노동인구와 산업 발달에 차이가 있어 노동력 이주 등이 일어나는 경우를 대비한 것이다. 연방정부 차원에서 국가 자격 표준 체계를 작성해 주마다 이를 표준지침으로 따르도록 협조를 구해야 한다. 인도는 이미 많은 노동력 이주를 받아들이고 있고, IT 분야에서는 많은 근로자가 선진국으로 취업해 나가고 있다. 이와 같이 노동인구의 국제적인 이동을 위해 국가 간 상호 자격인정에 대해 합의하는 것이 필요하다.

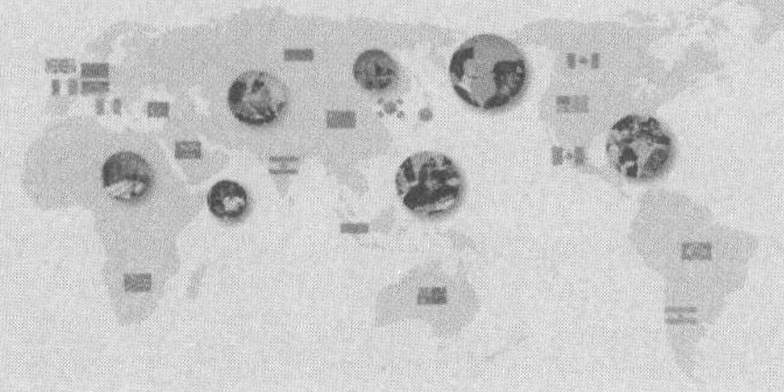

CHAPTER 9

인도네시아 INDONESIA

이 남 철

미국 오클라호마대학교(The University of Oklahoma) 경제학 전공 경제학 박사, 현 한국직업능력개발원 미래인재연구실 연구위원으로 근무, CPSC(콜롬보프랜대학 자문관, 교육인적자원부 교육과정 심의위원(상업계열), 기획예산처 자문위원(국가장기발전). 주요 연구 실적으로는 [THE LIFELONG LEARNING SOCIETY IN KOREA](U.S.A, 2007), [GREEN GROWTH AND LABOR MARKET IN KOREA](U.S.A, 2010) 등을 출간하였다. [학교기업의 운영모델연구] 등의 저서와 [HUMAN CAPITAL AND ECONOMIC GROWTH: A STUDY OF THE KOREA 1966–2004](2006) 등의 논문이 있다.

·01·
사회경제적 배경

사회와 문화

인도네시아는 기원전에 이미 국가를 형성해 인도, 중국 등과 무역 관계를 수립한 것으로 추정되며, 7~15세기에는 힌두교, 불교 등 인도 문화가 전파되어 '마자파히트Majapahit' 등 강력한 해상 왕국이 성립되었다. 16세기 무렵에는 이슬람 상인을 통해 이슬람화가 급속히 진행되어 '마타람Mataram' 등 다수의 이슬람 왕국이 성립되었으며, 17세기 초부터 향신료 무역에 관심이 많은 유럽 각국이 이 지역의 패권을 놓고 다투게 되었다. 결국 네덜란드가 최후의 승자가 되어, 17세기 초에 '연합 동인도 회사'를 설립해 이때부터 약 350년 동안 인도네시아를 식민 지배하게 되었다.

20세기 들어 수카르노Sukarno와 하타Mohammad Hatta의 지도 아래 민족주의 운동이 확산되었으며, 제2차 세계 대전 중 3년간(1942~1945년) 일본의 지배를 받았다. 1945년 8월에 독립과 함께 수카르노가 초대 대통령에 취임했다. 독립 후 과거 식민지를 재탈환하려는 네덜란드와 4년간의 독립 전쟁을 치르면서 정부 수반이 체포되는 등 여러 가지 어려움을 겪었으나, 1949년 12월 네덜란드로부터 완전 독립을 쟁취하는 데 성공했다.

2004년 10월 20일 유도요노 대통령이 취임했으며, 2009년 4월 9일에 실시된 총선 결과, 유도요노 대통령의 민주당은 국회 총 의석 560석 중 148석(26%)을 획득해 제4당에서 제1당으로 부상했다. 이 총선에 대해 인도네시아 국내외 언론들은 과거 인도네시아 총선보다 평화적인 분위기 속에서 원만히 실시되어 향후 인도네시아 민주주의 발전에 있어 긍정적인 신호라고 평가한 바 있다.

농경 문화를 기초로 하는 인도네시아 문화도 상인들과 인도, 중국, 아라비아, 유럽의 선교사에 의해 많은 영향을 받았다. 16세기 초 여행을 목적으로 온 포르투갈 사람에 의해 최초로 서구의 영향을 받게 되었다. 그 후에 네덜란드인과 영국인이 들어왔다. 과거에 인도네시아의 가장 보편적인 종교는 힌두교로서 라마야나 마하브라히타 힌두 서사극은 인도네시아 문화 양식에 중요한 역할을 담당하며 문화의 정수로 손꼽힌다. 전통적인 관습은 넓은 지역에 퍼져 있는 종교의 다양한 의식과 축제에서 유래된다. 삶을 이끄는 기본 개념은 서로 간의 이해와 도움, 협조 등으로 대표되며, 단적인 예로서 주거 생활에 필요한 시설들을 건설할 때도 이러한 개념들을 생각한다.

전체인구는 약 2억 4,000만 명(2009년 기준)으로 중국, 인도, 미국에 이어 세계 4위의 인구 대국이며, 인구 증가율은 1.136이다. 가임 여성 1인당 평균 출산율은 2.31명이며, 국민들의 평균수명은 70.76세(2008년 기준)로 나타났다. 2009년 인도네시아의 인구 구조는 피라미드와 유사한 형태로 0~14세 인구가 27.0%, 15~64세 67.9%, 65세 이상 5.1%로 분포되어 있어서, 적어도 향후 20~30년간 경제 발전에 필요한 인적자원이 풍부하다고 할 수 있다.

인도네시아는 1만 7,000개의 섬과 33개 지방정부로 이루어져 있으며, 583여 종의 언어와 300여 종족을 가진 군도국가임을 고려할 때 표준어를 구사할 수 있는 문해율(2009년)이 남자 95.4%, 여자 89.1%로 교육을 통한 중앙정부의 노력이 크다고 할 수 있다. 1970년 80%에 미치지 못하는 초등학교 취학률은 지속적으로 증가해 2005~2006년에는 98.4%에 달했다. 2008년 평균교육 년수의 경우 남자 8.0년, 여자 7.1년이며, 교육비 예산은 GDP(국내 총생산) 대비 3.6% 수준이다(2006년 기준).

경제 및 노동시장

인도네시아의 2008년 국내 총생산GDP은 4,954억 달러이며, 1인당 GDP는 약 3,900 달러이다. 실질 GDP 성장률은 6.06%이고, 경상 수지는 6억 1,000만 달러로 나타났다. 2009년 인도네시아 경제는 4.5% 성장했으며, 2010년 GDP는 5~7.1% 증가할 것이라는 낙관적인 전망이 있다. 경제활동 인구는 1억 1,330만 명이며, 산업별 취업자 비율은 농업이 42.1%로 가장 높고, 그 다음으로 서비스업이 39.3%, 제조업이 18.6%로 순으로 나타났다.

교육 정도별 취업 인구를 보면 2009년 초등학교 졸업 이하가 전체 취업 인구의 53% 이상을 차지해 인도네시아 노동력의 교육수준이 매우 낮음을 알 수 있다. 그러나 최근 교육수준의 추이를 살펴보면 중학교 졸업 이상의 학력 소지자가 2007년 8월 43.19%에서 2009년 2월 46.94%로 증가했음을 볼 때 하려 수준은 상당히 빠른 속도로 높이지고 있음을 볼 수 있다.

표 3-16 | 주요 경제지표(2008년 기준) (단위 : 달러, %)

GDP(십만)	495.4	DP 성장률 (실질)	6.06
1인당 GDP PPP	3,900	인플레이션	11.06
실업률	8.4	경상수지(억)	6.1
경제활동 인구 수 (백만 명)	113.3	산업별 취업인구 분포 (2006)	농업 : 42.1% 제조업 : 18.6% 서비스업 : 39.3%

자료 : CIA(2009).

표 3-17 | 교육 정도에 대한 취업인구의 비율(2007~2009)　　　　　　　　(단위 : %, 명)

교육정도	2007년 8월	2008년		2009년 2월
		2월	8월	
취업자	99,930,217 (100.00)	102,049,857 (100.00)	102,552,750 (100.00)	104,485,444 (100.00)
초등학교 졸업 이하	18.42	18.28	18.42	18.36
초등학교 졸업	37.99	36.22	35.84	34.69
중학교 졸업	18.44	19.00	18.57	18.99
고등학교 졸업	18.55	20.20	20.63	21.36
대학교 졸업	6.20	6.30	6.58	6.59

자료 : BPS(2009). Labor Force Situation in Indonesia.

최근의 경제성장에도 불구하고 인도네시아 노동시장은 낙관적이지 않다. 전체 실업률은 8.4%이며, 연령별로는 5~19세 22.0%, 20~29세 48.6%로 청년층 실업률이 매우 높은 것으로 나타났다. 글로벌 경제위기 동안 실업률은 지속적으로 감소했으나 생산성, 빈곤과 비공식적인 실업률과 같은 사회 노동 지표들이 경제위기 전前 수준으로 회복하는 데에는 수 년이 걸릴 것으로 예상된다(ILO, 2010).

인재개발 현황

교육제도

인도네시아의 학교 제도는 초등학교SDI 6년, 중학교SMP 3년, 고등학교SMU 3년, 전문대/대학Institu/Universitas 4년으로 총 교육기간은 16년이다. 초등학교와 중학교는 의무교육기간으로 각각 일반학교와 종교학교로 구분되며, 교육부와 종교부가 관리·감독을 한다.

고등학교는 일반고등학교Sekolah Menengah Atas, SMA, 종교 고등학교 Madrasah Aliyah, MA, 전문계 고등학교Sekolah Menengah Kejuruan, SMK, 특수 고등학교Sekolah Menengah Atas Luar Biasa, SMALB로 구분되며, 교육부와 종교부가 관리·감독을 한다. 2005/2006년부터 2007/2008년 기간 동안 중등교육단계 공립학교에 등록한 학생은 68만 2,796명에서 91만 2,434명으로 22만 9,638명이 증가했으며, 같은 기간 동안 사립학교의 경우는 154만 9,131명에서 182만 6,528명으로 27만 7,397명 증가했다.

고등교육기관으로는 전문대학Akademi, 기술전문대학Sekolah Tinggi, 특수기술대학Institut, 일반대학교Universitas가 있다. 전문대학은 1~3년 과정으로 운영되며, 학부 과정S1은 8~10학기, 석사 과정은 4학기S2로 운영되고, 또 박사 과정S3이 있다. 이와 같은 프로그램은 교육부와 종교부가 관리·감

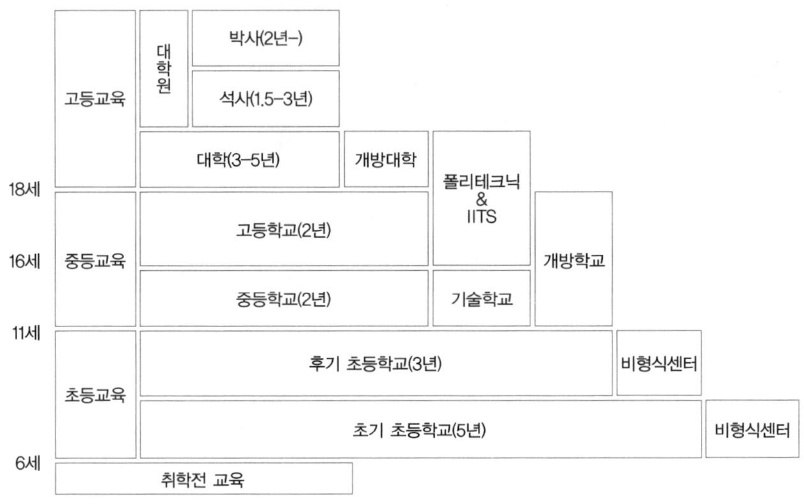

자료 : Ministry of National Education(2009). Indonesia Education Statistics in Brief 2005 & 2006.

독을 한다. 학비는 각 학교별로 차이가 있고, 특히 종교 기관에서 운영하는 사립학교의 학비가 비싼 편이다.

고등교육기관 가운데 전문대학은 특정 예술이나 기술 한 가지만 가르치는 전문 직업교육기관으로서 학위는 수여되지 않고 졸업장이 주어진다(미술대, 음악대, 자동차 공학대 등). 폴니테크닉Politeknik은 특정한 학문 분야의 세부 과목을 모두 가르치는 전문 직업교육기관으로 학위는 수여되지 않고 졸업장Diploma이 주어진다(공업대, 농업대 등). 기술전문대학Sekolh Tinggi은 특정 학문 분야의 세부 과목 중 1개 또는 전문 직업교육을 실시하며, 학위 또는 졸업장이 교부된다(경영대학, 세무대학 등). 특수기술대학Institut은 동종 학문 내에서 세부 종목으로 세부된 학문 또는 전문 직업교육을 실시하며, 단과대학과 일반대학이 있다. 학위가 수여되며, 석사·박사과정이 설치된 곳이 있다(교육사범대, 과학 기술대 등)(정광희, 2007).

직업교육훈련

1. 직업교육

인도네시아에서 직업교육의 시행 기관은 교육부이며, 정규 교육으로 진입할 수 있는 자격을 제공하는 역할을 한다. 직업교육은 중등교육단계의 전문계 고등학교SMK와 고등교육단계의 기술전문대에서 이루어진다. 전문계 고등학교SMK는 2가지 유형이 있는데, 하나는 일반 전문고등학교Generic SMK로 교육부에서 운영하는 3년 과정이고, 다른 하나는 'SMK Plus'로 교육부에서 운영하는 4년 과정이 있다. SMK와 유사한 고등교육단계의 직업교육은 일반적인 것과 추가적인 것이 있다.

전문계 고등학교는 특정 직무 능력의 확장과 직업 세계에 진입하는 학생들을 위한 준비, 그리고 그들의 전문성을 확장시키는 데 중점을 두고 있다. 특히 2003년 인도네시아 국가교육제도에 관한 시행령 중 6장, 제15조에 보면, 직업교육은 특정직업을 준비하는 학생들에게 있어 보조적인 교육 프로그램이다(정광희, 2007).

전문계 고등학교는 국공립으로 운영되며, 학교 유형은 농업/임업, 공업, 경영 및 관리, 사회복지, 관광, 예능/예술, 보건, 해양 계열로 나누어진다. [표 3-18]은 고교 단계 직업교육의 프로그램별 등록학생 수 및 비율을 나타낸 것이다. 고교 단계에서 직업교육 참여학생 수는 총 273만 9,959명이며 이 가운데 경영 및 관리 프로그램 참여학생 수가 47.6%로 가장 많고, 그 다음으로 기술 및 산업 38.8% 인 것으로 나타났으며, 가장 비중이 낮은 프로그램은 보건으로 0.40%를 차지했다.

최근 고교 단계 직업교육 참여학생들의 비중은 점점 증가하고 있다. 전문계 고등학교 등록학생 수는 2004년 30%에서 2009년 40%로 지속적으로 증가하고 있다. 이러한 직업교육 참여학생 수이 증가는 정부의 직업교육 확대 정책에 따른 것으로 보인다. 교육부는 2010년까지 고등학교 등록생 중

표 3-18 | 전문계 고등학교 프로그램별 참여학생 수

계열별	등록생 수(명)	비율(%)
계	2,739,959	100
경영 및 관리	1,304,339	47.6
기술 및 산업	1,062,403	38.8
관광	174,726	6.37
농림 및 산림	76,644	2.79
예술	44,391	1.62
사회복지	42,266	1.54
해양	24,195	0.88
보건	10,995	0.40

자료 : 인도네시아 교육부(2009).

전문계 고등학교 학생 수를 50%, 2015년에는 70%까지 확대할 계획을 가지고 있다(World Bank, 2008). 이는 직업교육이 국가경제성장에 도움이 될 뿐 아니라 전문계 고등학교를 양적·질적으로 향상시킴으로써 젊은 세대의 전문율을 낮추는 데 기여할 수 있기 때문이다. 그러나 이러한 인도네시아 정부의 전문계 고등학교 확대 정책에 회의적인 반응들이 제기되고 있다.

World Bank 자카르타 사무소(2008)의 연구에 의하면 전문계 고등학교 졸업생들은 임금, 고용 상태, 직업 형태 등의 관점에서 일반계 고등학교 졸업생들보다 노동시장에서 더 열위에 있는 것으로 나타났다. 그 연구결과를 살펴보면 다음과 같다.

첫째, 전문계 고등학교 졸업생들은 장기적인 관점에서 보았을 때 상당

표 3-19 | 고교단계 일반교육과 직업교육의 비중(2004~2009) (단위 : %)

연 도	직업교육	일반교육
2004	30	70
2005	32	68
2006	34	66
2007	36	64
2008	38	62
2009	40	60

자료 : 인도네시아 정부(2010), Strategic Plan Ministry of National Education.

히 낮은 임금을 받고 있으며, 특히 여성의 경우 임금수준이 더 낮다는 사실을 발견했다.[23]

둘째, 사립 고등학교 졸업생들의 소득은 국공립 고등학교생들보다 낮다는 것을 발견했다. 전문계 고등학교의 경우 사립 고등학교 졸업생의 취업률이 국공립학교 졸업생들보다 더 낮은 반면, 일반계 고등학교의 경우는 국공립과 사립의 차이가 없었다.

한편, 첸(Chen, 2008)은 고용, 소득, 교육에의 접근성이라는 관점에서 일반계고와 전문계고의 효율성을 비교했다. 이 연구에서 전문계 고등학교교육이 고용 기회나 소득에 미치는 효과는 없었으며, 부가가치효과도 없는 것으로 나타났다. 전문계 고등학교의 교육이 학문적인 성취와는 연계성이 낮기 때문에 전문계 고등학교 졸업생들의 대학 교육 기회도 낮게 나타났다. 이와 같은 정부의 직업교육 강화 및 전문계 고등학교 확대에 반하는 연구결과는 전문계 고등학교교육 시스템의 전반적인 개혁을 요구하고 있다. 즉, 직업교육의 질을 개선하고 노동시장의 수요를 충분히 충족시킬 수 있도록 전환되어야 한다는 주장이다.

한편, 일반계 고등학교 졸업생의 경제 활동 참가율은 67.6%로서 전문계 고등학교 졸업생의 경제 활동 참가율 77.6%보다 낮은 수준이다. 그러나 전체 경제 활동 참가율은 일반계 고등학교 졸업생이 14.8%로서 전문계 고등학교 졸업생의 7.1%보다 두 배 이상으로 나타났다. 경제 활동 참가에 있어서는 공식 부문에서 일반계 고등학교 졸업생이 56.2%로서 전문계 고등학교 졸업생의 66.2%보다 낮은 수준이다. 그러나 비공식 부문에서는 일반계가 43.8%로 전문계 33.8%보다 높게 나타났다. 실업률에 있어서는 일반계 고등학교와 전문계 고등학교 졸업생이 각각 18.1%, 17.3%로서 서로 비슷한 수준이다. 월 소득수준에 있어서는 일반계 고등학교 졸업자는 104만 5,303루피, 전문계 고등학교 졸업자는 107민 9,580루피로서 진체 근로자 평균 99만 7,000루피보다 높은 수준이다.

표 3-20 | 고등학교 졸업자의 경제활동 참가 및 소득수준(2006)　　　　　　　(단위 : %)

구분	일반계고	전문계고	전체 근로자
경제활동참가율	67.6	77.6	66.2
전체 경제활동 참가에 대한 비율	14.8	7.1	100
공식적 부문 비율	56.2	66.2	31.1
비공식 부문 비율	43.8	33.8	68.9
실업률	18.1	17.3	10.3
공식적 부문 소득(루피/월)	1,045,303	1,079,580	997,000

자료 : SAKERNAS 2006.

2. 직업훈련

노동부Ministry of Manpower and Transmigration, MOMT는 직업훈련기관을 관리감독하며, 시행 주최에 따라 다음과 같이 세 기관으로 분류할 수 있다. 첫째, 노동부에서 직접 운영하는 공립 직업훈련센터Balai Latihan Pelatihan Kerja, LPK가 있다. 둘째, 중앙정부나 지방정부에서 운영되는 공립 직업훈련기관이 있다. 마지막으로 개인이나 기업에 의해 운영되는 민간기관이 있다.

　노동부가 직접 운영하는 공립 직업훈련센터LPK는 156개가 있으며, 대규모 34개, 중간규모 16개, 소규모 106개로 구분할 수 있다. 직업훈련센터의 설립 목적은 산업체에 취업을 목적으로 하는 구직자에게 적절한 기술향상을 위한 훈련을 시키는 것이다. 재직 근로자들에게는 산업체 요구에 부응하도록 하고 직업능력개발 및 특수 직업능력개발을 증진시키는 것이다. 직업훈련센터에는 다양한 훈련 프로그램이 개설되어 있는데, 크게 나누어 제조업, 농업 및 무역업 등이 있다. 훈련원칙으로는 노동시장 또는 직업요구에 부합되어야 하며, 발전된 지식과 새로운 기술이어야 한다.

　교육훈련과 개발과정, 실행의 통합이 이루어져야 한다. 훈련기간은 국가직업능력 표준Standardization from National Competency Indonesia에 의하며, 훈련 수준은 1단계에서 9단계로 나뉜다. 그러나 현재 수준에서는 1단계에서 4단계까지만 운영되고 있으며, 훈련 프로그램의 종류는 이동 훈련Mobile Training,

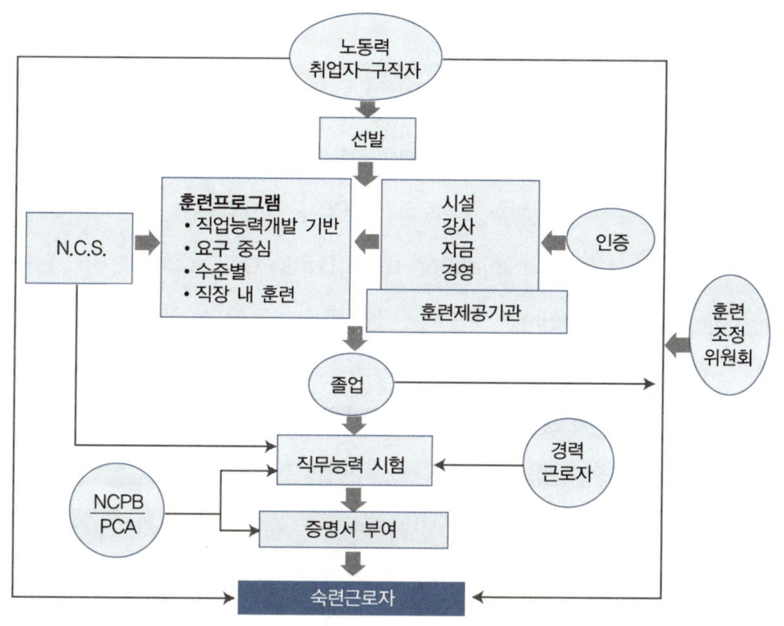

주 : 국가지속가능위원회(National Center for Sustainability, NCS), 국가소비자계획단체(National Consumer Projection Body, NCPB), 국민인권위원회(People's Consultative Assembly, PCA).
자료 : 인도네시아 노동부(2009).

표준 훈련Standard Training, 주문식 훈련Tailor made Training, 훈련 교사 프로그램 Instructor Training, 도제 훈련Apprentice System Trainin, 역량기반훈련Competency Based Training 등 6가지의 프로그램이 있다.

노동부의 국가 훈련 체계National Training System Indonesia는 국가직업능력표준의 국가 자격 체계, 훈련 제공지, 전문 자격원Profession Certification Agency으로 구성된다. 직업능력개발훈련 교육과정은 집단 일반 직업능력개발, 집단 혁신 직업능력개발, 집단 특수목적 직업능력개발, 직장 내 훈련, 훈련 평가 프로그램이 있으며, 각 훈련과정별로 다양한 훈련 단위를 가지고 있다. 인도네시아 직업훈련은 여러 공여 기관의 지원을 받고 있다.

평생학습

1. e-러닝을 통한 평생학습 촉진

인도네시아의 일부 회사들과 대학들은 e-러닝 서비스를 도입하고 있다. 대표적인 은행인 만디리은행은 학습 관리 시스템을 도입해 전국 700개 지사에 1만 8,000명의 직원들을 교육하고 있다. PT SAP Indonesia, PT Telekomunikasi Indonesia, ABN Amro Bank, UNESCO, Medco Energi, Garuda Indonesia Airlines, IBM 등 많은 기업들도 인력 개발 목적으로 e-러닝 서비스를 도입했다. 인도네시아의 국토가 광대하다 보니 전국에 직원들이 흩어져 있는 경우에 교육을 위한 교통비 등의 부담이 상대적으로 커서 e-러닝 교육수요가 더 큰 상황이다. 비록 e-러닝 시스템의 초기 투입비용이 크지만 장기적인 관점에서 보면 보다 경제적이라는 시각이 우세해 e-러닝 교육수요가 빠르게 증가하고 있다. 또한 민간 기업뿐 아니라 정부 기관이나 국영 기업 등도 e-러닝 교육을 실시하고 있는데, 인도네시아 정부는 E-Government를 수행하면서 그 일환으로 e-러닝을 도입하고 있다. 뿐만 아니라 교육 분야에서는 대학이 주요 e-러닝 고객이라고 할 수 있는데, 최근 많은 인도네시아 대학들이 해외 대학들과 국제 학위 또는 복수 학위 협력을 강화하면서 이를 뒷받침하기 위한 수단으로 e-러닝 교육수요가 증가하고 있다.

현재 인도네시아에는 2,942개의 국립대학과 1만 5,002개의 사립대학이 있어 교육 분야의 e-러닝 잠재 수요가 상당히 크다고 할 수 있다.[24] 인도네시아의 인터넷 사용자는 해마다 급증하는 추세이며, 주로 대도시 위주로 사용자가 집중되어 있다. 중소도시의 경우, 인터넷 전용 'V-sat' 위성을 활용한 무선 통신 인터넷을 주로 활용하고 있는데, 망 속도가 많이 떨어지는 편이어서 e-러닝 서비스 발달에 장애 요인으로 작용하고 있다.

기업 및 정규 교육기관의 e-러닝 도입현황도 중요한 부분을 차지하고 있다. IT 인프라를 구축하기 위해서 기업들은 총 IT 예산의 70%를 서버나 운영 시스템, 네트워크 장비 등 하드웨어 구입에 투입하고 있다. 인도네시아 국제은행Bank International Indonesia, BII의 경우, 전체 교육훈련예산의 0.1%를 e-러닝 기술 도입에 투입했는데, 경영진은 e-러닝을 통해 직원 교육비용이 85%나 절감했다고 평가하고 있다. 총 6,305명의 BII 직원을 훈련시키는 데 보통 3.5년이 걸리던 것을 e-러닝을 도입해 1년으로 줄이는 획기적인 효과를 거두었다. 또 다른 은행인 PT. BNI' 46도 총 81억 루피아를 투입해 직원 훈련 프로그램에 e-러닝을 도입했는데, 640억 루피를 절감했다고 한다. BNI' 46은 총 1만 8,431명의 직원을 보유하고 있는데, 이 중 1만 6,733명의 직원이 e-러닝 사용자로서 다양한 평생학습 프로그램을 제공받고 있다.

2. 여성을 위한 평생학습

2009년 인도네시아 정부는 한국과 협력해 인도네시아 여성 공무원 30여 명을 대상으로 현지에서 성인 지적 여성을 대상으로 IT 교육훈련을 실시했다. IT 교육훈련을 통해 인도네시아의 남녀 간 정보 격차 해소 및 여성 지위 향상, APEC 지역의 성인 지적 여성 IT 교육훈련 모델을 정립하고자 하는 것이 주목 적이다. 특히 2009년 교육훈련 프로그램은 글로벌 여성 IT 리더 양성을 목표 로 인도네시아 정부의 의견 수렴과 아태정보 통신 기술교육훈련 센터 UNAPCICT의 협조하에 IT 동향 및 기술 동향, 전자 정부, 그린 IT기반의 IT핵심 솔루션, 정보 통신 기술과 양성 평등 정책 등 총 5개의 모듈로 구성해 운영했 다. 교육훈련은 각 모듈별 해당 분야의 우리나라 전문가와 인도네시아 현지 아태정보통신 교육훈련 센터 소속 교수진들의 강의와 실습 등으로 구성되었 으며, 인도네시아어와 영어로 진행했다. 현재 인도네시아가 추진하고 있는 여성 정보 통신 기술 프로그램에 기여할 수 있는 여성 리더로서의 자질을 배 양하기 위한 목적으로 각 지방의 여성 정책 및 IT 관련 부서의 정책 관리자를 중심으로 프로그램 참가자가 구성되었다. 이와 같이 지속적인 평생학습을 통해 인도네시아 정부는 여성 지도자들의 인적자원개발을 추진하고 있다.

·03·
인재개발의 정책동향 및 특성

정책동향

1. 평생학습을 통한 인재개발

인도네시아에서 평생학습 제도는 공식적으로 인가되어 실행되고 있지는 않지만, 교육부는 도서 벽지의 주민을 대상으로 한 원격 중등 학교 제도를 개설하고 있다. 이 제도는 중앙정부의 도움으로 지방정부가 지원·촉진하고 있는데, 보통 교실에서 면대면 식의 교육 대신 방송 혹은 영상과 우편물을 통해 이루어지고 있으며, 교육과정도 정규 중등 학교의 교육과정과는 매우 다르게 운영되고 있다.

현재 인도네시아에서 직업교육은 경제적 및 학문적으로 부족한 사람들이 참여하는 것으로 인식되고 있어 국민들에게 부정적인 시각이 강하다. 따라서 정부에서는 다음과 같은 전략을 추진하고 있다. 첫째, 직업교육이 중간 계층 근로자 노동의 질을 증가시켜야 한다. 둘째, 직업교육은 중등교육을 받지 않은 사람들에게 평생 기술과 고용 가능성을 높일 수 있도록 보장해야 한다. 셋째, 직업교육이 인도네시아에 있어서 실업을 줄일 수 있어야 한다. 넷째, 직업교육이 제조업, 농업, 건설업, 광업, 무역업, 서비스업, 관광, 정보 통신, 농업, 기술 및 예술 부문의 중간 계층 근로자들의 요구를 수용해야 한다. 마지막으로 직업교육이 경제성장을 달성하도록 추진되어야 한다. 이를 위한 정책으로는 교육 접근성의 용이, 교육 및 노동의 질 향상, 직업능력개발, 책임감과 대중적 이미지 경영의 강화를 들고 있다.

2. e-러닝을 통한 인재개발

영토가 광범위한 국가인 인도네시아의 지리적인 특성 때문에 인도네시아 교육 및 평생학습 시설은 불균등하게 분포될 수밖에 없는 상황이다. 이러한 문제를 해결하기 위해 교육부는 원거리 통신망 국가교육 사이트 운영을 통해 국민들의 평생학습 증진에 노력하고 있다.

주요특성 및 과제

1. 정부 조직의 효율적 운영

직업교육의 질 향상은 노동시장의 공급자 측면에 지속적인 영향을 미칠 수 있다. 직업훈련기관의 활성화, 직업훈련을 담당하는 인력들의 자격 및 능력 제고, 노동시장의 수요에 맞춘 기술교육과정 등은 구직자들이 노동시장에 적합한 인재가 되게 하는 데 긍정적인 영향을 끼칠 것이다. 이와 더불어 정부와 기업체 담당자 등 사회적 파트너들도 정부의 노동시장 활성화를 위한 정책에 동참하는 것이 필요하다.

2. 직업교육훈련을 위한 인프라 구축

사회 공공 기반시설 투자는 즉각적인 고용창출 효과를 가지고 온다. 특히 글로벌 경제위기와 세계적으로 실업률이 증가하고 있는 상황에서 사회 기반시설 투자는 고용창출을 위해 필수적이라 할 수 있다. 이는 또한 원활한 비즈니스 환경과 투자 활성화를 위해서도 필요하다. 고용 시장의 질 저하와 비공식적인 실업률이 증가하고 있는 인도네시아의 현 상황에서 사회 공공기반 시설 투자를 통한 고용창출은 매우 필수적이라 할 수 있다.

3. 정부의 인재개발을 위한 포괄적인 정책추진

정부는 취업 전 직업교육훈련정책 및 시스템을 계획, 실행, 발전시킬 때 다음의 3가지 접근 방식을 채택할 필요가 있다.

첫째, 경제 분석 및 사회환경 분석을 바탕으로 한 장기적인 접근방안이다. 취업 전 직업교육훈련에 대한 투자는 많은 금액의 정부 예산과 민간 부문의 재정적인 지원을 필요로 하고, 기술과 지식은 매우 빠른 속도로 변화, 발전한다. 따라서 정부는 장기적인 접근으로 기술흐름의 변화를 분석하고 이러한 장기적인 분석을 바탕으로 직업교육훈련에 어떻게 투자해야 할지 방향을 정해야 한다. 둘째, 포괄적인 접근이 요구된다. 취업 전 직업교육훈련이 국가 발전 계획으로 완전히 통합되기 위해서는 거시 경제에서의 각종 정책들, 산업 투자, 무역, 기술이 모두 한곳으로 통합되어야 한다는 점에서 포괄적인 접근이 필요하다.

셋째, 시장상황을 변화시키기 위한 유연성과 즉각적인 대응성이 필요하다. 경제가 발전함에 따라 기술의 요구도 빠르게 변화한다. 이로 인해 취업 전 직업교육훈련의 크기나 내용, 전달 방식, 재정적 지원도 새로운 환경 변화에 맞추어 즉각적으로 변화해야 할 필요가 있다.

4. 지원 제도(자격 시스템, 직업교육훈련의 질 보장, 정보 서비스) 확보

취업 전 직업교육훈련 시스템의 질과 효율성을 높이기 위해 자격증 시스템, 직업교육훈련의 질 보장, 감시 및 평가, 정보 제공 서비스는 매우 중요한 메커니즘이라 할 수 있다. 특히 자격증 시스템은 직업교육훈련과 노동시장의 기술 능력 요구를 연결해 줄 수 있는 요소이자 직업교육훈련 프로그램과 제공자들의 업무 수행 능력을 감시 및 평가하는 데 중요한 역할을 할 수 있다. 직업교육훈련 프로그램과 기관의 성과, 직업 기회에 대한 정보 서비스는 직업교육훈련 제공자들이 선의의 경쟁을 통해 교육을 향상시키고, 개인뿐만 아니라 기업이 직업교육훈련기관에 투자하는 데 현명한 선택을 하도록 돕는 역할을 한다. 따라서 이러한 지원 제도는 직업교육훈련시장과 취업 전 직업교육훈련이 효율적으로 운영되게 하는 데 필수불가결한 요소라 할 수 있다.

5. e-러닝을 통한 인재개발

현재 인도네시아 인터넷 커넥션이 서부 지역의 대도시에만 집중되어 있는 상태이다. 이 중 인도네시아에는 2만여 개의 고등학교와 특수기술학교, 중학교 등이 있는데, 40%만이 인터넷 접속이 가능학고 나머지는 접속을 추진하고 있는 중이다. 현재 중앙정부와 함께 자카르타 주정부와 지방정부들도 e-러닝을 통한 교육훈련을 증진시키기 위해 인프라 개선을 위한 노력을 하고 있다. 그러나 적극적으로 기술 개발과 인프라 구축을 통한 e-러닝을 추진하기 위해서는 컴퓨터의 하드웨어, 안정된 네트워크, 발전된 기술 등이 필요하다. 이를 위해서는 인도네시아 현지 파트너들의 협력과 함께 IT 기술이 발전된 한국 등의 지원과 협력 체제가 잘 이루어지도록 노력해야 한다.

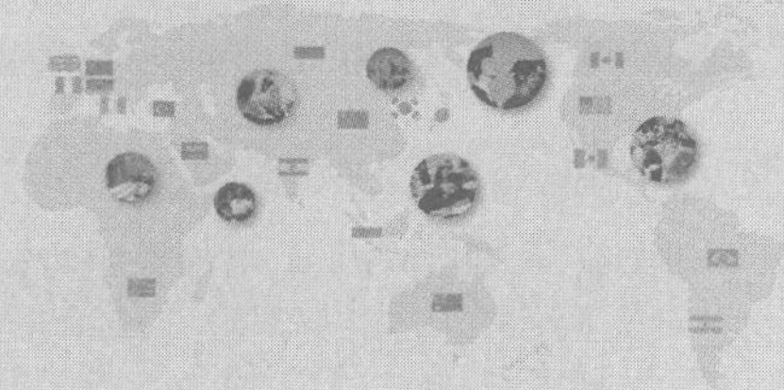

• CHAPTER 10 •

이탈리아ITALY

임 언

알바니 뉴욕주립대학교교육 심리 측정 전공 교육학 박사, 현 한국직업능력개발원 평생직업교육연구실 선임연구위원, 주요 연구 실적으로는 [OECD 국제성인 역량 측정프로젝트], [북유럽의 직업교육 실태 및 혁신 사례] 외 다수.

사회경제적 배경

사회와 문화

이탈리아는 20개의 주Regions, 107개의 Provinces로 구성된 민주 공화국이다. 주요이슈에 관한 입법 권한, 예컨대 교육 및 최소 서비스의 수준에 관한 일반 규정을 정하는 권한 등은 전적으로 중앙정부에 있다. 그러나 5개 주의 경우, 교육을 포함한 다양한 영역에서 교육훈련에 관한 특별한 지위 및 자율성을 보장받는다. 이탈리아는 산업이 발달하고 사기업이 발달해 있는 북부 지역과 농업이 발달한 남부 지역으로 구분된다.

부유한 북서부First Italy, 농업 중심의 복지 의존적인 남부Second Italy와 구별되는 지역으로 '제3의 이탈리아Third Italy'라는 지역이 있다. 대체로 에밀리아Emilia와 이탈리아 중부 지역Tuscany, Marches을 칭한다. 이 지역은 1970년대부터 전통적 수공업을 기반으로 급속한 성장을 이루어 많은 주목을 받은 바 있다.

2009년의 이탈리아 총인구는 6,000만 명으로 2005년과 비교할 때 1.7% 증가했다. 이러한 증가의 주된 요인은 최근 몇 년간의 이민자 유입으로 이탈리아의 출생률 감소와 인구 고령화로 인한 인구 감소치를 이민자들이 메워 주고 있다고 할 수 있다. 한편, 고령인구 의존율 예상치를 살펴보면 2010년의 30.99%에서 점진적으로 증가해 2040년이 되면 50%를 능가할 것으로 예측된다(EUROSTAT, 2009.3.10).

한편, GDP 대비 중등 및 중등 후 비고등교육에 대한 공적 지출 수준(2005년 기준으로 2.1%)은 EU 25개국의 평균(2.3%)에 가깝다(EUROSTAT, 2005). 18~24세 인구 중에서 중학교 과정만을 이수하고 이후의 교육 및 훈련과정을 이수하지 않는 사람들의 비율이 2007년 기준으로 19.3%이다(EU 27개국의 경우 14.8%).[25]

이탈리아의 학교 시스템 내에서 중도 탈락은 일반적인 현상으로, 특히 직업훈련과정에서는 등록자의 45%가 1년 이상의 훈련과정을 남겨 두고 중도 탈락하고 있다. 그러나 가장 최근의 코호트를 대상으로 조사한 고교 단계 졸업률을 살펴보면, 일반적인 졸업 연령 학생의 졸업률이 86%로, 고교 단계 졸업률이 점차 증가하고 있음을 확인할 수 있다(OECD, 2008b).

대학 졸업은 이탈리아가 OECD 회원국 수준을 따라잡고 있다. 2000년 졸업률과 2006년 졸업률을 비교하면 19%에서 39%로 두 배 이상 증가했다. 이는 상당부분 2002년 교육 개혁의 성과라 할 수 있다(OECD, 2008b).

중도 탈락과 더불어 또 하나의 주요 문제로 제기되고 있는 것은 평생학습에 참여하는 성인 인구의 비율이 낮다는 점이다. 4주 이상 교육훈련에 참여하는 25~64세 인구의 비율이 2002년 4.4%에서 2007년 6.2%로 증가했지만, EU 27개국(9.5%, 2007년 기준)에 비하면 낮은 수준이다(EUROSTAT, 2009.2.27).

경제 및 노동시장

이탈리아의 산업은 다양하게 발전해 있고, 전체 및 1인당 생산량은 프랑스 또는 영국과 대략 비슷하다.[26] 산업별 고용 인구는 2008년 EU 27개국

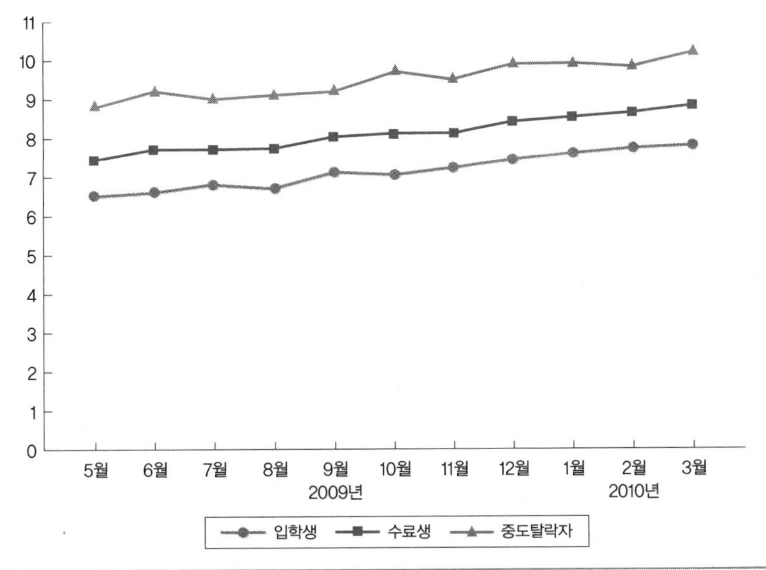

자료 : EUROSTAT(2010)

의 평균과 비교할 때 제조업(이탈리아 : 20.6%, EU 평균 : 15.5%), 유통 및 운송(이탈리아 : 25.9%, EU 평균 : 22.2%), 비즈니스 및 기타 서비스 분야(이탈리아 : 20.8%, EU 평균 : 17.1%)의 고용 인구가 많은 편이다. 반면 1차 산업 및 공익 사업, 공공 서비스 분야의 고용률은 EU 평균보다 낮다.

고졸자의 취업률이 74%인 데 빈해, 고졸 미만의 취입률은 53%로 상당히 낮다. 이들 간에는 임금 격차 역시 존재하는데, 고졸자의 임금을 100으로 볼 때 고졸 미만의 임금수준은 79에 해당한다. 그러나 최근 들어 이러한 격차가 점차 감소추세에 있기는 하다.

이탈리아의 실업률을 EU 27개국과 비교하면, 15~24세 인구의 실업률은 최종 학력 수준과 상관 없이 ISCED 0~2, ISCED 3~4, ISCED 5~6 졸업자 모두가 EU 27개국에 비해 높다. 반면 25~49세, 50~64세 인구의 실업률은 최종 학력 수준과 상관 없이 상대적으로 낮은 편이다.

　이탈리아의 최근 실업률 추이는 [그림 3-16]과 같다. 경제위기의 여파로 실업률이 증가하고 있음을 알 수 있다. 2009년 5월의 전체 실업률이 7.4%, 2010년 3월의 전체 실업률이 8.8%로 10개월 동안 1.4%가 증가했다. 참고로 EU 27개국의 평균 실업률은 2009년 5월의 실업률이 8.8%, 2010년 3월의 실업률이 9.6%로서 이탈리아의 실업률은 유럽 평균에 비해 낮은 편이지만, 그리스의 국가 부채로 인한 유럽의 경제위기가 가중되면서 이탈리아의 베를루스코니Silvil Berlusconi 내각은 재정 적자 수준을 EU 수준 이하로 축소하고자 가속도를 밟고 있다. 2009년의 이탈리아 재정 적자 규모가 국내 총생산의 5.3%였는데, 2012년까지 이를 3%로 줄이려 하고 있다. 이와 관련해 현재 논의되고 있는 재정 적자 감축 방안으로는 공공 부문의 고용 동결, 공공 부문 고위 공무원들의 임금 감축, 지방정부로의 업무 이양 등이 있다.

· 02 ·
인재개발 현황

교육제도

이탈리아의 교육제도는 중앙집중화되어 있었으나 지역별로 경제 및 사회적 발전 정도가 크게 차이가 있었다(Mengoli, P. & Russo, M., 1998). 2001년 이탈리아 헌법 개혁을 통하여 교육 시스템을 탈중앙화하고 직업훈련에 대한 책임을 주정부 및 각 지방으로 이양하기 위한 교육노동부 및 지방정부 간 협정이 체결되었고, 일반고등학교 과정과 고교 단계 직업교육훈련과정의 소관기관이 각각 중앙정부와 지역 정부로 구분되었다(CEDEFOP, 2005).

이탈리아의 의무교육기간은 6~16세까지이며, 학생들은 의무교육에 추가해 최소 12년간 교육 시스템 내에서 훈련을 계속할 수 있는 권리 및 의무를 지니게 되어 18세 이하 학생들의 경우 관련 자격을 취득할 때까지 직업교육훈련 시스템 내에서 훈련을 계속할 수 있다. 이탈리아의 초등학교(6~11세)와 중학교(11~14세) 과정에서는 직업교육훈련을 제공하지 않는다.

일반교육과정을 제공하는 고등학교icei는 중앙정부 소관의 5년제 과정으로, 학생들은 졸업을 앞두고 고등학교 졸업 전국 고사를 치르게, 되며 이를 통해 대학입학자격을 얻는다. 고교 단계 일반교육은 인문계 고교, 과학계 고교, 어문계 고교에서 제공하고, 교육과정은 5년으로 14~19세 학생들을 대상으로 한다.

고교 단계 직업교육훈련은 주정부 소관의 최소 3년 과정으로, 이탈리아와 유럽에서 승인되는 직종의 자격증 취득을 목적으로 한다. 이 자격증을 취득할 경우 노동시장에 진입하거나 또는 자격 후post qualification 과정에 등록할 수 있다. 고등학교 직업 학위 소지자는 고등 기술교육훈련과정IFTS, Istruzione e Formazione Tecnica Superiore에 지원이 가능하며, 보충 학습을 이수한

그림 3-17 | 이탈리아의 교육 체계

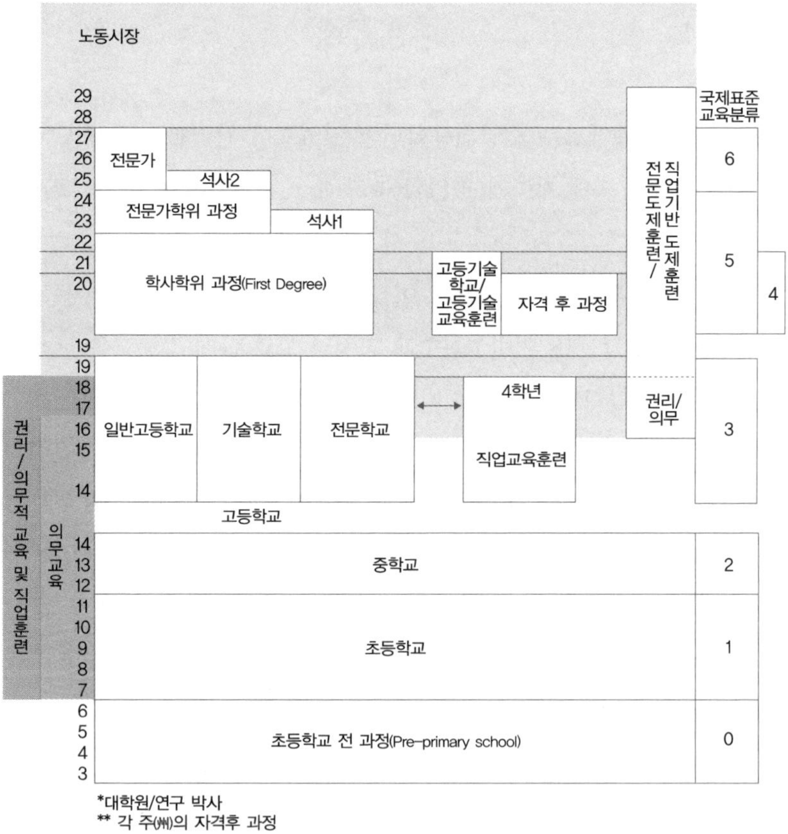

노동시장

연령		국제표준교육분류
29 / 28		
27 / 26 / 25	전문가	6
24 / 23 / 22	석사2 / 전문가학위 과정 / 석사1	
21 / 20	학사학위 과정(First Degree) / 고등기술학교·고등기술교육훈련 / 자격 후 과정	5
		4
19		
19 / 18 / 17 / 16 / 15 / 14	일반고등학교 / 기술학교 / 전문학교 / 4학년·직업교육훈련 (권리/의무)	3
	고등학교	
14 / 13 / 12	중학교	2
11 / 10 / 9 / 8 / 7	초등학교	1
6 / 5 / 4 / 3	초등학교 전 과정(Pre-primary school)	0

좌측: 권리/의무적 교육 및 직업훈련 / 의무교육

우측 세로: 전문도제훈련 / 직업기반도제훈련

*대학원/연구 박사
** 각 주(州)의 자격후 과정

자료 : 이탈리아 근로자 직업개발연구소(ISFOL), (2009).

후에는 대학 지원도 가능하다.

고교 단계에서 이루어지는 기초 직업교육은 졸업 후 관련된 고등교육기관에 진학하는 것을 염두에 둔 프로그램으로서 전문학교와 기술학교에서 제공된다. 기술학교에서는 고교 단계 기술교육 프로그램을 제공하며, 교육기간은 5년으로 14~19세 학생들을 대상으로 한다. 고교 단계 전문 프로그램은 예술고등학교Liceo Artistico와 사범학교Istituto Magistrale에서 제공된다. 교육기간은 4년으로 14~18세 학생들을 대상으로 한다.

고교 단계 직업교육은 전문학교Istituto Professionale 및 예술학교Istituto di Arte에서 제공한다. 이들 과정을 이수하게 되면 학교별로 상이한 고등학교 졸업증(과학, 언어, 예술, 교육학, 기술 등)이 수여되는데, 이러한 고등학교 졸업증은 대학 진학 및 비대학 고등교육과정 진학 시에 필요한 최소한의 요건이다. 교육기간은 3년으로 14~17세 학생들을 대상으로 한다. 고교 단계 전문교육 역시 전문학교Istituto Professionale에서 제공하며, 교육기간은 5년으로 14~19세 학생들을 대상으로 한다.

직업교육훈련

1. 초기 직업교육훈련의 제도적 틀

이탈리아의 직업훈련 시스템은 주정부에서 관리하는 직업훈련과 중앙정부하의 교육 시스템에서 제공하는 직업 및 기술교육(Istituti tecnici, Istituti professionali, Istituti d'arte에서 제공)으로 구성된다. 이탈리아의 초기 직업교육훈련에 관여하는 기관 및 역할을 요약하면 [표 3-21]과 같다.

2003년 이후 이탈리아 도제 훈련 시스템의 일부가 바뀌었는데, 이는 의무교육훈련 이수를 위한 도제 훈련, 2단계 자격 이수 및 고등교육 진학 자격을 위한 도제 훈련, 전문적 도제 훈련으로 구분된다.

의무교육 및 훈련 이수를 위한 도제 훈련은 16세 이후 참가가 가능하며, 계약은 최대 3년간 지속된다. 이 훈련에서는 학생의 직종별 1단계 자격 취득을 돕는 것을 목적으로 한다. 주정부의 권한 하에 있는 1단계 초기 직업훈련은, 초등학교와 중학교단계를 이수한 학생들의 자격 취득을 돕는 것을 그 목적으로 한다. 또한 이 학생들이 직업훈련 시스템 내에서 의무교육기간을 이수하도록 하고, 18세(권리/의무적 교육 이수) 이전까지 자격을 취득하도록 하는 것을 목적으로 한다. 1단계 초기 직업훈련과정은 훈련기관 주도와 학교 주도의 2가지 유형으로 조직된다. 훈련기관이 주도할 경우, 인가받은 훈련기관에서 조직하고 학생들의 직업자격증 취득을 그 목적으로 한다. 학교 주도의 직업훈련 모듈과 병행하는 교육과정은 학교에서 조직하고, 공식 교육 시스템에서 요구하는 자격 취득을 그 목적으로 한다.

2단계 자격 취득이나 고등교육자격 취득을 목적으로 하는 도제 훈련은 18~29세의 학생을 대상으로 한다. 고등학교교육과정을 이수한 자 또는 1단계 직업자격을 취득한 자를 대상으로 제공되고, 주정부에서 관리한다. 2단계 초기 직업훈련의 목적은 학생들에게 직업적 역량과 더불어 수준 높은 이론적ㆍ기술적ㆍ경영 콘텐츠를 제공하는 데 있다. 풀타임 과정으로, 2단계 직종별 자격증을 취득할 수 있다.

표 3-21 | 초기 직업교육훈련에 대한 기관별 역할

기관	역할
교육부, 대학 및 연구기관	교육 시스템의 기본원칙 규정 대학 및 연구기관 정책 규정
노동ㆍ사회안전부	직업훈련 시스템과 연계된 "서비스의 필수적인 수준" 규정 및 보장
주정부 및 자치 지역	직업훈련에 관한 전적인 권한(전략 규정 및 실행)
기타 지방정부 (지방 및 시정부)	주정부에서 권한을 위임할 시, 직업훈련 전략 실행을 위한 계획 수립
사회적 파트너	적극적 고용 정책의 관리 및 프로그램 편성(특히, 직업훈련 영역 내에서). 직업훈련 제공

자료 : Refernet Italy(2009).

마지막으로, 전문적 도제 훈련은 18~29세의 학생들을 대상으로 한다. 계약기간은 단체 협약을 통해 규정하고 있지만 취득할 자격 유형에 따라 편차가 있으며, 최소 2년, 최대 6년까지로 제한한다. 이탈리아에서는 공식적으로 근로자 도제훈련 시간을 최소 120시간 할당하도록 규정하고 있으나 이탈리아의 모든 기업에서 이 유형의 도제 훈련을 제공하지는 않는다. 하지만 단체 협약에 제시된 규정에 따라서 도제훈련에 참여하는 기업이 점진적으로 증가하고 있다.

위와 같이 상이한 유형의 도제 훈련이 존재하기 때문에 훈련 프로필에 관한 규정은 유형별로 주정부와 관련 기관(관련 행정부, 사회적 파트너 및 대학교)의 규정을 따르고 있다. 고용 계약서에는 각 학생의 개별훈련 계획을 첨부해야 한다. 이 계획서에는 고용 기간 동안 견습생이 받게 될 훈련 프로그램이 제시된다. 훈련을 제공하는 직장에서는 견습생을 충실히 훈련시키고, 능력 향상을 모니터할 수 있는 역량 있는 훈련 교사가 반드시 있어야 한다.

2. 고등학교단계의 초기 직업교육훈련(학교기반 및 도제 훈련)

이탈리아 고등학생의 60% 정도가 기초 직업(ISCED3 PV)이나 직업(ISCED3 VCD) 프로그램에 등록하고 있다. 이는 OECD 전체평균인 48%(OECD, 2008a) 보다 높다. 반면, 일반교육(ISCED3 GEN) 과정에 속한 학생들의 비율은 낮음을 알 수 있다. 이탈리아는 역사적으로 다른 유럽 국가들에 비해 국민의 교육수준이 현저히 낮았으나, 최근 들어 초중등 과정에 등록한 학생 수가 증가하고 있으며, 이는 이민자의 유입이 관련되어 있는 것으로 보인다.

고등학교단계의 교육과정은 중앙정부 소관의 일반고등학교licei와 주정부 소관이 직업교육훈련과정으로 구분된다. 일반고등학교licei 과정과 직업교육훈련과정의 지위가 동등하며, 일반고등학교 과정에서 직업교육훈련

교육 프로그램 유형	ISCED 단계	일반/직업 과목의 비율	학교기반 훈련과 근로기반 훈련의 비율	평균 훈련기간
권리/의무교육훈련을 위한 도제 훈련	3	유동적	유동적	3년
고등 도제 훈련	4-5	유동적	유동적	유동적
전문적 도제 훈련	4-4-5	유동적	유동적	3~6년

자료 : Refernet Italy(2009).

과정으로 또는 그 역으로의 이동이 가능하다. 단, 이를 위해서는 특별학습 계획을 통해 새로운 학습 과정에 대한 준비과정을 거쳐야 한다는 것을 명시하고 있다.

또한 기업 간의 협의를 바탕으로 또는 직업반과 공·사립 훈련조직체 간의 연계를 바탕으로, 15~18세의 학생들이 학교와 일터 간의 순환이 이루어지는 도제 제도를 통해 2단계 직업훈련과정에 참여할 수 있으며, 직업교육과 훈련을 통합한 학습 프로그램을 제공하는 과정에 참여할 수 있다([표 3-22]참조).

중등 단계의 직업교육을 제공하는 학교는 다음과 같다.

- 기술학교Technical Institute : 기술학교의 과정은 일반 기초 과목을 학습하는 2년과 선택의 폭이 좀 더 넓어지고 전공 과목을 학습할 수 있는 3년으로 구분된다. 초기 2년 동안 학습하는 과목은 전공에 상관 없이 동일하게 이탈리아어, 역사, 외국어, 수학, 물리학, 자연과학, 화학, 지리학, 일부 전공 과목 및 실습이 포함된다. 그러나 이후 3년간 학습하는 과목은 전공별로 상이하다.

- 전문학교Istituto Professionale : 자격증 학위를 취득하는 3년 과정과 대학 입학자격을 취득하는 2년간(4, 5학년)의 자격 후 과정으로 구분된다. 공통영역 및 전공 영역에 관한 표준과 내용을 커리큘럼에서 제시하고

표 3-23 | 고등학교 직업교육훈련의 개요

주요 영역	일반/직업 과목의 비율	학교기반 훈련과 일기반 훈련의 비율	평균 수업기간	기타 경로로의 이동
요식조달업, 건강 관리, 관광 판촉 및 예약, 설비, 전기설비의 보수유지, 기계	인문 교과 40% 직업훈련 교과 60%	과정마다 다름	1,100시간/1년 기준	이수한 학점을 유지하면서 다른 과정으로의 이동이 가능

자료 : Refernet Italy(2009).

있지만, 수업은 각 학교가 지향하는 목표에 충실해야 하므로 교사들이 수업 계획에 대해 광범위한 재량을 가진다.

● 예술학교Arts institutes : 3년 과정으로서 전공에 따라 학급이 조직된다. 모든 과정을 이수하면 Master of Art(예술 기능인) 자격을 취득한다. 예술학교에서 제공하는 프로그램에 관해서는 국가 수준에서 제시하고 있는 특정 프로그램이 없고, 학교의 재량에 따라 프로그램이 구성된다.

3. 중등 후 비고등교육훈련과정

중등 후 비고등교육훈련과정은, 고등 기술교육훈련 및 주정부에서 관리하는 2단계 직업훈련과정에서 조직된다. 고등 기술교육훈련 시스템을 통해서는 다음의 2가지 유형의 교육훈련이 제공된다. 고등 기술 기관ITS이 조직하는 공시 프로그램에서는 에너지 효율, 지속가능한 교통수단, 신생활기술, 'made in Italy'를 위한 신기술, 예술 및 문화 활동 분야의 혁신 기술, 정보통신 기술 분야의 고등 기술 학위를 취득할 수 있다.

과정은 4학기로 이루어지며 전체 수업 시간은 1800~2000시간이나, 특정 과목의 경우 최대 6학기까지 가능하다. 고등 기술 기관과 고등 기술교육훈련 시스템이 제공하는 과정에 등록하려면 고등학교 수료증이 필요하다. 고등 기술교육훈련과정의 경우에는 고등학교단계 기술 자격(4년 과정) 취득자, 일반고등학교의 졸업 학년 재학생 역시 등록 가능하다. 또 의무교육 이후에 (학교, 훈련기관, 직장 등에서) 습득한 역량을 승인함에 따라 고등학교 수료증이 없는 이들도 등록이 가능하다. 한편, 주정부가 조직하는 고등 기술 교육훈련IFTS의 공식과정은 2학기로 구성되고, 전체 수업 시간은 800/1000 시간이며, 고등 기술 전문 자격증을 취득한다.

4. 고등교육단계 직업교육훈련

이탈리아의 고등직업교육훈련은 다양한 공사립기관에서 제공하고, 크게 대학영역과 비대학 영역으로 구분된다. 대학영역에는 대학교(국립대학 및 국가에서 인가한 사립대학), 국립 과학 기술전문학교, 고등교육학교 및 국가에서 인가한 다양한 사립기관이 있다. 공사립 대학기관에서 제공하는 고등직업교육훈련은 1, 2단계의 석사 과정으로 이루어지며, 각각 1년 과정이다.

한편, 비대학 영역에는 다양한 전문실습 교육훈련을 제공하는 국립 및 사립기관들이 있고, 예술, 디자인, 무용, 드라마 등의 전문화된 과정을 제공한다. 교육훈련기간은 이수하고자 하는 자격에 따라, 또한 단계에 따라 상이하다.

평생학습

1. 계속 직업교육훈련의 법·제도적 틀

이탈리아의 2003년 개혁법 제53조는 '평생학습'을 교육훈련 시스템의 기본원칙으로 도입했다. 계속 직업교육훈련의 상담 및 홍보 업무는 지역의 훈련 관련 기관에서 담당하고, 주정부는 국가 수준에서 확립된 가이드라인에 따라서 훈련 수요 분석을 바탕으로 중·장기 목표 확립, 활동 및 행정적 관리, 훈련 효율성 및 효과성을 평가한다.

2000년부터 훈련을 위한 공동 기금Fondi interprofessionali을 마련해 계속훈련을 지원하고 있다. 이 기금은 고용주가 회사에서 지급하는 총임금의 0.3%를 제공해 조성되며, 기업별 직종별, 지역별 훈련계획을 지원하고 계속 직업교육훈련과 관련된 지역 정부의 업무를 지원하는 데 쓰인다. 기금의 관리 주체는 사회적 파트너이며, 노동·사회정책부가 이를 감독한다.

이탈리아의 계속 직업교육훈련은 목적에 따라서 기초·일반적·기초 직업기술 습득, 온전한 사회적 삶과 적극적인 시민 교육, 근로자의 직업적 역량 향상 및 자격의 재인증을 목적으로 하는 계속훈련 활동으로 구분된다. 최근 들어 이탈리아에서는 계속 직업교육훈련과 성인 대상의 일반교육과정 재정 및 관리를 통합하려는 종합 시스템을 구축하기 위해 관련 정책과 법안들을 지속적으로 개혁하는 중이다. 따라서 아직까지는 계속 직업교육훈련에 관한 국가 차원의 법은 부재한 실정이다.

2. 형식적 계속 직업교육훈련(Formal Education)

1) 행정 체제 및 재정

'계속훈련(재훈련 및 역량 향상을 목적으로 하는 모든 프로그램)'은 성인 대상 훈련 프로그램의 대다수를 지칭한다. 중앙정부, 지방정부, 사회적 파트너는 기업 차원에서 조직하는 훈련 프로그램과 근로자의 개별 훈련 계획에 관한 비용을 부담한다.

이탈리아의 교육훈련 시스템은 기본적으로 '역량 기반'을 시향해 그 영역의 고유성을 반영, 표준을 확립한다. 교육-훈련-노동시장을 연계하는 통합 시스템을 구축하고, 또 평생학습의 실현에 구체적으로 기여할 수 있을 만한 조직체는 국가 표준확립을 위한 국가위원회National Board for the definition of a National System of Standards이다. 이 조직은 교육부와 대학, 주정부 위원회, 사회적 파트너와의 협력 하에 노동부에 의해서 2010년까지 국가 최소 표준틀을 확립해 국가 자격 틀의 공고히 하여 초석을 제공하고자 발족하였다.

이 위원회의 활동은 노동부에서 관리하고 있는데, 위원회의 활동목적은 2000~2006 유럽 사회 기금 계획에 따라 기술수요를 상시적으로 관측하기 위한 국가 시스템을 구축하는 것이라고 할 수 있다. 이를 통해 노동시장의 현재와 미래의 추세를 파악하려는 제도적 · 재정적 · 사회적 파트너들에게 적절한 준거를 제공해 노동 영역, 노동 조직 및 인력 관리에 관한 정책을 수립하도록 하는 데 그 목적이 있다.

성인교육 센터는 '교육 및 훈련 프로그램의 수요를 파악하고, 프로그램을 설계, 조정, 활성화, 관리하는 조직이자 각종 문서를 보관하고 발행하는 곳'으로, 성인교육 프로그램을 제공하는 모든 기관 및 조직체와 협정, 협약을 수립하기 위한 조직체이다. 이 센터에서는 교육자격의 취득뿐만 아니라 기초적 · 기능적 문해력, 사회생활에 필요한 문화적 · 지적 문해력 등과 관련된 다양한 프로그램을 제공하고 있다.

공적으로 제공되는 성인 대상 형식 학습을 지원하는 주요 주체는 주정부 및 지방정부, 사회적 파트너이다. 주정부 및 지방정부는, 유럽 사회 기금과 이탈리아 법에서 규정하고 있는 재원을 통해 계속 직업훈련을 지원하며, 사회적 파트너는 직종 간 공동 기금을 통해 지원한다.

2) 질 관리

우수한 계속 직업교육훈련을 제공하는 데 가장 핵심적인 것은 훈련 제공 기관에 대한 승인 시스템이다. 이탈리아의 훈련기관은 공사립에 상관 없이, 공적 기금으로 훈련 프로그램을 운영하기 위해서 승인절차를 반드시 거쳐야 한다. 훈련 제공 기관 인가 요건으로는 경영 · 관리적 역량, 충분한 직업적 역량을 갖춘 교사, 효율성과 효과성을 입증할 수 있는 문서, 지역 조직체와 기업과의 연계 등이 있다.

직업교육훈련의 질 보장과 관련해 가장 최근에 적용되고 있는 것은,

2008년 3월 20일 중앙-주정부 간 회의를 통해 승인된 '직업교육훈련기관 인가에 관한 최소 표준 규정에 관한 협정'이다. 이 협정의 목적은 이탈리아 전역에 있는 훈련 제공 기관의 질을 동질적으로도 보장하고, 또 유럽 질 관리 체계The European Quality Assurance Reference Framework, EQARF의 권고안을 준수하는 데 있다.

3) 계속 직업교육훈련의 촉진 방안

이탈리아의 교육훈련 시스템의 발전을 논의하는 보고서에서는 유럽 수준에서 나타나는 최근의 동향을 설명하며 이탈리아가 리스본 목표를 달성할 수 있을지에 대해 문제를 제기하고 있다. 훈련 제공에 있어서 질적·양적으로 발전하고 있음에도 불구하고, 사회투자연구센터의 보고서에 따르면 이탈리아와 유럽 국가들 간의 격차가 여전히 존재함을 확인할 수 있다. 특히 성인의 계속 직업교육훈련 참여율에 있어서는 목표치가 12.5%인 데 비해, 이탈리아 성인의 참여율은 4.6%에 불과하다(CEDEFOP, 2005). 따라서 다양한 지원책이 요청되고 있는 상황이다. 특히 숙련도가 낮거나 혹은 사회적 배제 위험에 처해 있는 성인을 대상으로 하는 지원책이 요구된다.

이러한 가운데, 최근 방안 중 하나는 계속훈련을 위한 직종 간 공동 기금을 통해 훈련의 가능성을 확대하고자 한다. 더불어 노동시장에서 배제되기 쉬운 근로자를 대상으로 다양한 임금 지원 방안 외에도 기초 역량 및 통합역량 향상을 위한 중·단기 훈련 프로그램에 참여하는 것을 의무화하고 있다.

2000년부터 훈련 휴가를 떠나는 근로자에게 계속 직업훈련 바우처voucher를 이용할 수 있도록 하고 있다. 이는 학습을 목적으로 하는 훈련 휴가를 보장함으로써 근로자가 평생학습을 받을 수 있는 권리를 법적으로 인정하는 것으로, 중앙정부가 이에 대한 비용을 제공하고 주정부에 의해 실행된다.

3. 비형식 계속 직업교육훈련

1) 비형식 계속 직업교육훈련의 특징

비형식교육Non-Formal Education이란, 작업 현장에서 비형식적인 과정을 통해 기초기술 및 경제 활동 수행에 필요한 역량을 습득하는 성인교육·훈련을 의미한다. 이탈리아 직업훈련은 대체로 역량 습득보다는 자격 취득을 목적으로 하는 형식교육의 맥락에서 시행되고 있다. 공식적으로 또한 법적으로 유효한 수많은 교육자격이 형식교육과정과 직결되어 있고, 또 단기간의 교육이나 성인교육의 전통이 이탈리아에는 거의 부재하기 때문에 비형식 훈련에 대한 가시적인 가치를 인식시키고 그와 관련된 자격을 만들어 내는 것이 어려운 일이다.

그러나 최근의 추세를 보면 비형식 훈련 역시 실질적으로 증가하고 있다. 주로 공·사립 조직체와 제3섹터에서 비형식 훈련과정을 제공하는데, 인지도 있는 대학, 제3세대 대학, 성인교육을 위한 시민학교, 시립도서관, 박물관 등에서 온라인과 오프라인을 통해 비형식 훈련을 제공한다. 이 기관들은 주정부 및 지역 정부 또는 관련 프로젝트 관리자와 협정을 체결하거나 유럽 사회 기금의 지원을 받는 경우가 많다.

2) 비형식 학습의 인정

이탈리아의 경우 비형식 학습에 대한 승인 시스템의 수립이 우선적으로 시급하다는 인식이 지난 10년간 널리 공유되어 왔다. 이를 위한 중요한 성과 중의 하나가 2000년 2월 중앙정부와 주정부 간의 협정과 그 뒤를 이은 노동부의 법령 제174조(2001년)이다. 이 협정과 법령에서는 최소 기술 인증 표준 절차를 본격적으로 규정하고, 다양한 인증 도구(예컨대 '시민 훈련 수첩')를 제시해 형식·비형식 학습의 승인을 용이하게 하고 인증 절차를 표준화하고 있다.

비형식교육훈련에 참여하는 이탈리아의 성인 인구는 학력과 노동시장

내 지위와 상관 없이 EU의 전체평균보다 여전히 낮다. 이탈리아의 경우 계속 직업교육훈련이 이용자들에게 널리 알려지거나 장려되고 있지는 않다. 직원들에게 훈련을 제공하는 업체의 비율은 유럽 연합의 평균이 60% 인데 비해, 이탈리아는 32% 수준에 머물고 있다. 25~64세 인구 중 지난 12개월 동안 직업과 관련된 비형식 훈련에 참가한 적이 있다고 답한 이들은 4%에 불과했다(OECD, 2008b).

인재개발의 정책동향 및 특성

정책동향

1. 기초 역량을 강조하는 국가적 수준에서의 역량 표준 제시

학교교육 커리큘럼은 중앙정부에서 수립한 프로그램에 기반한다. 하지만 18세 이하의 학생을 대상으로 하는 1단계 자격 취득을 위한 초기 직업훈련은 지역 차원에서 시행하며, 이는(최소한 2004년까지는) 다른 지역들과 공식적인 연계가 없었다. 따라서 학교 커리큘럼과 달리 직업훈련자격 및 커리큘럼은 지역마다 편차가 존재할 수 있고, 수정하는 것이 비교적 수월했다. 특히 전통적 수공예 산업이 강세인 중부의 '제3의 이탈리아' 지역에서는 지역 기반 훈련의 전통이 굳건하게 자리 잡고 있었다.

그러나 국가적 수준에서 2004년 기초 역량에 관한 최소한의 표준을 마련했으며, 2006년에는 기술-직업적 능력에 관한 최소한의 훈련 표준을 제시했다. 이로써 지역 정부에서는 특정 역량을 규정하는 데 일정한 자율성을 유지하지만, 이탈리아 전역에 적용 가능한 최소한의 역량 표준이 제시되었다. 현재의 거의 모든 직업교육훈련 커리큘럼은 기초적, 통합적, 기술적 역량을 개발하는 데 초점을 맞추고 있다. 여기에는 유럽 연합에서 권고하는 핵심 역량이 포함된다. 이러한 역량 표준은 개인의 고용 가능성뿐만 아니라 온전한 시민권을 보장하는 준거로서 인식되고 있다.

이탈리아는 다양한 기관(노동부, 교육부, 대학 및 연구소, 주정부 및 자치 지역, 사회적 파트너, 더불어 이탈리아 근로자 직업개발연구소ISFOL가 참여하는 기술위원회Technical Board를 통해 향후 국가 자격 체계의 골자를 구성하는 국가 표준 시스템을 확립하고자 하고 있다.

2. 비형식 및 무형식 학습의 인정

최근 이탈리아 〈복지백서White Book on Welfare〉에서도 지적하고 있듯이, 이탈리아 노동부(2009년 5월)는 이탈리아의 직업교육훈련 시스템이 개인의 요구에 부응하고, 노동시장으로의 통합을 수월하게 하며, 자격 시스템의 투명성과 명확성을 제고하는 방향으로 개혁되어야 함을 인식하고 있다. 이를 위해 비형식 학습 및 무형식 학습을 인정하기 위한 시스템을 확충하고자 지난 10년간 노력해 왔으며, 이러한 노력 중 대표적인 것은 시민 훈련 수첩 제도이다.

시민 훈련 수첩은 학교, 훈련기관, 직장, 일상생활을 통해 근로 시민working-citizen이 습득한 다양한 학습 경험과 역량, 기술을 요약, 기록하는 기록 일지이다. 2006년과 2007년에 이탈리아 7개의 주와 자치 지방에서 첫선을 보였다. 이 시험적 시행은 중앙정부의 감독하에 각 지방정부가 자율적으로 관리했고, 이탈리아 근로자 직업개발연구소ISFOL가 지원, 감독했다. 이 수첩은 구직이나 이직 시, 또는 다른 훈련과정으로 이동할 때 개인 정보와 더불어 개개인의 형식·무형식 학습 커리큘럼에 관한 정보를 제공한다.

주요특성 및 과제

1. 이탈리아 직업교육훈련의 주요특성

1) 평균 정도의 학령층 교육 참여, 성인의 낮은 교육 참여

이탈리아는 GDP 대비 중등 및 중등 후 비고등교육에 대한 공적 지출이 2.1%로서 EU 25개국의 평균(2.3%)에 가깝지만, 전반적인 교육참여율은 유럽 평균에 못 미치는 국가이다. 18~24세 인구 중에서 중학교 과정만을 이수하고 이후의 교육 및 훈련과정을 이수하지 않는 사람들의 비율이 2007년 기준으로 19.3%로서, EU 평균인 14.8%보다 높은 수준이다. 이탈리아의 학교 시스템 내에서 중도 탈락은 일반적인 현상으로, 특히 직업훈련과정에서는 등록자의 45%가 1년 이상의 훈련과정을 남겨 두고 중도 탈락하고 있다. 아울러 평생학습에 참여하는 성인 인구의 비율이 2007년

6.2%로서 EU 평균 9.5%에 비해 낮은 수준이다.

2) '제3의 이탈리아' 지역 중심의 협력적 산업 클러스터에 기반한 훈련 전통

이탈리아는 1970년 이후 1990년대까지 전 세계적으로 주목받을 정도로 지역 기반의 특화된 중소기업의 협력적 산업 체계를 발전시켜 왔다. 이른바 제3의 이탈리아Third Italy로 일컬어지는 현상으로서, 이탈리아 중부 지역을 중심으로 섬유, 가죽, 도자기, 가구 부문 중소기업들이 클러스터를 이루어 산업을 발전시키고 수출에서의 틈새시장을 형성하며 고용을 창출했다.

이 시스템을 통해 전 세계적으로 유명한 구두, 가죽가방, 스웨터, 가구, 타일, 악기, 음식 가공품을 생산할 수 있었다. 이러한 발전의 원동력은 중소기업의 지역적 인접성, 산업 부문별 특화, 중소기업 간의 긴밀한 협력, 혁신에 기반한 기업 간 경쟁, 사회문화적 동질성에 기반한 신뢰, 지역 정부의 지원 등에 있었다. 이들은 상품의 홍보, 품질 관리만이 아니라 숙련 인력에 대한 훈련을 공동으로 실시했다.

3) EU 자격 체계를 고려한 국가 자격 시스템의 구축 시도 중

최근 이탈리아는 지역 기반의 훈련 프로그램을 국가적 수준에서 표준화하고 유럽에서도 통용될 수 있는 자격을 운영하기 위한 노력을 기울이고 있다. 이러한 과정에서 이탈리아 정부는 직업교육훈련에 대한 지역의 권한을 강조하면서두 기업과 학교의 협력을 강화하고, 또 기술교육의 역할을 강화하려는 확고한 의지를 보이고 있다.

또한 지역에서 이루어진 독자적인 직업훈련의 특성을 중앙과 조율해 국가 수준의 표준 및 준거의 틀을 만들고, 나아가 EU에서 규정하는 자격의 틀에 맞추어 나가기 위해 노력하고 있다. 기술위원회Technical Board를 통해 향후 국가 자격 체계의 골자를 구성하는 '국가 표준 시스템'을 확립하고자 하고 있다.

4) 사회적 파트너의 적극적 참여 속에 현장 기반 직업교육훈련 체계 강화

이탈리아는 학교와 기업 간의 연계를 강화하고 직업교육훈련과 노동시장 간의 통합 및 현장 학습 모델을 안정적으로 구축하고자 한다. 이러한 흐름 속에서 이탈리아의 사회적 파트너는 기업, 지역, 국가 수준에서 중요한 역할을 담당하고 있다. 국가와 지역 수준에서 제도적 틀을 확립하고, 공동 훈련기금을 마련하는 역할을 수행하며, 기업 수준에서는 훈련 계획의 수립 및 실행에 사회적 파트너의 역할이 강조된다.

적극적 고용 정책 관리 및 프로그래밍, 노동시장 기술수요와 훈련 수요 관측 및 예측을 위한 조정위원회 참여, 노동부의 지원 하에 노동시장 기술 수요에 대한 정성적 조사를 사회적 파트너가 실시하는 등 기술 및 훈련 수요 예측에서 주요한 역할을 하는 경우가 많았다. 또한 산업체의 훈련공동 기금Fondi interprofessionali을 마련해 계속훈련을 지원하고 있으며, 사회적 파트너가 이 기금을 관리하고, 노동 · 사회정책부가 감독한다.

2. 이탈리아 직업교육훈련의 과제

1) 성인의 학습 참여확대와 비형식 학습의 인정체제 구축

성인학습에 있어서 이탈리아는 형식교육을 중심으로 교육이 이루어진 경향이 있으며, 비형식 학습의 참여와 이에 대한 인증 시스템이 상대적으로 취약한 상황이다. 최근에 이러한 과제를 해결하기 위한 노력을 기울이고 있는 중이지만 비형식 학습 인정 시스템의 도입 및 실행에 있어서 다른 유럽 국가들과 비교할 때 이탈리아는 최근에 들어서야 제도적으로 자리를 잡아 가고 있다고 할 수 있다.

즉 이에 대한 국가 차원의 규정 및 인증 방안 마련이 필요하다는 인식하에 비형식 학습의 표준 및 준거의 틀이 마련되고 있지만 현실적으로는 아직까지 학습 훈련기관과 이해 당사자들 사이에서 인지도가 낮은 편이다. 훈련 수첩 제도의 예비적 시행을 시도했으나 그 시행범위가 제한적이었고, 아직 방법론과 훈련 제공자들의 전문성이 부족한 상황이며, 아직은 이에 대한 제도적 효과가 제한적이고 수요 또한 낮은 편이다(OECD, 2007). 따라서 성인의 학습 참여를 제고하고, 그 결과가 공식적으로 인정되기 위한 시스템을 구축하기 위한 노력이 지속적으로 필요하다.

2) 지역의 특수성에 기반한 산학 협력과 국가 표준 및 국제적 기준 충족이라는 두 흐름 간의 마찰 최소화

이탈리아는 의류, 피혁, 식품 가공과 같은 전통적 산업 부문에서 특유의 유연하면서도 특화된 생산 체제를 발달시켜 왔으며, 그 결과 전 세계적인 명품을 생산해 낸 전통을 가지고 있다. 새로운 지역주의New Regionalism 또는 '제3의 이탈리아' 라고도 일컬어지는 특유의 지역기반경제 특징이 있다. 이러한 이탈리아의 강점은 2000년 이전에는 각광을 받았으나, 2000년대 이후 탈지역화de-localization, 비유럽 이민자의 노동이 새로운 요인으로 작동하면서 과거의 명성을 유지할 수 있을 것인지에 대한 회의적 시각이 함께하고 있다.

이탈리아는 국가 수준에서 직업교육훈련 교과 과정을 표준화하고 유럽연합 차원의 기준을 충족하기 위한 시도를 하고 있으나, 이러한 흐름이 기존의 지역 기반의 숙련 형성 체제를 이룬 경우, 다시 말해 교육과정이 지역의 경제적 상황과 밀접하게 맞물러 있는 지역에는 부정적인 영향을 미칠 가능성도 적지 않다. 한 예로 페라리Ferrari 직업학교는 지역 기반의 특수한 교육을 제공해 오랫 동안 명성을 유지해 왔으나, 국가 자격 기준에 맞추는 과정에서 오늘날 이 직업학교는 여타의 직업학교와 비슷한 과정을 제공하고 있다. 페라리 직업학교의 사례는 직업교육훈련 학교와 지역 간의 관계가 내재적으로 복잡한 것임을 보여 준다. 보편적이면서도 특수한 지역적 상황을 반영한 교육과정이 제공될 수 있도록 하는 것은 지속적인 과제로 남아 있다.

• CHAPTER 11 •

일본JAPAN

이 의 규

日本 오사카시립대학 대학원 졸업(경제학 박사). 現 한국직업능력개발원 연구위원. 현재 연구연가로 日本 도시샤대학교에서 강의 및 연구를 수행 중임. 주요 연구실적으로는 [정년제도 변화에 따른 직업능력개발 방안 연구], [고령인력개발센터] 운영 방안에 관한 연구] 외 다수.

·01·
사회경제적 배경

사회와 문화

규슈, 홋카이도, 시코구, 혼슈 등 네 개의 주요 섬으로 이루어진 일본은 지역적인 다양성을 원칙으로 하고 있다. 남쪽에서 들어온 민족집단, 북방에서 들어온 민족집단, 중국 대륙에서 도래한 민족집단 등에 의해 중층적으로 혼혈이 이루어졌는데, 각 계통의 문화 요소가 민족의 형성과 함께 중층적인 일본 문화의 기반이 되었다. 또 봉건제 전개와 바쿠한幕藩 체제의 정비에 의해 각지에서 지방 문화가 발달했다. 사농공상의 신분계층적인 부분 문화가 각지에서 발달해 현대 일본 문화의 기초가 되었다. 황실을 중심으로 한 문화 전통도 계층적 부분 문화라 할 수 있다.

일본에는 일찍이 해외로부터의 문화 요소가 유입되어 선파되었다. 4세기 이전에는 농업·철, 7세기까지는 한자·불교·유교·도교 및 도시 계획·정치 행정 제도기 유입되었고, 16세기에는 그리스도교·총기·서양 문물이 유입되었다. 2차 대전 후의 미국화도 그 계보를 잇고 있다. 그러나 이러한 해외 문화 요소의 적극적인 채용 경향을 이유로 일본 문화를 모방 문화·잡종 문화로 보는 관점도 있다. 특히 일본은 제2차 세계 대전 이후 한국전쟁이라는 특수와 미군의 원조 및 민간 자본을 바탕으로 고도의 경제성장을 이루어 냈다.

일본 사회는 본격적으로 인구 감소와 고령화에 진입했다. 인구 감소와 고령화는 노동력의 부족으로 이어져 경제성장률을 저하시키고 피부양 인구를 증가시켜 재정 적자를 초래하는 등 심각한 사회 문제가 되고 있다. 한편, 인구 감소의 주요 원인은 출산율의 저하이다. 연도별 합계 출생률을 보면, 1947년 4.54였던 합계 출생률은 2007년 현재 1.37에 지나지 않는다. 일본의 현재 인구는 출생률의 저하로 2010년 현재 1억 2,718만 명이며, 2007년부터 감소하기 시작해 2030년에는 약 1,000만 명이 감소한 1억 1,800만 명이 될 것으로 추정된다(國立社保障·研人口問題究所 2002).

경제 및 노동시장

일본 경제는 1950년대 이후 제2차 산업을 중심으로 한 생산 활동의 급속한 확대를 배경으로 고도성장을 이루었다. 산업 구조도 노동 집약형 산업에서 자본·기술 집약형 산업으로 크게 변화하고, 에너지 수요량도 비약적으로 확대되었다. 그러나 1992년 이후 조정 과정에 들어간 경기를 배경으로 일본 경제를 견인해 온 기계 산업 등의 기존 산업이 성숙화되는 동시에, 엔고高(엔화 가치의 상승)를 큰 요인으로 하는 제조업의 해외 진출 가속화에 따른 산업 공동화의 우려, 기업의 본격적인 구조개혁의 진전에 따른 고용 불안 문제 등 경제 전체가 전환기에 있었다.

2000년대 들어 일본 정부는 공적 자금 투입을 통해 금융 기관의 불량 채권을 정리하고, 민간 기업의 과잉 설비·고용·부채를 해소하는 한편 BRICs, ASEAN의 경제 발전에 따른 수출 시장의 개척을 통해 내수시장을 견인함으로써 10여 년의 장기 침체에서 탈출했다. 그러나 노동시장은 종신 고용 제도의 붕괴를 초래했고, 이는 계약 사원·파견 사원 등의 인력이 정규직을 대체하는 미국식의 노동시장 유연화로 귀결되었다. 그 결과 비정규직이 증대되면서 정규직과 비정규직 간의 소득 양극화가 심화되고 있는 추세이다.

일본 전체 취업자 중 정규직 노동자가 차지하는 비중을 보면, 1985년 83.6%에서 2007년 66.3%로 감소한 반면 비정규직 노동자는 같은 기간 16.4%에서 33.7%로 크게 증가한 것으로 나타났다. 특히 전체 고용자 중 프리터Free Arbeiter(필요한 돈이 모일 때까지만 일하고 쉽게 일자리를 떠나는 사람들로 일본에서 유행하는 집단), 파트타이머Part Timer 등 청년(20~24세) 비정규직 노동자를 중심으로 대량의 저소득층이 양산되면서 소득격차가 심화되고 있다.

또한 노동 환경의 악화와 고용이 불안해지는 상황에서 2005년부터 소자화[27] 및 고령화 현상이 표면화되었다. 더욱이 국내 수요를 포기한 기업이 해외 시장 개척에 집중하면서 제조업의 경우 외수 편중이 심화되었고, 그 결과 일본 경제는 해외 시장의 동향에 크게 좌우되는 현상이 나타났다. 2007년 미국의 서브프라임 모기지 사태로 인한 세계 금융위기의 전개로 전후 최장이라고 했던 경기 회복기[28]는 종료되었다.

최근 일본 내각부가 발표한 GDP 속보에 따르면, 미국의 서브프라임 모기지 사태 이후 경기 침체 국면에 진입했던 일본 경제는 2009년 10~12월 실질 경제성장률은 전기 대비 0.9%(연률 3.8%) 증가해 전기의 마이너스 성장에서 플러스 성장으로 전환했다. 이는 신흥국 중심이 수출 회복과 재고 조정이 진전된 결과로 여겨진다. 특히 그간 저조했던 설비 투자가 7사분기 만에 증가했으며, 정책 효과로 TV, 자동차 등의 소비가 증가한 결과 개인소비가 3사분기 연속 증가를 기록했다. 미국발 금융위기 이후 2분기 연속 두 자릿수 이상의 하락을 기록했던 수출입도 2009년 3분기 이후 수출을 중심으로 증가하기 시작했으며, 최근 완만한 경기 회복의 주요인이 되고 있다.

교육제도

일본 최초로 교육의 기본 이념, 교육과정 등을 포함한 근대 학제가 성립된 것은 1872년(메이지 5년) 8월로 거슬러 올라간다. 그러나 현행의 일본 학교 제도, 특히 학교교육 체계는 1945년 8월 15일 일본의 패전으로 맥아더를 최고사령관으로 하는 연합군총사령부General Head Quaters, GHQ가 일본을 통치하던 1946년에 제도화되었다.

GHQ는 군대의 해체, 전범 체포, 국가주의 군국주의자의 공직 추방, 국가 신도의 금지, 천황의 인간 선언, 특수고등경찰과 치안유지법의 폐지, 노동조합의 결성, 농지 개혁과 재벌 해체, 부인참정권 등의 정치 개혁과 더불어 일본 교육제도에 대한 관리 정책을 통해 교육 현장에서의 군국주의 혹은 극단적인 국가주의 사상의 보급을 금하고, 교사용 참고서 및 모든 교과서의 국가 신도·신사, 수신, 일본 역사, 지리 수업을 금했다.

1946년 3월 5일, 일리노이 대학 명예총장이며 뉴욕주 교육부장관인 조지 스터드를 단장으로 하는 27명의 교육사절단을 일본 전국의 교육 현장에 파견해 〈제1차 미국교육사절단 보고서〉를 내놓았다. 같은 해 5월, 일본 문부성은 이 보고서를 〈신교육지침〉으로 발간하고 이를 근간으로 1947년

3월 31일 교육기본법 및 학교교육법을 제정·공포하기에 이른다.

이렇게 해 기존 학교의 통폐합과 함께 1947년 4월에는 중학교가 1948년 4월에는 고등학교가 1949년 4월에는 대학교가 발족하면서 초등학교(소학교) 6년, 중학교 3년, 고등학교 3년, 대학교 4년을 기본으로 하는 단선형 6-3-3-4제의 현대 학제가 탄생하게 것이다.

패전 직후의 혼란으로 국가 재정이 어려웠음에도 불구하고 일본의 문부성은 초등학교 6년과 중학교 3년을 의무교육으로 하고, 1948년 전일제와 정시제, 1961년 통신제의 새로운 고등학교 과정을 제도화했다. 이러한 제도의 도입은 학구제[29], 남녀공학, 통합제[30]의 3원칙을 바탕으로, 과거 복선형제도 하에서의 중학교, 고등여학교, 실업학교 간의 격차를 시정해 교육의 민주화를 실현하고 공립고등학교의 평준화를 추구하기 위함이다.

고등교육기관으로는 1949년에 발족된 4년제 대학(의대는 6년제)과 2~3년제 단기대학이 있다. 이 외에 문부과학성 인정 고등교육기관으로 전수학교가 있다. 전수학교는 입학 자격에 따라 중학교 졸업자가 진학할 수 있는 5년제의 고등전문학교와 고등학교 졸업자 혹은 3년제 전수학교(고등과정) 졸업자가 진학할 수 있는 전문학교(전수학교 전문 과정), 입학 자격에 제한이 없는 일반 과정 고등전수학교(전수학교 고등과정)로 나뉜다. 장애학생의 교육은 맹학교, 농학교 혹은 양호학교 등의 특수학교와 초중등 학교의 특수 학급, 혹은 통합 학급을 통해 이루어지고 있으며, 취학 전 교육기관으로 유치원이 있다.

최근 일본 교육 동향은 자유화 및 개성화 교육에 바탕을 두고 있는 새로운 학제 개혁을 모색하고 있다. 2006년 1월 18일 일본 정부는 '교육 개혁을 위한 중점 행동 계획'을 통합·발표했다. 중점 행동 계획에서는 의무교육단계의 초·중학교 9년 기간을 통합하거나, 중·고등학교교육 6년을 일관된 교육 방식으로 운영하는 것에 초점이 맞추어지고 있다. 이미 많은 지역사회에서 형식상 6-6-4 혹은 6-3-3-4제가 병행 운영되고 있는 것에

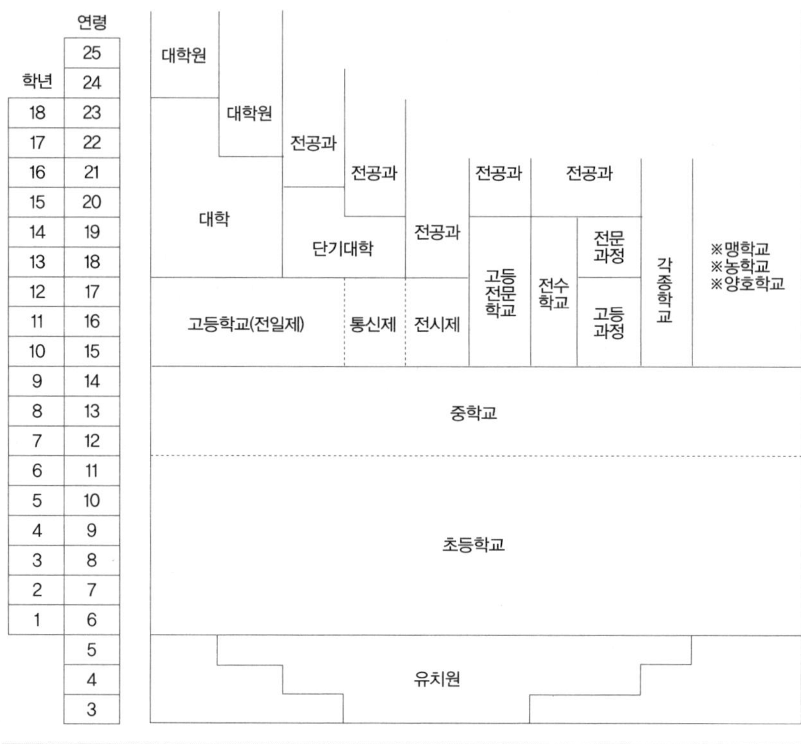

자료 : 文部科學省(2009), 「學校基本調査」를 참고해 작성.

서 알 수 있듯이, 중학교 및 고등학교를 통합·운영하는 것에 학제개편의 기본 골자를 두고 있는 것으로 이해할 수 있다.

장기적으로 볼 때, 고등학교까지 의무교육을 확대해 유치원 교육(1)-의무교육(6-6)-대학 교육(4) 단계로 재편하는 방향으로 나아갈 것이다. 다만 학제개편과 관련된 여러 가지 재정·인력·제도 등에 대한 정비 조건까지 포함한다면, 이는 향후 10년 이상의 중장기 과제라고 할 수 있다. 오히려 현실적으로 볼 때, 일본의 학제개편은 초중학교 의무교육을 실시하는 9년제 통합학교 혹은 중·고교 6년제 일관교육이 현실화되고 있다.

직업교육훈련

일본의 대표적인 직업교육기관은 고등학교의 전문 과정, 단기대학, 고등전문학교, 전수학교와 각종 학교 등을 들 수 있다. 그 외에도 통신 교육을 통해 직업교육이 이루어지고 있다.

1. 고등학교의 직업교육

고등학교의 직업교육은 우리나라와 같이 일반고, 특성화고, 특목고, 자율고 등의 외형적인 구분보다는 인문 교육을 실시하는 보통학과, 전문교육을 실시하는 전문학과 혹은 직업학과, 종합학과 또는 기타 학과 등의 교육과정상의 특성으로 구분하고 있다. 즉, 고등학교단계에서의 직업교육은 전통적으로 전문학과를 중심으로 이루어지고 있다. 전문학과에서의 직업교육은 재학 중 일일 체험 학습 등을 통해 공장을 견학하거나 기술 업무에 대한 기업의 설명을 듣는 방식으로 이루어지고 있다.

또한 공업계 고등학교도 3~4일 간의 단기적인 직업 체험이고, 우리나라의 특성화고(전문계고)와 같은 장기간의 현장 실습은 보기 힘들다. 그러나 최근 산학 협동의 중요성이 강조되면서, 종전보다는 산업체와의 연계 노력이 활발하나 여전히 전문학과를 통한 구체적인 직업적 지식이나 기술 습득을 강조하고 있지는 않다.

최근 일본은 평생학습 사회의 구축이라는 교육 개혁 목표 하에 다양하고 특성 있는 고등학교의 직업교육을 실시하기 위해 다음과 같은 방향의 직업교육을 강조하고 있다.

첫째, 고등학교 직업교육의 기본 목표는 전문가 양성을 위한 기초를 형성하는 데 있다. 이와 관련해 종합학과를 도입해 일반교육과 전문교육을 기능적으로 연계하고 분업화하고 있다.

둘째, 고등학교의 직업교육은 기술 습득보다는 직업적인 가치관과 흥미를 형성하는 직업적 사회화에 초점을 두고 있다. 즉, 개별 지식이나 기술뿐만 아니라 보다 장기적으로 직업 진로를 주체적으로 개척해 나가는 가치관과 태도 형성에 목표를 두고 있다.

2. 고등교육기관의 직업교육

일본의 대표적인 단기 고등교육기관으로는 단기대학, 고등전문학교와 전수학교의 전문 과정인 전문학교 등을 들 수 있다. 단기대학은 수업 연한이 2~3년으로, 특화된 전문학예를 교수·연구하고, 직업 또는 실제 생활에 필요한 능력을 육성하는 것을 주된 목적으로 하는 일본의 전통적인 단기 고등교육기관이다. 단기대학은 여학생이 약 90% 정도로 여학생 비중이 수적으로 우세하며, 사립학교가 약 90%의 비중을 차지한다.

최근에는 단기대학 졸업생에게 준학사학위를 수여하도록 해 단기대학 설치 기준을 탄력화하는 등 각종 교육 개혁을 추진하고 있다. 이와 관련해 교육과정 개혁을 통해 단기대학 간에 학점을 호환하기도 하고, 종전 일반 교육 과목을 폐지해 학생의 요구에 부응한 기초 교육 과목을 개설하고 있다. 또한 병설대학(교육과정을 공동 개설해 운영하는 전문학교, 4년제 대학교)과 교양 과목을 중심으로 단기대학 학생이 대학의 수업도 받을 수 있도록 추진해 평생교육의 이념을 구현해 나가고 있다.

고등전문학교는 중학교 졸업 후에 입학할 수 있는 5년제 학교로 실험 실습 위주의 직업교육과정을 운영하고 있다. 고등전문학교는 대다수가 국·공립 학교이고 전공과 제도를 도입하며 졸업생에게 준학사를 수여하고 있다.

전문학교는 각종 학교를 모체로 해 1976년에 탄생한 제도로 전수학교의 전문 과정을 지칭하고, 일본의 대표적인 직업교육훈련기관이다. 전수학교에는 고등과정, 전문 과정 및 일반 과정이 있다. 고등과정은 중학교 졸업 이상의 학력 소지자가, 전문 과정은 고등학교 졸업 이상의 학력 소지자가, 일반 과정은 학력에 무관하게 일반 성인들이 입학해 직업 교육훈련을 받을 수 있다. 이 중 고등과정을 설치한 전수학교를 고등전수학교라 하고, 전문 과정을 설치한 전수학교를 일반적으로 전문학교라 한다.

전수학교는 직업 혹은 실제 생활에 필요한 능력을 육성하고 교양 향상을 도모하는 것을 목적으로 해, 취학 연한 1년 이상, 연간 수업 시간 800시간 이상, 학생 수 40인 이상의 조직적인 교육을 수행하는 직업교육기관이다. 전문학교의 수학 연한은 1~3년 등으로 다양하며, 전수학교의 전체 학생비율 중 약 80% 이상을 차지하고 있다.

이 전수학교에서 개설하고 있는 교육 계열은 의료, 공업, 상업 실무, 교육·사회 복지, 문화·교양, 위생, 복식·가정, 농업 등 8개 분야로 각 분야에 따라 다양한 학과를 설치·운영하고 있다.

최근에는 전문학교 졸업생에게 전문학사학위를 수여해 전문학교의 사회적 지위가 격상되고, 4년제 대학의 편입도 가능하게 되었다. 또 전문학교는 다른 고등교육기관에 비해 직업교육의 기능을 강화함으로써 국가에서 추진하고 있는 각종 인력 개발 사업이나 평생학습 관련 사업에 적극적으로 참여하고 있다. 1980년대에 사내 교육 위탁생 제도, 수강 장려금 제도 등을 운영했고, 직업교육 고도화 개발 위탁교, 정보화 인재 육성 연계 기관위탁교로 지정받았다. 최근에는 사무관리직의 전문적인 직업능력개발을 돕는 비즈니스 기리이 제도를 도입하고 있다.

전문학교는 학생들의 전문 능력 습득을 제고하고, 질 높은 직업교육을 수행하기 위한 차원에서 학사 운영을 자격 취득과 긴밀히 연계시키고 있다. 전문학교는 국가 지정 인력 양성시설이나 양성학과로서 국가 자격이나 면허를 취득하는 교육과정을 개설하는 것 이 외에도 일반교육과정과 자격을 연계시킴으로서 자격 취득을 진급이나 졸업 요건으로 정해 놓고 있다. 따라서 전문학교 학생은 졸업 시 자격 취득이 대부분 필수적으로 유

표 3-24 | 전수학교의 재학생 수   (단위 : 명)

구분	학생 수	고등과정	전문 과정	일반 과정
1992	861,903	107,165	691,343	63,395
1993	859,173	101,157	701,649	56,367
1994	837,102	96,490	684,790	55,822
1995	813,347	92,197	664,562	56,588
1996	799,551	87,985	659,057	52,599
1997	788,996	83,927	652,072	52,997
1998	761,049	76,367	634,379	50,303
1999	753,740	72,331	635,369	46,040
2000	750,824	68,877	637,308	44,639
2001	752,420	62,552	642,893	46,975
2002	765,558	57,067	659,780	48,711
2003	786,091	52,901	685,350	47,840
2004	792,054	49,129	697,212	45,713
2005	783,783	45,889	695,608	42,286
2006	750,208	42,560	667,188	40,460
2007	703,490	40,141	627,397	35,952
2008	657,502	38,731	582,864	35,907
2009	624,875	37,548	552,711	34,616

자료 : 文部科學省(2009), 「學校基本調査」를 참고하여 작성.

리한 취업 조건을 확보해 놓고 있다.

전수학교는 고졸자의 대학 진학률의 증가와 함께 산업의 정보화 및 서비스화가 급속히 진행됨에 따라 진학자 수가 크게 증가되었다. 전수학교의 재학생 수가 1976년 13만여 명에서 1992년 86만여 명으로 증가되었다. 그러나 10여 년간의 장기 불황의 여파로 고용이 악화되면서, 2000년까지 재학생 수가 75만여 명으로 감소되었다. 이후 경기 회복과 함께 재학생 수가 2004년 79만여 명으로 회복되었으나, 18세 미만 학령 인구의 감소가 본격화되면서 2009년 현재 재학생 수는 62만여 명까지 감소된 상황이다([표 3-24]참조).

3. 통신 교육을 통한 직업교육

문부성 소관의 사회 교육 중 직업교육의 기능을 수행하는 통신 교육이 있다. 최근 통신 교육은 학습자 중 고령층 비율의 증가, 최신 기술교육의 지향 증가, 기업 내 교육으로의 활용, 통신 교육을 실시하는 민간 단체의 증가 등으로 인해 그 중요성이나 기능이 매우 확대되고 있다. 문부성은 학교 또는 민법에 의한 법인이 행하는 통신 교육으로 사회 교육상 장려해야 할 것에 대해 사회 통신 교육을 인정하고 이를 보급ㆍ장려하고 있다.

앞으로 문부성은 학습요구의 다양화 및 고도화, 그리고 사회변화에 대응해 교육내용과 지도 방법을 개선하고 분야를 확대하며, 다양한 미디어를 활용해 나갈 것을 계획하고 있다. 이와 함께 각종 국가 자격이나 민간 자격의 취득을 위한 통신 교육에 참여가 활발히 이루어지고 있는 것이 일본의 특징이기도 하다.

평생학습

중앙교육심의회를 중심으로 논의된 교육 개혁 보고서에 의하면, 일본에서 평생학습을 노입한 중요한 요인은 학교교육의 한계이다. 일본에서는 아직도 '학교교육이 교육의 전부' 라는 관점이 매우 일반적이다. 많은 사람들은 학교교육만으로도 교육은 충분하다고 믿고 있으며, 사회 교육은 선택적인 활동이라고 본다. 학교는 가성 문제의 해결, 불법석인 학생행동의 해결 등과 같은 학교 밖의 일들에 대한 책임까지 지고 있다.

그러나 상황에 대한 해결책으로 제안된 평생학습은 학교교육에 대한 강조를 줄이고 집, 회사, 학습집단과 같은 사회 여러 기관에서의 학습에 대한 중요성을 강조하게 될 것으로 기대되고 있다.

초기에는 '평생교육'이라는 용어를 사용했고, 1988년 이후 '평생학습'으로 바꾸었는데, 그 이유는 다음과 같다. 첫째, 종전에 사용하던 '교육'이라는 용어는 교사가 주도하는 것으로 인식되어 왔는데, '학습'이라는 용어를 사용함으로써 학습자가 주도하는 것으로 인식을 전환하기 위해서이다. 둘째, '교육'은 문부과학성이 독점적으로 주관하는 것으로 인식되었는데, 학습이라는 용어를 사용함으로써 다른 부처와 협력을 도모하기 위해서이다. 일본의 평생학습은 공공 및 민간 직업훈련, 기능검정 제도 등을 통해 활발하게 진행되고 있다.

1. 공공 직업훈련

일본에서의 공공 직업훈련은 1958년의 직업훈련법 제정에서 시작되었다. 중졸자를 대상으로 한 공공 양성 훈련과 기업 내 양성공제도(사업 내 인정훈련)를 중심으로 한 훈련 체계였다. 그러나 고교 진학률이 상승함에 따라 직업훈련정책이 1969년 훈련의 중심을 중졸자 양성 훈련(I류)에서 고졸자 양성 훈련(II류 : 1년 과정)으로 전환하는 개정법이 마련되었다.

그러나 신규 고졸자 중심의 양성 훈련도 공공 훈련이나 인정 훈련 모두 1976년 이후 대폭 감소함에 따라 훈련기간 단축, 인정 훈련의 탄력화 등 보완 조치를 강구했으나 큰 실효를 거두지 못했다. 결국 1978년 공공 직업훈련은 기존의 양성 훈련 중심에서 재직자와 이·전직자를 중시하는 정책으로 법률 개정이 이루어졌다. 그리고 1차 석유 파동에 의한 경제위기를 계기로 성립한 고용보험법에 의해 도입된 능력 개발 사업은 재직자나 이·전직자를 중점 대상으로 해 운영됨으로써 이러한 전환을 촉진했다. 다양화되는 직업훈련 수요에 대응하기 위해 '법적 직업훈련'은 '준칙 훈련'으로 변경되고, 공공 훈련은 양성 훈련, 향상훈련, 능력 재개발 훈련의 세 종류로 체계화되었다.

그리고 1985년 직업훈련법의 전면 개정으로 제정된 '직업능력개발촉진법'은 '생애직업능력개발'을 이념으로 하는 것이었다. 뿐만 아니라 사업주가 시행하는 기업 내 훈련에 대한 지원이 직업훈련정책의 핵심 과제임을 명확히함으로써 직업훈련 기준을 기업의 필요에 따라 탄력적으로 운영할 수 있도록 했다. 이러한 정책의 전환은 공공 직업훈련 실시 상황의 변화와 긴밀히 대응하면서 전개되고 있다.

최근의 공공 직업훈련은 직업훈련교, 직업훈련단기대학교, 기능개발센터, 신체장애자직업훈련교, 직업훈련대학교, 지역직업훈련센터, 직업훈련촉진센터 등의 직업훈련기관을 국가, 도도부현都道府縣 및 시정촌市町村에 설치해 이 기관들을 통해 청소년 직업훈련이나 이직자 및 재직자, 장애자 대상의 직업훈련을 실시하고 있다. 특히 직업능력개발촉진센터는 단기적인 직업훈련을 실시한다. 이에 비해 직업능력개발대학교는 직업훈련 지도자를 양성하는 기관으로 고용 촉진 능력 개발 기구가 설치·운영하고 있다. 그리고 공공 직업훈련은 무상 훈련을 원칙으로 하며 훈련 수당 등이 지급된다.

2. 민간 직업훈련

사업주가 실시하는 민간 직업훈련은 지방 자치 단체장의 인정을 받아 사업체, 해당 업종 관련 단체, 직업훈련 법인, 노동조합 등의 훈련기관을 통해 피고용자, 구직자, 노조조합원 등을 대상으로 실시하는 직업훈련이다. 일본의 직업훈련은 사업주가 실시하는 직업훈련의 비중이 매우 높고, 평생교육 차원에서 생애에 걸친 인재 고도화를 위한 직업능력개발에 대해 정부는 적극적인 지원을 하고 있다. 민간 사업체를 이용해 직업훈련을 실시하는 인정 직업훈련은 건설업, 제조업 등을 중심으로 한 기능 근로자의 육성 및 확보에 중요한 역할을 수행해 오고 있다.

또한 후생노동성은 지역 직업훈련센터를 설치해 지역의 중소기업 사업주 및 단체에게 시설을 제공함으로써 지역에서 요구하는 다양한 직업능력

개발사업을 제공해 왔다. 또한 직업능력개발을 보다 효과적으로 추진하고 기업 및 근로자 개인의 다양한 요구에 대응하기 위해 도도부현 직업능력개 발협회의 직업능력개발 서비스센터에서 운영하는 능력 개발정보 시스템을 통해 교육훈련에 대한 정보를 제공하고 이를 지도하고 있다.

3. 기능검정 제도

일본의 기능검정 제도는 1958년 직업훈련법에 의해 도입되었다. 초창기 검정직종은 주로 제조업에 한정되었으나, 2009년 현재 제조업, 건설업 등을 포함한 137개 직종에 대해 기능검정이 이루어지고 있다. 자격의 종류는 기능사 특급, 1급, 2급, 3급, 기초 1급과 2급(외국인 연수생, 기능실습생 대상)과 같이 등급을 구분하는 기능검정과 등급을 구분하지 않는 단일 등급에 대한 기능검정으로 구분된다.

일본의 기능검정 제도는 독일의 마이스터 제도를 모델로 해 주로 '일반적 숙련' 직종에 한정해 도입되었으나, 독일과 달리 자격 취득에 대한 특전이나 취직의 자격 요건에 있어 특별한 이점이 있는 것은 아니다. 즉, 기능 자격이 고용의 전제 조건이 아니며, 고용과 직접 연결되는 것도 아니다.

또한, 기능 자격의 취득은 기업의 사내 직능자격 제도에서 승격의 요건이 되지 않는다. 그럼에도 불구하고 중소기업이나 기업 특수 훈련이 존재하는 대기업에서 기능검정을 장려함에 따라 기능검정 수험자는 2000년대에 들어 그 증가추세가 두드러지고 있다. 기능검정 수험자는 2002년 46만 9,920명에서 2008년 66만 6,537명으로 크게 증가했다. 이는 기능시험 준비를 위한 원리와 이론을 공부하는 것 자체가 Off-JT로서 기능 향상에 도움이 된다고 판단하는 기업 입장이 반영되었기 때문이다.

이와는 별도로 1985년 '사내 검정 제도'가 도입되었다. 이 사내 검정 제도는 사업주 또는 사업주 단체가 도입하는 사내 검정 중 일정 기준에 부합되는 것을 후생노동성 장관이 인정하는 제도이다. 이 제도는 '기업 특수

숙련' 부분에 따라 기능검정이 어려운 관계로 제도 도입 후 큰 성과가 없었다. 2009년 현재 사내 검정 제도는 47개 사업주(단체 포함) 152개 직종에 대해 인정하고 있다.

· 03 ·
인재개발의 정책동향 및 특성

정책동향

최근 일본 청년층은 취직 후 3개월 이내의 이직률이 증가하는 추세에 있다. 이에 일본 정부는 2003년에 도입된 청년층 자립·도전 계획의 6개 정책 수단 중 하나로서 체계적인 커리어 교육·직업교육 등을 추진하고 있다. 체계적인 커리어 교육 및 직업교육이란 청년층이 프리터Free Arbeiter 나 니트Not in Education, Employment or Training, NEET가 되는 것을 사전에 방지하기 위해 관련 부서가 연계해 초등교육단계에서부터 각급 학교단계에서 적절한 근로관·직업관을 갖도록 육성하기 위해 실시하는 교육을 말한다.

이러한 커리어 교육 및 직업교육은 각급 학교단계의 재학생부터 프리터까지 폭넓은 청년층을 대상으로 한 종합적인 지원 시책으로 구성되어 있다. 그리고 이러한 시책을 효율적이고 효과적으로 전개하기 위해 관계 부처나 기업 등과의 협력을 적극적으로 촉진하는 추진 체제를 갖추고 있다.

이 종합 계획은 청년층의 근로·직업의식을 제고하는 것을 목표로 ① 신커리어 교육, ②커리어 고도화, ③프리터 재교육, ④실무·교육 연결형 인재 육성시스템(일본형 이원화 제도)과 재교육 기회의 제공 등 4가지의 상호 연계된 정책 수단으로 구성되어 있다. 이 가운데 신커리어 교육을 제외한 3가지 정책은 각각 대학생이나 대학원생, 프리터, 전문고교생을 대상으로 한 직업능력 향상을 위한 정책이다.

여기에는 문부과학성의 주도로 초·중등교육단계에서 실시되는 앞의 네 가지 정책 중 신커리어 교육정책은 살펴보면 다음과 같다.

커리어 교육·직업교육의 기본 틀은 다음과 같다.

첫째, 도도부현 지정 도시 중 중학교를 중심으로 5일 이상의 직업 체험을 실시하고 지역의 협력 체제를 구축하는 Career Start Week를 강화, 추진한다.

둘째, 비영리Non Profit Organisations, NPO 기구나 민간을 중심으로 노동의 의미나 즐거움을 이해하고 사회에서 요구하는 기술을 산업계, 교육계, 지방 자치 단체 등과 연계해 추진한다. 예컨대 초·중·고교생이 물건 만들기 등 노동의 의의나 즐거움을 체계적·효과적으로 이해하고 사회에서 요구하는 기술skill 등의 육성에 연결되는 커리어 교육을 추진한다.

셋째, 지역사회와 연계된 특색 있는 전문계 고교를 대상으로 잠재 전문 직업인의 육성을 목표로 하는 사업을 추진한다.

넷째, 전문계 고교 등의 학교교육과 기업 실습을 결합한 일본형 이원화 제도dual system에 대해서는 그 효과적인 도입 기법을 발굴하고 보급·정착을 지속적으로 추진한다.

다섯째, 기업인 등을 강사로 학교에 파견해 직업이나 산업의 실태, 직업의 의의, 직업 생활 등에 대해서 학생들에게 이해시키고 스스로 생각하도록 하는 진로 탐색 프로그램을 제공한다. 그리고 기업에서 취업 체험을 하는 주니어 인턴십 등 지역의 구직·구인 서비스 기관과 산업계가 연계해 직업의식 형성 지원사업을 추진한다. 이러한 진로·직업교육은 조기 교육의 효과로 학생들의 기능 및 기능 인력에 대한 긍정적인 인식 형성을 주도하고, 니트NEET나 프리터 등의 청년층 고용문제를 해결하는 실마리를 제공할 수 있다는 점에서 긍정적인 평가를 받고 있다.

이 외에도 후생노동성은 중고등학교 학생들을 대상으로 한 진로 탐색 프로그램, 대학생을 대상으로 한 인턴십 수용 기업 개척사업 등을 전개하고 있다.

진로 탐색 프로그램의 실적은 2003년 사업 개시 이후 고등학교를 중심으로 실적이 향상되고 있다. 한편, 비용 측면에서 2007년의 경우 서비스 제공 한 단위당 약 500엔(예산액 및 참가 학생 수에서 산출), 프로그램 1회당 약 4만 9,000엔(예산액 및 실시횟수에서 산출) 정도가 소요되어 효율적인 것으로 평가되고 있다(후생노동성, 2008C, 厚生勞動省 平成20年度政策評價의 結果).

그리고 인턴십 수용 기업 개척사업은 기업의 인턴십에 대한 이해를 도모하고 대학생의 직업관, 근로관을 제고하기 위해 경제 단체와 연계해 추진되고 있다. 구체적으로는 인턴십을 선발하는 기업을 발굴함과 동시에 발굴한 기업에서 학생 등을 수용할 수 있도록 지원하고, 기업, 대학 등에 대한 정보 제공도 실시하고 있다. 이 사업 실적을 살펴보면, 2007년에 8,015개 사업소, 참가 학생 수는 1만 2,622명에 이르고 있다. 한편, 인턴십에 참가한 학생 중 직업이나 기업에 대한 이해가 향상됐다고 응답한 비율이 90%를 상회하고 있다.

주요특성 및 과제

일본 인재개발의 주요특성을 살펴보면, 최근 교육 개혁과정에서 평생학습사회의 실현을 위해 직업교육을 강조하고 있어, 보통 교육과 직업교육의 상호 연계를 추진하고 있다. 이와 관련해 고등학교에서는 인문 교육과 직업교육을 통합해 학교를 운영하고 있으며, 보통교육과정 중에서 일의 즐거움이나 현장 체험 등을 통해 조기에 직업 세계를 접할 수 있는 다양한 교육과정을 개설하고 있다. 고등교육기관은 교육과정을 공동으로 개설해 운영하고 학점을 상호 연계시킴으로써 학점을 취득하는 것만으로 원하는 대학의 학위를 받을 수 있도록 했다.

둘째, 평생교육을 실현하기 위해 학습 과정 간에 수평적, 수직적 연계가 가능하게 되었다. 이는 종전 인문 교육과 직업교육 간의 분리운영에 따른 사회적 인정도의 차이를 해소한 것으로, 전문학교 졸업생이 전문학사학위를 받고 대학 편입학이 가능하게 되었다는 점에서 잘 나타난다.

셋째, 최근 산업 구조의 변화로 학교의 직업교육을 통한 전문가의 양성이 강조되면서 직업교육기관에서도 산학 연계와 실무 능력 중심의 교육과 자격 취득을 위한 교육과정이 강조되고 있다. 이상과 같이 일본의 인재개발 특성을 통해 다음과 같은 시사점을 도출할 수 있다. 첫째, 평생교육 차원에서 직업교육과 직업훈련을 연계 통합해 실시해야 하고, 둘째, 기업 및 민간 주도에 의한 직업교육훈련이 탄력적으로 시행되어야 한다.

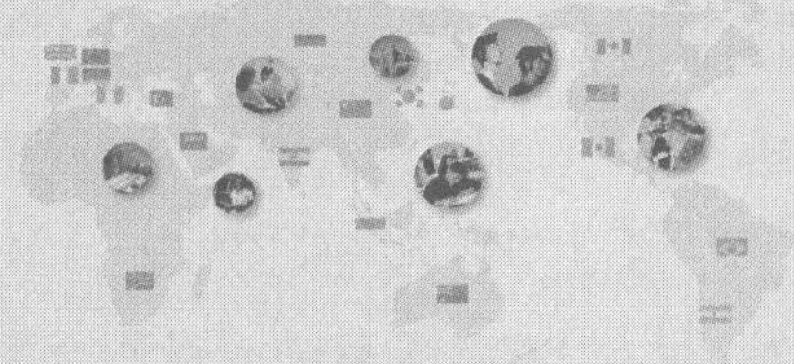

CHAPTER 12

멕시코 MEXICO

전 재 식

서강대학교 경제학 박사, 한국노동연구원 연구원, 현 한국직업능력개발원 미래인재연구실 부연구위원. 주요 연구 실적으로는 [한국 직업교육훈련 발전 경험의 대 베트남 적용가능성 연구], [한국교육의 해외진출을 위한 수요 발굴 : 과테말라] 외 다수.

·01·
사회경제적 배경

사회와 문화

멕시코는 북쪽으로는 미국, 남쪽으로는 과테말라 및 벨리즈와 국경이 맞닿아 있다. 지리적으로는 북미에 속하나 사실상 북미와 남미, 카리브해 국가들 간의 교량적 위치에 자리한다. 국토면적은 총 195만 8,201㎢로 세계 12위 규모이다. 수도는 특별구Distrito Federal(또는 연방구)인 멕시코시티이며, 행정 구역Organización territorial de México은 31개의 주Estado로 구성된다. 스페인어를 공용어로 사용한다.

인구는 2009년 말 기준으로 세계 11위의 규모인 약 1억 755만 명에 이른다. 인구추계에 따르면, 2020년에 1억 1,600만 명, 2030년에는 1억 2,100만 명에 도달할 것으로 전망된다(OECD, 2009a). 인종구성은 백인과 원주민의 혼혈인 메스티소가 약 80%, 아메린디아인 또는 원주민이 10%, 백인 9%, 나머지 1%는 아프로멕시코인, 아시아인, 유대인 등으로 되어 있다.

멕시코는 1821년 9월 16일에 300년 동안 지배를 받아 온 스페인으로부터 독립했다. 정치는 대의제도를 기본으로 하는 삼권 분립제와 연방제를 원칙으로 하는 공화 체제이다. 정부형태는 1917년 제정된 헌법에 따라 대통령 중심제를 채택하고 있다. 직접·보통선거로 선출되는 대통령의 임기는 6년으로 연임할 수 없다. 부통령 및 수상 제도는 없고, 대통령 유고 시 의회에서 임시 대통령을 선출하는 방식이다. 의회는 양원제를 채택하고 있는데, 임기 6년의 상원 128석과 임기 3년의 하원 500석으로 구성된다.

멕시코는 남·북한 동시 수교국으로서, 한국과는 1962년 1월 26일에, 북한과는 1991년에 수교했다. 멕시코는 한국의 경제 발전을 높이 평가하면서, 아시아 국가 중에서는 일본에 이어 제2의 경제 파트너로 인식하고 있으며, 경제와 통상 면에서 전략적 동맹 관계로 발전하기를 바라는 입장이다. 멕시코는 중남미 국가 중 한국의 최대 수출 대상국이자 최대 무역수지 흑자국 중 하나이기도 하다. 멕시코 주재 한인동포 수는 2006년 기준으로 총 1만 2,000명에 달한다.

경제 및 노동시장

멕시코 경제는 북미자유무역협정North American Free Trade Agreement, NAFTA 가입과 미국 경제와의 공조로 꾸준한 성장세를 보여 왔다. 국내 총생산 규모는 1994년 경제위기 이후 꾸준한 증가세를 보여, 2007년에 멕시코 경제 통계 집계 사상 처음으로 1조 달러를 돌파했고, 2008년 기준 1조 880억 달러로 세계 13위에 위치해 있다. 1인당 GDP 규모도 꾸준히 상승해 2008년에는 1만 달러를 돌파했다.

경제성장률은 1995년의 마이너스 성장 이후 1996~2000년까지 평균 5% 이상의 성장률을 기록했다. 이후부터 2007년까지는 비록 낮은 수준이지만 평균 3% 내외의 성장을 기록하였다. 그러나 2009년에는 연평균 경제성장률이 -7% 내외를 기록할 것으로 추정되는 등 최근 멕시코의 경제는 1995년의 이른바 데킬라Tequila 경제위기 이후 최악의 경기 침체를 경험 중이다. 총수출의 80%와 외국인 투자의 50%를 미국에 의존하는 경제 구

표 3-25 | 멕시코의 경제성장   (단위 : 달러, %)

구분	1997년	2000년	2001년	2004년	2005년	2006년	2007년	2008년
1인당 GDP	4,222	5,835	6,167	7,273	8,014	8,887	9,540	10,024
경제성장률	6.8	6.6	0.0	4.0	3.2	4.8	3.2	1.3

주 : 1인당 GDP는 당해년 가격 기준임.
자료 : OECD(2009). Factbook 2009: Economic, Environmental and Social Statistics.
    통계청 국가통계포털 http://kosis.kr/

조로 인해 1년 넘게 지속된 미국 경기 침체의 여파가 중요한 요인으로 작용했기 때문이다. 또한 여러 주요 거시 경제 지표들은 정부의 재정악화 등으로 인해 당분간 계속적인 악화를 보일 것으로 전망된다.

산업 구조는 대다수의 국가들처럼 서비스 산업화되는 추세이다. 전체 생산액 중 농림어업 생산액 비중은 2000년 4.2%에서 2007년 3.3%, 광공업(제조업 포함)은 같은 기간 29.4%에서 28.9%로 하락했다. 반면에 건설업의 생산 비중은 6.4%에서 7.0%로 상승했고, 은행·보험·부동산업 및 기타 서비스 산업의 비중은 상승했다.

멕시코의 노동시장을 살펴보면, 2008년 기준으로 15세 이상 인구는 총 7,465만 명, 경제활동인구는 4,546만 명, 경제 활동 참가율은 60.9%, 실업률 3.5%, 고용률은 58.8%에 이른다. 그러나 최근의 경제위기의 여파로 고

표 3-26 | 멕시코의 주요 고용 지표   (단위 : 천명, %)

구분	2000년	2003년	2005년	2007년	2000년
15세이상인구	64,531	69,734	71,216	73,383	74,658
경제활동인구	39,043	40,417	42,274	44,412	45,460
경제 활동 참가율	60.5	58.0	59.4	60.5	60.9
취 업 자	38,045	39,222	40,792	42,907	43,867
고 용 률	59.0	56.2	57.3	58.5	58.8
실 업 자	999	1,196	1,482	1,505	1,593
실 업 률	2.6	3.0	3.5	3.4	3.5

주 : 경제 활동 참가율=(경제활동인구/생산 가능 인구)×100, 고용률=(취업자/생산 가능 인구)×100, 실업률=(실업자/경제활동인구)×100
자료 : ILO, LABORSTA.

용 사정이 크게 악화되어 2009년 7월 취업률은 6.1%를 기록했다.

산업별 취업자 구성을 보면, 도 · 소매 및 음식 · 숙박업에 종사하는 취업자가 전체 취업자의 30.7%로 가장 많은 가운데, 제조업 17.3%, 건설업 8.7%의 구성비를 보인다. 종사상 지위별로는 총 취업자 중 64.7%가 임금 근로자이며, 23.5%는 자영업자, 4.4%는 고용주이다.

특히 임금 근로자 중 거의 절반에 해당하는 사람들이 비정규직이며, 정규직이라 할지라도 사회 보장과 정년 보장이 낮은 등 근로조건이 다른 선진국들보다 열악하다. 근로 시간은 2009년 기준으로 연간 2,260시간으로서 G20 국가 중 우리나라 다음으로 가장 길다.

인재개발 현황

교육제도

멕시코는 공교육 중심주의, 교육 기회 균등, 의무교육 실시, 교육의 중립성을 원칙으로 한다. 멕시코의 교육제도는, 1921년 교육 문화 사업을 총괄하는 공공 교육부Secretaría de Educación Pública, SEP의 설치로부터 시작된다. 그리고 1992년 '기초 교육의 현대화에 대한 협정National Agreement for the Modernization of Basic Education'이 맺어지고, 1993년에는 새로운 교육법이 제정되는 등 교육 체계에 대한 개혁이 일어났다. 공공 교육부의 권한은 31개 주정부로 이양되었고, 취학 전 교육체제와 의무교육, 취약 지역에서의 교육 향상 등이 확대되었다.

멕시코 교육제도는 그동안 프랑스의 영향을 많이 받아 유럽형이 지배적이었으나 최근 사회 전반적인 '미국화' 현상으로 미국식 교육제도의 영향을 강하게 받고 있다.

멕시코의 교육 체계를 단계별로 살펴보면, 먼저, 기초 교육은 총 9년제로 운영되는 무상 의무교육으로서 전기 초등학교primary education와 후기 초등학교secondary education로 나뉜다. 전기 초등학교는 6년제로 운영되며, 일반학교, 이중언어-이중문화학교, 지역사회학교, 그리고 성인을 위한 학교

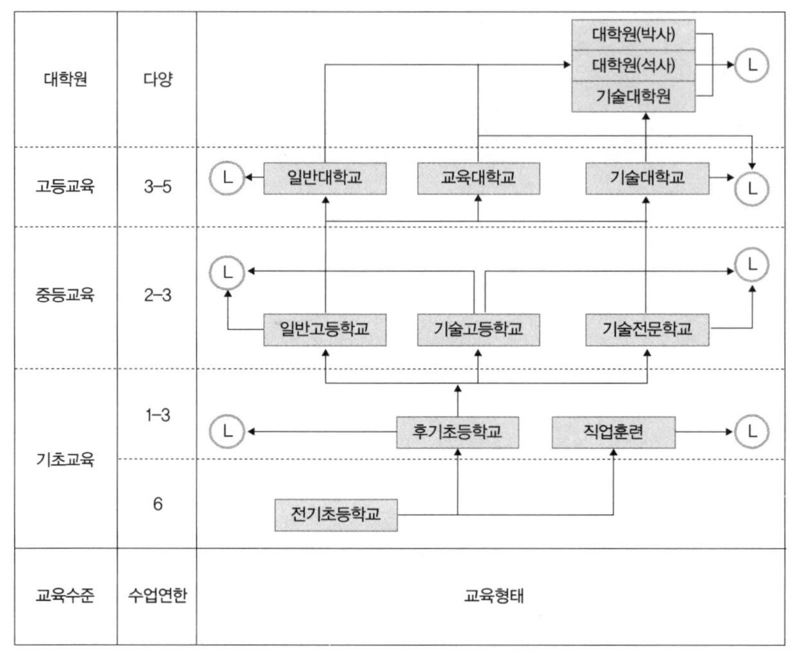

주 : L은 노동시장을 의미
자료 : Garcia, Romero and Lima(2010).

(공민학교라고도 함) 등으로 구분된다. 1993년 의무교육화된 후기 초등학교
는 3년제로 운영되며, 일반 기초 과정을 제공한다. 주로 직업능력을 개발
하는 동시에 최소한의 일반 교양을 익히는 데 목적을 둔다. 성격에 따라
일반학교, 근로자를 위한 학교, 방송학교, 기술학교 등으로 구분된다.

중등교육은 2~3년 동안에 학문을 배우기 위해 마련된 고등학교교육과
정으로서, 대학 진학 준비과정의 일반고등학교와 직업인 양성 목적의 기술
고등학교, 그리고 기술전문학교 등 세 가지 유형으로 나뉜다. 일반고등학
교는 고등 학문을 계속할 학생들의 전반적인 입학 준비에 중점을 두어 교
육을 하며, 졸업하면 일반 학위general baccalaureate가 수여된다. 또한 기술고
등학교 및 기술전문학교는 중간 수준의 기술을 제공하기 위한 교과 과정으

표 3-27 | 멕시코의 학교 진학률 (단위 : %)

구분	1998년	2000년	2002년	2004년	2005년	2006년	2007년
취학전교육	74.0	74.0	76.0	86.0	96.0	106.0	114.0
전기 초등학교	111.0	110.0	111.0	112.0	112.0	113.0	114.0
중등 학교	69.0	72.0	77.0	83.0	85.0	87.0	89.0
대학교	18.0	20.0	22.0	24.0	25.0	26.0	27.0

주 : 중등 학교에는 후기 초등학교 및 고등학교가 포함
자료 : 통계청 국가통계포털.

로 설계되어 있으며, 학생들은 기술 학위technological baccalaureate 또는 기술 전문학위technical professionals를 받고 졸업하게 된다. 기술고등학교 또는 기술 전문 학교를 졸업하더라도 본인이 원한다면 대학 진학이 가능하다.

고등교육은 대학단계와 대학원 단계를 포함한다. 대학과정을 공부하려면 고등학교 과정이나 그와 동등한 과정을 마쳐야 한다. 고등교육은 크게 리쎈씨아뚜라licenciatura라 불리는 학위를 제공하는 4~5년제 일반대학교, 3년제 공학 및 경영 관련 교육 프로그램으로 운영되는 기술학교와 기술대학원 진학을 준비하기 위해 2년의 프로그램으로 운영되는 기술대학, 교육 분야에 대한 학사를 제공하는 교육대학교 등으로 구분된다.

이 밖에 3~5세 연령의 취학 전 아동에게 제공하는 3년 단위의 취학 전 교육이 있다. 취학 전 교육은 무상 교육이기는 하지만 의무교육은 아니다. 다만, 정부는 초등학교에 입학하기 전에 적어도 1년 정도는 취학 전 교육을 받을 것을 강조하고 있다.

2007~2008년 기초 교육부터 고등교육과정의 전체 학생 수는 총인구의 26.6%인 2,857만 명에 이른다.[31] 교육수준별로 구분하면, 기초 교육 재학생 77.4%[32], 중등교육 재학생 13.3%, 고등교육 재학생 9.3%로 구성된다. 고등교육 중 대학생과 대학원생은 각각 250만 명과 17만 명으로 구성된다.

취학 전 교육 및 전기 초등학교는 현재 해당 학령 인구가 거의 입학을 하고 있으며, 후기 초등학교 및 고등학교도 1988년의 69.0%에서 2007년에는 89.0%로 상승했다. 대학교 진학률은 1998년의 18.0%에서 2007년

표 3-28 | 멕시코의 학생 1인당 연간 교육비 　　　　　　　　　　　　　　(단위 : US $)

구분	2000년	2001년	2002년	2003년	2004년	2005년
전기 초등학교	1,291	1,357	1,467	1,656	1,694	1,913
중등 학교	1,615	1,915	1,768	1,918	1,922	2,180
대학교	4,688	4,341	6,074	5,774	5,778	6,402

주 : 중등 학교에는 후기 초등학교 및 고등학교가 포함
자료 : 통계청 국가통계포털.

그림 3-20 | GDP 대비 총 교육비 지출 비중

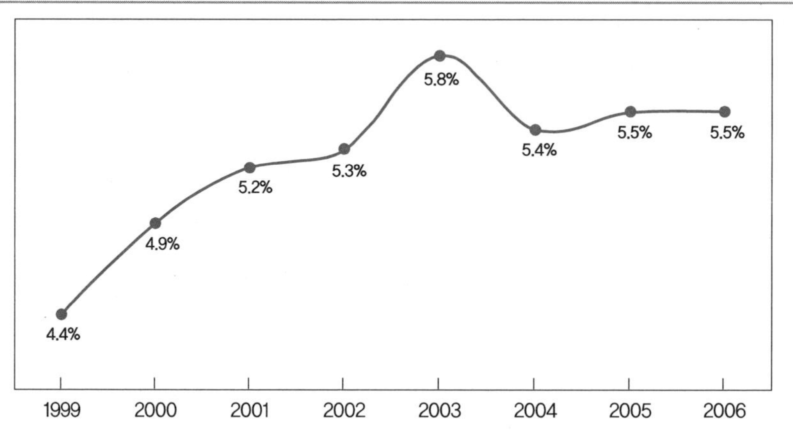

자료 : 통계청 국가통계포털.

27.0%로 다른 교육단계보다는 상승 비중이 크지는 않지만 꾸준한 증가세를 보인다.

전기 초등학교의 경우 학생 1인당 연간 교육비가 2000년 1,291달러에서 2005년 1,913달러로 약 1.5배가 증가했으며, 중등 학교도 같은 기간 1.3배, 대학교 1.4배 등 5년 동안 평균 1.3배에서 1.5배가량 증가했다. 한편 GDP 대비 총 교육비 지출액 비중을 보면, 1999년 4.4%에서 2003년 5.8%로 빠르게 상승했다가 2004년에 잠시 하락했지만 이후 다시 상승해 2005년에는 5.5%에 이른다.

오늘날 멕시코 고등교육 체계의 가장 큰 특징 중 하나는 교육행정과 제

도가 공공 교육부와 멕시코국립대학Universidad Nacional Autonoma de México: UNAM[33]으로 이원화되어 있다는 점을 들 수 있다. UNAM 총장은 공공교육부 장관과 공식적으로 같은 서열에 위치하며, 선출도 교내위원회에서 자체적으로 이루어진다. 교육예산도 공공 교육부와는 별도의 재정으로 집행되며, 학내의 치안과 안전을 위해 자체 경찰과 소방서가 있어 교내 법권을 보장받고 있다. 즉 학교의 운영이 대학 당국의 자치에 의해 이루어진다.

직업교육훈련

1980~2007년 사이에 15~24세 청소년층의 평균교육년수는 6.0년에서 9.7년으로 증가했지만, 멕시코 경제는 교육을 통해 양성된 인적자원 모두를 활용할 수 있는 충분한 일자리를 창출해 낼 능력이 없었다. 다른 개발도상국처럼 멕시코 근로자들도 그들의 학력과 무관하게 일자리 부족에 직면했으며, 낮은 연봉 수준 등 근로조건은 점점 악화되었다. 이에 따라 교육 체계와는 별도로 개인이 안정적인 직업 생활을 하기 위해 새로운 체계를 요구하기 시작했으며, 이로써 직업교육훈련 체계 도입의 필요성이 점차 높아지게 되었다. 지난 20년 넘게 근로자의 생산성을 제고시키기 위한 직업교육훈련 시스템을 구축하려는 노력이 지속적으로 이루어져 왔다.

　멕시코 직업교육훈련 체계는 교육 체계와 더불어 개념적으로 잘 구축되어 있다. 교육단계별로 학교교육과 직업교육훈련 체계가 연계되어 있어 개인의 노력 및 선택에 따라 직업교육훈련을 받을 수 있게 되어 있다. 즉, 후기 초등학교단계에서 직업훈련을 받은 후 노동시장에 진입할 수 있다. 중등교육단계에서는 기술전문학교 및 기술고등학교를 이수한 후 노동시장에 진입하거나 직업교육 관련 대학 및 일반대학교로 진학이 가능히다. 실제적으로, 2007년 후기 초등학교 진학자 가운데 39.2%가 기술전문학교

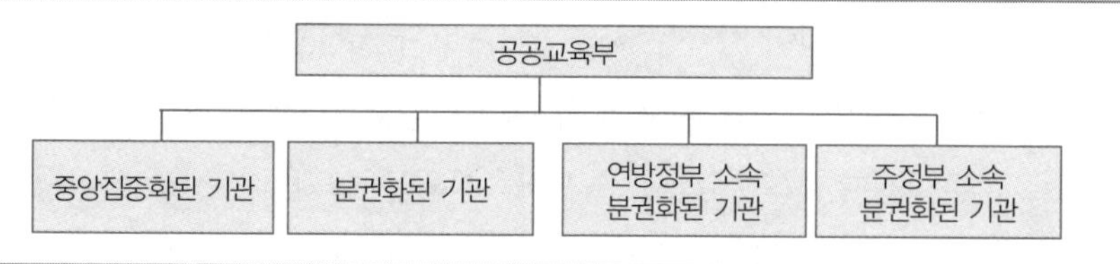

자료 : Shapiro, souto-Otero, Bilba-Osorio, shadoian and Pedro(2009).

및 기술고등학교로 진학했다. 또한 고등교육 졸업자 중 일반대학교 졸업자는 60.9%이고, 나머지 39.1%는 기술대학 및 교육대학교를 졸업하고 관련 학위를 취득하고 있다. 기술대학 및 교육대학교 졸업자가 대학원에 진학할 수 있음은 다른 진학 환경과 동일하다.

멕시코 직업교육훈련은 교육과는 달리 상대적으로 최근 들어서야 체계화되었다. 기존의 직업교육훈련 체계가 1976년 국가기술교육 체계National System of Technological Education로 통합되었다. 1990년대 초반까지만 하더라도 직업교육훈련 체계의 거버넌스 형태는 주로 연방정부의 관리하에 있었다. 그러나 이후 분권화가 나타나기 시작해 새롭고 많은 교육훈련은 주정부로 이관됨으로써 관리체계가 연방정부와 주정부로 이원화되었다.

멕시코 직업교육훈련의 운영은 공공 교육부의 체계 하에 크게 4가지 유형으로 나뉘어 운영·관리된다. 즉, 중앙집중화된 기관centralized institutions에서의 관리, 분권화된 기관decentralized institutions에서의 관리, 연방정부 소속의 분권화된 기관decentralized institutions dependent on the Federal government에서의 관리, 그리고 주정부 소속 분권화된 기관decentralized institutions dependent on the State government에서의 관리로 구분되며, 각각의 직업교육훈련은 상기의 하위 기관에서 운영된다.

멕시코의 재직자들은 초기 교육훈련과 계속교육훈련 간 연속성 부족에 처해 있다. 국제적 지원과 정부 지원에 의한 훈련 프로그램의 확장에도 불구하고 직업훈련을 지속적으로 실시하는 기업은 많지 않다. 특히 중소기업의 경우에는 훈련 비용을 감당할 수가 없어 인적자원개발을 하지 못해 근로자들이 높은 이직 상황에 직면해 있다.

평생학습 : 성인교육을 중심으로[34]

멕시코 성인교육의 목적은 성인들이 교육을 받는 동안에 습득한 지식으로 자신과 가족의 삶 및 지역 전체의 삶의 질을 향상시키는 데 있다. 멕시코 성인교육에는 기초 교육을 받지 못한 15세 이상 성인을 대상으로 하는 문해교육, 초 · 중등교육, 그리고 직업교육이 포함된다. 이 모든 교육은 반半 학교 형식 시스템과 열린교육 시스템으로 제공되고 있다.

정부에서 제공하는 국립성인교육기구는 INEAInstituto Nacional para la Educación de los Adultos와 공공 교육부의 성인 기초 교육 센터Centros de Educación Basica para Adultos, CEBA, 그리고 비정규 교육 센터Centros de Educación Extraescolar, CEDEX가 담당한다. 반 학교 형식으로 제공되는 기초 · 중등교육과정, 비형식 직업교육과 지역사회를 위한 교육은 INEA 산하의 교육 센터나 지역사회의 공공 기관 및 사립기관들을 통해 제공된다. 성인 직업교육에는 100만 명이 넘는 성인들이 참여하고 있다. 정부 주도형 성인교육은 학교형식 교육과 유사하게 제공되고 있다. 중등교육을 받지 못한 성인들에게 제공되는 중등교육은 학교형식의 교육 프로그램과 교육 계획이 똑같이 적용된다.

정부 주도형 성인교육은 3가지의 큰 특징을 지닌다.

첫째, 정규 교육을 이수하지 못한 다수에게 교육 기회를 제공하는 '교육 기회 제공으로서의 성인교육'이 매우 강하게 나타난다는 점이다. 이는 정규 교육의 보충으로서 과거에 받지 못한 교육에 대한 보상의 성격이 강한 교육이다.

둘째, 성인을 교육의 주체로서 인식해 성인들의 상황에 맞게 교육내용과 방법을 구성한다는 점이다. 정부가 성인교육 프로그램에서 제공하는 교육 내용을 보면, 성인들이 일상생활에서 접할 수 있는 상황들을 주제로 해 글을 읽고 쓰는 방법을 가르치고 있다. 성인들의 문화와 삶의 방식 등을 고려하고 있으며, 동시에 그들이 속한 지역사회 및 국가 차원의 내용들도 포함하고 있다. 미리 짜여진 시간표나 교육과정은 존재하지 않는다. 다만, 교육을 받는 성인들의 편의에 맞도록 교육을 제공함으로써 성인들은 언제든지 그들이 원하는 시간대에 교육을 받을 수 있고 원하는 내용을 선택할 수도 있다.

셋째, 성인교육에서 경제 중심 교육과 인문 중심 교육을 통합해 나가려는 노력이다. 멕시코 정부는 UNESCO, OECD와 같은 국제기구들의 정책적 제안을 받아들여 경제 중심의 성인교육을 시행하고자 하며, E-Mexico라는 혁신적인 교육 방법을 통해 국가의 낮은 교육수준을 국제적 수준으로 끌어올리고자 한다. 이와 동시에 국민의 요구에 부합하는 내용으로 교육을 구성하면서 인문중심 성인교육의 실현도 추구하고 있다.

국가는 다양한 홍보 활동을 통해 교육 정보를 성인에게 제공한다. 성인은 누구나 자신이 원하는 교육 프로그램에 등록해 교육을 받을 수 있다. INEA에서 제공하는 문해 교육과 기초 교육은 정규 교육과정에서 교육을 받은 경험 유무와 관계 없이 수강할 수 있다. 10~14세 유소년들뿐만 아니라 15세 이상 청소년 및 성인도 누구나 기초 교육과정에 등록할 수 있으며, 교육 방식 또한 선택이 가능하다. 다만, 중등교육과정에 등록하기 위해서는 이전 교육단계인 기초 교육과정을 이수해야만 한다.

직업을 위해 비형식 훈련과정에 등록하기 위한 자격 요건은 경제적으로 부양해야 할 가족이 있으며 직업경험이 있는 실직자이어야 한다. 직장에서 이루어지는 직업훈련은 그 회사의 직원을 대상으로 하는 훈련이 대부분이다. 많은 성인들이 교육기관에 등록해 교육을 받는 것은 교육적 혜택을 받지 못한 사람들의 수가 여전히 많기 때문이다. 멕시코에서는 15세 이상 인구 중 중등교육을 받지 않았거나 학교를 다니지 않은 사람들을 교육 낙오자라고 말한다.

이러한 상황에 놓은 사람들은 2006년 기준으로 3,255만 명의 청소년들과 성인이다. 이들 중 특히 여성 비문해자 수가 많은데, 기초 교육을 받지 못했거나 글을 읽지 못하는 여성들이 전체 교육 낙오자 중 54.5%에 이른다. 멕시코의 성인교육은 성별, 지역별 격차에 대한 논란이 계속되고 있다. 그리고 중남미의 다른 국가들과 마찬가지로 교육 인프라의 부족과 낮은 질적 수준의 문제점을 안고 있다. 한편, 아르헨티나나 칠레가 기초 교육의 인프라 강화를 통한 문맹률을 극복하고자 노력했던 반면에, 멕시코는 이미 문맹자로 살고 있는 성인들을 위한 교육에 더욱 치중하는 특징을 보여 준다.

교육법 제44조에 따라 성인교육 대상자들은 교육을 통해 습득한 지식을 시험을 거쳐 인증받을 수 있으며, 시험에 합격할 때까지 언제든지 재응시가 가능하다. 그리고 독학사 인정을 규정한 교육법 제46조에 따라 독학이나 직업현장에서의 교육을 통해 일정한 수준의 교육에 준하는 지식을 습득했다는 것이 인정될 경우 그와 동등한 인증서를 부여할 수 있다. 이러한 각 교육단계에 대한 인증서는 상위 학교로의 진학을 가능하게 하는 근거가 된다.

·03·
인재개발의 정책동향 및 특성

정책동향

멕시코 인재개발 정책의 초점은 전통적으로 빈부격차로 인해 발생한 불평등한 사회 구조의 치유, 지역 간 교육 기회의 확대, 청소년/여성/저소득층 등 취약계층에 대한 지원 정책과 더불어 최근에는 경기 침체와 이로 인한 고용 불안 및 실업의 해소와 일자리 확대 정책 등에 맞추어져 있다.

먼저, 멕시코는 빈부격차로 인해 불평등한 사회 구조를 띠고 있으며, 빈곤은 수 세기에 걸친 뿌리 깊은 사회 문제로 인식되고 있었다. 이러한 문제를 해결하기 위해 정부는 오퍼튜니다데스Oportunidades 프로그램을 시행하고 있다. 오퍼튜니다데스는 1997년에 공식적으로는 '교육, 건강 그리고 진실'이라는 뜻을 가진 프로그레사Progressa라는 이름으로 처음 시행되었다. 이후 프로그레사는 행정적으로는 동일한 일을 계속 수행하면서 오퍼튜니다데스라는 새로운 이름으로 변경되었다. 이 프로그램은 사회개발부, 공공 교육부, 보건부의 협력 하에 운영 중이다.

오퍼튜니다데스 프로그램은 극빈층을 대상으로 식량을 지원하고, 빈약한 영양상태를 개선시키기 위한 생계 보조비를 제공하고 있다. 또 장기적인 투자를 통해 질병을 예방함으로써 빈곤층의 건강 수준을 호전시키고,

빈곤층 자녀들의 취학률 및 진학률을 높여 빈곤의 악순환을 탈피시키는 것에 역점을 두고 있다. 이 프로그램은 단기 계획과 중장기 계획을 함께 수행하고 있다. 단기적인 목표로는 빈곤층을 감소시키는 데에 있으며, 중·장기적으로는 빈곤층 인적자원의 능력을 개발해 빈곤이 대물림되는 현상을 막는 것을 목표로 한다.

다음으로 최근의 고용 불안 및 실업 문제를 해소하기 위해, 2008년에 국가 고용 서비스Servicio Nacional De Empleo, SNE 정책이 시급하게 추진되었다. 이 정책은 경제 및 사회적 위기로 인해 발생한 고용 불안 문제에 직면해 국민들의 취업에 대한 요구를 확대하기 위해 고안된 긴급 정책 프로그램으로서, 노동시장의 요구를 수용하는 적극적 고용 정책이라고 할 수 있다. SNE는 실업자 및 능력 이하의 일을 하는 불안전 취업자뿐만 아니라 실업의 위기에 직면하고 있는 사람들에게까지 정책의 대상이 확대되고 있으며, 그 결과 2009년 기준으로 약 11만여 명이 본 정책의 혜택을 받았다.

임금 근로자의 절반이 비정규직이고 정규직이라 할지라도 사회 보장과 정년 보장을 받을 수 없는 고용 불안을 해소하기 위한 노력으로 국가기술교육협의회Consejo del Sistema National de d Tecnologica Education Council, COSNET, 기술전문대학National Technical Professional College, CONALEP, 폴리텍학교National Polytechnic Institute, IPN 등을 통해 지난 20여 년 간 직업훈련을 통한 인재개발 정책이 추진 중에 있다.

주요특성 및 과제

멕시코의 인재개발체계는 이론적으로는 비교적 잘 조직되었다고 할 수 있다. Kis, Hoeckel, Santiago(2009)도 경제·노동시장 환경, 교육환경 변화를 고려할 때 멕시코의 인재개발 체계는 많은 장점을 지닌다고 했다.[35] 교육제도를 보더라도 국가교육정책의 중심축이라고 할 수 있는 공공 교육이 전국적으로 잘 조직되어 있고, 정부 역시도 더 많은 국민에게 더 높은 교육 기회를 제공하려 노력해 왔다. 그 결과 오늘날 중남미 국가들 중에서는 비교적 높은 교육수준을 유지할 수 있었다. 직업훈련 분야에 있어서도 교육제도와 잘 연계되어 직업교육훈련을 통해 개인의 능력이 향상될 수 있도록 조직화되어 있다.

그러나 실제적으로 볼 때 제도의 운영 등에서 많은 문제점이 발생하고 있는 것 또한 사실이다. 특히 기업의 인재개발에 대한 낮은 인식과 낮은 참여도 등은 지속적으로 개선해야 할 과제이다. 근로자의 숙련 향상도 정규 교육이나 훈련 시스템보다는 개인의 축적된 근로경험을 통해 개별적으로 이루어지고 있다. 또 교육훈련 프로그램들이 노동시장의 요구에 상당 부분 맞추어져 있기는 하지만 비정규직, 청년층, 장기 실업자, 불완전고용자, 고령 구직자, 원주민 등과 같이 특수 고용문제를 가진 특정 인구 집단의 특성에 근거해 설계되지는 못하고 있다.

이상의 특징을 고려할 때 멕시코의 인재개발 정책에 줄 수 있는 함의는 새로운 정책(또는 체계)의 개발 및 운영에 중점을 두기보다는 어떻게 하면 기존 정책(체계)들을 효율적으로 활용할 수 있고, 인재개발 주체들의 적극적인 참여를 유도할 수 있느냐로 정책의 초점이 맞추어져야 한다는 점이다.

이를 위해 첫째, 인재개발 정책에 대해 산학이 일관성을 가지고 협의를 진행해야 할 것이다. 이 협의 구조 내에서 정책 발전을 위한 협조적인 접근을 하기 위해 하위 조직들의 참여가 포함되어야 한다. 예를 들면, 고용주 대표와 교육과정 내 모든 하위 조직, 그리고 공공 교육부의 정책 수립자들을 포함한 협의체를 구성해야함을 의미한다. 구체적으로는 학생들을 위한 실무 훈련이 제한적이고 그 질적 수준 또한 다양하기 때문에 적어도 노동시장의 요구에 맞게 인재개발 규정을 적용하기 위한 효과적인 협의가 필수적이다.

그리고 직업교육훈련에 고용주의 참여를 촉진시키기 위한 구조를 만들어야 한다. 단편적인 협의는 고용주로 하여금 인재개발 시스템 내에서 상호 작용하는 것을 어렵게 만든다. 모든 하부 조직을 포함하는 협의를 위한 구조적 체제를 만드는 것은 이 문제에 대해 고심하는 데 도움이 될 수 있는 것이다. 또한 인재개발을 위한 고용주의 지원은 정책 실행을 촉진시킬 수 있다는 점에서 고용주들이 함께 하는 의견 교환 체계를 수립해야 한다.

둘째, 직업훈련을 확대하기 위한 훈련생 계약과 직장 훈련을 위한 질적 기준을 만들고, 그것의 질을 향상시켜야 할 것이다. 직업훈련의 질적 수준을 향상시키면 학생들은 취업 전망이 나아지고 고용주에게는 신입 직원들의 훈련 비용을 줄일 수 있을 것이어서 양측 모두에게 이익이 될 것이다. 다만 이 제언은 장기적 목표로서, 현재 세계경제의 침체로 인해 즉각적인 실천은 어려울 수 있다.

이를 위해 1)직업훈련은 고용주와 훈련생(또는 학생) 양측에 상호 이익이 될 수 있는 구조로 설계되어야 한다. 2)직업훈련 프로그램을 고용주의 관심을 극대화시키는 신호로서 발전할 수 있도록 해야 한다. 3)직업훈련의 기준을 직장 훈련의 질적 향상을 촉진하는 데 도움이 될 수 있도록 설계해야 한다. 직업훈련은 많은 장점을 제공하기도 하지만 그것의 모든 혜택을 얻기 위해서는 질적 수준에 대한 보증이 필요하다. 4)직업훈련참여의 장벽을 제기해야 한다. 멕시코에서는 심사 팀에 의해 법적이행의 부실이 보고된 고용주의 경우 해당 기업의 직업훈련참여를 제한한다. 훈련생과 기업 양측의 권리와 의무를 만듦으로써 그러한 계약들은 직장 훈련의 질적 수준을 조정하는 중요한 기준이 될 수 있다. 5)훈련생들에게 훈련으로 수반되는 위험에 대해 보상을 해 줄 필요가 있다. 많은 OECD 국가들에서는 기업의 부담을 줄이기 위해 기금을 마련한다. 질적 기준과 훈련생 계약이 만들어진다면 장기적으로 멕시코에서도 고용주에게 재정지원을 제공할 것이다.

셋째, 직업훈련 교사와 훈련생이 해당 직업을 갖기 전이나, 혹은 갖게 된 직후에 교육학 훈련을 받았고, 또한 직업훈련 감독자 과정을 거쳤음을 확인해야 한다. 직업교육훈련에 있어 직업능력을 증진시키기 위한 수단으로서 훈련생에게 직업 관련 경험을 전제 조건으로 만들고, 학교에서는 훈련 교사와 훈련생의 기술을 향상시키기 위한 전략을 개발해야 한다. 직업훈련교사와 훈련생에게 직업기술이 핵심 요소지만 효과적인 직업훈련을 위해서는 강의 기술 또한 요구된다. 대리 인정 교사Alternatively certified teachers에 관한 문헌보고를 보면, 직업훈련 교사 대상 훈련을 증가시키는 것은 직업훈련의 질적 수준을 향상시키는 데 필수적이라고 한다. 처음 직업훈련 교사가 된 후 직면하게 되는 보편적인 어려움에 대해 다른 연구에서는 교육학적 훈련 경험 없이 직업훈련 교사가 된 사람은 교육과정, 수업 준비, 비행 청소년을 대하는 방법 등의 문제에 익숙하지 않기 때문에 추가적인 문제를 갖게 된다고 지적하고 있다. 산학 협력 제도와 같이 직업훈련 교사와 훈련자의 직업기술의 갱신을 위한 기회는 산업 현장에서 일하며 보내는 기간 내에 제공될 수 있다. 인센티브 역시 그들의 직업 관련 기술을 업데이트시키는 데 좋은 유인이 된다.

넷째, 국가직업자격 체제National Vocational Qualifications Framework, NVQF를 발전시키기 위한 방안을 강구해야 할 것이다. 이를 위해 직업교육훈련 관련 규정을 명확하게 해야 한다. NVQF는 인증조정 시스템을 만드는 데 사용된다. 다른 인증과 어떤 관계인지를 파악함으로써 서로 중복되는 부분이나 경쟁하는 부분을 없애고 조화를 이룰 수 있다. 다음으로 자격을 노동시장 요구에 맞게 개선시켜야 한다. NVQF는 고용주에게 의미가 있는 최신 자격을 반영해야 한다. 자격 기반 인증과 국가 기준을 포함한 NVQF는 노동시장의 수요 측면에서 자격, 기술, 인증에 관한 명확성을 증가시킨다.

다만 NVQF의 조성과 실행 관련한 결정은 다음의 문제점들을 감안해야 한다. 우선 국가 인증 체계의 실행은 질적 보증, 기준 확립, 평가에 따른 집단의 확산과 같이 행정상의 어려움을 종종 동반한다는 점이다. 또 NVQF는 자격의 넓은 범주에 적용할 기준을 정의하는 새로운 용어와 평가를 위한 접근을 필요로 하는데, 이 과정에서 기술적 문제도 있을 것이다. 마지막으로, 인증을 다루는 다른 부처나 기관 간의 갈등으로부터 일어나는 정치적 어려움이 있을 수 있다는 점이다. 인증제가 다양한 범위의 직업과 노동시장의 수요량을 감당해야 하지만 그 수가 적절하게 제한되어야 한다.

다섯째, 노동시장에서의 인재개발 성과를 나타내는 정보를 구축해야 한다. 이를 통해 이해 당사자와 정책 수립자 양쪽을 위해 데이터를 사용하고 분석할 수 있는 능력을 계발하고, 현재와 미래의 직업교육훈련참여자들에게 제공될 진로 지침을 개발해야 할 것이다. 노동시장의 요구에 맞추어 직업교육훈련에 대한 정보를 포괄적으로 제공하는 추적follow-up구조를 만들어야 한다. 그리고 학계와 노동시장 간의 화합도 도모한다. 노동시장 성과 관련 데이터는 질적 관리의 도구가 되어서 직업교육훈련 학교들이 학생들의 능력을 향상시키는 데 유인을 제공한다. 노동시장상황을 인지한 학생은 (진로)선택 시 양질의 진로 지침을 요구한다. 수준 높은 진로 지침은 선택이 가능한 옵션들에 대해 상대적으로 조금 알고 있는 불리한 학생들에게 보상을 해 주는 역할을 한다. 멕시코의 경우, 고등과정 직업교육훈련 구조가 복잡하므로 좋은 진로 지침이 매우 중요하다.

• CHAPTER 13 •

대한민국REPUBLIC OF KOREA

오 영 훈

숭실대학교 사회복지정책 전공 사회복지학 박사. 현 고용 · 능력개발연구실 연구위원. 주요 연구 실적으로는 [학습복지체제 연구], [훈련시장의 구조와 특성(II): 직업훈련기관 및 과정구조 분석], [직업훈련기관 및 프로그램 평가의 혁신], [원격훈련과정 심사제도 모니터링 및 개선 방안 연구], [직업훈련기관 인증제 연구] 외 다수.

김 미 란

서울시립대학교 노동경제학 전공, 경제학 박사. 현 한국직업능력개발원 고용 · 능력개발연구실 부연구위원, 주요 연구 실적으로는 [직업훈련과 직장이동], [교육과 노동시장 연계와 성과] 외 다수.

박 동 열

서울대학교 직업 교육 전공 교육학 박사, 경일대학교 교수, 현 한국직업능력개발원 평생직업교육연구실 연구위원, 한국직업교육학회 이사, 한국진로교육학회 이사, 한국농업교육학회 이사, 전문대학교육역량강화사업 컨설팅 위원, 지방대학역량강화사업 평가위원 및 컨설팅 위원. 주요 연구 실적으로는 [체계적인 경력개발], [성공적인 직장생활], [전문계고 선진화방안] 외 다수.

·01·
사회경제적 배경

사회와 문화

한국은 1945년 8월 15일 일본으로부터 독립했으며, 미국과 구소련의 군정하에 있다가 1948년 5월 10일 총선을 거쳐 7월 17일 첫 헌법을 제정하고, 8월 15일에 정부를 수립했다. 또 한국은 민주 공화국으로 대통령제를 기본으로 해 의원 내각제적 요소를 혼합한 정치 제도를 채택하고 있고, 한국 임시정부의 법통을 계승함을 헌법 전문에 명백히 밝히고 있다. 대통령은 5년 단임으로 국민의 직접 투표에 의해서 선출된다.

한국은 한민족이 전 국민의 절대 다수를 차지하며, 민족구성에서 비교적 단일민족국가에 속한다. 한국에 살고 있는 외국인은 100만 명 정도이며, 2007년 10월 말 현재 한국의 총인구는 외국인을 포함해 5,008만 7,307명이다. 이는 세계 194개국 중 24위이다. 한편, 1970년을 전환점으로 해 2% 미만으로 인구 증가율이 감소하는 추세를 보이고 있는데, 2009년 현재 출산율(여성 한 명이 평생 동안 낳는 자녀 수)은 1.15명으로 세계 최저수준의 출산율을 기록하고 있어 인구 감소에 큰 영향을 미칠 것으로 전망된다.

한국은 세계적으로도 높은 교육수준을 자랑하고 있다. 2005년 GDP 대비 교육기관에 대한 교육비는 7.2%로 OECD 국가 중에서 가장 높다(OECD 평균 5.8%). 특히, 공교육비 민간 재원 의존도는 2.9%로 OECD 평균 0.8%에 비해 월등히 높은 것으로 나타나 국민의 교육열이 높음을 보여주고 있으며, 또 교육단계별 학생 취학률 역시 매우 높은 수준이다.

경제 및 노동시장

한국 경제는 1962년의 경제 개발 계획을 시작으로 40여 년 간 급속한 성장을 이루었다. 즉, 산업의 집중 육성과 더불어 무역을 통한 개방과 빠른 수출의 성장을 토대로 고도성장을 시현하며, 1995년에는 OECD에 가입했다. 이후 1997년의 (금융)경제위기를 성공적으로 극복하며 경제 안정세를 회복했고, 2008년 이후의 세계 금융위기 국면에서도 꾸준한 증가세를 보이고 있다. 국내 총생산 규모는 2007년에 1조 493억 달러에 달했으며, 2008년 기준으로는 9,287억 달러를 기록했다. 한편, 1인당 GDP 규모는 2001년부터 꾸준히 상승해 2007년에 2만 달러를 돌파했으며, 2008년 기준으로는 1만 9,106 달러를 기록하고 있다.

경제성장률은 1997년 금융 경제위기에 따른 1998년의 마이너스 성장 이후에 1999~2002년까지 평균 7%, 2003~2007년까지 평균 4% 이상의 성장률을 보였다. 2008년에는 세계 금융위기의 여파로 인해 2.3%의 성장을 보였으며, 2009년에는 0.2%의 연평균 경제성장률에 그칠 것으로 추정된다. 그러나 2009년 하반기부터 빠른 회복세를 보이고 있는 한국 경제는 2010년에 내수 지표를 중심으로 전반적인 경기 안정 국면을 보이면서 5%대 후반의 성장률을 보일 것으로 전망된다.

한국의 산업 구조는 대다수의 국가들과 마찬가지로 서비스 산업화가 지속되고 있다. 전체 생산액 가운데 농림어업 생산액의 비중은 1990년 8%

대에서 2008년에는 2.5%까지 감소한 반면, 같은 기간 서비스업 비중은 52% 수준에서 60%까지로 상승했다.

한국의 노동력 규모를 살펴보면 2009년 기준으로 경제활동인구는 2,433만 4,000명이며, 이 중 경제 활동 참가율은 60.7%에 이른다. 같은 해 실업자는 82만 9,000명으로서 실업률은 3.4%에 이르며, 취업자는 2,350만 6,000명, 고용률은 58.6%이다. 경제 발전에 따라 노동력 규모는 꾸준히 증가해 왔으나, 2009년 들어 처음으로 취업자 수가 감소(2008년에는 2,357만 7,000명)했다. 인구 구조의 고령화, 그리고 경제의 일자리 창출 능력 저하로 인해 노동력 구성에 변화가 시작된 것이라고 볼 수 있다.

2009년 현재 산업별 취업자 고용 구조를 보면, 대분류 기준으로 농림어업 7.0%, 제조업 16.3%, 전기·가스·수도 사업 0.4%, 건설업 7.3%의 취업자 구성비를 나타내고 있으며, 서비스업은 68.8%인 것으로 나타났다.

최근 한국의 노동시장은 비정규직 고용의 증가와 여성 및 청년층을 중심으로 한 고용 불안이 심화되고 있다. 2009년 현재 여성 취업자의 44.1%(남성은 28.2%)가 비정규직이다. 청년층 실업률은 남자 9.8%, 여자 6.4%로 전체 실업률(3.6%)보다 2배 이상 더 높다.

· 02 ·
인재개발 현황

교육제도

한국의 기본 학제는 6-3-3-4제로, 초등학교 6년, 중등 학교 6년(중학교와 고 고등학교 각각 3년), 대학 4년이다. 학제는 기본적으로 단선형의 형태를 띠고 있지만 복선형의 요소를 살려 운영되고 있다. 중학교 때까지는 모든 학생들이 동일한 경로를 밟으며, 고등학교 과정부터 일반 또는 직업 진로를 선택하도록 하고 있다. 그러나 이것은 한 번 선택하면 바꿀 수 없는 고정된 것은 아니며, 중도에 진로를 바꿀 수 있도록 제도적인 융통성이 있다. 의무교육은 초등학교부터 중학교까지 9년으로 되어 있으나, 현재에는 농어촌 지역에만 우선 적용하고 있다.

각급 학교 취학률은 초등학교가 99.0%, 중학교가 93.2%, 고등학교가 90.0%에 이르며, 전문대학, 교육대학, 대학을 포함한 고등교육기관의 취학률도 70.5%에 달한다.

한국의 고등학교는 중학교를 졸업하거나 또는 법령에 의해 이와 동등한 학력을 가진 자가 진학하는 중등 학교이다. 교육과정에 따라서는 크게 인문사회과정, 자연과정, 일반계 직업과정 등이 있는 일반계 고등학교와 전문교육을 주로 하는 전문계 고등학교로 구분된다. 그 밖에, 특수목적 고

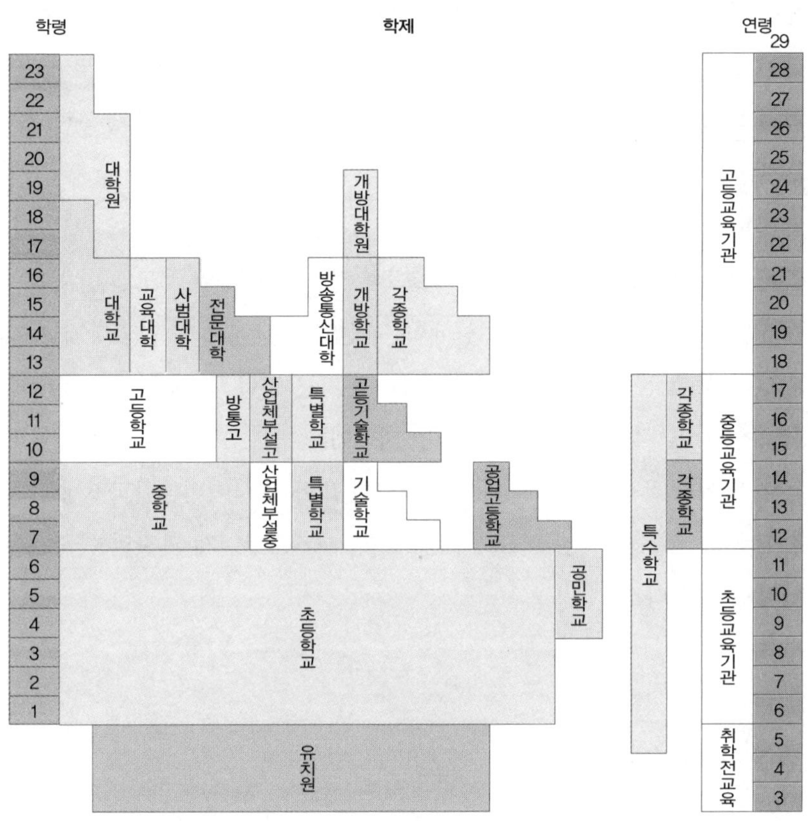

자료 : 교육과학기술부(2010).

등학교인 과학 고등학교·외국어 고등학교를 비롯해 예술 고등학교·체육 고등학교·종합 고등학교·자립형 사립고등학교·방송통신 고등학교 등이 있으며, 교과부장관이 별도로 지정한 특수목적 고등학교와 특성화 고등학교도 있다.

고등교육은 대학에서 제공되며, 고등학교 졸업 예정자 및 졸업자 또는 그에 상응하는 학력을 가진 자가 입학할 수 있다. 2009년 현재 전국에 약 400여 개 이상의 대학이 있다.

대학은 설립 목적에 따라 4년 과정의 일반대학, 교육대학, 산업대학, 방송대학 등과 2년 또는 3년 과정의 직업교육훈련기관인 전문대학과 기능대학 등으로 분류할 수 있다. 이 밖에 교육과학기술부를 제외한 정부 각 부처의 특별법에 의해 설립된 특별대학(경찰대학 등)이 있으며, 방송통신대학으로는 한국방송통신대 한 곳이 있다.

전문대학은 전문 직업인을 양성하는 데 목적을 두고 설립되었으며, 수업 연한은 보통 2년이지만, 보건계열이나 건축계열 등 일부 모집 단위에서는 3년제로 운영되고 있다. 기능대학은, 산업 현장에서 필요한 다기능 기술자, 기능장 등 고급 기능 인력 양성과 무기능 인력 및 재직 근로자에 대한 직업훈련을 실시하기 위해 설립된 대학이다.

이 밖에도 온라인으로 수업이 진행되는 12개의 사이버대학과 6개의 원격 대학을 비롯해, 각종 학교와 사내 대학, 그리고 2년제 과정의 한국농수산대 등이 있다.

직업교육훈련

한국에서 직업교육훈련은 일반화된 용어가 아니며, 직업교육과 직업훈련은 학문상·실무상 구분되어 사용되고 있다. 일반적으로 직업교육이라 함은 보통 학사학위 미만의 능력 정도가 필요한 직업에서 요구하는 능력사항을 배양하기 위한 형식교육을 의미하며, 직업훈련이라 함은 중간기술자 technician 수준 이하의 입직에 필요한 능력을 단기간에 배양하는 무형식교육을 주로 의미하는 경향이 있다.

직업교육은 중등교육과 고등교육단계에서 제공되며, 실무적으로는 교육과학기술부 장관의 지도 감독(규율) 범위 내에 있다. 한편, 직업훈련은 근로자에게 직업에 필요한 직무수행 능력을 습득·향상시키기 위해 실시하는 훈련(근로자직업능력개발법 제2조)으로 고용노동부가 담당하고 있다. 따라서 직업훈련은 취미·오락이나 외국어와 같은 교양 교육 등은 포함하지 않으며, 고등교육법에 의한 전문대학 이상의 학위와 관련된 정규 교육과는 구분해 학력이나 학위와는 무관하게 운영된다.[36]

1. 직업교육

1) 중등교육 단계에서의 직업교육

중등교육 단계의 대표적인 직업교육기관은 전문계 고등학교이다. 전문계 고등학교는 교육과정 계열별로 농업계, 공업계, 상업계, 수산·해운계, 가사·실업계 등으로 구분되며, 학교 유형별로 농업고등학교, 공업고등학교, 상업고등학교, 수산 및 해양고등학교, 가사·실업고등학교 등의 순수 전문계 고등학교와 전문고등학교, 종합고등학교 등으로 구분된다.

전문계 고등학교는 2008년 4월 현재 전국에 총 697개교가 설립·운영되고 있는데, 학교 유형별로 보면 공업고등학교가 209개교로 가장 많고, 상업고등학교가 193개교, 종합고등학교가 191개교, 전문고등학교가 69개교, 농업고등학교가 28개교이다.

전문계 고등학교에 재학하고 있는 학생 수는 2008년 4월 현재 총 54만 8,849명으로, 전체 고등학생의 25.7%에 해당한다. 전문계 고등학교의 학생 수는 정부의 일반계·전문계 학생비율 50대 50의 정책으로 1990년 중반까지는 증가하다가 그 이후로 정부의 정책 전환과 학령 인구의 감소, 내학 진학의 증가 등으로 인해 계속해서 감소하는 추세에 있다.

이들 전문계 고등학교에서는 전문교육뿐만 아니라 국어, 수학, 과학, 사회 등의 고등 보통 교육을 실시한다. 보통 교과와 전문 교과의 이수 비율은 약 50대 50 정도이다. 1학년 때에는 주로 보통 교과를 위주로 이수하도록 교육과정을 편성·운영하고, 2~3학년 때에는 상대적으로 전문 교과를 많이 이수하도록 하고 있다. 또 3학년 여름방학이나 2학기 중에는 전공 분야의 직업현장에서 현장 실습을 하도록 하고 있다.

전문계 고등학생들의 졸업 후 진로를 보면, 취업자는 19.0%인 데 비해 전문대학을 포함한 대학 진학자는 72.9%로, 취업보다 진학을 훨씬 더 많이 한다. 전문계 고등학교 졸업자의 대학 진학률은 1990년대 초반 이후부터 계속해서 증가해 1995년에서 2000년 사이에 2배 이상으로 급증했으며, 이후 꾸준히 증가추세를 보였다.

전문계 고등학교 외에 중등 단계의 직업교육은 일반계 고등학교의 직업과정이 있다. 일반계 고등학교 직업 과정은 대학에 진학하지 않는 일반계 고등학생들에게 직업교육을 이수하게 하는 과정이다. 일반계 고등학교 직업 과정은 자체 과정 또는 위탁과정으로 운영된다.

2) 고등교육 단계에서의 직업교육

고등교육 단계의 직업교육기관인 전문대학vocational college과 한국폴리텍대학polytechnic college은 사회의 각 분야에서 필요한 중견 직업인을 양성하기 위한 단기 고등교육기관이다.

전문대학은 고등교육 단계의 직업교육기관에서 압도적인 비중을 차지하고 있으며, 수업 연한은 전공학과에 따라 2년 과정과 3년 과정이 있다. 전문대학에는 인문계, 사회계, 교육계, 자연계, 공학계, 의약계, 예체능계 등의 전공 학과가 개설되어 있어 다양한 분야의 산업 인력을 양성하고 있다.

전문대학의 교육체제는 상당히 융통성이 있어 같은 전공 분야를 이수하더라도 여건에 따라 주간과정이나 야간과정을 택할 수 있다. 특히, 산업체 근로자들에게 계속 교육의 기회를 확대하기 위해 야간과정에 입학하고자 할 경우에는 다소의 특전을 부여하고 있다. 또 전문대학에는 정규 과정 외에 산업체 위탁 교육과정과 특별 과정을 개설·운영함으로써 성인교육을 통해 산업사회의 다양한 교육수요를 충족시켜 주고 있다. 전문대학 정규 과정을 성공적으로 이수한 학생들에게는 졸업과 동시에 전문 학사학위가 수여된다. 최

표 3-29 | 전문대학 학생 수

계열 \ 연도	1990	1995	2000	2005	2008
인문계	10,419	25,114	34,952	32,905	29,462
사회계	58,441	118,505	183,717	184,542	191,159
교육계	13,859	16,941	24,781	32,097	30,097
자연계	174,815	294,477	482,661	61,854	53,115
공학계	–	–	–	308,693	243,194
의약계	37,532	56,142	73,064	88,871	93,327
예체계	28,759	58,641	114,098	144,127	130,965
전 체	323,825	569,820	913,273	853,089	771,854

주 : 1990~2000년 공학계열 학생 수는 자연계열에 포함된 것임.
자료 : 교육과학기술부 · 한국교육개발원(각 년도). [교육통계연보].

근에는 학점 은행제를 통해 학사학위 취득도 가능하다.

전문대학은 2008년 4월 현재 전국에 147개교가 설립 · 운영되고 있는데, 이 중에서 사립이 137개교로 약 93%에 이르고 있어 사학의 비중이 매우 높음을 알 수 있다. 전문대학에 재학하고 있는 학생 수는 총 77만 1,584명이다. 이 중에서 공학계열의 학생이 24만 3,194명으로 가장 많은 비율을 차지하고 있고, 다음으로 사회계열이 19만 1,159명, 예체능계열이 13만 965명이다.

한국폴리텍대학은 2006년 기능대학의 구조 개편에 따라 명칭을 바꾼 것으로 해당 분야의 과학적 지식과 기술 · 기능을 보유한 전문인력 양성을 목적으로 한다. 현재 7개 권역대학, 4개 특성화대학 등 40세의 대학 또는 캠퍼스 체제로 되어 있다. 인력 양성 직종은 국가 기간 산업 분야로서 민간 부문에서 기피하는 3D 직종의 인력을 양성하며, 예산은 일반 회계 및 고용보험 기금으로 훈련과정을 운영한다는 특징을 가지고 있다.

훈련과정으로는 인력 양성을 위한 정규 과정과 재직 근로자 향상훈련 등 비정규 훈련과정이 있다. 정규 훈련과정으로는 다기능 기술자 과정, 기능사 과정, 그리고 기능장 과정 등 크게 세 종류가 있다. 다기능 기술자 과정은 고등학교 졸업생을 대상으로 2년 과정으로 운영되며, 졸업 후에는 산업 학사학위를 취득하게 된다. 현재 25개 캠퍼스에 약 15,000명이 재학 중이다. 기능사 과정은 만 15세 이상을 대상으로 1년 과정으로 운영되며, 기능장 과정은 향상훈련과정이면서 정규적으로 실시되는 해당 분야의 최상급 중간 관리자를 목표로 한다.

2. 직업훈련(직업능력개발훈련)[36]

1) 직업능력개발체제

한국의 직업훈련(직업능력개발훈련)은 근로자직업능력개발법, 고용보험법, 기능대학법, 한국산업 인력공단법, 국가기술 자격법, 숙련장려법, 자격기본법, 직업교육훈련촉진법 등을 관련 법령으로 해 시행되고 있다. 직업능력개발훈련이라는 용어는 직업훈련기본법이 근로자직업훈련촉진법으로 대체되면서부터 직업훈련 대신 사용되어 오고 있는데, 이는 산업과 기술의 변화에 따른 직업훈련 수요를 반영하는 차별화된 용어의 필요성에 기인하는 것으로 보인다.

직업훈련 체제는 1999년 근로자직업훈련촉진법의 제정으로 1976년 직업훈련기본법 제정 이후 23년간 운영되어 오던 직업훈련 의무제가 폐지되어, 민간의 훈련참여 확대 등 민간의 자율성이 강화되고 근로자의 평생 능력 개발을 지원하는 체제로 개편되었다.

즉, 직업훈련 의무제 등 각종 규제를 폐지하거나 완화해 민간 훈련의 제약 요인을 해소하는 동시에 영리 법인도 훈련에 참여할 수 있도록 하고, 훈련시장에 경쟁 체제를 도입해 민간 주도의 직업능력개발 기반을 조성하자는 것이 핵심 사항이다.

직업능력개발사업은 크게 사업주 지원사업, 근로자 지원사업 그리고 실업자 지원사업의 등 3가지로 구분되며, 이 밖에 직업능력개발 촉진사업과 건설 근로자 지원사업이 있다. 사업주에 대한 지원은 재직 근로자, 채용 예정자(및 구직자)를 대상으로 실시하는 집체 훈련, 현장훈련, 통신 훈련, 해외 직업능력개발훈련 및 유급 휴가 훈련에 대한 훈련 비용지원과 직업능력개발을 위한 시설 및 장비 구입에 필요한 비용의 융자로 구성된다.

재직 근로자에 대한 지원은 50세 이상이거나 이직 예정자에 대한 직업능력개발훈련 수강 비용지원과 기능대학 또는 전문대학 이상의 학교에 입학 또는 재학하는 자에 대한 장기 저리의 학자금 대부로 구성된다. 실업자에 대해서는 실직한 피보험자를 대상으로 해 실업자 재취직 훈련 수강 시 훈련비 및 훈련 수당을 지원한다.

직업능력개발훈련 사업의 재원은 일반 회계 또는 고용보험 기금, 기업 및 근로자의 교육훈련비로 구분할 수 있다. 공공 직업훈련의 재원은 정부 일반 회계 또는 고용보험 기금과 같은 공적인 자금으로 조달된다.

민간 훈련의 재원은 고용보험 기금과 기업 및 근로자의 교육훈련비 지출로 조달된다. 민간 훈련시장에서 고용보험 기금과 같은 공적 재원으로부터 지원을 받기 위해서는 훈련과정 인정 절차를 거쳐야 한다. 사업 내 훈련은 사업내 훈련 시설에서 공급되며, 재직 근로자 및 취업 예정자를 대상으로 해당 사업체에서 필요한 직무 능력을 배양하기 위한 특정한 목적으로 이루어진다는 점에서 공공 및 민간 훈련과 뚜렷이 구분된다. 재원은 고용보험 기금과 기업 교육훈련비 지출에서 조달된다. 정부는 고용보험 기금 지원 과정에 한해 훈련과정 인정 등의 방식으로 부분적으로만 개입한다.

2) 직업훈련 시설 및 훈련과정

직업능력개발훈련 시설은 직업훈련을 받고자 하는 개인에게 직업과 관련된 지식 및 기술을 제공하는 활동을 수행하는 모든 기관 또는 시설이라고 할 수 있다. 직업능력개발훈련 시설은 공공 직업훈련 시설과 지정 직업훈련 시설로 구분된다.

직업능력개발훈련에 참여하고 있는 훈련 시설은 2008년 말 현재 5,154개로서 절대 다수가 지정 훈련 시설인 민간 훈련기관이 차지하고 있다.

연도	계	공공 훈련기관				민간 훈련기관			
		소계	한국폴리텍대학	대한상공회의소	한국기술대학	소계	훈련법인	노동부지정시설	기타
2004	3,569	53	44	8	1	3,516	63	627	2,826
2005	3,174	53	44	8	1	3,121	56	612	2,453
2006	3,877	49	40	8	1	3,828	68	687	3,073
2007	4,931	49	40	8	1	4,882	67	756	4,059
2008	5,154	49	40	8	1	5,105	70	873	4,162

자료 : 노동부(2009). 「직업능력개발사업현황」, 63쪽.

직업훈련과정은 훈련 목적 및 훈련 방법, 훈련 대상에 따라 구분할 수 있다. 훈련 목적에 따라서는 양성 훈련, 향상훈련, 전직 훈련으로 구분된다. 훈련방법에 따라 집체훈련, 현장훈련, 원격훈련으로 구분되며, 훈련 대상에 따라 인력 양성, 재직자 훈련, 실업자훈련으로 구분할 수 있다.

인력 양성 훈련은 산업 현장에 필요한 인력을 양성하기 위해 국가와 지방 자치 단체가 만 15세 이상인 실업자와 비진학 청소년을 대상으로 한다. 이 훈련은 기능사 훈련과 다기능기술자 훈련, 그리고 우선선정직종 훈련으로 구분할 수 있다.

재직자 훈련은 사업주 훈련과 재직 근로자 지원으로 구분할 수 있다. 사업주 훈련은 고용보험 피보험자의 직업능력을 개발·향상시키기 위해서 사업주가 직접 직업훈련을 실시하거나 훈련기관에 위탁해 실시하는 훈련으로서, 직업능력개발훈련과 유급휴가훈련으로 구분할 수 있다. 직업능력개발훈련은 소속근로자, 채용예정자, 구직 등록자를 대상으로 노동부 장관의 인정을 받은 직업훈련을 자체 훈련 시설에서 직접 실시하거나 훈련기관에 위탁해 훈련을 실시한다. 유급 휴가 훈련은 재직 근로자에게 유급으로 휴가를 부여하고 다른 훈련기관에 위탁해 실시하는 훈련을 말한다.

실업자훈련은 전직실업자훈련, 우선선정직종훈련, 지역실업자훈련(고용 촉진 훈련), 신규실업자훈련, 새터민 직업훈련, 영세자영자 훈련, 자활 직업훈련 등으로 구분할 수 있다.

전직실업자훈련은 고용보험 적용 사업장에서 실직한 만 15세 이상의 근로자를 대상으로 실시하며, 우선 선정 직종 훈련은 인력이 부족한 직종 등 매년 노동부장관이 고시하는 훈련 직종을 실시한다. 취업 훈련은 고용보험의 적용을 받지 않는 실업자를 대상으로 실시하는 훈련이다. 또 고용촉진훈련은 고용보험의 적용을 받지 않는 실업자 등을 대상으로 하며, 자활 직업훈련은 국민기초생활보장법상 수급자 중 직업훈련이 가능한 자를 대상으로 실시하는 훈련이다.

3) 직업능력개발사업 실적

2004년부터 2008년까지 직업능력개발훈련 실적을 살펴보면, 2008년의 경우 418만 4,000명이 훈련을 받았으며, 집행된 예산액은 1만 2,756억 원이다. 이 중 재직자 훈련이 전체 훈련 인원의 95% 이상을 차지하고 있으며, 예산은 전체 예산의 50%로서 지속적인 증가추세를 보여 주고 있다. 이에 비해 실업자훈련은 전체 훈련 인원의 2.8%, 공공 훈련은 1%에 미치지 못하고 있으며, 예산은 각각 26.8%와 23.0%로 지속적인 감소추세를 나타내고 있다. 실업자 및 공공 훈련의 경우, 훈련 인원이 차지하는 비중

표 3-31 | **연도별 직업능력개발사업 실적(2004~2008)**　　(단위 : 천 명, 억 원, %)

훈련종류	2004년		2005년		2006년		2007년		2008년	
	인원	집행액	인원	집행액	인원	집행액	인원	집행액	인원	집행액
총 계	2,182	8,584	2,606	9,767	3,103	10,516	3,479	12,393	4,184	12,756
	(100)	(100)	(100)	(100)	(100)	(100)	(100)	(100)	(100)	(100)
재직자 훈련	2,034	3,100	2,456	3,823	2,961	4,852	3,323	5,860	4,032	6,406
	(93.2)	(36.1)	(94.2)	(39.1)	(95.4)	(46.1)	(95.5)	(47.3)	(96.4)	(50.2)
실업자 훈련	99	2,870	107	2,816	107	3,251	120	3,658	116	3,421
	(4.5)	(33.4)	(4.1)	(28.8)	(3.5)	(30.9)	(3.5)	(29.5)	(2.8)	(26.8)
공공 훈련	49	2,614	43	3,128	35	2,413	36	2,875	36	2,929
	(2.3)	(30.5)	(1.7)	(32.0)	(1.1)	(23.0)	(1.0)	(23.2)	(0.9)	(23.0)

자료 : 노동부(2009). 「직업능력개발사업현황」, 48쪽.

에 비해 예산의 비중이 재직자 훈련에 비해 상대적으로 매우 높은 것은 훈
련기간의 차이에서 기인한다.

평생학습

1995년에 5월 31일 교육 개혁위원회가 발표한 '신교육체제확립을 위한
교육 개혁방안'은 누구나, 언제, 어디서나 원하는 교육을 받을 수 있는 열
린 교육 사회, 평생학습 사회의 건설을 지향한다. 1999년 8월 31일에 종전
의 사회 교육법을 전면적으로 개정한 평생교육법이 공포되고 2000년 3월
에 시행됨으로써, 평생교육의 법적·제도적인 기반을 새롭게 구축하고 한
국 평생교육 발전의 전기가 되었다. 평생교육법에서는 국민의 학습권과
학습자의 선택권을 실질적으로 보장하기 위해 다양한 학습 지원 제도가
도입되었으며, 인터넷 등 첨단 정보 통신 매체를 활용하는 원격 교육을 포
함한 다양한 유형의 평생교육시설을 법제화했다.

평생교육법에 따라 사내 대학 및 원격 대학의 설치·운영이 본격화함으
로써 1998년 3월부터 시행된 학점 은행제와 함께 직장인 등 성인들에 대한
고등교육수준의 평생교육 기회가 크게 확대되었다. 평생교육 전담 및 지원
기구 운영 등 평생교육에 대한 국가 및 지방 자치 단체의 체계적인 지원 체
제도 마련되었다. 평생교육에 대한 연구, 종사자 연수, 관련 정보의 수집·
제공 등의 기능을 수행하는 중앙 단위 평생교육 센터가 2000년 3월 한국교
육개발원에 설치되었으며, 이 센터는 2008년 2월 평생교육진흥원으로 확
대, 개편했다.

2002년부터 2006년까지 추진된 제1차 평생학습진흥종합계획에서 중
앙평생교육 센터, 지역평생교육정보센터와 평생학습관 설치 등 중앙정부
와 지방정부의 평생교육 추진의 제도적 기반을 마련했고, 평생학습도시

지정 확대, 저학력 성인을 위한 성인 문해 교육 지원 및 소외 계층의 평생학습 참여를 위한 재정지원 등 새로운 정책 대상을 발굴해 그 수요에 부응하는 성과가 있었다. 중앙정부와 지방정부, 공공과 민간 영역을 아우르는 종합적인 평생교육체제를 수립하지 못하고, OECD 선진국에 비해 평생학습 참여율이 낮아 일정한 한계가 있었다.

제2차 평생학습진흥종합계획(2008~2012)은 '배우는 즐거움, 일구어 가는 내일, 함께 살아가는 평생학습 사회 구현'을 비전으로, 평생학습 기반을 공고히 해 국가 경쟁력을 높이는 창조적 지식 근로자를 육성하고, 나아가 평생학습을 통한 포용 사회를 실현하고자 5년간 국가 차원에서 추진할 주요 평생학습정책 과제들을 제시하고 있다.

제2차 평생학습진흥종합계획은 지식 사회로의 전환에 따른 새로운 문명으로서 평생학습 사회를 인식하고, 고령화·저출산으로 인한 인구 구조 변화와 창조성이 강조되는 미래의 산업 구조 재편에 대비해, 국내적으로는 사회 통합을 실현하는 사회 안전밸브로서, 국제적으로는 전 세계에서 통용 가능한 교육·인증 체제에 대한 요구에 부응하고자 했다.

인재개발의 정책동향 및 특성

정책동향

한국의 인재개발은 저출산 영향으로 인한 학령 인구의 감소, 대학 진학을 위한 경쟁주의, 그리고 인력 수급 불균형 등의 도전을 받고 있다. 기존의 한국 교육은 양적 성장에 치중한 측면이 있었으며, 이로 인해 단순한 지식의 습득에 머무는 경우가 많았다. 이러한 문제점을 개선하기 위해 '창의 인재'를 양성할 수 있도록 초·중등교육과정의 개선, 대학 교육 질적 향상을 위해 다양한 시도를 하고 있다. 학교교육을 개선하려는 노력은 교육과정의 개혁과 단위학교의 자율성 향상을 통해 진행되고 있다. 교육과정의 개혁은 교과목의 축소, 능력중심의 교육과정 개편으로 나타나고 있고, 학교의 자율성 강화는 '자율형 고등학교 200 Project' 등으로 나타나고 있다.

한편 급격한 학령 인구 감소는 대학의 구조개혁을 요구하고 있다. 노무현 정부 이후부터 이명박 정부에 이르기까지 대학구조개혁의 방안이 고등교육의 핵심쟁점이다. 또한 학문 중심의 대학 교육과정과 기업의 요구 사이의 불일치는 대학 교육과정의 개편을 요구하고 있으며, 이러한 기업과 사회의 요구는 실제로 대학의 운영에 반영되어 실질적인 교육으로의 재편이 진행되고 있다. 향후 한국 고등교육의 성패는 성공적인 구조개혁과 교육과정의 개혁에 의해 좌우될 것이다.

이명박 정부가 추진하고 있는 직업교육 선진화 방안에 따르면, 전문계 고등학교 를 '분야별 특화된 직업교육기관' 으로 개편하고, 산업계·정부부처 공동으로 '선취업 후진학' 여건을 조성하고자 한다. 이를 위해, 마이스터고(50개교)를 통한 취업 선도 모델 정착, 산학 협력형 특성화고로 개편·확대(350개교), 종합고 등 전문계고의 일반계고 전환(291개교) 등을 추진하고 있다. 한편 직업능력개발사업은 2007년 3월에 마련된 제1차 평생직업능력개발기본계획(2007~2011)에 기초하고 있다. '함께 가는 고숙련 사회'를 비전으로 하는 기본 계획은 '학습하고 혁신하는 기업', '경쟁력 높은 지식 근로자', '활력 있는 직업능력개발시장' 이라는 3대 목표를 달성하기 위해 크게 정책 대상과 전달체계 및 인프라로 대별해 과제를 추진하고 있다.

정책 대상은 청년층에서 고령자에 이르기까지 전 근로생애를 아우르고 있으며, 근로 빈곤 및 경력 단절, 근로소외 등 취업애로계층에게는 보편적 권리로서 직업능력개발을 지원한다. 한편 시장 친화적인 전달 체계로의 혁신을 위해서 훈련비 지원 방식을 대기업과 정규직 위주에서 중소기업과 비정규직 등 취약계층의 접근이 용이한 지원 구조로 개편을 추진하고 있다. 더불어 직업훈련 인프라를 위해 인력 수급과 연계한 훈련 실시 및 직업-훈련-자격 종합 정보 시스템을 구축해 훈련 정보 제공을 확대하도록 하고 있다.

주요특성 및 과제

한국의 인재개발 정책의 주요특성은 먼저, 중앙집권적인 교육훈련정책추진 체계이다. 한국은 관료 집단을 중심으로 국가 발전 전략에 부합하는 교육훈련정책을 기획하고, 일반 행정과 교육 노동 행정(직업훈련)이 분리된 지방교육훈련 행정체계(직업훈련은 지방노동훈련 체계)를 통해 효율적으로 실행된다.

반면에 교육훈련정책의 과정이 정부의 관료제를 중심으로 수립·진행되면서 국민, 지역, 산업계의 참여는 원천적으로 제약을 받고 있다.

둘째, 교육훈련에 대한 평등주의적 접근이다. 중학교 무시험 진학 제도, 고등학교 평균화 정책 등 평등주의 접근 전략은 교육 기회의 확대와 균등화에 기여하고, 교육 여건의 평균화에 기여했다. 그러나 평등주의적 접근은 학생의 선택권 제약, 학생의 개인차로 인한 효율적인 수업 진행의 곤란, 고교 체제의 획일성, 경직성 등의 문제를 야기했다. 한편 교육 기회의 확대는 지나친 경쟁주의를 유발하기도 했다.

셋째, 높은 교육열은 세계적으로 유례가 없는 교육 팽창의 동인이 되었으며, 한국 교육 발전의 원동력이 되었다는 것이다. 그러나 다른 한편으로는 과열 과외 현상 등 소모적이고 비교육적인 교육 경쟁을 촉발해 전인교육의 저해, 학교교육의 비정상화, 계층 간 위화감 조성 등 부정적인 평가도 받고 있다.

넷째, 직업교육훈련이 산업체의 참여가 부족한 가운데 공급자 중심으로 이루어지고 있다는 것이다. 직업교육정책이나 과정 개발, 실행에서 산업체의 적극적인 참여가 부족하며, 산업계의 수요나 요구를 반영해 체계적으로 프로그램을 개발하고 편성할 수 있는 제도적 지원 체제 또한 실질적으로 마련되어 있지 못해 직업교육의 현장성을 충분히 확보하지 못하고 있다.

다섯째, 직업훈련이 평생 직업능력개발 체제로 전환되고 있다. 2000년 이후, 직업능력개발사업에 대한 지속적인 재정 투자 확대와 기업과 근로자의 직업능력에 대한 인식 제고 등으로 직업능력개발 참여율이 꾸준히 증가했으며, 급속한 기술 혁신, 지식기반 경제 심화, 노동시장 양극화 등으로 인해 직업훈련의 개념은 근로 생애에 걸친 평생 직업능력개발로 개념이 확대되었다.

다음으로 한국의 인재개발 효과성을 제고하기 위한 정책 과제로는 다음과 같이 4가지를 제안할 수 있다.

첫째, 교육제도와 정책의 기조가 양적 관리로부터 질적 향상으로 전환되어야 한다. 초 · 중등교육의 경우, 교육의 접근 기회 측면에서 지역 · 계층 간의 균등성equity은 초 · 중등교육의 양적 확대와 동시에 거의 달성했다. 그러나 학업 성취 수준이나 학력學力 면에서는 도농都農 간 및 대도시 내 각 거주 지역을 포함한 지역 간 격차와 계층 간 격차가 심각하다는 우려가 많다. 이제 질적 측면에서의 교육격차 해소, 즉 질적 균등성의 확보가 중요한 정책 과제로 대두하고 있다.

둘째, 교육 발전을 위한 공적 부담의 확대이다. 한국은 회원국 중 학교교육(공교육) 비용에 대한 민간 재원(특히 학부모) 비율이 가장 높다. 민간재원 의존도를 낮추고, 교육재정에서 공적 부담을 확대해 나가야 한다. 이는 선진 사회 진입을 위해 필수적인 과제이며, 정부의 의지에 달려 있는 문제이다. 아울러, 사교육비(과외, 학원비) 문제에 대한 좀 더 실효성 있는 대책 마련과 지속적인 실행, 점검도 매우 중요한 과제이다.

셋째, 직업교육훈련제도 운영에서의 산업계의 참여를 제고해야 한다. 지식기반 경제에서 요구되는 직업능력개발의 현장성이나 변화 관리를 위해서는 산업체의 더욱 적극적인 참여가 필수적이다. 산업체 참여의 확대를 위해 노동시장(기업)이 더욱 적극적으로 학교에 참여해 교육을 지원할 수 있도록 제도적 개선을 하고, 이를 위해 학교의 교육내용과 학교 운영 등 지배 구조를 개선하며, 직업교육과정에 기업의 참여와 연계가 가능하도록 한다면 직업교육의 질 제고도 기대할 수 있다.

넷째, 직업능력개발훈련의 형평성 제고이다. 최근 세계화와 정보 기술 혁명 등으로 기술 패러다임이 변화함에 따라 숙련 근로자와 비숙련 근로자 간에 고용 및 소득 양극화가 진전되고 있다. 근로 빈곤층을 감축하고 동반성장형 인적자원개발을 위해서는 중소기업 근로자, 비정규직 근로자, 저소득층 근로자, 자영업주 등 근로취약계층의 직업능력개발을 촉진하기 위해 직업능력개발사업의 대상을 확대하고, 대상의 특성을 감안한 차별화된 접근방안이 요청된다.

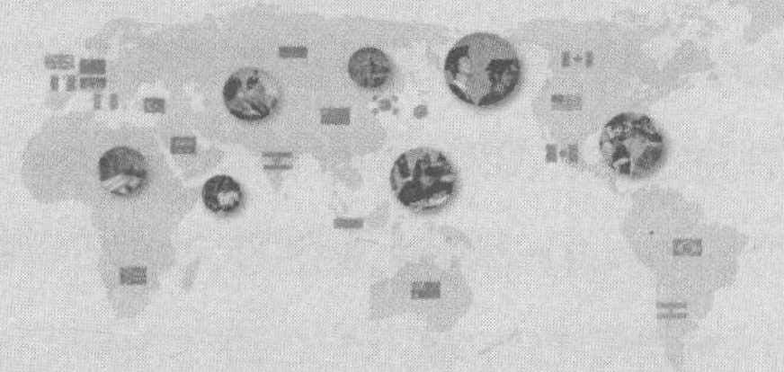

· CHAPTER 14 ·

러시아RUSIA
박 종 수

러시아 상트페테르부르크국립대 경제학부 졸업, 경제학 박사, 현 상트페테르부르크국립대 초빙교수 겸 [한러대화 포럼] 경제분과위원, 전 러시아 주재 공사. 주요 게재 학술 실적으로는 [러시아 우주과학 현황과 우주과학관련 교육정책(2009.9)] 외 다수, 저서는 [러시아와 한국](2001.2).

·01·
사회경제적 배경

사회와 문화

러시아의 탄생은 동슬라브족이 4~6세기경에 정착하면서 노브고로드 공국에 이어 키예프 대공국을 건설함으로써 시작되었다. 그 후 약 240년간 몽골의 지배를 받던 러시아는 모스크바 공국을 주축으로 세력을 확장하면서 몽골로부터 벗어나 1613년에 로마노프 왕조를 세웠다. 그 후 외국과의 빈번한 전쟁 및 개혁 정책의 실패로 정치·사회적 불만이 고조됨에 따라 1917년 10월혁명의 발발로 로마노프 왕조가 몰락하고 레닌의 볼셰비키당이 권력을 장악해 1922년 소비에트 사회주의 공화국 연방을 세웠다.

레닌 후 스탈린 독재 체제를 거쳐, 호루쇼프, 1985년 고르바초프의 등장과 함께 페레스트로이카 체제가 수립되었다가, 1991년 급진개혁주의자 옐친에게 정치적 주도권이 넘어갔다. 옐친은 그해 러시아의 초대 대통령에 취임하지만 경제 개혁 실패로 1999년 사임하고 푸틴을 후계자로 지명했다. 푸틴은 취임 후 '강력한 러시아 재건'을 모토로 정치적 안정과 경제성장을 이룩함으로써 국민적 지지를 획득했다. 2008년 5월 메드베데프가 푸틴의 뒤를 이어 제5대 대통령에 취임함으로써 푸틴과 대통령 메드베데프의 쌍두 체제가 출범했다.

러시아 문화는 음악, 발레, 미술, 문학 등 전반에 걸쳐 눈부신 발전을 이룩해왔다. 국민문학의 영웅 푸쉬킨에 이어 톨스토이, 도스토예프스키, 고골, 고리키, 솔제니친 등 거장들이 세계문학사에서 차지하는 비중도 적지 않다. 이 밖에 러시아의 음악은 차이코프스키나 라흐마니노프와 같은 유명한 음악가를 배출했으며, 발레, 미술로도 유명해 샤갈, 칸딘스키 등의 유명한 화가를 배출했다.

인종적 측면에서 러시아는 약 140개 민족, 인구 1억 4, 200만 명의 다민족 국가이다. 슬라브족이 압도적 다수(80%)를 차지하고, 총인구는 세계 8위이다. 인구밀도는 8.3명/㎢으로 세계 209위이나 지역별 편차가 커서 서부 지역이 높고, 북·남·동쪽으로 갈수록 낮아진다. 소련 말기까지 꾸준히 증가추세를 보였으나, 소련 붕괴 이후 약 600만의 인구가 감소했고, 도시 집중화 현상에 따라 도시인구 비율이 75%를 상회하고 있다.

시장 경제 및 사유화 도입 이후 빈부격차와 사회 양극화 현상이 심화되고 있다. 최상위 계층 10%와 최하위 10% 간 소득격차는 전국적으로 16.8배이며, 모스크바의 경우는 41배나 된다. 러시아어가 공용어로 사용되고 있으나, 연방 주체마다 소수 민족어 및 별도 지정된 공용어도 있다. 슬라브족을 포함한 대부분의 국민들은 러시아 정교를 믿는다. 그러나 로마 가톨릭, 개신교, 이슬람교, 유대교, 불교 및 기타 종교의 신자들도 적지 않다. 또 러시아 정부는 소수 민족의 고유 언어, 교육 및 문화 전파 활동 등에 대해서는 비교적 관대한 편이나, 민족주의나 혈통주의에 대한 과도한 부각은 허용하지 않고 있다. 헌법상으로 소수 민족의 권리가 보장됨에 따라 고려인들의 문화도 온전히 보존되고 있다.

국민의 교육수준을 살펴보면 러시아의 문맹률은 최근까지 1%로, 높은 교육수준을 보이고 있다. 이는 전 국민의 동등한 교육 기회 보장 및 전 교육단계의 무상 교육화 덕분이다. 2007년 현재 러시아에는 4만 6,000여 개의 유치원과 6만 4,000여 개의 초중등 학교가 있다. 고등교육기관은 국공립대 658개 및 사립대 450개교이며, 종합대학은 대도시를 중심으로 45개 교가 있고, 단과대학은 전문 분야별로 특성화되어 있다.

경제 및 노동시장

1. 경제동향

러시아 경제는 소련 붕괴 직후인 1990년대에 극심한 혼란기를 겪으면서 시장 경제와 사유화 제도를 정착시켜 나갔으나 1998년 외환 위기를 맞아 국가경제가 파탄 지경에 이르렀다. 푸틴의 집권을 계기로 에너지와 원자재 가격 상승 등 대외 여건 개선과 견고한 내수를 기반으로 성장세로 전환되었다. 2008년 5월 메드베데프의 대통령 취임 직후에도 시장 친화적 경제 정책을 유지하는 가운데, 고유가 등 외부 환경의 호조로 안정적인 경제 성장을 지속해 왔다. 특히 5년 연속 7%을 넘는 고도성장과 함께 외환보유고도 5,000억 달러에 이르러 세계 3위를 기록했다.

그러나 2008년 후반기로 접어들면서 세계 금융위기의 타격으로 GDP 대비 −7.9%의 심각한 경기 침체를 경험했다. 이는 과도한 원자재 의존 및 산업 경쟁력 부족이라는 러시아 경제의 구조적 취약성이 가져온 결과였다. 메드베데프 대통령은 지속가능한 발전을 위한 소위 4개의 'Innovation, Investment, Institution, Infrastructure'를 역설하면서 현대화 프로젝트를 제시했나. 이를 위해 2009년에 기초·응용과학과 교육, 첨단 의료산업 등에 100억 달러 이상의 예산을 배정했고, 2010년에도 동일 분야 혁신을 위한 연방정부 프로그램에 약 368억 달러(정부 예산 10% 이상)를 투입할 예정이다.[38]

2. 노동시장

국제금융위기 직전까지 러시아 노동시장은 경제성장 지속과 함께 안정적인 성장세를 유지해 왔다. 각 분야별 전문가에 대한 노동수요 및 급여수준이 높아지면서 다수 러시아 국민들에게 비교적 안정된 생활 수준을 보장해 주었다. 그러나 2008년 후반기부터 시작된 경제위기는 금융·은행 부문의 인력 감축을 필두로 건설 부문에 이어 전 영역으로 확산되었다. 불과 반 년 전만 해도 인기 있던 건설업이나 은행업은 더 이상 대졸자들의 관심을 끌지 못하고 있다.

1만 개 기업을 대상으로 조사한 결과, 2008년 말 5만 3,000명이 감원되었고, 특히 금융·보험·건설 분야 기업의 경우에 약 46%가 파산했으며, 32%가 감원했다. 2009년으로 접어들면서 노동시장은 더욱 악화되어 12월 말 실업률 8.2%, 실업자 수 620만 명을 기록했다. 러시아연방 통계청 자료에 따르면, 2010년 1월 말 전체 실업자 수는 680만 명이다. 노조연맹이 8,674개의 중소기업과 대기업을 대상으로 노동시장을 모니터링한 자료에 따르면, 2010년 1~2월 조사 대상 기업 중 56% 이상이 단축 근무를 실시하고 임금을 삭감했다.[39]

이러한 상황에서 러시아 하원은 2월 26일 이주 노동자에 대해 제재를 강화하는 법안을 1차 심의했다. 외국인이 러시아 기업에 취업할 경우에 이민국으로부터 노동 허가(유효 기간은 임시 체류 기간인 입국일부터 90일 이내)를 받아야 하고, 사진과 지문을 채취한 서류도 제출해야 한다. 또 고용된 이주노동자는 월평균 1,000루블의 라이선스 비용을 지불해야 하며, 외국인 근로자를 고용한 고용주는 이들에게 주택, 보건, 복지를 보장해 줄 의무가 있다.

·02·
인재개발 현황[40]

교육제도

러시아의 교육제도는 구소련의 학제를 토대로 현대 사회의 교육적 요구를 반영해 변화를 모색해 왔고, 1992년에 새 교육법에 의해 기초가 마련되었다. 기본학제는 교육 프로그램에 따라 일반교육과정과 직업교육과정으로 대별되고, 교육형태에 따라 주간, 주·야간, 야간 교육기관으로 구분된다. 1990년대부터는 새롭게 등장한 가정교육 및 검정 고시 형태의 교육기관도 허용되고 있다. 또한 일반교육과정과 직업교육과정 이외에 아동 보충교육기관, 성인보충교육기관, 성장에 문제가 있는 학습자를 위한 특수 교육기관, 고아나 후견인이 없는 아동을 위한 기관 등 다양한 교육기관이 세설되어 있다.

구소련 당시에는 국·공립 형태의 교육기관만 존재했으나, 페레스트로이카 이후 사립학교가 설립되기 시작했다. 다양한 교육제도의 출현과 사립학교의 증가는 러시아 교육제도 개혁과정에서 이루어졌다. 리체이лицей, 김나지움гимназии, 칼리지колледжи, 예술기숙사학교школыинтернатыискусств, 농업기숙사학교агрошколыинтернаты, 직업학교школыремесел 등 새로운 교육기관이 생겨났다. 새로운 형태의 교육기관 및 사립학교는 1988년까지 러시아 전역에 단 1개도 존재하지 않았으나 1997, 1998년에 김나지움 1,034개교, 리체이 657개교에서 총 128만여 명의 학생이 수학 중이었고, 2000/2001년 초에 김나지움, 리체이 및 특정 과목 중심의 학교가 7,347개로 늘어났다. 이 수치는 전·후기 일반 중등 학교 전체 수의 14.9%(1990년 6.6%), 전체 학생 수의 12.7%를 차지하는 것이다. 지역별로는 도시 아동의 17.1%, 농촌 아동의 2.6%가 김나지움과 리체이에서 공부하고 있다. 새로운 형태의 교육기관 및 사립학교는 러시아 인들 사이에 인기 있는 학교로 자리 잡아 가고 있다.

1. 초·중등교육

보통 교육에 해당되는 일반교육과정은 교육과정의 수준에 따라 3단계로 구분된다. 제1단계인 '초등 일반교육начальноеобщееобразование'은 4(3)년으로 초등교육에 해당하고, 제2단계인 '기본 일반교육основноеобщееобразование'은 5년으로 전기 중등교육에 해당하며, 제3단계인 '중등 일반교육среднееобщееобразование'은 2년으로 후기 중등교육에 해당한다.

일반교육과정의 2단계(또는 3단계)를 마치면 직업교육과정에 들어갈 수 있다. 직업교육과정은 4단계로 구분된다. 즉 초등 직업교육начальноепрофессиональноеобразование, 중등среднее 직업교육, 고등высшее 직업교육, 고등교육 이후послевузовское 직업교육으로 구분된다. 고등 직업교육이란 종합대학과 단과대학에서 이루어지는 고등교육을 지칭하며, 중등 일반교육나 중등 직업교육과정을 마친 학생들이 지원할 수 있다.

러시아 학생들의 학교교육은 통상 일반교육을 의미하는 것으로, 취학 전 교육, 초등교육(4년), 기본 일반교육(5년, 전기 중등 학교), 중등 일반교육(2년, 후기 중등 학교)의 과정을 거친다. 취학 전 교육기관은 일찍부터 체계화되고 발전되어 만 2개월부터 3세까지의 아동을 수용하는 보육원яслисад과 3세부터 6세까지의 아동을 수용하는 유치원детскийсад이 있다. 학생들의 진학 여부를 결정하는 첫 시험은 9학년 말 전기 중등 학교를 졸업할 때 실시된다. 학생 개개인의 진로는 9학년 이후 일반학교로 진학하느냐 아니면 직업학교로 진학하느냐에 따라 크게 좌우되는 경향이 있다.

대학 진학을 희망하는 학생들은 일반적으로 제10 · 11학년의 중등 일반교육을 마치고 대학 입학 시험에 응시해야 한다. 일반교육과 직업교육을 병행하고자 하는 학생은 직업교육 프로그램을 제공하는 칼리지나 직업기술학교와 같은 초등(또는 중등) 직업교육기관에 진학한다. 물론 초중등 직업교육기관을 마친 후 학업을 계속하고자 하는 학생은 고등교육기관을 지원하면 된다.

2. 고등교육

고등교육기관은 종합대학, 단과대학 및 아카데미로 구성되어 있다. 전체 국립고등교육기관에서 종합대학이 50%, 아카데미가 약 30%를 차지하고 있다. 각 대학에는 주간부, 야간부 및 통신부의 세 형태가 있으며, 수업연한은 4~5년이다. 2007년 말 현재 고등교육기관은 1,108개가 있으며, 이 중 국 · 공립고등교육기관이 658개, 사립 고등교육기관이 450개이다.

고등교육기관에서 주목할 점은 1990년대 중반부터 유료 교육형태가 확대되고 있는 점이다. 사립 고등교육기관의 학생 수는 50만 명으로, 전체 학생의 약 10%를 차지하고 있다. 유료 교육의 형태는 사립학교뿐만 아니라 국립고등교육기관에도 확대되기 시작해 유료 입학자의 규모가 1995년 15%에서 2007년 현재 대학별로 30~50%까지 확대되었다. 이는 사회주의 붕괴 이후 국가의 지원이 단절된 데 따른 것이며, 이올리 긱 대학들은 새성적 자구책의 일환으로 외국 유학생 유치 및 단과대 · 학부별 독립 채산제를 도입하는 추세이다. 고등교육계의 또 다른 변화는 최근 몇 년간 기술 전문가를 양성하는 전공 분야 입학자가 계속 증가하고 있는 점이다.

러시아의 학위 제도는 1990년대 이후 서구제도를 일부 수용함으로써 구소련의 제도와 약간의 차이를 보이고 있다. 1990년대 이전에는 대학 학부 과정을 졸업하면 디플롬диплом이라는 전문가 자격증이나 졸업장을 수여했으며, 별도 학사학위 제도는 없었다. 그러나 개혁·개방 과정에서 학부를 졸업하면 바칼라브라(бакалавра 학사학위)를 수여한다. 일부 대학의 경우에 4년 과정의 학부에는 학사학위를, 5년 과정의 학부에는 바로 마기스트르(магистр 석사 학위)를 수여하고 있다.

또한 구소련 당시에는 없던 제도로, 1991년경부터 대학원에 2년 과정의 석사 학위를 수여하고 있다. 석사 다음 단계로 3년 과정의 아스피란투라(аспирантура 박사 과정)를 마친 후, 학위 시험과 논문 심사를 통과하

그림 3-23 | 러시아의 교육 체계

연령	정규교육체계		야간 · 통신 교육	학위
	일반교육 과정	직업교육 과정		
25	대학원			아카데믹(원사)
				독토르 (박사 2~3년)
24				칸디다트 (박사 3년)
23				마기스트르 (석사)
22	고등 교육기관 (4~5년)		대학교 (야간 · 통신과정)	바칼라브르 (학사)
21				
20				
19				
18		중등전문학교(3~4년) 또는 직업기술학교(1~3년)	중등일반학교, 중등전문학교 (중등학교 졸업증 또는 기술자격증)	
17	후등 중등학교 (10~11학년)			
16				
15	전기 중등학교 (5~9학년) / 9년제 중등학교 / 10(11)년제 중등학교			
14				
13				
12				
11				
10	초등학교 (3년제 또는 4년제)			
9				
8				
7				
6	보유권 3년 및 유치원 3년			

자료 : 신효숙(2003), "러시아의 교육제도", 「현대비교교육론」.

면 칸디다트(кандидат 박사학위)를 받는다. 다음 단계의 독토란투라(док
торантура 박사 과정)는 논문 심사를 통과하면 독토르(доктор 박사학위)
가 수여된다. 이는 서구의 박사 후Post.Doc 과정에 해당하며, 한국의 박사
학위보다 높은 수준이다. 최고위 학위는 아카데믹(академик 원사)으로,
각 분야의 원로급 최고 권위자에게만 수여되고, 러시아 최고학술원의 회
원이 된다.

직업교육훈련[41]

러시아의 직업교육훈련은 혁명 직후부터 사회주의 교육이념에 기초해서
발전되었다. 사회주의 교육원리는 이론과 실천의 일치, 교육과 노동 및 학
교와 사회의 결합을 기초로 한다. 이에 따라 교육 시스템은 일반교육 체계
와 직업교육체계, 더 나아가 성인교육 체계 간 유기적 연계를 특징으로 한
다. 노동자들이 생산현장에 종사하면서 부족한 학력을 보충하고 학위를
취득하기 위해 야간학교나 통신학교에 다니는 것과 생산현장에 필요한 지
식과 기술을 습득·향상시키기 위해 재교육기관에 다니는 것은 구소련 사
회의 일상화된 경험이었다.

구소련 당시 직업교육은 정규 직업교육기관 이외에 각종 학교에 개설된
야간 및 통신 과정, 아동과 성인들을 위한 보충교육기관을 통해 이루어졌
다. 특히 1950년대부터는 일하면서 공부할 수 있는 야간학교 및 통신 교육
과 같은 시간제 과정이 광범위하게 보급되었다. 이와 같이 지장을 가진 학
생, 청년, 성인들을 위한 시간제 프로그램은 일반 초·중등교육 체계와의
통합적 요소이자 효율적인 재교육기관으로 간주되었다(Marion, B.DF.&D
Lawrence, G.DD, 1968).

직업교육기관은 구소련의 산업화 정책과 함께 급증하는 전문가와 숙련

노동자에 대한 요구와 맞물려 급속히 발전했다. 구소련 당시 중등교육과정에서 일반학교와 직업교육기관에 진학하는 학생의 비율은 60:35였다. 그러나 1990년대로 접어들면서 9학년 전체 졸업자 중에서 중등일반학교의 제10학년에 진학한 학생비율이 1992년 53%에서 2000년 67%로 증가한 데 비해, 초중등 직업교육을 받는 학생 수는 상대적으로 감소했다. 이는 일반교육의 정상적 운영도 어려운 상황에서 직업교육에 대한 투자가 상대적으로 감소했기 때문이다.

1. 기초 단계 직업교육

기초 단계 직업교육기관은 일반적으로 중등 학교 9년을 마친 학생들이 기술과 기능 습득을 통해 중등 전문 자격증을 취득하기 위해 설립되었다. 직업기술학교ПрофессиональноТехническоеУчилище와 같은 단기 직업훈련 학교가 대표적인 사례이다. 공장 부속학교 형태의 직업학교가 있으며, 수업 연한은 평균 1~3년이다. 마무리공, 프라이스공, 선반공 등의 공업 부문과 이발사, 요리사, 상점 판매원 등 서비스 부문의 기능공을 주로 양성한다.

1990년대 후반부터 새로운 형태의 기초 단계 직업학교로서 '직업 리체이'가 운영되기 시작했다. 숙련된 노동 인력 양성에 역점을 두고 있는 '직업 리체이'는 초등 직업교육기관의 약 23.9%를 차지할 정도로 확대되는 추세이다. 이와 함께 기초 직업교육을 운영하는 과정에서 문제점도 적지 않다. 가장 심각한 것은 재원 부족으로, 이는 교원 인력의 부족과 노령화를 초래하는 요인이 되고 있다.

2. 중등 단계 직업교육

오늘날 러시아 교육제도에서 중등 직업교육이 차지하는 비중은 적지 않다. 사회·경제 분야 전체 직종의 34%인 전문가 2,160만 명이 바로 중등 직업학교 출신이다. 구소련 당시에는 중등 직업교육이 대부분 '체흐니쿰'

이라 불리는 중등전문학교에서 이루어졌다. 중등전문학교에는 국민 경제의 각 분야에 걸친 지식과 기술을 익힐 수 있도록 공업, 농업, 건설, 통신, 교통, 보건, 체육, 스포츠, 교육, 경제, 법률, 예술 및 영화 등 다양한 전공 과목이 개설되어 있다. 수학 연한은 평균 3~4년이며, 학생들에게 직업훈련을 겸한 일반 중등교육을 제공했다.

그러나 1990년대에 국립 중등 직업기관의 제도 개편이 이루어졌고, 새로운 형태의 교육기관인 '칼리지'가 등장했다. 중등 직업학교의 약 40%를 점유하고 있는 칼리지에서는 과학 기술 등 제반 분야 종사자 및 높은 수준의 지적 활동을 요하는 타 분야 전문가들을 양성하고 있다.

국민들과 노동시장의 요구에 따라 중등전문가의 직업 양성 구조가 변하고 있다. 중등 직업교육기관의 전체 정원에서 경제 및 인문 분야 정원이 1980년에 11%에서 2000년에 36%로 증가한 데 비해, 기술 부문의 전공은 53%에서 37%로, 농업 부문은 12%에서 5%로 감소했다.

3. 보충교육

구소련 당시 학생들은 학교 수업의 일환으로 또는 개인적 필요에 따라 소위 '어린이 궁전'과 같은 보충교육기관에서 악기, 전통 민요, 장기, 발레 등을 배울 수 있었다. 수영, 테니스, 컴퓨터 실습에 관심 있는 학생들은 이에 필요한 교육시설이 구비된 보충교육기관에서 개인의 재능을 발전시킬 수 있었다. 여름방학이 되면 피오네르 캠프와 같은 야영 시설에서 친구들과 함께 즐거운 시간을 보낼 수 있었디. 이러한 보충교육제도는 구소련 당시 국가의 정책적 배려와 재정지원 속에서 학생의 전면적 발달과 활동을 위한 장소로 널리 보편화되어 있었다.

보충교육제노는 지적·정서적·신체적으로 균형잡힌 전인 양성을 목적으로 학교교육의 보충적 기관으로 운영되었다. 학교교육이 제공하지 못하는 교육적 측면들을 학생들에게 보충해 줄 목적으로 설치되었기 때문에 일정부분 일반교육기관 또는 직업교육기관과 연계를 맺기도 했다. 구소련 당시에 보충교육기관은 무료로 또는 저렴한 비용으로 모든 학생들이 이용할 수 있었다.

소련 붕괴 이후 1990년대 보충교육제도는 학교교육의 어려운 상황과 맞물려 감소했으나 국가의 재정 상황이 호전됨에 따라 다시 증가하는 추세이다. 그러나 구소련 당시만큼 활성화되지는 못하고 있으며, 그 대신 고액의 과외비를 요구하는 개인 교습 과외가 일반화되고 있다.

평생학습

러시아의 평생학습은 혁명 직후부터 사회주의 교육 이념에 기초해 성인교육과 직업 재교육의 형태로 이루어졌다. 구소련 당시 생산현장에 종사하는 노동자들이 부족한 학력을 보충하기 위해 야간학교나 통신학교에 다니고, 생산현장에 필요한 지식과 기술을 습득, 향상시키기 위해 재교육기관을 이용했다. 성인교육과 직업 재교육은 보충교육기관뿐만 아니라 정규 직업교육기관 및 각종 학교에 부설된 야간·통신 과정을 통해서도 이루어졌다. 특히 1950년대부터 야간학교와 통신 교육과 같은 시간제 과정이 광범위하게 확산되었고, 직업 재교육 위주의 성인 재교육 시스템은 구소련의 산업화 정책 및 이에 따라 급증하는 전문가와 숙련 노동자에 대한 요구와 맞물려 급속히 발전했다(Marion, B.F.& Lawrence,G.D, 1968).

현대 러시아 직장인들에게는 과학 기술 정보 및 산업 구조의 급속한 변화에 따라 전문 지식과 기능을 습득하고 향상시키는 계속적인 교육과정이 요구되고 있다. 고등교육 이후의 직업교육제도나 보충교육기관은 바로 이러한 계속 교육의 과제를 수행할 것을 목적으로 발전되었다. 특히 1990년대 보충직업교육기관의 특징은 체제 이행 과정에서 발생하는 시장경제의 당면

문제 및 사회적 과제를 해결하는 기능을 수행하고 있다. 예를 들면, 대량 해직 군 종사자 등 실직자와 여타 무직자들을 위한 재교육 및 자격향상 교육을 조직하고, 새로운 직업교육을 준비시키는 역할을 수행하고 있다.

그러나 1990년대 들어 성인교육은 일반교육과 마찬가지로 쇠퇴해 일반교육의 정상적 운영도 어려운 상황에서 직업교육에 대한 투자를 상대적으로 감소시킬 수밖에 없었다. 특히 성인교육은 그 중요성에서 학교교육이 비해 이차적이기 때문에 재원 부족, 정책적 배려 미비, 성인학습자의 관심 저하의 등 요인으로 상당한 위기를 겪어야만 했다. 공적으로 제공받지 못한 성인교육은 사적 채널을 통해서 보충되었고, 다양한 종류의 유료 교육 강좌가 늘어나기 시작했다. 그러나 경제 회복과 함께 정부 차원에서도 성인교육에 대한 활성화 필요성이 제기되고 있다.

인재개발의 정책동향 및 특성

정책동향

러시아는 1990년대에 소비에트 혁명 이후 약 반세기 이상 지속된 공산주의 교육 이념 및 체제와 결별하고, 구미의 자유민주주의 교육과 시장 원리를 도입하면서 민주성과 다양성에 초점을 둔 새로운 교육 개혁을 단행했다. 이러한 교육 개혁 정책에 따라 제정러시아의 전통교육이 복원되고, 다양한 민족학교가 생겼으며, 시장 경제 원리에 기초한 각종 사립학교와 사교육 시장이 확대되었다. 학생들은 자신의 능력과 적성에 따라, 학부모들은 원하는 교육 철학에 입각해, 교육내용을 선별하고 교육기관을 선택할 권리를 갖게 되었다. 정부 차원에서도 장기적 · 전략적 관점에서 교육 전반에 걸친 개혁을 단계별 및 전 방위적으로 추진해 왔다. 푸틴 정부가 추진해 왔던 '러시아 교육 현대화 구상Концепциямодернизацияроссийскогообр азования' 의 연장선에서 메드베데프 정부는 '우리의 새로운 학교' 구상ин ициатива 'Нашанова яшкола' 을 진행 중이다.

1. 러시아의 교육 현대화 구상

러시아는 1990년대의 체제 이행 과정에서 교육의 이념과 정체성 퇴색, 고급 인력의 고갈, 교육 기회의 불평등 확산, 교육 재원의 부족 등 제반 문제점에 직면했다. 따라서 정부 차원에서도 기존의 교육 체계에서 벗어나 새로운 환경에 부응하는 개혁안을 모색하지 않을 수 없었다. 푸틴 정부는 이러한 교육 개혁 경험을 바탕으로 '2000~2010년 러시아 교육 현대화 구상'이라는 21세기를 향한 새로운 교육정책을 제시했다. '강한 러시아' 건설과 경제 발전을 목표로 계획된 이 교육 개혁안은 정부의 사회 경제 정책 기본방향과 긴밀히 연계되어 추진되었다.

1) 기본 교육과정 설정

러시아의 교육과정 정책은 기본적으로 1992년에 초안으로 제시된 교육법 및 교육부령에 기초하고 있다. 1998년에 개편된 교육과정의 특징은 연방적 요소를 기초로 민족, 지역 및 학교의 특성을 반영해 다양한 교육과정을 허용한 점이다. 기본 교육과정은 불변 부분의 연방교육과 가변 부분의 민족·지역 교육 및 학교교육의 세 영역으로 구성되어 있다. 세 영역에서의 기본 교육과정의 방향은 첫째, 연방 교육영역에서는 교육 지역으로서의 러시아 통일을 보장하고, 세계 문화 속에 개개인의 통합을 보장하도록 기준을 설정하고 있다. 이에 따라 모든 학생들에게 인류 문화의 기본 영역을 준비시키는 교과목으로 수학, 정보, 물리학, 화학 및 국어가 포함된다.

둘째, 민족적·지역적·교육적 영역에서는 각 민족과 각 지역의 특성에 부합한 교육 기준을 설정하도록 해당 지역에 권한을 부여하고 있다. 셋째, 학교교육 영역에서는 개별 교육기관인 각 학교의 특성을 교육과정에 반영하며, 독자적으로 교육 프로그램을 연구해서 실천하도록 하고 있다(B.C. Леднева, Н.Д. Никандрова, М.Н. Лазумовой, 1998). 시간 배정 비율로는 교육과정의 전체 시간에서 연방 교육에 75% 이상, 민족·지역 교육에

10% 이상, 학교교육에 10% 이상을 할당하도록 규정하고 있다.

2) 일반교육 구조개혁

일반교육의 구조개혁은 학제개편과 고등학교에서의 심화 교육 도입으로 요약된다. 학제개편은 3~4년의 기존 초등학교 학제를 4년제로 통일하고 중등교육기간을 연장해 총 12년제로 바꾸는 것이다. 기존의 학제는 초등학교 3~4년, 중학교 5년, 고등학교 2년을 합해 총 10~11년제였다.[42] 이러한 학제개편은 2001년 9월 신학기부터 시작해 2010년 전면 시행을 목표로 추진되었다(АФКиселева ред, 2001). 그러나 현실적으로는 지역과 학교의 내부 사정에 따라 통일되게 시행되지 못하고 있다.

한편 일반교육의 구조개혁을 위해 심화 교육Профильноеобучение이 도입되었다. 2004년 9월 신학기부터 부분적으로 시행해 2005년에 중학교 졸업 학년인 9학년에 심화 교육 준비과정이 도입되고, 2006년에는 10·11학년에서 전반적으로 실시되었다.

3) 대학입시제도 개선

대학 입시제도의 개선은 우수한 전문인력 양성이라는 기존 제도의 목적 외에 고질적 병폐인 입시 부조리 문제와도 관련되어 있다. 대학 입시제도의 개선 일환으로 추진된 '공통국가시험Единыйгосударственныйэкзамен'은 졸업 시험과 입학 시험으로 이원화되었던 기존 제도를 일원화한 것이다. 이제까지 고등학교 졸업생들은 마지막 학기에 시·구 교육청 단위로 출제되는 졸업 시험을 치르고, 졸업 시험 결과에 따라 희망대학을 택한 후에 다시 입학 시험을 치렀다. 그러나 '공통국가시험'ЕГЭ은 한 차례만 실시되어 고교 졸업과 대학 입학이 결정된다. 즉, 고등학교 졸업생들이 학년 말인 5월에 전국에 걸쳐 동시에 치루는 공통국가시험은 졸업 시험으로 자동 인정되며, 7월에 시험 결과를 희망 대학에 제출함으로써 입학 여부가 확정된다.

전통적인 대학 입학 시험이 주관식 작문형과 구술 시험으로 이루어졌다면, 공통국가시험은 객관성과 공정성을 높인다는 취지에서 객관식 문제로 출제된다. 이 제도는 2001년 사하공화국과 몰도바공화국에서 시범적으로 실시되었다. 2007년에 모스크바에서 실시 후, 2008년 국어와 수학을 의무적으로 실시한 데 이어, 2010년에는 전국적으로 확대 실시될 예정이다.

4) 볼로냐선언 가입

러시아 교육 현대화 구상의 또 다른 시도는 러시아 교육을 유럽 교육권에 편입시키기 위한 노력과 긴밀히 연계되어 있다. 현재 유럽 어느 곳에서도 러시아의 학력과 학위를 인정하지 않고 있다. 2000년에 채택된 볼로냐선언에 의하면 2010년까지 러시아를 포함한 유럽 지역에 하나의 단일 고등교육제도를 수립하는 것이다. 러시아는 2003년 9월 베를린 회의 때 유럽 국가 간 공동 학위 인정제 도입 및 학제 표준화를 골자로 하는 동 협약에 가입했다. 이 제도하에서 러시아 학위가 인정될 뿐만 아니라 유럽과 러시아 대학 간에 수업과 학점 교류도 가능하다.

2. '우리의 새로운 학교' 구상[43]

메드베데프 대통령은 2008년과 2009년 연례교서에서 '우리의 새로운 학교' 구상이 관계 부처의 의례적인 프로젝트가 아니라, 러시아 사회 진반을 포괄하는 핵심임을 강조했다. 우리의 새로운 학교 구상의 보통 교육 기본 발전 방향은 첫째, 새로운 교육 표준화로의 전환, 둘째, 재능 있는 아동들에 대한 지원 시스템 개발, 셋째, 교사 집단 완비, 넷째, 학교 인프라 개조, 다섯째, 학생들의 건강 유지 및 강화, 여섯째, 자립형 학교 증설 등 여섯 가지로 요약해 볼 수 있다.

특히 메드베데프 대통령이 '교사의 해(2010)' 개막식 연설에서 강조한 사항은 다음과 같다. 첫째, 교육의 질을 제고시키는 참신한 아이디어를 상시적으로 도출·적용하고 학생 개개인의 성취도를 측정할 수 있는 다면평가 시스템을 확보할 계획이다. 둘째, 학교는 두뇌의 전당으로서 지적·육체적 생활을 추구하는 데 적합한 현대식 건물이어야 한다. 셋째, 재정 자립 및 학생 개개인의 교육 프로그램 지정 등 전반적으로 학교의 자율성을 확대시켜 나갈 것이다. 넷째, 보통 교육기관의 경우에 국·공립과 사립 간 법적 형평성을 보장할 것이다. 다섯째, 사범대 교육 시스템은 매우 중요한 현대화 대상으로써, 러시아 명문대학 내 능력 향상 및 재교육과정 개설을 의무화할 것이다.

주요특성 및 과제

앞서 살펴본 바와 같이 러시아는 급격한 경제·사회적 변화 속에서 지속적이고 안정적인 경제성장을 이룩해 나가야 할 과제를 안고 있다. 따라서 교육과 훈련의 강화를 통한 인재개발은 향후 러시아의 주요정책을 이룰 것으로 예상된다. 앞으로 러시아가 해결해 나가야 할 주요과제들을 살펴보면 다음과 같다.

1. 자국 내에서 해결할 과제

러시아가 국가 인재개발을 위해 자국 내에서 해결해야 할 주요과제를 살펴보면 다음과 같다.

첫째, 교육의 이념과 정체성의 재정립이 불가피하다. 러시아 교육이 이념적 측면에서 볼 때, 전통적인 '정신성'과 단절되었다는 지적이 있다. 구 소련 1970년을 지배했던 사회주의 교육은 기본적으로 '인민'과 '평등'에 바탕을 둔 대중 지향적인 교육 체계를 수립했다. 그러나 1990년대 개방주의를 표방한 교육 개혁은 집단주의교육 및 교양 교육을 무력화했다. 특히 1990년대 체제 이행 과정에서 현저히 증가한 미혼모와 이혼율은 가정 문제, 나아가 가족 해체 등 사회 문제로 대주되었다. 최근 러시아 사회 전반을 불안에 떨게 하는 자살 테러도 교육의 정체성 문제와 관련이 있다. 푸틴 정부에 이어 메드베데프 정부에서도 교육 분야 개혁을 지속하고 있으나, 구조적 문제점이 쉽게 해소되지 않고 있다.

둘째, 교육의 양·질적 저하 및 운영상 비효율성의 문제이다. 오늘날 러시아 교육현실은 교육 주체인 교사와 학생들의 양·질적 수준이 동시에 저하되고 있다. 무엇보다도 교육제도 운영상의 문제점이 1차적 요인으로 작용하고 있다. 예컨대 일반교육기관의 보통 의무교육이 급속히 붕괴되고 있다는 것이다. 1990년대 초반 전기 중등 학교 졸업자가 거의 100%에 육박했으나, 1995년에 84.5%로 급감하는 등 지속적으로 악화되어 2009년 현재에는 청소년 문맹자가 200만 명에 이를 정도이다.[44]

셋째, 열악한 교육재정을 들 수 있다. 러시아 경제 상황 악화로 인한 교육재정의 빈곤은 교육 발전에 커다란 장애 요인이 되고 있다. 러시아 정부의 지속적인 노력에도 불구하고 교육재정 문제는 쉽게 해소되지 않고 있다. 최근 20년간 정부 지원의 국·공립대학 예산은 40% 정도에 불과하고, 나머지는 각 대학이 자체적으로 확보해야 하는 상황이며, 이 같은 재정문제는 대도시보다 지방의 경우에 더욱 열악하게 나타나고 있다.

이 밖에도 교육 기회 불균형 및 계층 간 불평등 심화 등을 문제로 꼽을 수 있다. 러시아는 1990년대 체제 이행기의 급격한 사회 변동과 더불어 사회 계층 구조의 많은 변화를 가져왔다. 대다수 국민들은 시장 경제 도입 과정에서 야기된 인플레이션, 임금과 연금의 상대적 하락 등으로 생활고에 시달렸으며, 최저 생계비 생활자가 국민의 20~30%에 이르렀다. 이러한 사회·경제적 변화에 따라 사회의 불평등 구조도 심화되었다.

2. 국제 협력을 통해서 해결할 과제

1) 학제의 국제 표준화 실현

소련 붕괴 후 20여 년이 경과했음에도 불구하고 서방 학계와의 교류가 상대적으로 활성화되지 못하고 있는 것이 오늘날 러시아 학계의 현실이다. 슈퍼파워 당시에 러시아어를 국제어로 인식했던 관성에서 벗어나지 못한 요인도 있으나, 근본적인 원인은 바로 상이한 학제 때문이다. 러시아도 유럽국가간 공동 학위 인정제 도입 및 학제 표준화를 핵심으로 하는 볼로냐 선언에 가입했으나, 새로운 제도를 정착시키는 데는 상당한 시일이 소요될 수밖에 없다.

즉 대학별, 학부별, 전공별로 자체 사정 때문에 유럽식 학제를 단기간 내 전면 수용할 수 있는 입장은 아니다. 따라서 일정 기간 동안 기존의 러시아 학제와 유럽식 학제가 혼재되는 상황이 지속될 것이다.

2) 산학 협력 체제 구축을 위한 교육 협력강화

러시아 정부는 21세기 국가 경쟁력 강화를 위해 실리콘밸리와 같은 대규모 기술 연구 단지 설립을 검토 중이다. 국제 사회의 유수한 학자들을 유치할 수 있는 여건을 구비해 국제시장에서 경쟁력을 갖춘 기술 분야를 개발한다는 취지로 연방정부의 재정지원을 받아 신기술을 개발할 수 있는 벤처기업을 육성한다는 복안이다. 기초 과학 우선 지원 분야를 설정하기 위해 R&D기관을 구조 조정하고, 과학과 교육을 통합해 젊은 과학자 양성을 위한 지원책을 강화하고 있다.[45]

3) 교육 분야의 외국인 투자유치 활성화

최근 글로벌 시대에서 교육 과학 분야의 국제 협력은 필수적이며, 교육 재원이 취약한 러시아 입장으로서도 예외일 수는 없다. 외국 대학과 연구소뿐만 아니라 첨단 기업과의 협력 구축을 통한 산학 협력 체제가 절실히 요망되는 상황이다. 우선 공업 선진국과는 첨단 기술 분야에 직·간접적으로 외국자본의 유입 기반을 조성 중이며, 유럽경제개발은행 및 유럽벤처자본협회와의 계약 확대 등을 도모하고 있다. 한국, 말레이시아 등 신흥공업국과는 러시아 기술의 상업화 투자, 국제 시장 공동 진출을 위한 기술 집약 상품 및 서비스 등의 공동 연구 개발, 이들 국가의 자유 무역 지대 내 기술 집약적 생산 시설 건설을 공동으로 모색 중이다.

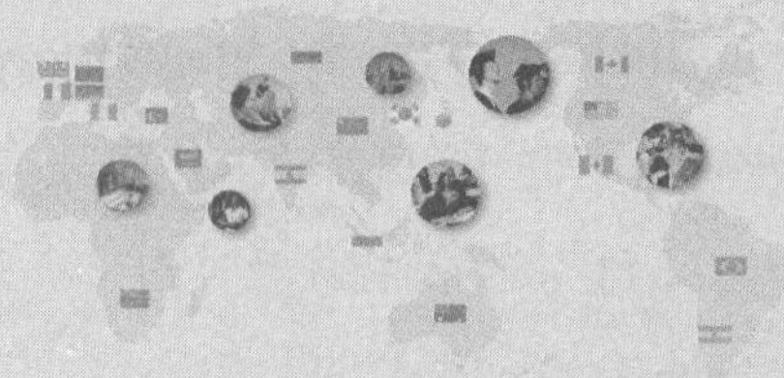

CHAPTER 15

사우디아라비아 SAUDI ARABIA

나 현 미

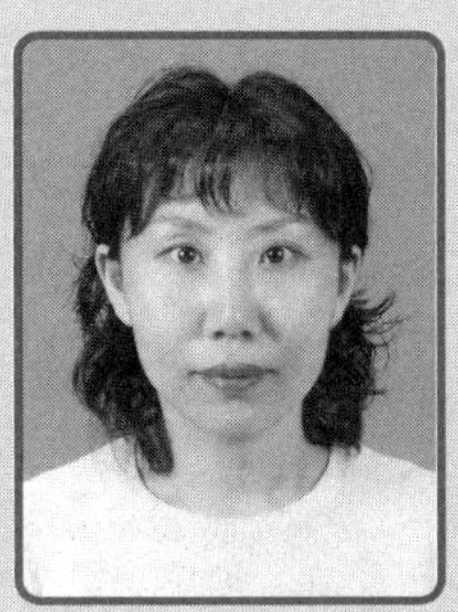

숭실대학교 컴퓨터 공학 전공 공학 박사, 현 한국직업능력개발원 고용·능력개발연구실 직업능력개발평가센터 부연구위원, 외부 활동 실적으로는 전문계고등학교 1종도서 편찬위원회 위원. 주요 연구 실적으로는 [인터넷 원격훈련과정 심사운영 및 기관평가], [국가직무능력표준 개발 및 자격체제 구축] 외 다수.

사회경제적 배경

사회와 문화

사우디아라비아는 아시아와 아프리카의 중간에 위치한 아라비아 반도를 대부분 차지하고 있는 절대군주제 국가이다. 1922년에 오스만 제국으로부터 처음 독립했고, 1927년에 영국으로부터 영토를 되찾았으며, 1932년에 현재의 이름으로 통합되었다.

정식 명칭은 사우디아라비아왕국Kingdom of Saudi Arabia이다. 사우디아라비아란 '사우드가家의', '사우드왕조王朝의' 라는 뜻이다. 북쪽으로 요르단 · 이라크, 동쪽으로 페르시아 만灣 연안의 쿠웨이트 · 바레인 · 카타르 · 아랍에미리트, 남쪽으로 오만 · 예멘에 접하고, 서쪽으로 홍해紅 사이에 두고 이집트 · 수단과 마주한다. 국토면적은 아라비아 반도의 80%인 215만㎢로 한반도의 10배 정도에 해당한다. 세계 최대 산유국으로 알려져 있다. 이슬람교의 발상지로 이슬람교 최대의 성지인 메카가 있으며, 행정 구역은 13개 주mintaqah로 이루어져 있다.

인구는 2008년 기준 2,816만 1,417명이며, 그 중 외국인이 557만 6,076명(20.2%)이다. 인구는 주요도시에 집중되어 있어서 수도인 리아드Riyadh에 610만 명, 메카 지역에 610만 명, 메디나에 161만 명 등이 거주하고 있다.

사우디아라비아의 주민은 순수한 아랍인으로 언어는 아랍어이다. 아랍어는 아랍 세계의 공통어이며, 종교는 이슬람교(수니파 90%, 시아파 10%)이다.

정치체제는 군주제로서 정교혼합정체政敎混合政體이다. 국왕은 왕인 동시에 종교상의 수장이고, 왕의 권한은 입법·사법·행정 등 각 방면에 걸쳐 절대적이지만 무제한은 아니며, 이슬람법과 관습법에 따르도록 의무화되어 있다. 파드 국왕이 서거한 후, 2005년 8월 1일에 즉위한 압둘라가 국왕(제6대) 겸 수상이다. 사우디아라비아는 와하비즘Wahabism을 건국 이념으로 하고 있으며, 와하비Wahabi가 사회적으로 가장 중요하게 생각하는 원리는 엄격한 젠더라인의 준수, 즉 남녀 간 접촉(이크틸라트, ikhtilat) 금지이다.

경제 및 노동시장

사우디아라비아는 전 세계 원유 매장량의 21%, 원유 생산량의 13%를 차지하는 세계 최대 산유국으로, 중동·북부 아프리카 국가들 가운데 가장 큰 경제규모를 가지고 있다. 경제 구조는 에너지 중심으로, 에너지 부문에 대한 경제적 의존도가 절대적으로 크다. 에너지 수입收入은 정부 재정 수입의 90%에 이른다.

경제에서 원유·가스 생산 다음으로 높은 비중을 차지하는 부문은 제조업으로, 2008년 GDP의 8.3%를 차지했다. 제조업은 석유화학과 알루미늄, 비료 같은 에너지 연관 제조업 분야의 비중이 높다. 이 밖에 금융·보험·부동산업의 비중이 6.8%이며, 도소매·음식숙박업이 4.6%, 건설업 4.0%, 그리고 농림수산업이 2.3%의 비중을 차지하고 있다.

2008년 GDP 규모는 4,816억 달러이며, 4.6%의 실질 GDP 성장률을 기록했다. 2000년대 초에는 세계경제 둔화에 따른 국제 유가 하락의 영향으로 원유 생산 및 수출이 감소해 1% 이하의 성장률을 기록했으나, 세계 경기 회복과 고유가가 본격화된 2003년 이후 원유 수출 증가와 내수 시장 확대에 힘입어 성장세를 지속하고 있다. 사우디아라비아는 2003년부터 국제 유가가 매년 10~30%씩 급등함에 따라 2003년 7.7%의 실질 GDP 성장률을 기록한 이후 3~5%대의 안정적인 성장을 이루어왔다.

정부는 글로벌 경제위기에 대응하기 위해 적극적인 재정 지출 및 유동성 공급을 통한 경기 부양책을 펼치고 있다. 2010년 사우디아라비아 경제는 세계 경제의 안정화와 국제 유가의 반등세에 힘입어 안정적 성장을 이룰 것으로 기대된다. 사우디아라비아의 2010년 경제성장률은 2~4% 수준을 기록할 것으로 전망되는데, 기관별로는 IMF가 4.0%, Global Insight는 2.6%의 실질 GDP 성장을 전망하고 있다. 2010년 예산 중 전년 대비 16% 증가한 투자 프로젝트 지출 (693억 달러)은 민간에서의 신규 고용창출에도 크게 기여할 것으로 보인다.

사우디아라비아의 노동력 규모를 살펴보면 2008년 기준으로 경제활동인구는 837만 4,000명(남 7,087,6천 명, 여 1,287,3천 명)이며, 경제 활동 참가율은 54.6%(남 79.9%, 여 20.8%)이다. 여성의 경제 활동 참가율은 20.8%로 다른 나라에 비해 크게 낮은 것으로 나타났으나, 1999년 17.0%에서 조금씩이나마 꾸준히 증가했다(ILO, 2010).

2008년 기준 산업별 취업자 고용 구조를 보면, 대분류 기준으로 농림어업 4.8%, 제조업(광업 포함) 7.8%, 전기·가스·수도 사업 0.8%, 건설업 9.4%의 취업자 구성비를 나타내고 있으며, 서비스업은 78.0%인 것으로 나타났다.

실업률은 2008년 약 5.0%로 보고되었으나(ILO, 2010), 실질 실업률은 15% 내외의 높은 실업률로 추정된다. 청년층 15~24세의 실업률은 30% 내외로 매우 높은 것으로 나타났다.

사우디아라비아 노동시장의 특징은 노동력에서 외국인이 차지하는 비중이 매우 높다는 점이다. 2007년 기준 사우디아라비아 노동인구 823만 명 가운데 사우디아라비아인의 비중은 48.7%로 절반에도 미치지 못한 것으로 나타났다. 한편, 민간 부문 노동 인력 560만 명 가운데 사우디아라비아 현지인은 12.8%에 불과하다. 연간 대졸자 2만 2,000명 가운데 5%만이 공공 부문의 취업이 가능하며, 나머지는 민간 부문에서 고용해야 한다. 그러나 기업들이 생산성 등을 이유로 자국민 고용을 꺼리고, 사우디아라비아 현지인 또한 민간 부문 근로를 선호하지 않는다. 즉, 사우디아라비아 현지인들은 고등학교와 대학교를 졸업하고도 기술 수준과 근로의욕이 기업의 요구수준에 미치지 못하기 때문에, 노동 인력의 상당부분이 외국인 노동자에 의해 충당되고 있다.

정부는 자국민의 실업률 증가와 청년층의 인구 증가에 따라 외국인 인력을 사우디아라비아인 인력으로 대체하기 위한 '사우디아라비아인 고용 의무제'를 도입하고 있다. 고용 의무제는 기업의 고용 인력 가운데 일정 비율을 의무적으로 사우디아라비아인으로 고용하도록 하는 제도이다.

인재개발 현황

교육제도

사우디아라비아가 지향하고 있는 교육 목표는 모든 국민들에게 최소한의 기초 교육을 제공하고, 경제 산업수요의 변화에 따라 필요한 기술을 학생들에게 가르치며, 이슬람 문화의 신념, 실천, 그리고 가치를 학생들에게 교육하는 것이다.

전통적으로 종교 의무의 하나로 코란Qur'an의 교리에 의한 이슬람 교육이 이슬람 사원을 중심으로 실시되어 왔다. 1920년부터는 소수의 사립교육기관이 설립되어 소년들에게게만 격리된 교육이 실시되었다.

1953년에 최초로 교육부가 설치되었으며, 이 시기를 전후해 학교 설립, 교사 신축 등 근대적인 교육제도의 기본 골격이 갖추어졌다. 1957년에 최초의 대학이 리야드에 설치되었으며 이후 6개의 종합대학교를 비롯한 초급 및 상당수 단과대학이 신설되어 현대적인 교육제도가 확립되었다. 1960년에 여성 교육청을 신설하고 여성 교육 업무를 독립 관장토록 했다. 이에 따라 여성의 대학 교육(교사, 의사, 약사, 간호사 등 전문 분야)의 참여가 매년 확대되고 있다.

종교 교육에 지나치게 편중된 학교교육은 실생활과 괴리되어 있고, 대부분의 전문인력과 기술 인력을 해외 인력에 의존하고 있는 문제점을 해결하기 위해 사우디아라비아 정부는 1990년대부터 산업 전반에 걸친 자국화 정책saudization을 추진하면서 교육 분야에 있어서도 직업, 전문교육 분야를 확대해 나가고 있다.

그러나 아직까지 종교 교육이 초중등 및 고등교육의 근간이 되고 있어 실질적으로 사회에 투입될 수 있는 전문인력은 매우 부족한 상태이다(사우디아라비아 내 박사학위 소지자의 70% 가량이 이슬람 학위 박사 소유자임).

학교교육은 이슬람의 엄격한 남녀 분리원칙을 반영해 남녀 분리 교육을 실시한다. 유치원과 사립초등학교 1~2학년을 제외하고는 남학교와 여학교가 엄격히 구분되어 있다. 교사들도 남학교에는 남자 교사, 여학교에는 여자 교사가 교육을 담당한다. 최근 사우디아라비아 교육이 지나치게 이슬람 분야에 치우쳐 있다고 판단하고, 초등학교에 영어 교육과정을 신설하는 등 교육과정 개편을 진행하고 있으나, 매우 느리게 진전되고 있다.

사우디아라비아의 학제는 6-3-3-4제를 채택하고 있으며, 전 교육과정이 의무교육은 아니지만 무상으로 제공되며, 이슬람 교리 등 종교 교육을 실시하고 있다. 3~5세를 대상으로 하는 유치원 교육은 공교육에 포함되지는 않지만, 일부 사설 보육원은 정부로부터 기술적, 경제적 지원을 받아 설립되었다. 2007년 10만 714명의 어린이들(남아 5만 1,364 명, 여아 4만 9,350 명)이 조기 교육을 받았다. 조기 교육 취학률은 전체 10.8%로, 성별로는 남아 11.1%, 여아 10.4%이다.

초등교육은 6년 과정이며, 6세의 어린이들이 1학년으로 입학한다. 모든 국립 초등학교는 낮 시간만 교육(수업 시간)한다. 초등학교 6학년 과정을 마칠 때 시험을 치르고 난 뒤 졸업증을 받는다. 교육과정은 산수, 지리, 과학, 도덕 등의 교과 과목 등을 포함하며, 코란 교육이 약 30%이상을 차지하고 있다. 도덕 교육은 코란의 암송과 모하메드의 언행록 교육 등에 치중하고 있으며 체육과 음악은 이슬람 정서에 맞지 않고 세속적인 것이라서

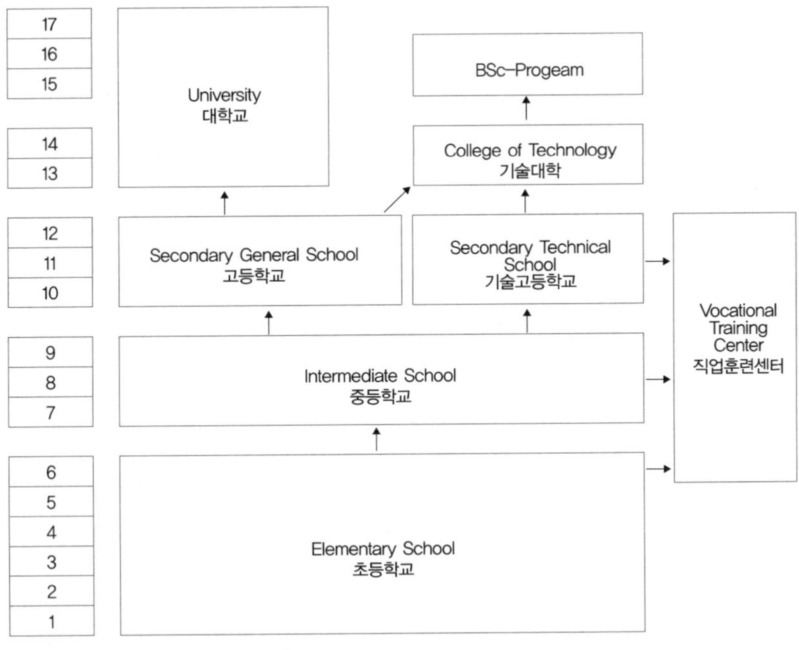

자료 : 장석민(2002), 「직업과 인력개발」: 사우디아라비아의 직업교육훈련 41~48쪽, 한국직업능력개발원.

사람의 마음을 흐리게 할 수 있다는 이유로 교과 과정에서 제외된다.

2007년 기준 초등학교 재학생은 244만 2,482명(남 125만 5,117명, 여 118만 7,365명), 교사 수는 21만 7,555명(남 10만 7,227명, 여 11만 328명)으로 나타났다. 2007년에 취학률은 99.1%, 성별로는 남아 99.9%, 여아는 96.3%로 보고되었디(UNESCO, 2007).

중학교교육은 3년 과정이다. 2007년 기준 중학교 재학생은 114만 4,548명(남 60만 9,300명, 여 53만 5,248명)으로, 취학률은 95.9%로 나타났다. 교사 수는 10만 8,065명(남 5만 4,034명, 여 5만 4,031명)으로 조사되었다.

고등학교교육도 3년 과정으로 중학교교육을 마친 뒤에 학생들은 전문화 과정과 일반 과정(차이)의 고등학교교육을 선택할 수 있다. 직업기술교육과정은 공업, 상업 및 농업 등이 있다.

표 3-32 | 대학교 재학생 현황(2006)

표 3-32 | 대학교 재학생 현황(2006) (단위 : 명)

구분	누계	남	여
박사	2,410	1,293	1,117
석사	9,768	5,551	4,217
학사	528,146	187,489	340,657
합계	636,245	268,080	368,165

자료 : World Bank(2007).

고등교육은 인문 사회 및 과학 분야가 4년, 의·약학 및 공학 분야는 5~6년의 과정으로 엔지니어링 등 일부 이공계 과정은 여성에게 금지되고 있다. 대학 교육은 무료이나 최근 경제 침체로 기숙사비, 월 학비 보조금(기존 1000(리얄)을 줄여 나가는 학교도 있다.

고등교육기관으로는 1957년에 최초로 설립 리야드대학교(1982년 King Saud 대학교로 개칭)를 비롯해 7개 종합대학교와 8개의 단과대학이 있다. 대학교들은 다양한 전문 분야 및 인문과학 분야에서 학사, 석사 및 박사 과정을 제공하는 단과대학들로 구성되어 있다. 또한 여성 교육을 위해 별도의 여성대학을 운영한다.

사우디아라비아의 고등교육기관 중에는 사립 단과대, 대학과 연관된 전문 커뮤니티, 여자대학, 대학 수준의 교육을 제공하는 정부 에이전시도 포함된다. 대학들은 지역사회 서비스도 제공하며, 일부 대학들은 원격 학습도 제공한다.

세계은행에 따르면, 70%가 넘는 사우디아라비아의 대학생들이 이집트, 모로코, 오만, 아랍에미리트 등에서 인문사회과학 분야에서 유학하고 있는 것으로 나타났다. 이 유학생비율은 동아시아와 라틴 아메리카의 평균보다 높다. 2006년 총 63만 6,245명의 학생들이 대학교에 등록되었다. 학사 과정 52만 8,146명, 석사 과정 9,768명, 박사 과정 2,410명이 재학하고 있다

직업교육훈련을 통한 전문대학 학위 과정에는 9만 3,968명(남 7만 2,199

명, 여 2만 1,769명)의 학생들이 재학하고 있으며, 대학교 학위 과정에는, 1,953명(남 1,548명, 여 40명)이 재학하고 있다.

직업교육훈련

사우디아라비아 교육은 종교 교육에 치중한 나머지 직업교육훈련은 활성화되어 있지 않다. 따라서 경제 발전을 위한 기술인력은 대부분 외국 인력에 의존하고 있다.

정부는 인력 개발을 위해 1980년에 기술직업훈련청Technical and Vocational Training Corporation, TVTC을 설립했다(이전 명칭은 General Organisation for Technical Education and Vocational Training, GOTEVOT). 기술직업훈련청은 공업, 농업, 무역 등과 관련한 기술교육과 청소년의 직업교육, 준비 교육, 직업준비, 실습 교육, 기술 직업훈련과정 등을 실시하고 있다. 전국에 100여 개의 직업훈련기관을 운영하며, 12만 명 이상의 졸업생을 배출했다.

기술직업훈련청 산하에는 전문대학 17개, 공업고등학교 35개, 그리고 직업훈련센터 30개 등의 직업교육훈련기관이 있다. 이 외에 민간 훈련기관 375개소에 대한 학점 인정 업무도 동시에 수행한다. 민간 훈련기관 이외의 직업기술교육훈련기관에 등록된 학생 수는 1980년에 1만 3,683명에서 최근 5만 6,409명으로 증가했다.

기술직업훈련청은 당초 노동사회부에 소속되어 있었으나, 현재는 교육부로 이관되었다. 정부의 강력한 지원으로 많은 수의 과정 이수자 및 졸업자를 배출하고, 기술교육의 확산을 위해 여러 지역에서 직업훈련과정을 확대시키고 있다. 한편 지속적으로 증가하는 고등학교 졸업자들을 수용하기 위해 2010년까지 50개 전문대학을 설립할 계획이다.

기술직업훈련청은 기술직업교육훈련의 발전을 위해 국제 협력을 강화하고 국제기구(UNESCO, ILO 등) 및 선진국들과 협력하고 있다. 직업교육훈련이 선진화된 호주, 캐나다, 프랑스, 독일, 미국, 한국, 일본, 영국, 뉴질랜드 등과 국제 협정을 체결하고 교육훈련 프로그램을 개발하고 있다. 이외에도 걸프협력회의Gulf Cooperation Council, GCC를 비롯해 이슬람 국가들과의 긴밀한 관계를 유지해 오고 있다. 걸프 지역 국가들의 아랍교육국Arab Bureau for Education in the Gulf States, ABEGS, 아랍노동기구Arab Labor Organization, ALO, 아랍행정개발기구Arab Organization for Adminstration Development, 아랍교육과학문화기구Arab League Educational, Scientific and Cultural Organization, ALESCO와도 국제 협력 관계를 유지하고 있다.

사우디아라비아에서 직업교육훈련은 초등학교 이후에 이루어진다. 초등학교를 마친 후에 더 이상의 교육을 받지 않는 청소년들은 직업훈련센터에 입학 할 수 있으며, 중학교를 마친 학생 중 고등학교 진학 대신 직업교육을 원하는 경우 직업훈련센터에, 진학을 원하는 학생들은 공업고등학교에 입학할 수 있다.

전문대학은 기술직업훈련청 산하 교육훈련기관 중 가장 중요한 기관이다. 이들 전문대학에서는 금속, 건축, 건설 사업 분야를 비롯한 기술직종의 인력을 양성하며, 졸업장을 받으면 중간기술자technicians 또는 보조 엔지니어assistant engineer로서 노동시장에 진출하거나 대학에 진학할 수 있는 자격을 준다. 전문대학은 일반고등학교와 공업고등학교 졸업생 모두에게 개방되어 있으며, 전문대학을 마친 후에는 일반대학과정으로 편입해 이학사학위를 받을 수 있다.

직업기술훈련의 교육내용은 크게 기술교육과 기능교육으로 나눌 수 있다. 기술 중심의 기술대학에서는 전기, 전자, 컴퓨터, 기계, 행정, 통신, 건설, 농업과 관련한 과정을 제공한다. 기술대학 수업 과정은 실질적인 측면을 강조해 졸업을 위해 이수해야 하는 교과목 중 과학 과목이 50%를 이루고 있다. 1989년 법령으로 기술대학 졸업 시 학사학위에 준하는 자격을 부여해 일반대학교의 공과 대학 졸업자와 동등한 대우를 받는다.

직업교육훈련교육과정의 개발은 직업별 국가직업능력표준National Occupational Skill Standards, NOSS을 기반으로 한다. 국가직업능력표준의 개발은 교육과정개발위원회를 구성해 추진한다. 위원회의 구성은 약 절반 정도가 교육과정개발 전문가이며, 나머지는 정부 담당자, 학계, 교육훈련 전문가로 구성되어 있다. 이 위원회의 하위 조직으로, 해당 분야 전문 종사자들과 교육과정개발 전문가, 교육훈련 전문가로 구성된 위원회가 있다. 국가직업능력표준의 개발 방법은 해당 분야 종사자들과의 워크숍 및 DACUM 기법을 이용한다.

국가직업능력표준은 2003년 기술대학에서 교육과정개발을 위해 개발하기 시작했다. 처음에 13개 분야 53개의 세부 분야에 대한 개발을 시작해 현재까지 32개의 분야의 개발이 완료되었다. 전문대학의 경우 공업, 농업, 관리직의 분야로 나누어 18개의 분야 중 11개가 개발 완료되었으며, 직업훈련 분야는 35개 분야 중 30개가 개발 완료되었다. 또한 정부와 민간이 공동으로 관리하는 훈련 분야에서는 15개 분야 중 7개가 개발 완료되었다.

기능 중심 교육은 공업, 상업, 기술 감독, 농업 과정이 주를 이룬다. 공업 교육기관으로는 공업고등학교가 대표적이며, 컴퓨터, 통신, 의료기기, 전자, 기계, 전기의 설치와 금속 건설 분야에 대한 교육훈련을 제공한다. 3년 과정 이수 후 정부와 민간 기구의 진출을 위한 공업고교 졸업장Secondary Industrial Institute Diploma이 수여된다.

상업교육은 상업이론과 함께 회계, 부기, 마케팅, 타자, 워드프로세서, 비서업무 등 실무적인 교육훈련을 제공한다. 3년 과정 수료 후 상업고교 졸업장Secondary Commercial Institute Diploma이 수여된다.

기술 감독 과정은 조사 방법, 건축작업, 건축설계, 토목 일과 관련한 이론, 실무과정 등이 포함된다. 3년 과정 이수 후 정부와 민간 기구의 진출을 위한 기술고교 졸업장Secondary Technical Inspector Institute Diploma이 수여된다.

이 과정에서는 토지개혁, 양봉, 원예, 동물사육, 관개, 유제품 생산, 가금류에 관한 이론과 실무교육 및 부가적으로 펌프, 수확용 기계, 그린하우스 기술, 농업기계의 작동법과 운영, 유지 보수법을 가르친다. 3년 과정 이수 후 농업고교 졸업장Secondary Agricultural Institute Diploma이 수여된다.

이 외에 비공식 직업훈련이 직업훈련센터에서 제공된다. 직업훈련의 목표는 공공 및 민간 부문의 수요를 만족시킬 인력을 양성하고 훈련하는 것이다. 개인에게 직업능력을 배양해 노동시장으로 진입할 기회를 부여한다. 직업훈련은 두 학기 과정으로 운영되며, 15세에서 45세 학생들에게 주간과 야간 훈련 프로그램을 제공한다. 교육과정에는 전공과정과 관련된 2~3개월의 현장 실습이 포함된다. 야간과정은 정부직원들이나 주간과정에 등록이 불가능한 일반인들을 위한 것이다. 훈련과정은 자동차 정비, 교류전력, 용접, 목공, 주석 세공, 전기, 위생 설비, 사무실 기계수리, 컴퓨터, 미용, 양재, 사진 기술, 건축 등과 관련한 것들이다

이 외에도 다양한 목표집단에 대한 다양한 훈련과정이 제공되고 있다. 최근 제다 통신(통상)위원회는 '카디자 빈트 카(쿠)와이리드 센터'를 설립해 여성 사업가들에게 정보를 제공, 창업지원, 경영의 어려움들을 도와주고 있다. 기존의 여성 사업가들이 주로 부동산, 보석, 보석용 원석, 금속제품 분야에서 상당한 자산을 형성했던 것에 비해 여성 사업가위원회는 정부의 정책들을 논의하고 진행시키기 위해 조직되었다.

·03·
인재개발의 정책동향 및 특성

정책동향

사우디아라비아는 2004년 제8차 5개년 개발 계획(2005~2009년)의 수립과 함께 '중·장기 경제 발전 전략'을 수립했다. 이 전략에서 2005년부터 2024년까지의 사우디아라비아 경제 비전과 목표를 제시하고 있다.

이 전략은 사우디아라비아의 당면 과제인 생활 수준 및 삶의 질 향상, 지속가능한 발전, 글로벌 경쟁력 강화, 그리고 지역의 아랍 통합 등을 목표로 하고 있다. 경제성장은 연평균 6.6%를 달성해, 2004년 대비 300%에 성장을 목표로 하고 있다. 그리고 1인당 소득은 연평균 4.2%의 성장으로 2024년까지 2배 이상 증가시킨다는 비전을 제시하고 있다.

지속가능한 성장을 달성하기 위해서는 제조업을 비롯한 민간 부문의 성장을 촉진해 GDP와 전체 수출에서 에너지 부문이 차지하는 비중을 현재의 절반 수준으로 낮춘다는 계획이다. 이를 위해 산업 다각화의 필요성과 함께 숙련노동력 및 전문인력의 양성 등 인적자원 개발과 과학 기술 발전 및 지식경제 이행의 중요성을 강조하고 있다.

정부는 개혁의 성공을 지식성장을 통한 지속적인 개발 그리고 변화를 이루려는 창조적인 사고에 있다고 인식하고, 이를 실현하기 위해 교육 시스템을 개선하고자 노력하게 되었다. 즉, 새로운 교육 시스템은 다양한 요구를 만족시킬 수 있도록 국제적으로 경쟁력 있는 훈련과정을 제공하는 것이다. 이를 위해 정부는 2004년에 '차세대 10년 계획안'을 수립했다.

'차세대 10년 계획안'은 사우디아라비아 전역에 걸쳐 모든 시민들에게 평등하며 고도의 우수한 교육적인 기회를 부여하려는 것이 목표이다. 이 계획안은 교육결정에 과학적 접근법을 도입해 생산성을 제고하려는 것이다. 과학적 접근법의 도입으로 교육적인 문제는, 교육과정 항목의 검토와 내용 평가 등의 내적 역량과 교사의 질 향상을 통해 해결하고자 했다. 따

차세대 10년 계획안의 주요내용
- 4~6세 어린이의 교육과 유치원의 개선 : 다른 교육단계로부터 건물과 교수 항목을 독립
- 다양한 수준의 교육을 제공해 6~18세 학생을 수용
- 국가의 문제점 파악을 토대로 한 교육을 통해 나라의 충성도, 자긍심 고취
- 학생들의 학습수준 향상을 통해 국제 표준 테스트에서 수학과 과학 영역에 우위를 차지할 수 있게 함.
- 청소년들의 기술교육을 조직화함.
- 특별한 요구를 가진 학생들을 위한 교육 시스템 개발
- 교육부 인적자원의 역량 개발
- 교육 시스템의 내적 · 외적 충족도 증대
- 남녀 학생의 인성 개발과 사회로의 통합, 이슬람 가치에 기반한 교수항목 개발, 과학적 사고력, 기술교육훈련을 통해 자기 주도적 학습 및 평생학습 유도
- 남녀 교사의 질 향상을 도모하고, 사우디 인적자원의 활용을 통해 교육 분야에서 자국민의 투입비율을 증대함.
- 교육 계획을 수립해 다음 단계에서 예상되는 질 · 양적 변화를 충족하기 위한 학교의 환경개선
- 정보 통신 기술의 인프라를 발전시켜 교육과 학습에 접목함
- 남녀 성인교육 프로그램을 개발해 문맹률 퇴치
- 교육부의 포괄적이고 종합적인 행정력 개발
- 교육의 사회 참여 확대
- 책임성을 부가한 통합시스템 구축

라서 교수법에 대한 평가와 적당한 교육환경을 제공하는 학교시설이 필요하게 되었으며, 교육과 노동시장을 연계해 국제적인 경쟁력을 확보하고자 한다.

주요특성 및 과제

사우디아라비아의 인재개발 특징은 전통적으로 종교 교육을 지나치게 강조한 나머지 학교교육이 실생활과 괴리되어 있고 직업교육훈련이 활성화되어 있지 않다는 점이다. 대부분의 고급 인력과 기술 인력을 해외인력에 의존하고 있기 때문에 경제의 지속가능 발전 및 삶의 질 향상에 큰 위협을 받고 있다. 한편 이슬람의 엄격한 남녀 분리원칙이 교육에도 적용되어 여성의 교육은 전통적인 교육과정(교육 부문 등)에 집중되어 있으며, 엔지니어링 등의 실무중심 교육과정에는 참여가 제한되어 있어 여성의 취업률이 매우 낮다.

이러한 상황에서 사우디아라비아가 해결해야 할 인재개발 정책 과제는 다음과 같이 정리할 수 있다.

첫째, '차세대 10년 계획안'을 통한 교육 개혁 및 교육환경 개선사업들을 지속적으로 실행해야 할 것이다. 이 계획안이 성공하기 위해서는 교육 관련 사회경제적 제도 전반의 개혁이 필요하다. 한편 보나 과학적이고 체계적인 정책 수행을 위해 교육 및 노동시장에 대한 정보 시스템의 구축이 절실히 필요하다. 사우디아라비아를 포함한 대부분의 아랍 국가교육의 취약점은 지식 정보를 창출, 저장, 활용, 공유할 수 있는 시스템이 미비하다는 점이다.

둘째, 기술직업교육훈련을 강화해 산업계의 수요에 맞는 인력을 양성함으로써 국가 경쟁력을 제고하는 것이다.

사우디아라비아는 국가 경쟁력 강화와 생산기반 및 수출제품의 다양화를 목표로 '2020 산업화 전략'을 수립했다. 이 전략은 제조업 육성을 통해 국제 유가 변동에 따른 국가경제의 취약성 완화, 경제성장 및 고용창출, 지역 간 균형 발전, 삶의 질 향상, 아랍 지역의 글로벌 경제 협력에 대한 기여를 목표로 하고 있다. 이를 위해 2020년까지 GDP에서 제조업의 비중을 20%로 높이고, 기술 기반 제품의 생산 비중을 전체의 60%, 제조업 제품의 수출 비중을 30%, 제조업 취업 인구 비중을 전체 산업의 30%로 늘린다는 목표를 설정하고 있다.

정부는 이와 같은 목표를 달성하기 위해 '사우디아라비아산업개발기금 및 사우디아라비아개발기금'을 창설했으며, 수출개발청과 기술교육훈련기관을 설립했다. 제조업의 성공적 육성을 위해 해결해야 할 가장 중요한 과제는 숙련 근로자 및 전문 기술 인력의 양성이다.

사우디아라비아의 산업화에 필요한 인력을 양성하기 위한 직업교육훈련제도 개선을 위해서는 다음 몇 가지 사항을 고려해야 한다. ▲노동시장 정보 시스템을 구축해 숙련 인력 수요를 예측하고, 이러한 정보에 기반해 인력 양성 계획을 수립한다. ▲직업교육훈련기관의 시설을 확충하고 기존의 낙후된 시설 및 장비를 새로운 것으로 교체하거나 수리한다. ▲산업계의 전문가와 협력해 현장성이 담보된 교육과정 및 교재 개발에 힘쓴다. ▲직업교육훈련교사의 질을 제고하기 위해 교사교육을 강화한다. 특히 교수법, 교재개발, 진로 지도 등에 관한 역량을 개발해 학생 중심의 교육훈련이 이루어지도록 한다. ▲각 교과목에 대한 전문적 지식만이 아니라 실기 능력과 직업 윤리, 태도 교육을 강조한다.

셋째, 여성을 위한 교육훈련을 강화해 여성의 경제 활동 참가율을 높인다. 사우디아라비아에서 여성의 교육참여율은 꾸준히 증가하고 있으나 여전히 엔지니어링, 저널리즘, 농업 등의 교육과정에 대한 접근이 제한되어 있어 여성들이 주로 교육 부문 등 일부 전통적인 직종에 종사하고 있다. 대학 졸업생의 55%가 여성이지만, 4.8%만이 구직에 성공해 경제 활동에 참여하고 있는 것을 알 수 있다. 따라서 교육 부문에서 여성에 대한 차별을 철폐하도록 노력해야 하며, 노동시장에서 자격을 갖춘 여성 인력의 활용도를 높일 수 있도록 고용관행이 바뀌어야 한다. 한편 여성들이 미디어, 마케팅, IT, 은행업, 투자업 등 다양한 사업에 참여하고 있다는 점을 감안해 이들을 위한 단기 비공식 훈련과정을 제공할 필요가 있다.

넷째 이러닝e-Learning을 활성화하는 것이다. 사우디아라비아의 인터넷 서비스 이용자 수는 2001년 100만 명에서 2008년 말 770만 명으로 크게 증가했다. 현재, 인구 100명당 인터넷 보급률은 31%를 기록해 세계 평균(23%)과 아랍국가 평균(14%)을 크게 웃돌고 있다. 이러한 인터넷 시장의 급격한 성장은 주로 대중의 인터넷에 대한 인지도 제고에 기인한다. 또 PC 및 인터넷 이용 가격 하락과 초고속 인터넷 서비스의 도입도 전체 인터넷 시장 성장의 중요한 요인으로 볼 수 있다.

아랍 최고의 정보 인프라를 갖추고 있는 사우디아라비아는 다양한 교육 훈련내용을 이러닝으로 개발해 보급하는 것이 정부가 원하는 인재양성에 많은 도움이 될 것이다. 특히, 사우디아라비아의 젠더 라인과 지역을 극복할 수 있는 도구로서 이러닝은 교육훈련의 성과에 커다란 역할을 수행할 수 있을 것이다.

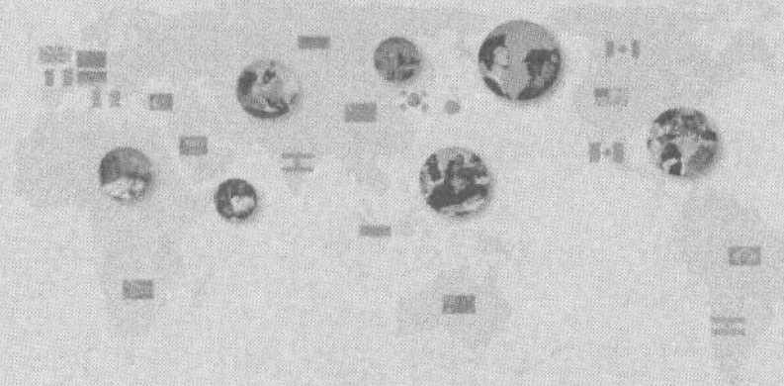

• CHAPTER 16 •

남아프리카공화국 SOUTH AFRICA

김 수 원

강원대학교 생산계량 전공 경영학 박사, 현 한국직업능력개발원 고용·능력개발연구실 직업능력개발평가센터 부연구위원, 교육과학기술부 교육과정심의위원, 노동부 직업능력개발혁신 T/F 위원, 한국연구재단 전문위원, 한국산업인력공단 HRD 전문위원, 통일부 하나원 강사. 주요 연구 실적으로는 [중소기업훈련컨소시엄 운영실태 분석·평가] 외 다수.

·01·
사회경제적 배경

사회와 문화

남아프리카공화국Republic of South Africa은 아프리카 대륙 남단부를 차지하는 나라이다. 북쪽으로 나미비아, 보츠와나, 짐바브웨와 동쪽으로 모잠비크, 스와질란드와 접해 있고, 영토 내에 독립국 레소토가 있다. 전체 면적은 1,219,090㎢로 한반도의 5.5배, 남한의 12배 정도이다.

17세기 네덜란드인의 이주 이후 백인이 유입되면서 1815년 영국의 식민지가 되었고, 아파르트헤이트apartheid(인종분리정책)를 비판하는 영국 정부로부터 독립해 1961년 5월 남아프리카공화국 정부 수립을 선언했다.

인종 차별 정책으로 말미암아 1974년 UN에서 축출되기도 해 한동안 국제적 고립 상황에 처했으나, 1994년 5월 넬슨 만델라 집권 이후 인종분리정책을 철폐했다. 그 후 영국 연방에 재가맹했고 UN 총회 의석도 회복했으며, 미국과 유럽 공동체EC의 경제 제재도 풀렸다.

인구는 2008년 기준으로 4,870만 명으로 남한과 비슷하다. 수도는 세 군데로 나누어져 있는데, 행정 수도는 프레토리아Pretoria, 입법 수도는 케이프타운Cape Town, 사법 수도는 블로엠폰타인Bloemfontein이며, 행정 구역은 9개 주provinces로 이루어져 있다. 남아프리카공화국은 아프리카의 경제

대국으로 교통, 금융 및 통신(인터넷) 서비스가 잘 구비되어 있는 등 선진
국가에서 활용할 수 있는 물품을 대부분 쉽게 얻을 수 있다. 거대한 국립
공원(크루거 공원)에는 야생동물이 풍부하고, 아프리카 내에서도 유럽, 아시
아 등 다양한 문화를 접할 수 있다.

남아프리카공화국은 다종교 사회이고, 피부색에 의해 여러 집단으로
나누어져 있다. 인종구성은 2008년 기준으로 흑인 79.7%, 백인 9.0%, 혼
혈 8.8%, 아시아계 2.5% 등이고, 종교는 식민지 시대 선교사의 영향으로
기독교가 79.8%로 대부분을 차지하고 있다. 언어는 영어, 아프리칸스어
등이 공용어이나 비즈니스에서 영어를 사용한다. 이 밖에 줄루어, 코사어
등 11개 언어를 사용한다는 것은 문화적 다양성을 말해 주고 있다.

남아프리카공화국은 치안이 매우 불안한 국가들 중 하나이다. 남아프
리카공화국의 치안 상황은 1994년 흑인 정권이 출범한 이후 계속 악화되
고 있다. 2005년 기준으로 강도 발생 건수는 1994년에 비해 무려 89% 증
가했으며, 강력 범죄도 16% 증가한 것으로 나타났다. 이처럼 남아프리카
공화국 내에서 범죄가 증가하고 있는 이유는 40%를 넘은 흑인 계층의 높
은 실업률, 불법 이민자 유입 증가, 치안 인력 부족 등에 기인한다.

그리고 현재 남아프리카공화국 내 AIDS 환자 및 HIV 보균자 수는 약
620만 명으로 추산되는데, 이는 남아프리카공화국 전체인구의 13%에 이
르는 높은 수준이다. AIDS 확산에 따라 남아프리카공화국 국민의 평균수
명은 1990년의 64세에서 현재 53세까지 감소했다. 이러한 추세라면 2015
년에는 평균수명이 48세까지 줄어들 것이라는 전망이 나오고 있다. 인구
증가율 감소는 남아프리카공화국 내 경제활동인구 감소, 시장 크기 축소
등으로 이어 결국 성장 잠재력에 부정적인 영향을 미칠 것이다.

경제 및 노동시장

남아프리카공화국의 주요산업으로는 광업을 들 수 있는데, 약 1,000개의 광산에서 60여 종의 광물을 채광하고 있으며, 세계 최대의 광물 자원 부국으로 광물 수출이 전체 수출의 30%를 차지하고 있다. 세계 다이아몬드 생산액의 66%, 금 세계 매장량의 50%를 차지하며, 우라늄은 금광석과 함께 채광된다.

광업과 함께 제조업이 남아프리카공화국의 주요산업으로 GDP의 20%를 차지하고 있다. 제조업의 주요품목으로는 식품가공, 제철, 화학, 섬유, 자동차, 금속, 기계, 화학, 석탄액화, 발전, 비료 등이 있다. 공업은 지나치게 도시에 집중화되어 있어 정부는 공업의 지방 분산을 추진하고 있다.

GDP의 5% 정도를 차지하는 농목업은 시장 판매용의 백인 농업과 자급자족용의 아프리카인 농업으로 나뉜다. 농작물로는 주로 옥수수, 밀, 사탕수수, 잎담배, 감자 등이 있고, 과수로는 감귤류, 포도를 들 수 있다. 백인계와 반투족族 농민들에 의한 낙농업도 활발하나, 기후와 토양의 조건이 불량해 목초가 빈약하다. 건조한 서부지역에서 주로 산출되는 양모는 중요한 수출품이 되고 있다.

1994년 이전 수년 동안 남아프리카공화국의 경제는 백인 자본과 아프리카인의 저임금 노동력으로 0%대의 성장률에서 유지되었다. 그러나 만델라 대통령 취임 이후, 인종 차별법 폐지와 함께 세계 각국의 경제 제재가 풀리면서 1996년에는 경제성장률 4.2%를 달성했다. 1996년부터 '성장, 고용과 재분배'라는 경제 정책으로 시장 개방, 사유화, 투자 유치를 추진해 경제 재건에 노력했다. 1999년 이후 장기 성장 국면에 진입한 남아프리카공화국 경제는 민간소비 증가, 설비 투자 확대, 산업 생산량 증가 등 호조 요인이 지속되어 2005~2007년 동안 경제성장률 5% 대를 기록해, 1984년 이후 가장 높은 경제성장률을 달성했다.

그러나 2008년에 들어 세계 금융위기, 전력 공급 부족 현상 심화, 물가 불안, 금리 상승 지속 등에 따라 그동안 경기 호조세를 이끌어 왔던 민간 소비가 크게 감소하고 산업 생산량도 둔화되고 있어 2008년 3.2% 성장에 이어 향후 몇 년간은 경기가 둔화될 것으로 보인다.

남아프리카공화국의 공식 실업률은 2004년 27.9%에서 2009년 23.6%로, 경기 호조세 지속에도 불구하고 지난 몇 년 동안 매우 높은 수준을 유지하고 있다. 이러한 실업률은 구직 활동을 포기한 실망 실업자까지 포함할 경우 약 40%에 이른다. 인종별로는 흑인 계층의 실업률이 31.6%로 가장 높고, 가장 낮은 계층은 백인 계층으로 4.6%이다. 높은 실업률은 경제활동인구 정체, 인종 갈등 확산, 범죄 유발 등 경제 · 사회적인 문제점을 확산시키는 부작용을 낳고 있어, 정부도 높은 실업률 해소를 경제 · 사회 정책의 최우선순위에 두고 있지만 크게 개선되지 않고 있다.

인재개발 현황

교육제도

남아프리카공화국의 교육은 정통 영국(유럽)식 교육제도로, 학생들의 적성, 능력 중심으로 이루어지고 있고, 사회의 정치 철학 및 목표를 반영하고 있다. 초기 학교의 목표는 새로운 사회와 종교적 가치, 문맹 퇴치였으며, 유럽 이민자들의 경우 이전 세대의 가치를 유지하기 위한 것이었다. 그리고 20세기 교육은 경제의 중요성에 입각해 저임금 노동을 해소하고 경쟁에서 백인 소수 특권을 보호하기 위한 것이었다. 1950년대 중반부터 1990년대까지는 아파르트헤이트 정부의 인종 철학이 반영되었고, 1980년대에는 많은 젊은이들이 인종 차별과 신분을 파괴하기 위해 노력했다. 그 후 경제개발과 산업 발전, 실업 예방을 위해 고도로 숙련된 노동자의 관리자 채용을 위한 최소한의 교육이 중요하게 되었고, 이를 위해 학교교육체제를 개선하고자 노력하고 있다.

교육부는 국가적 차원의 교육정책의 틀을 수립하는 반면, 행정적인 교육정책은 각 주의 교육청에서 담당한다. 즉, 교육부는 국가교육정책법(National Education Policy Act, 1996)에 따라 국가 규범과 교육 계획, 관련 규정, 지배 구조, 모니터링 및 평가에 대한 기준을 결정한다.

교육부는 지방 자치 단체와 함께 학교교육, 성인기초교육훈련Adult Basic Education and Training, ABET, 유아 교육Early Childhood Development, ECD 및 계속교육훈련Further Education and Training, FET에 대해 역할을 분담한다. 남아프리카공화국학교법(South African Schools Act, 1996)에 따라 학교별로 민주적으로 선출하는 학부모, 교육자, 비교육 참모와 (중등 학교) 학습자 등으로 학교관리위원회School Government Bodies, SGBs를 구성하고, 공립학교에 대한 관리를 위임한다.

정부의 교육 투자는 2008년 122.80억R로 다른 나라에 비해 높은 비중

표 3-33 | 남아프리카공화국의 교육 체계

그룹(Band)	학년 (School Grades)	NQF	자격(Qualifications)
고등교육 (HE)		8	Doctor's degree
		7	Master's degree
			Honours degree
			Postgraduates diploma
		6	General first degree
			Professional first degree postgraduate
			Bachelor's degree
		5	First diploma
			Higher certificate
			Certificate
계속교육훈련 (FET)	12	4	Diplomas
	11	3	Certificates
	10	2	
일반교육훈련 (GET)	9	1	Grade 9 / 성인기초교육훈련수준 4
	8		
	7		
	6		
	5		
	4		
	3		
	2		
	1		
	R		

자료 : 남아프리카공화국 교육부 홈페이지(2010. 3).

을 차지하고 있으며, 특히 학생재정지원 제도National Student Financial Aid Scheme, NSFAS를 통해 각종 보조금을 교육기관과 학생들에게 지원하고 있다(R: Rand: US$1 = 7.73 R, 2010. 7 기준).

교육체계는 국가 자격 체계National Qualifications Framework, NQF에 연동되어 있으며 크게 세 부문band으로 나뉜다. 즉 유치원과 초중학교교육에 해당하는 일반교육훈련General Education and Training: GET(고등학교교육에 해당하는 계속교육훈련Further Education and Training: FET), 그리고 고등교육Higher Education이다.

일반교육훈련GET은 의무교육과정으로서, 유치원 R학년부터 입학이 가능하나, 필수 과정은 아니기 때문에 일반적으로 7세가 되는 해인 1월에 입학해 1학년부터 9학년까지 이루어진다.

일반교육훈련 후, 10학년부터 12학년에 해당하는 계속교육훈련은 학업 중심과 실용 교육, 직무 교육 등으로 구성된다.

고등교육HE은, 12학년 수료증인 'Senior Certificate' 또는 대학 입학허가위원회Matriculation Board에서 발행한 대학입학자격 면제 증명서가 있어야 입학이 가능한 학업 및 연구 중심의 일반대학General University, 기존의 직무 중심의 '테크니콘Technikon'이 발달한 형태로 실용적 측면에 초점을 둔 산업기술대학University of Technology, 기존의 일반대학과 기술 중심의 '테크니콘'이 합병한 형태인 종합대학Comprehensive University 등이 있다.

대학입학자격을 얻기 위해서는 매트릭스로 불리는 대학 입학 준비과정을 이수해야 한다. 특정학과 및 학교에 따라 입학요건이 추가되기도 한다. 남아프리카공화국 고등교육훈련에 등록된 학생 수는 약 100만 명 이상으로, 남아프리카공화국 11개의 일반대학, 6개의 산업기술대학, 6개의 종합대학이 있다. 교육부는 고등교육에 대해 많은 책임을 부여받고 있지만, 고등교육기관은 자율성을 가지고 예산을 책정하고 운영한다. 즉, 대학들은 주정부의 보조금을 받지만 정부보다는 자체 이사회에 의해 자율적으로 운영된다.

표 3-34 | 남아프리카공화국 교육훈련기관의 기관 수, 학생 수, 교원 수 (단위 : 개, 명)

구분	초등 학교	중등 학교	종합. 중간학교	공공 HE 대학	공공 FET 기관	공공 ABET 센터	ECD 사이트	특수 학교	계
기관 수	15,358	5,670	5,037	23	50	2,478	6,201	416	35,233
학생 수	6,316,064	3,831,937	2,253,216	761,087	320,679	292,743	289,312	102,057	14,167,095
교원 수	191,199	128,183	74,843	–	5,987	19,200	10,096	19,200	448,708

자료 : Department of Education in RSA(2009. 1).

2007년에 공립 또는 사립으로 등록된 교육훈련기관은 3만 5,233개로 나타났다. 이 중에서 2만 6,065개가 일반 학교이며 9,168개는 특수학교, ECD 사이트, 공공 ABET 센터, 공공 FET 기관, 공공 HE 대학 등이다.

2만 6,065개의 일반 학교에는 1만 5,358개의 초등학교(631만 6,064명의 학생, 19만 1,199명의 교원), 5,670개의 중등 학교(학생 383만 1,937명, 교원 12만 8,183명), 5,037개의 종합 및 중간학교(학생 225만 3,216명, 교원 7만 4,843명)가 있다. 9,168개의 다른 기관을 살펴보면, 23개의 공공 HE 대학(학생 76만 1,087명), 50개의 공공 FET 기관(학습자 32만 679명, 교원 5,987명), 2,478개의 공공 ABET 센터(학습자 29만 2,734명, 교원 1만 9,200명), 6,201개의 ECD 사이트(학습자 28만 9,312명, 교원 1만 96명), 그리고 416개의 특수학교(학습자 10만 2,057명, 교원 1만 9,200명)가 있다.

직업교육훈련

1. 법과 행정체계

직업교육훈련과 관련해 남아프리카공화국 교육부의 주요임무는 관련 정책 및 법규 제정, 관련 교육훈련기관의 관리 및 품질 향상 유도 등이다. 이러한 임무를 수행하기 위해 교육부 내에 학교 · 사회질향상국Social and School Enrichment Department, 계속교육훈련국Further Education and Training Department 등이 있다. 학교·사회질향상국에서는 범죄와 폭력의 예방, 여자의 사회 참여 유도, 농촌 학습자의 유지, 사회적 결합의 구현, 문맹 퇴치, 학교 스포츠와 우라늄 농축 프로그램의 구현, 에이즈 및 HIV 예방 활동, 학교 영양 프로그램 등 학습의 지속적인 품질 향상을 위한 전략적 방향을 모색하고, 사회 변화와 정의 및 응집력 촉진을 위해 신분 개선을 위한 교육을 제공한다.

계속교육훈련국에서는 공립 및 사립학교에서의 10~12학년을 위한 정책을 개발하고, 공공과 민간 계속교육훈련FET 관련 대학 관리, 직업 분야의 다양한 교육과정 제공, 정보 통신 기술을 이용한 국가교육 포털Thutong에 의한 교육과정 구현 등을 수행한다.

이 밖에 직업교육훈련과 관련이 있는 남아프리카공화국의 법정 기관으로는 일반/계속교육훈련질관리협회General and Further Education and Training Quality Assurance Council (Umalusi), GFETQAC, 남아프리카공화국자격원South African Qualifications Authority, SAQA, 계속교육훈련위원회National Board for Further Education and Training, NBFET, 교육노동관계위원회Education Labour Relations Council, ELRC 등이 있다(D. Burger, 2008. 9). 일반/계속교육훈련질관리협회는 일반교육훈련 및 계속교육훈련의 질 관리를 위해 2001년 일반/계속교육 훈련질관리법General and Further Education and Training Quality Assurance Act 제58조에 의해 설립되었다. 주요기능으로는 계속교육훈련 분야의 표준 및 자격의 적합성에 대한 모니터링, 개인 제공자의 승인과 공공 제공자에 대한 모니터링 및 보고, 졸업(수료) 시이 학습자 품질 보장, 인증서의 발급, 교육훈련 및 관련 평가 업체의 품질 향상 등이 있다.

남아프리카공화국 자격원은 노동부와 교육부의 장관에 이해 임명된 29명의 회원으로 구성되어 있다. 주요기능으로는 국가 자격 체계NQF를 통해 남아프리카공화국 자격의 우수성과 국제적 품질을 보증, 교육훈련 표준 또는 자격 수립을 위해 자격 등록 정책 및 기준의 수립·게시, 표준 및 자격 부문에 대한 모니터링 및 감독, 추천기관의 기능의 등록·인증 및 할당

보증을 통해 국가 자격 체계 구현, 국가 자격 체계에 대한 국가 표준 및 자격 등록 등이 있다. 여기서는 학습자등록 DB National Learners' Records Database, NLRD을 운영하고 있는데, 교육훈련 질관리기관에서 업로드한 학습자 성취도와 이를 인증한 기관에 대한 정보를 포함해 교육훈련과 노동 시장 공급 측면에서 인적자원개발 관련 정보를 보유하고 있다.

국가계속교육훈련위원회 NBFET는 계속교육훈련 FET의 변화에 관한 독립적이고 전략적 조언을 장관에게 제공할 목적으로 국가교육정책법 National Education Policy Act에 의거해 1996년 6월에 설립되었다. 주요임무로는 계속교육훈련에 대한 정책, 목표와 우선순위, 자금을 포함한 규범과 기준, 배정 교부금의 목적과 조건, 지방 자문 기관의 의견 수렴 등에 대한 보고가 있다.

교육노동관계위원회 ELRC는 교육 부문에 대한 협상위원회로서 고용주 대표(국가 및 지방의 교육부서)와 피고용인(교육자와 다른 피고용인을 대표하는 노동조합)으로 구성되어 있다. 교육 분야에서 효과적이고 건설적인 노동 관계를 이루고, 사회의 모든 부문에서 교육의 발전과 변화를 보증하고 있다. 위원회 설립 이후, 교수와 학습의 질을 향상시키는 많은 단체 협약을 체결했다.

교육부 Ministry of Education, 교육자 노동조합 Educator Unions, 교육자위원회 South African Committee of Educator, SACE, 교육노동관계위원회 ELRC, 교육훈련 개발 부문 교육 연수기구 Education · Training · Development Practices Sector Education and Training Authority, ETDP Seta는 변화된 교육훈련 목표를 달성하기 위해 함께 일하고 있다. 남아프리카공화국 문맹 퇴치재단를 포함한 주요 국가 기관들은 민간 부문인 비정부기구들 NGO[46]과 파트너십을 구축해 협력하고 있다.

비정부기구들은 남아프리카공화국 교육부와 함께 교육자 훈련, 학교 개선, 계속교육훈련, 특히 평가, 연구 및 모니터링 등의 영역에서 관계를 확대하기 위해 노력하고 있다. 또 교육 관계법령에 의거 계속교육훈련의 사업 자금을 이용해 기초 교육 부문에 투자하고, 공동체 학교를 설립하며, 교수와 학습 기자재 부문을 유지하는 역할을 수행한다.

2. 직업교육훈련

남아프리카공화국의 초·중등교육은 인종 차별 정책에 포함된 전체 시스템의 일부로 간주되었다. 남아프리카공화국에는 도시로의 진입, 법률 서비스, 직업 등에서 인종 차별이 존재하고 있다. 현재 정부는 교육의 불균형을 바로잡기 위해 노력하고 있으나, 기존의 인종분리정책이 아직 남아 있다. 예를 들면 가난한 농촌 지역에는 학교가 거의 없는 반면에 가우텡Gauteng 주, 웨스턴 케이프Western Cape 주와 같은 부유한 지방에는 많이 있다.

문맹률은 15세 이상 성인의 경우 약 24% 정도이고, 이는 주로 교육시설이 없는 지역의 경우에 해당한다. 백인의 65% 이상, 인도인의 40%가 고등학교 이상의 자격을 가지고 있는 반면, 흑인은 겨우 14% 정도이다. 정부는 이러한 문제를 해결하기 위해 빈곤층을 대상으로 무료 교육, 무료 급식을 실시하고 있다. 또한 교육부는 농무부, 지방정부, NGO와 협력해 빈곤층 학생을 수용하기 위한 학교를 설립했다.

남아프리카공화국의 국가교육과정성명서National Curriculum Statement, NCS에서는 교육목표를 잘 보여 주고 있다. 2003년에 발표한 NCS는 국민이 민주시민으로서 성실히 살아갈 수 있도록 모든 학습자의 잠재력을 개발하는 프로젝트이다. 여기에서는 국민이 자신감과 독립심을 보유하고, 지적이면서 다양성을 추구하며, 현상과 사물에 대해 올바른 사고와 행동을 실천하는 시민으로 사회에 참여할 수 있도록 평생학습을 추구하는 것을 목표로 한다.

직업교육훈련은 이상과 같은 문맹률 해소와 민주시민의 역량 향상을 위해 일반교육훈련GET에서 성인기초교육훈련ABET과 계속교육훈련FET이 이루어지고 있다. 2007년 현재 50개의 공공 FET 기관과 2,478개의 공공 ABET 센터가 있다. 일반교육훈련의 최종학년인 9학년이 끝나고 계속교육훈련으로 진학하면, 의무적으로 일반교육과정 또는 직업훈련과정을 선택해 노동인력으로 등록된다. 공공 FET 기관들은 각 주province를 중심으로 설립했으며, 이들 기관의 교과 과정은 학습자에게 새로운 기술을 접할 기회를 제공하기 위해 학교 자체적으로 설정하도록 했다. 이들 기관의 새로운 멀티사이트들은 특정지역의 경제와 사회 발전에 도움을 줄 수 있도록 조정했다. 동시에, 이들 기관들은 남아프리카공화국의 상업과 산업, 인적자원개발 전략의 요구에 부응하기 위해 직업교육훈련 네트워크를 형성하도록 했다.

공공 FET 기관의 관리 조직은 과거 남아프리카공화국 교육부에서 현재 주정부의 교육부서와 지방행정위원회 산하로 변경되었다. 이처럼 공공 FET 기관의 관리 조직에 대한 변화는 주정부 교육부서의 기술교육에 대한 참여를 높이기 위해 남아프리카공화국 교육부와 주정부의 협정에 의해 이루어졌다. 고등교육단계의 직업교육훈련은 산업기술대학(University of Technology 또는 Technikons)을 중심으로 제공되며, 종합대학Comprehensive University의 '테크니콘Technikon'에서도 제공된다. 여기서는 수료증diplomas과 자격증certificates으로 직업교육훈련 이수자의 자격을 인정한다.

종합대학은 기존의 일반대학과 기술 중심의 '테크니콘Technikon'이 합병한 형태이다. 특히 산업기술대학은 기존의 직무 중심의 '테크니콘'이 발달한 형태로, 실용적 측면에 초점을 둔 3차 교육과정이다. 다양한 자격증 및 학위 취득이 가능하며, 1995년부터는 박사학위 과정도 개설했다.

3. 직업교육훈련과 교육부서

남아프리카공화국 자격 기관SAQA의 자격 부여는 세계적 수준의 기술교육을 유지할 수 있도록 보장하는 것이다. 남아프리카공화국 자격 기관의 품질 보장 메커니즘은 국제적인 표준을 통해 노동력의 발전에 기여하고 있다. SAQA는 국가의 교육훈련을 선도할 8등급으로 구성된 국가 자격 체계NQF를 제정·관리하고 있다. 이는 고등교육(HE, 5~8등급), 계속교육훈련(FET, 2~4등급), 일반교육훈련(GET, 1등급)으로 구성된 3개의 분야로 구성되어 있다. 또 남아프리카공화국 자격 기관은 국가 자격 체계의 관리 운영에 수반되는 국가직무 능력표준의 제정을 총괄하고 있으며, 이를 제공하는 교육훈련기관의 질 관리에 대한 책임을 맡고 있다. 이러한 역할을 통해 남아프리카공화국 자격 기관은 근로자의 직업능력을 제고해 국민의 고용을 촉진하고 국가의 경쟁력을 향상시키기 위해 국민의 직업능력개발에 힘쓰고 있다. 이와 같은 SAQA의 역할은 정부의 적극적인 인적자원개발 의지에 의해서 뒷받침되고 있다. SAQA는 '학점 기반 자격 체계Credit-Based Qualification Framework'를 운영함으로써 합격 또는 불합격으로 직무수행 능력의 유무를 판단하던 종래의 교육부서를 평생교육훈련의 관점에서 개선했다.

그러나 1970년대 흑인 노동운동으로부터 출발의 기원을 찾을 수 있는 새로운 교육부서인 국가 자격 체계NQF의 적용을 위해서 기존의 학교자격academic qualification 및 직업자격occupational qualification과의 과도기적 연계가 필요하다(Lee et al. 2002). 즉, 새로운 교육부서의 완전한 실행시기 전까지 국가 차원의 교육부서 공백을 없애기 위해서는 현재 통용되고 있는 각종 자격을 인정해 주는 등 신구新舊제도가 공존할 필요가 있다.

이것은 새로운 제도의 성공적인 정착을 위해서 반드시 필요한 조치이므로, SAQA도 이러한 조치를 강구하기 위해서 자격 수준 기술서level descriptor를 마련해 이를 적용하고 있다. 모든 수준의 자격을 기초 능력foundational competence, 실천적 능력practical competence, 성찰적 능력reflexive competence의 3개 영역으로 구분하고, 각 영역에서 1~8등급까지의 수준에 해당하는 기준을 제시하고 있다. 학교 및 직업자격의 수준을 3개 영역에 걸쳐 적절하게 평가해 모든 자격의 수준을 합리적으로 제시하기 위한 구체적인 기준표로 작용한다.

평생학습

남아프리카공화국에서 성인교육의 기회는 다양하지 않다. 주로 기본적인 기초 능력, 기술 및 직업교육과정, 스포츠와 레저 활동 등이다. 케이프타운Cape Town 대학과 위트와테르스란트Witwatersrand 대학은 성인교육에 종사할 강사를 대상으로 수업을 제공하고 있으며, 특히 위트와테르스란트대학은 성인교육 강사과정 수료자에게 수료증을 주고 있다.

교육부는 1990년대 초반에 성인학습자의 다양한 요구에 부응하기 위해 법적으로 성인기초교육훈련ABET 프로그램을 제정해 관련 사업을 지원하고 있다. 성인기초교육훈련은 평생학습을 통해 성인의 지식·기술 및 태도를 개발하고, 이를 통해 사회적·경제적·정치적 참여를 유도하는 프로그램이다. 성인기초교육훈련 프로그램은 특정 고객을 대상으로 특정 요구에 맞는 맞춤식 형태로 제공하고 있다.

이러한 교육 프로그램들은 800만 명 이상의 문맹 성인들을 대상으로 문맹 퇴치 교육을 실시하기 위해 1990년대에 개설된 것이다. 2008년 국가개발지표에 따르면, 2002년부터 문맹률이 매년 꾸준히 증가해 2006년의 경우에는 성인의 74%가 문맹인 것으로 나타났다. 이 중에는 여성의 문맹률이 73%로서 남성의 문맹률과 비슷한 추세이다. 가장 많은 문맹인을 가진 주는 크와줄루-나탈KwaZulu-Natal, 림포포Limpopo, 이스턴케이프Eastern Cape 등이다.

대규모 문맹 퇴치캠페인인 'Kha Ri Gudelet us learn'는 공식적으로 2008년 2월에 시작되었다. 문맹 퇴치를 달성하기 위해 2010년부터 5년간 61억R 이상을 투입해 47만 남아프리카 인들을 대상으로 교육을 실시할 계획이다. 이러한 캠페인은 성인 문맹을 줄이는 데 도움이 될 것으로 예상하고 있다. 또한 미래선도교량사업Bridges to the Future Initiative, BFI은 정보 통신 기술을 기반으로 하는 문맹 퇴치 프로그램으로서 림포포 주에서 실험적으로 개발해 운용하고 있다. 이에 대한 파트너로는 교육부, 림포포 주의 교육부서, 국제문맹 퇴치연구소, 네드뱅크Nedbank, 미국의 켈로그Kellogg 재단, 그리고 몰테노Molteno 프로젝트 등이다.

남아프리카공화국에는 현재, 교육훈련 개발사례 분야 교육 연수기관
Education, Training, Development Practices Sector Education and Training Authority, ETDP Seta으
로부터 새로이 인증받은 다양한 성인기초교육훈련ABET 운영 기관과 문맹
퇴치 서비스 제공자, 그리고 NGO 형태의 신흥 기관들이 증가하고 있다.

한편 노동조합운동은 백인들의 혹독한 착취와 억압에 대항한 피어린
투쟁의 연속이었다. 이러한 투쟁 전통을 바탕으로 흑인 노동자들은 1985
년 12월에 코사투COSATU라는 전국 중앙 조직을 만들었고, 1994년에는 만
델라를 대통령으로 한 민주정부를 수립하는 데 성공했다. 그러나 그것으
로 모든 문제가 해결된 것은 아니었다. 이제 코사투는 지난날에는 관심거
리가 아니었던 경제 발전, 생산성, 공공 서비스와 정부 기능에 관심을 기
울이지 않으면 안 되게 되었다. 그리고 아직도 존재하는 인종 차별, 가난,
불평등과 같은 과거의 낡은 질서와 모순에 대해 싸워야 하는 과제도 안게
되었다.

그러나 이러한 과제를 짊어지고 나아갈 노동자들의 교육훈련 수준은
매우 심각했다. 1997년 당시에 흑인의 절반 이상이 문맹이었으며, 흑인
노동자 대부분이 비숙련 · 단순 노동에 종사하고 있었다. 국민의 압도적인
다수가 흑인임을 감안할 때, 남아프리카공화국 사회의 인력 개발 수준은
국제 수준에 크게 미달하고 있었다. 하지만 정부는 이러한 상황을 반전시
킬 독자적인 자원과 능력이 부족했다. 더구나 사용자들은 흑인 노동자의
교육훈련을 위한 투자에 인색하거나 무관심했다. 따라서 정부는 국민 교
육과 인력 개발 사업에 노동조합 진영을 끌어들일 수밖에 없었으며, 이러
한 문제 의식이 남아프리카공화국의 노동교육훈련기관인 디첼라
Development Institute for Training, Support and Education for Labour, Ditsela의 설립으로
구체화되었다. 디첼라는 거의 모든 재정을 정부로부터 지원받으면서도 노
동조합에 의해 전적으로 운영 · 관리되고 있는데, 이는 남아프리카공화국
의 특수한 상황에 기인한 것이다.

인재개발의 정책동향 및 특성

정책동향

남아프리카공화국은 2008년 4월에 수립한 인적자원개발전략(Human Resource Development Strategy, 2009~2014년)의 목표는 최적의 시스템적 성과 달성, 즉 인적자원개발의 계속적인 분석과 노동시장의 기능을 이용하는 하위 시스템(공공–민간과 정부 전체) 간의 조화를 성취하는 것이다. 여기에는 인적자원개발 지수, 국가 순위, 경제적 경쟁력, 즉 지니계수, 그리고 사회적 응집력 등에서의 개선이 포함된다. 요컨대 우선 지원 지역에서의 교육훈련 실시와 경제성장 공유, 높은 품질의 교육과 보편적 교육 접근 보장, 공공 및 민간 부문의 기술 혁신 및 관련 능력 향상, 인적자원개발의 성공적 구현을 위한 관련 기관 및 부서의 기획 능력 향상, 모니터링 및 평가 시스템 구축, 5년마다 체계적인 평가 연구 및 실시 등을 주요내용으로 하고 있다.

2007년 9월 학교 수급 동향을 갱신한 국가교육 인프라 관리 시스템 National Education Infrastructure Management System, NEIMS에 대한 보고서는 국가가 낙후된 학교 인프라를 개선하도록 하는 내용을 중심으로 관련 전문 기관 및 공공 법인의 설립, 공공과 민간의 파트너십 확대, 지역사회 참여의 활성화 등 서비스 전달 체계에 대한 혁신적인 방법을 포함하고 있다. 보고서는 학교의 약 74%가 우수한 인프라를 가졌다고 결론을 내렸지만, 아직도 상당한 시설이나 기준이 개선돼야 할 여지가 있다고 보고했다.

그리고 보고서를 토대로 교육 인프라 예산이 증액되었다. 1998년 481만R에서 2007년 3.9억R으로 810% 증가했는데, 그 후 2010년에는 5.2억R로 확대 설정했다.

1990년대 초반에 성인학습자의 다양한 요구에 부응하기 위해 법적으로 성인기초교육훈련ABET 프로그램을 제정해 관련 사업을 지원하고 있다. 성인기초교육훈련은 평생학습을 통해 성인의 지식·기술 및 태도를 개발하고, 이를 통해 사회적·경제적·정치적 참여를 유도하는 프로그램으로 특정 고객을 대상으로 특정 요구에 맞는 맞춤식 형태로 제공하고 있다.

또한 정부와 민간 기구들이 문맹 퇴치를 위해 협력하고 있다. 흑인의 절반 이상이 문맹이고, 흑인 노동자 대부분이 비숙련·단순노동에 종사하는 등 남아프리카공화국 사회의 교육수준은 국제 수준에 크게 미달하고 있다. 이에 따라 인종 차별, 가난, 불평등과 같은 과거의 낡은 질서와 모순을 제거하기 위해 정부뿐만 아니라 노동조합이 정부의 재정을 지원받아 근로자를 대상으로 교육훈련을 실시하고 있다. 특히 문맹 퇴치 프로그램은 교육부뿐만 아니라 주정부의 교육부서, 국제 문맹 퇴치연구소, 네드뱅크, 미국의 켈로그 재단, 그리고 몰테노 프로젝트 등 국내는 물론 국외의 다양한 민간 기관이 파트너로 참여하고 있다.

주요특성 및 과제

남아프리카공화국의 인적자원개발 측면에 대한 주요특성과 과제를 살펴보면 다음과 같다.

첫째, 인구의 대다수를 차지하는 흑인, 백인, 아시아계의 황인종 등 다양한 인종이 함께 살고 있다. 문제는 흑인의 절반 이상이 문맹이고, 실업자의 절반 이상이 흑인이며, 흑인 노동자 대부분이 비숙련·단순노동에 종사하고 있다는 점이다. 이로 인해 인종 간의 차별과 빈부로 인한 갈등, 그리고 불평등이 공존하고 있다. 따라서 이러한 인종 간의 갈등과 불평등, 빈부격차, 그리고 높은 실업률을 해소해 사회의 응집력을 높이기 위한 일환으로 인적자원개발정책이 이루어지고 있다.

둘째, 남아프리카공화국은 새로운 교육 체계의 하나로서 교육과 훈련이 통합되어 있다. 이는 구조적 학습과 일반적 직무 경험으로 구분된 것을 통합 구조의 형태로 수정·보완한 것이다. 교육과정은 구조적 학습과 일반적 직무 경험이 반영된 각 이론 내에 실용적인 적용을 위한 것이다. 이러한 구조적 학습의 이론 과정에 실용적인 직무를 적용한다는 것은 시간적으로 간단한 일이 아니다. 또 교육과 훈련의 통합은 국가 자격 체계에 의해 구체적이고 합리적이며 포괄적인 구조로 제공되고 있다.

셋째, 지역(주)별로 상업과 산업, 그리고 학교 인프라에 상당한 격차가 있으므로 교육정책 및 행정은 중앙보다는 특정 지역을 중심으로 이루어지고 있다. 특히 주정부 교육부서의 기술교육 참여를 높이기 위해 각 주를 중심으로 직업교육정책이 이루어지고 있다. 또 교과 과정은 지역의 필수적인 특정 경제와 사회 발전에 맞추어 조정하거나 학교 자체적으로 임의로 설정할 수 있도록 하는 등 일선 교육 현장에 자율성을 부여하고 있다.

넷째, 성인교육훈련은 집체 훈련 외에 멀티미디어를 이용한 원격 훈련을 동시에 실시하고 있으며, 성인들의 시간적 낭비와 학습 장소 이동상의 불편을 해소해 준다는 차원에서 앞으로 더욱 확대될 것이다. 성인교육훈련은 인적자원개발이라는 전략적 목표를 갖추고 직업교육체계와 연계해 이루어지고 있다. 그러나 교육부에서 성인학습자의 다양한 요구에 부응하기 위해 ABET 프로그램을 제정해 학습자를 지원하고 있지만, 성인들의 취업 및 산업 현장의 수요를 충족하기에는 부족한 점이 많이 있다.

다섯째, 사업주, 노동조합 그리고 다른 기관들과의 사회적 파트너십을 바탕으로 직업교육훈련에 접근하고 있다. 국가적인 차원에서 노동시장의 수요 변화에 책임지는 것은 정부 부처와 지역사회 단체뿐만 아니라 사업주, 노동조합, 교육훈련 공급자들도 참여하였다. 이러한 다양한 이해관계자의 참여는 정책과 전략을 풍부하게 해 줄뿐만 아니라, 정책을 지지함으로써 효과를 제고할 수 있도록 한다.

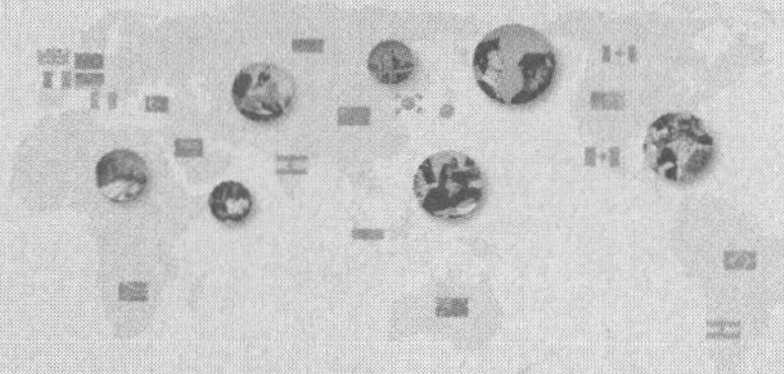

CHAPTER 17

터키 TURKEY

이 상 돈

성균관대학교 계량경제학 전공 경제학 박사, 현 한국직업능력개발원 미래인재연구실 연구위원, 교육과학기술부 신성장동력 인력양성 TF위원, 한국경제학회 사무차장. 주요 연구 실적으로는 [IT전문인력 수급차 분석 및 전망연구], [중장기 인력수급전망 모형 개발 및 인프라 확충] 외 다수.

사회경제적 배경

사회와 문화

터키의 정식 명칭은 터키공화국Republic of Turkey으로, 동쪽으로 이란 · 아르메니아 · 그루지야, 남쪽으로 이라크 · 시리아, 북서쪽으로 불가리아 · 그리스와 국경을 접하고, 북쪽으로 흑해, 남쪽으로 지중해, 서쪽으로 에게해 · 마르마라해에 면한다. 소아시아(아나톨리아) 반도 전부와 보스포러스 해협 · 다르다넬스 해협 · 마르마라해를 사이에 두고 유럽의 발칸반도, 동트라키아 지방에 걸쳐 있다. 유럽과 아시아를 잇는 관문적 위치로 인해 역사적으로 동방과 서방의 문화를 연결하는 교차로 역할을 해 왔다. 에게해에서 그리스와 해역 · 상공 · 영토에 관련된 분쟁을 벌이고 있고, 1984년부터 쿠르드족이 분리 독립을 주장하며 터키 정부를 상대로 유혈 투쟁을 벌여 왔다. 행정 구역은 81개 주베로 되어 있다.

1928년 이슬람교를 국교로 하는 조문이 헌법에서 삭제되어 터키는 헌법상 국교를 명시하고 있지 않으나 전체 국민 98% 이상의 절대다수가 수니파 이슬람 교도이기 때문에 이슬람 국가라고 할 수 있다. 따라서 이슬람의 전통과 관행이 매우 중요시되며, 특히 법을 해석하고 적용하는 데 종교적 율례의 영향을 받기 쉽다. 또 금식월(라마단)이 끝나는 날 이후의 3일과 희생절은 종교 축일로서 성대한 행사가 치러진다.

터키 인구는 2009년 말 전년 대비 14.5% 증가한 7,256만 1,312명이며, 남자는 50.3%(3,646만 2,470명), 여자는 49.7%(3,609만 8,842명)로 남자가 여자보다 더 많다. 도시별로는 81개 도시 가운데 67개 도시에서 인구가 증가했고, 14개 도시에서는 감소했다. 터키 전체인구의 75.5%는 도시 지역에 거주하며, 24.5%만이 주변 지역과 시골 지역에 분포하고 있다. 특히 터키 인구의 17.8%가 이스탄불에 거주하고 있어 6명 중 1명이 이스탄불에 거주하고 있는 셈이다.

경제 및 노동시장

터키는 1980년대 이래의 경제에 대한 국가의 관여를 줄이고 시장의 자율 기능을 중시하는 방향으로 일련의 개혁 작업을 시행했다. 1990년대 초반까지 어느 정도 성과를 거두는 것으로 보였으나, 정치적 필요에 의한 방만한 재정운용과 이에 따른 재정 적자 및 국가 채무 급증이 주 원인이 되어 1994년 극심한 불황과 재정 위기를 겪었다. 1994년 터키의 경제성장률은 −6.0%로 경기 침체를 겪었고, 이후 4년간 4~8%대의 경제성장을 기록했다. 그러나 같은 기간 동안 연 50~70%에 달하는 만성적인 고인플레이션에서 벗어나지 못하였고, 재정 적자와 이에 따른 대내외 국가 채무도 계속 누적되었다.

이와 같은 상황을 해결하기 위해 터키 정부는 IMF의 지원을 받게 되었다. 이는 1999년 6월 사회 복지 개혁, 정부 재정 개선, 국책은행을 비롯한 금융 분야 구조 조정, 공공 부문의 투명성 제고, 통신 및 에너지 시장 자율화를 위한 관련 입법 등 포괄적인 경제구조개혁 프로그램 이행을 전제로 한 것이었다.

표 3-35 | 터키의 연도별 거시 경제 지표

표 3-35 | 터키의 연도별 거시 경제 지표

구분	2003	2004	2005	2006	2007	2008
1인당 GDP(달러)	4,370	5,580	6,784	7,367	8,864	9,873
경제성장률(%)	5.3	9.4	8.4	6.9	4.5	1.3
수출(FOB, 100만 달러)	47,253	63,167	73,476	85,535	107,136	132,003
수입(CIF, 100만 달러)	69,340	97,540	116,774	139,576	169,792	201,823
소비자물가상승률(%)	25.3	10.6	7.7	9.6	8.4	10.1

자료 : 통계청, 국제통계, 「OECD 국가의 주요통계지표」 : 터키 중앙은행, 대외 무역청, EIU.

그러나 2000년 말 재정 적자 급증, 금융 기관 부실 운영, 구조개혁 프로그램 불이행 우려 등에 따른 유동성 위기로 말미암아 2001년 터키공화국 사상 가장 심각한 경제위기를 맞았다. 이에 또 다시 터키 정부는 엄격한 재정 정책과 구조개혁 강화 등 보다 강도 높은 IMF 경제 개혁 과제 이행을 조건으로 160억 달러에 달하는 구제 금융 지원 협정을 2002년 2월에 체결했다. 2001년에는 그동안 누적되어 온 부실 요인들로 인해 GNP 성장률 -9.4%, 소비자 물가 상승률 68.5%, 도매 물가 상승률 88.6%를 기록했다. 2002년에는 하반기 조기 총선 실시와 정의개발당AKP의 단독집권 등 정치적인 안정 분위기와 수출 증가 등으로 경제성장률은 당초 IMF 경제 개혁 프로그램에 제시된 3%를 훨씬 상회하는 7.8%를 기록했으며 소비자 물가 상승률도 29.7%를 기록해 당초 35% 이내 억제 목표를 달성했다.

특히 2005년의 경우 소비자 물가 상승률이 7.7%를 기록해 경제 안정성을 높였으며, 수출을 중심으로 한 산업 생산 증가에 따라 경제성장률은 8.4%로 유럽 국가 중 가장 높은 수치를 기록하는 거시 경제 지표상으로 매우 안정적이고 급속한 성장세를 보였다. 이러한 성장세는 2006년과 2007년에도 지속되면서, 터키 경제는 안정적 성장 궤도에 진입했다.

그러나 2008년 하반기 글로벌 금융위기의 여파로 인해 수출 부진, 환율의 불안정성이 확대되면서 터키의 내수는 악화되었다. 이에 따라 터키 정부는 2009년 내수 진작을 위한 자동차, 가전제품, 가구류 등에 대한 부가 가치세 인하와 같은 감세 정책과 함께 터키 내 생산 기업들에 대한 지원 정책을 확대하고 있다. 이러한 글로벌 금융위기의 여파로 터키의 실업률은 2009년 현재 전년 대비 3%p 증가한 14%를 기록했고, 남성의 실업률은 2008년 동기 대비 3.7%p 증가한 16%, 여성 실업률은 3.8%p 증가한 21.9%를 차지했다. 청년층의 실업률은 2009년 전년 대비 4.8%p 증가한 25.3%로 나타났다. 대도시의 지역의 실업률은 전년 대비 3.8%p 증가한 16.6%, 소도시 지역의 실업률 역시 전년 대비 1.7%p 증가한 8.9%로 집계되었다.

인재개발 현황

교육제도

터키의 교육 여건은 정부의 교육에 대한 높은 관심에도 불구하고 국민의 요구에 부응하기에는 아직도 부족한 실정이며, 도시와 지방 간 교육시설에도 큰 차이를 보이고 있다. 그러나 전체적으로 볼 때 터키 국민의 교육 수준은 크게 향상되고 있다. 1923년 터키공화국이 건국될 당시에는 10명 중 1명만이 아랍어 표기에 의한 책을 읽을 수 있었으나 현재는 국민의 약 90% 이상이 라틴 문자 표기에 의한 책을 읽을 수 있게 되었다. 초·중등 교육은 무료이며 남녀공학으로 운영되고 있고, 중·고등학교에서는 영어, 프랑스어, 독일어가 필수 과목으로 지정되어 있다.

취학 전 교육은 4~6세(36~72개월)에 해당하는 초등 의무교육 연령에 도달하지 못한 아동의 자발적인 교육을 포함한다. 취학 전 교육의 목적은 아동의 신체적, 정신적, 정서적 발달을 보장하는 것이며, 좋은 습관의 취득, 초등학교교육의 준비, 열악한 환경에 있는 아동들의 계발을 위한 일반적인 분위기 조성, 국어를 정확하게 잘 말할 수 있는 능력을 확립하는 것이다.

초등교육은 만 6세 이상 아동을 대상으로 실시해 오던 5년제 의무교육을 폐지하고, 1997년 7월 이후 세속주의 강화를 위해 8년제 의무교육을 실시

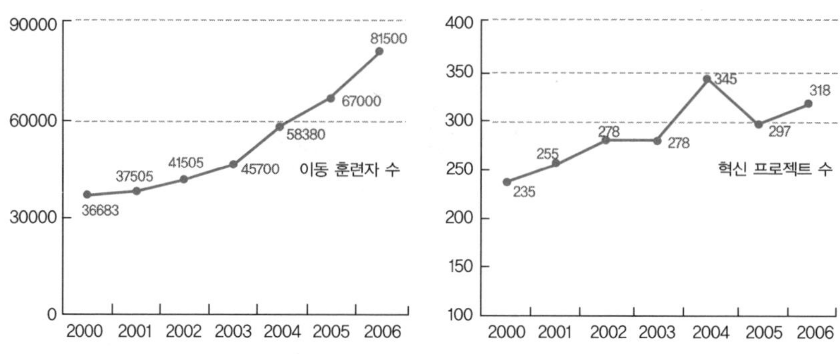

자료 : Republic of Turkey Ministry of National Education(2005)의 pp. 19 그림을 필자가 재구성.

하고 있다. 터키는 초등학교 때부터 엄격한 학사관리를 하고 있으며, 상급 학년으로 진학하기 위해서는 일정 수준 이상의 점수를 획득해야 한다.

중등교육은 초등교육을 이수한 자에 한해 희망에 따라 그 진학이 허용되며, 3년의 고등학교 과정으로 이루어지고 있다. 고등학교 과정은 일반 국립고등학교와 직업기술 국립고등학교로 구분되며, 고등학교 과정을 마치고 전문대학 이상의 고등교육기관에 진학을 희망하는 사람은 국가에서 주관하는 2단계의 대학 입학고사를 통과해야 한다.

대학교를 비롯한 대부분의 고등교육기관은 국가 재정으로 운영되는 국립으로서, 소액의 수수료를 제외한 학비 전액이 무료이다. 4년제 대학교는 철저하게 학사를 관리하기 위해 졸업정원제를 실시하고 있기 때문에 적지 않은 수의 학생들이 중도에 탈락하는 경우가 발생하고 있다. 정부 주관의 대학 입학 시험을 치른 후 영어로 강의를 진행하는 대학교에 입학이 확정된 신입생들은 다시 별도의 영어 시험을 치러야 하며, 소정의 점수를 획득하지 못한 신입생에 한해 1년간 영어 교육을 받도록 하고 있다. 정부는 1981년 11월 6일 제2547호 법령에 의해 고등교육 위원회Yüksekögretim Kurulu, YÖK를 구성하고, 교육부로부터 권한을 일부 이양 받아 모든 고등교육기관을 관리하고 있다. 고등교육 위원회는 대학의 발전 및 평가, 예산 투자, 사업 계획 및 조정에 관한 사항을 의결하는 권한을 갖고 있다.

직업교육훈련

1. 형식교육에서의 직업교육훈련

형식교육에서의 직업교육훈련은 직업기술고등학교에서 이루어진다. 직업기술고등학교는 산업계의 수요에 맞는 중간수준의 기술 인력을 훈련하는 한편, 학생들이 고등교육을 준비하는 중등교육기관이다[47].

기술고등학교는 당초에 남자와 여자를 위한 전통적으로 성별에 따라 적합하다고 간주된 별도의 프로그램으로 설립되었다. 그러나 일부 기술고등학교는 비슷한 프로그램이 적용되는 남녀공학 기관들이 되었다. 상업·관광 고등학교와 남자 및 여자 기술고등학교의 교육 유형 및 기간은 3년제 직업고등학교, 외국어 준비 수업을 포함한 4년제 아나톨리아인 직업고등학교, 4년제 기술고등학교, 외국어 준비 수업을 포함한 5년제 아나톨리아인 기술고등학교, 3년제 이원화 직업기술교육 센터(자동차와 전자 분야의 기술자, 숙련공, 그리고 훈련 교사들 양성) 등이 있다.

- 직업고등학교(3년제)
- 아나톨리아인 직업고등학교(외국어 준비 수업 1년을 포함한 4년제)
- 기술고등학교(4년제)
- 아나톨리아인 기술고등학교(외국어 준비 수업 1년을 포함한 5년제)
- 직업교육 및 기술교육 센터는 단일 관리 하에서 다양한 프로그램의 기반 위에 설립된 정규 및 비정규 교육기관이다. 센터들은 직업기술교육 이수 후 중등교육 학위 또는 인증서를 수여한다.
- 이원화DUAL 직업기술교육 센터는 자동차와 전자 분야의 기술자, 숙련공, 그리고 훈련 교사들을 양성하기 위해 설립된 기관이다. 교육기간은 3년이다.

국가교육기본법 제1739호 제29조에 의하면, 다양한 프로그램을 가진 고등학교들은 자원의 효율적 활용이 가능하고, 학교시설, 교사, 행정가, 기타 직원을 최대한 활용할 수 있으며, 흥미, 요구, 재능에 따라 중등교육에서 성과를 낼 수 있는 초등교육을 마친 학생들을 허용하기 위해 인구가 적고 분산된 도시에 설립되었다. 일반고등학교와 직업기술 고등학교의 프로그램을 제공하는 학교들이다.

고등학교에서 제공되는 프로그램들은 학생들이 전반적인 문화에 관한 중등교육수준을 성취할 수 있도록 보장하고, 다양한 직업 분야에서 요구된 직업훈련을 통해 고등교육과 근로 활동을 준비하는 데 목적을 둔다. 종교 교육은 헌법 제24조, 교육 통합법 제4조, 국가교육기본법 제1739호 제21조와 제32조에 의해 수행되었다. 헌법 제24조에 의하면 "종교와 윤리에 관한 교육과 지도는 주정부의 감독과 통제하에 진행된다. 종교 문화와 도덕 교육에 관한 지도는 초중등 학교의 교육과정에서 필수적이다. 다른 종교 교육과 지도는 개인의 희망에 의해 진행되며, 미성년자의 경우에는 법정 대리인의 요청에 의해 진행된다." 교육과정은 '교육·종교 분리주의 원칙'에 따라 준비되고, 종교 관련imam and Preacher 고등학교는 교육 통합법 제4조와 국가교육기본법 제1739호 제32조에 의해 설립되었으며, 직업학교와 고등교육을 위한 준비학교로서의 역할을 하고 있다.

2. 비형식교육에서의 직업교육훈련

1) 공공 교육

정규 교육기관 외에 수행되는 교육 활동들은 주로 공공 교육훈련센터에서 이루어진다. 교양 과정, 직업 과정, 사회 문화 과정, 그리고 사회문화실습은 모든 연령과 교육수준의 참여자들에게 제공된다. 정규 교육 외에 조직된 교육 활동들은 366개의 프로그램이며, 922개의 공공 교육 센터들에서 운영된다. 2004년 총 2만 571개의 과정에 112만 6,103명이 참여했다.

과정 형태	과정 수				
년도	2000	2001	2002	2003	2004
직업과정	37,336	37,239	13,043	11,123	12,379
사회문화과정	9,617	13,525	5,633	4,717	6,017
교양과정	4,520	6,950	6,106	2,295	2,175
전체	51,473	57,714	24,782	18,315	20,571
과정 형태	참여자 수				
년도	2000	2001	2002	2003	2004
직업과정	690,221	725,711	464,366	510,128	577,073
사회문화과정	225,201	331,924	297,597	312,572	398,897
교양과정	102,937	159,502	294,629	172,647	150,133
전체	1,018,359	1,217,137	1,056,592	995,347	1,126,103

자료 : Republic of Turkey Ministry of National Education(2005), 교육부.

2) 도제 훈련

도제 훈련은 직업교육훈련 센터에서의 이론 교육과 현장에서의 실습 교육으로 구성된 이원적 훈련 시스템이다. 견습생의 훈련은 초등교육 후 학업을 계속할 수 없거나 다양한 이유로 정규 교육에서 제외된 중등교육의 연령에 있는 청소년의 교육을 포함한다. 적어도 초등교육을 졸업하고 14세인 청소년은 도제 훈련을 받을 수 있다. 도제 훈련의 기간은 직업 특성에 따라 2~4년이 소요된다.

도제 훈련의 교육과정은 이론 교육 30%와 직업교육과정(실습 훈련)이 70%로 구성된다. 이론 교육은 일주일에 하루 기업에서 제공한 직업훈련 센터, 직업기술교육 센터 또는 교육 센터에서 진행하고, 실습 훈련은 일주일에 5일 실제 생산현장에서 이루어진다. 도제 훈련을 마친 훈련생들은 곧바로 직능시험에 응시할 수 있으며, 훈련에 참여하지 못했던 훈련생들은 도제 훈련기간의 2년 동안 관련 분야에서의 근무를 증명하는 것을 조건으로 직능시험에 응시할 수 있다.

직능자격을 취득한 훈련생은 1~3년 동안 지도자 훈련을 계속할 수 있

표 3-37 | 연도별 직업훈련센터 현황

연도	도시 수	직업 수	직업훈련센터 수	교사 수	견습생 수
2000/2001	81	109	342	4,940	248,495
2001/2002	81	109	345	5,165	292,930
2002/2003	81	109	346	5,064	279,853
2003/2004	81	110	292	4,604	333,255
2004/2005	81	110	359	4,555	–

자료 : Republic of Turkey Ministry of National Education(2005), 교육부.

고, 지도자 시험에 응시할 수 있는 권한을 부여받는다. 그 훈련을 완료하지 못한 훈련생들은 5년 동안 관련 분야에서의 근무를 증명하는 것을 조건으로 지도자 시험에 응시할 수 있다. 지도자 훈련 마지막에 개인들은 중간 인력으로 결정된 능력 수준에 도달하고, 이 능력 수준에 맞는 지도자 자격증을 받을 수 있다. 지도자 자격증이 있는 사람만이 현장을 공개할 수 있는 권한을 갖는다. 2004년 33만 3,255명의 학생이 359개의 직업훈련센터와 직업기술훈련 센터에서 훈련을 받은 것으로 나타났다.

3) 직업기술통신고등학교

직업기술통신고등학교는 1995년에 설립되었다. 설립목적은 초등교육은 마쳤지만 개인적인 사유로 직업훈련을 받지 못한 학생들에게 교육 기회를

표 3-38 | 직업기술통신고등학교의 학생 수(2004/2005)

교육수준	학생 수		
	전체	남학생	여학생
통신 교육고등학교	314,773	185,302	129,471
일반 프로그램	252,030	149,873	102,157
직업기술프로그램	62,743	35,429	27,314
산업직업고등학교	26,845	23,928	2,917
여성직업고등학교	16,378	292	16,086
무역직업고등학교	12,583	7,229	5,354
종교관련(İmam and Preacher)고등학교	6,937	3,980	2,957

자료 : Republic of Turkey Ministry of National Education(2005), 교육부.

제공하고 고등교육기관에 참여할 기회를 갖지 못한 학생들에게 직업교육과 기술을 습득하도록 하는 것이다. 2004년 6만 2,743명의 학생들이 직업기술통신고등학교의 교육에 참여했다.

평생학습

1. 공공 훈련

공공훈련센터는 정규 교육과 구별되는 교육적인 활동을 제공한다. 공공훈련센터는 일부 기업들, 기타 기관들 그리고 시설들과 협력해 세미나, 회의 등과 같은 활동들, 특히 보건 문제에 대한 대중의 인식을 고취하기 위해서 설립되었다. 이러한 활동들 외에 미래 사회에서 중요한 문제들은 국제 기관들 및 시설들과의 연계한 프로젝트를 통해 계속된다.

표 3-39 | 공공훈련센터에서 수행된 교육 활동 수

연도	센터 수	개방된 과정의 학과 수	교양과정 훈련생 수	비정규 직업과정 훈련생 수	사회문화 과정 훈련생 수	전체 훈련생 수	사회문화 활동 참여자 수
2000/2001	921	354	159,502	745,657	271,838	1,176,997	2,353,065
2001/2002	922	366	354,754	872,457	346,368	1,573,579	2,618,236
2002/2003	922	264	172,647	510,128	312,572	995,347	–
2003/2004	922	169	150,133	577,073	398,897	1,126,103	3,671,902

자료 : Republic of Turkey Ministry of National Education(2005), 교육부.

2. 모자 교육에 관한 프로젝트

취학 전 교육 참여를 확대하는 활동 외에 모자 교육 프로그램은 단기 해결법으로서 자녀의 다방면의 발달을 지원하기 위해 1993년부터 시작되었다. 이 프로젝트는 취학 전 교육 서비스를 활용할 수 없는 열악한 사회 경제 환경에 있는 여성과 그 자녀들의 교육을 지원한다. 현재 이 프로젝트는 직업훈련의

표 3-40 | 모자 교육 프로그램(0~4세)의 현황

연도	지역 수	훈련된 교사 수	전체 교사 수	훈련된 여성 수	여성과 그 자녀 수
2000–2001	59	–	325	8,571	17,142
2001–2002	59	44	369	8,048	16,096
2002–2003	59	89	283	9,717	19,434
2003–2004	67	46	338	10,401	20,802
전체				20,118	73,474

자료 : Republic of Turkey Ministry of National Education(2005), 교육부.

경우 UNICEF의 협력과 Gazi대학 교수진의 지원하에 59개 주에서 시행되고 있다. 4세 이하의 자녀를 둔 여성들에게 자녀 계발, 교육 그리고 그들의 니즈에 관한 정보를 제공하는 것에 목적을 둔다. 1993~2003년 동안 2만 8,854쌍의 여성들과 그 자녀들이 이 프로그램에 참여했다. 2003년 이후 모자 교육 프로그램은 가정과 자녀 교육 프로그램으로 확대 · 발전되었다.

3. 5~6세의 모자 교육 프로그램

5~6세의 모자 교육 프로그램은 세계은행의 자금 지원과 모자 교육재단과

표 3-41 | 모자 교육(5~6세) 프로그램 현황

연도	지역 수	훈련된 교사 수	전체 교사 수	훈련된 여성 수	여성과 그 자녀 수
1993–1994	9	40	40	1,300	2,600
1994–1995	11	39	79	1,700	3,400
1995–1996	23	69	148	3,628	7,256
1996–1997	34	207	207	5,598	11,196
1997–1998	52	25	232	7,305	14,610
1998–1999	59	93	325	9,298	18,596
1999–2000	59	–	325	8,362	16,724
2000–2001	58	–	325	8,571	17,142
2001–2002	57	44	369	8,048	16,096
2002–2003	61	89	283	9,717	19,434
전체				63,527	127,054

자료 : Republic of Turkey Ministry of National Education(2005), 교육부.

의 협력으로 1993년부터 교육부에 의해 수행되었다. 이 프로그램의 목적은 여성의 교육을 통해 자녀의 다양한 계발을 지원하는 것이다. 모자 교육 프로그램은 5~6세의 아동을 대상으로 하고 있고, 1993~2003년 사이 92개 주의 지도자들과 400명의 교사들을 통해 61개 주의 186개 공공훈련센터에서 실시되었다. 프로그램이 시작된 이후 12만 7,054쌍의 여성과 그 자녀들이 그 교육을 통해 혜택을 받았다.

4. 베이비시터 훈련 프로그램

이 프로그램의 목적은 직장 여성들이 자신의 자녀를 위탁할 수 있는 취학 전 교육기관의 수가 부족하므로 그들의 니즈를 충족시켜 주기 위해 자신의 집에서 자녀를 잘 보살펴 줄 수 있는 자격 있는 베이비시터를 훈련하는 것이 목적이다. 또한 이 프로그램은 자녀들의 신체적, 정신적, 감정적, 그리고 사회적 발달을 잘 이해하는 전문가를 훈련하는 것을 목적으로 하고 있다. 베이비시터 훈련 프로그램은 공공훈련센터에서 운영되고 있으며, 20개 주에서 시작되었고, 2004년 말 현재 6,403명이 훈련을 받았다.

5. 가정 보건 훈련에 관한 프로젝트

가정 보건 훈련에 관한 프로젝트는 모자보건, 가족 계획 방법, HIV/AIDS와 같은 성관계를 통한 전염성 질병 등에 관한 정보를 공공훈련센터의 교사들에게 제공하기 위해서 실행되었으며, 이 프로젝트의 목적은 가족 구성원들이 이러한 사실을 인지할 수 있도록 교육하는 것이다. 이 프로젝트를 통해 동부와 남동부 지역의 14개 주에 위치한 공공훈련센터에서 180명의 교사가 훈련을 받았고 4만 1,016명의 훈련생들이 그 프로젝트로부터 혜택을 받았다.

6. 교양(읽기와 쓰기)교육에 관한 활동

터키의 문맹률은 평균 87.3%이고, 성별로는 여성 80.6%, 남성 93.9%이다. 15~44세 연령 그룹의 문맹률은 평균 93.4%이며, 여성 89%, 남성 97.5%로 남성의 문맹률이 여성에 비해 훨씬 높은 것으로 나타났다. 집중교육을 통해 의무교육을 받지 못한 사람들에게 읽기와 쓰기 능력을 증대시키는 역할을 했다. 그리고 교양 교육에 관한 활동에서는 기초 교육을 제공했다. 이 분야에서의 프로젝트들은 다음과 같다.

1) 국가교육에 대한 지원 캠페인

국가교육에 대한 지원 캠페인은 교육부, 공공 및 사설 기관들, NGO와의 연계를 통해 터키 전국에서 실시되고 있다. 이 캠페인의 주된 목적은 문맹인들에게 그들의 교육을 완성하고, 교육부, 기타 공공 시설들, 사설 및 자치기관, 지방정부, NGO, 자원봉사의 공헌과 참여를 통해 기초 수준에서의 교육을 제공하는 것이다. 또 교육에 대한 지원 캠페인은 참여자들이 직업을 얻어 수입을 창출할 수 있도록 도움을 주는 데 목적이 있다. 이 캠페인의 또 다른 목적은 의무교육 연령에 있으면서도 학교교육을 받지 못한 아동들을 학교에 보내는 것이다.

표 3-42 | **국가교육에 대한 지원 캠페인 참여현황**

과정구분	참여자 수
1 교양과정	770,002
2 직업과정	1,591,215
3 사회문화과정	1,068,270
전체	3,429, 487

자료 : Republic of Turkey Ministry of National Education(2005), 교육부.

2) 교양 교육을 촉진하기 위한 프로젝트

교약 교육을 촉진하기 위한 프로그램은 1999년 교육부와 로터리클럽과의 협력을 통해 시행되었다. 이 프로그램하에서 95명의 교사와 장학사들이

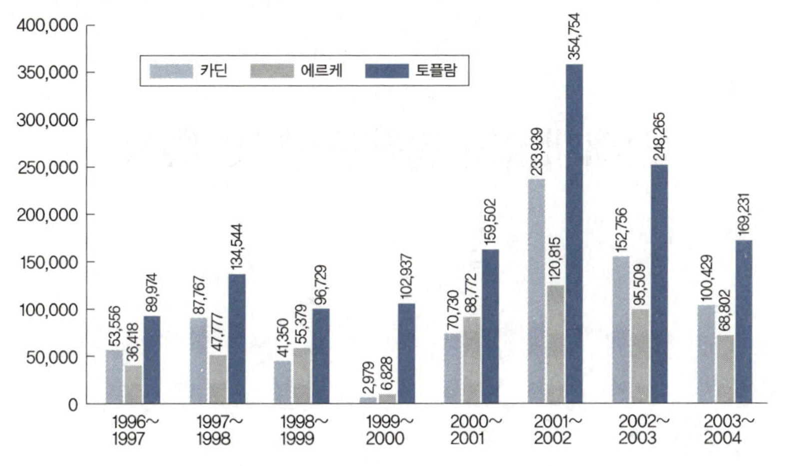

자료 : Republic of Turkey Ministry of National Education(2005), 교육부.

강사들에게 훈련을 받았고, 4,900명의 성인들이 동부와 남동부 아나톨리아 지역의 20개 주에서 그 과정들을 통해 교양 교육을 받았다.

· 03 ·
인재개발의 정책동향 및 특성

정책동향

1. 직업교육 및 직업훈련 제도 강화 프로젝트

직업교육 및 직업훈련 제도 강화 프로젝트의 일반적인 목표는 평생학습 원리와 사회·경제적 요구에 따라 터키의 직업교육 시스템을 개선하는 것이다. 프로젝트의 구체적인 목표는 첫째, 직업교육제도의 품질 향상과 산업의 수요에 부응하도록 지원, 둘째 공공 행정 기관과 사회적 파트너의 능력 강화와 국가·지역·지방 수준에서 직업교육과 연계된 기업의 조직 능력 강화, 셋째 신속한 지방 직업교육제도의 변화 유도 등이다.

이 프로젝트의 총예산은 약 5,100만 EUR이며, 총기간은 5년이다. 첫 6개월 동안은 준비 작업을 실시하고, 나머지 54개월은 작업을 수행하며, 프로젝트의 목적에 따라 성공적으로 수행될 예정이다.

그리고 이 프로젝트 수행으로 얻을 수 있는 예상 결과는, 먼저 새로운 국가직업능력표준은 NGO와 이해 당사자의 협력하에 개발되고, 노동시장의 요구를 충족하기 위한 청사진이 제시된다.

둘째, 새로운 국가직업능력 표준 자격은 더 적절한 평가, 채점 방식, 그리고 수료증을 발급하는 것을 제공하며, 채택된 직업 표준에 기반한다.

셋째, 역량 기반의 모듈 프로그램은 국가 자격 제도에 의해 개발된 지표와 일치해 개발되어져 왔고, 다른 수준에서의 평생 직업교육과 초보자 수준에서의 직업교육을 포함한다.

넷째, 지속적으로 시행하는 국가 표준에 의해 품질을 보장하는 새로운 인증 시스템은 모든 단계 및 프로그램 분야를 채택한다.

다섯째, 새로운 직업교육 경영 제도는 노동시장의 지역적 요구들을 충족하며 지방 수준에서의 파트너십을 기반으로 한다.

여섯째, 프로그램은 학교의 행정가, 교사, 혁신 리더들을 위한 양질의 교육을 제공하기 위해 개발되고 실행된다.

일곱째, 파트너십은 다른 나라에서의 교육기관들과 함께한 학교들에 의해 설립된다.

2. 직업 및 기술교육의 현대화 프로젝트

EU로부터 14만EUR를 지원받는 직업 및 기술교육의 현대화 프로젝트는 42개월 동안 추진되며, 총예산은 850만EUR이다. 이 프로젝트의 목적은 첫째, 직업 및 기술교육자 훈련 제도의 실현과 훈련의 질을 향상시키기 위한 교육자 훈련 표준을 개발하는 것이다.

둘째, 채택된 기준에 따른 현장(연수)교육[48]의 직업 및 기술교육자 훈련에서 3개의 새 교육과정과 예비(사전)교육[49] 5개이 새로운 교육과정을 개발히는 것이다.

셋째, 5개의 지역(앙카라, 이스탄불, 코니아, 엘라지그, 데니즐리)에서 20개의 혁신적인 사전 프로젝트이 수행을 지원한다.

넷째, 인적자원을 개발하기 위한 정부의 중기 전략수립을 지원하는 것이다.

3. 중등교육 프로젝트

총예산은 8천만EUR가 소요되는 중등교육 프로젝트에 대한 준비는 개발에 필요한 국내자원 외에도, 일부 분야에서는 외부 자원을 활용하고 전체 중등교육과 직업 중등교육 시스템의 질적 수준을 향상시키기 위해 수행되었다.

이 프로젝트의 구체적인 목표는 기본 교육기관 확대(12년), 중등교육에서 직업기술교육의 역할 확대, 직업기술교육 프로그램 개발, 직업 표준과 개인 교습에 기초해 직업기술교육을 개혁함으로써, EU 수준의 직업기술교육 달성, 이수 단위별 교수 방법과 기술 활용, 직업기술교육이 확대된 새로운 중등교육 시스템 개발, 학교 발전 모델 실행 등이다.

그리고 교육기관과 지역교육의 수요에 따른 교육의 질을 확대하는 동시에 공공 기관의 참여와 협력을 유도하는 것이다.

주요특성 및 과제

터키의 교육은 독일, 프랑스 등 EU 회원국들처럼 의무교육 이후 학생의 선택에 따라 대학 교육, 직업 및 기술교육을 통해 사회에 진출할 수 있도록 교육체제를 구성하고 있다. 가장 큰 특징은 특별 교육과 통신 교육에서 찾아볼 수 있는데, 특별 교육은 사회적 약자인 장애인의 자활을 위한 직업 및 기술 훈련 프로그램을 말하며, 이는 장애인이 사회 구성원으로서의 역할을 할 수 있도록 지원하고 있다는 것이다. 그리고 통신 교육은 초 · 중 · 고등교육의 모든 교육과정을 사이버 공간에서도 똑같이 이수할 수 있도록 활성화하는 것으로, 평생교육의 경우 영유아 및 여성에 대한 프로그램이 활발하게 운영되고 있다. 영유아 및 여성 관련 프로그램은 영유아의 지적 발달 및 사회성 향상에 초점을 두고 여성의 교육을 통해 그 자녀들의 능력

개발을 유도하고 있다.

그러나 교육제도의 특징에도 불구하고 인구의 빠른 증가, 농촌에서 도시 지역으로의 이주, 예산 제한 등의 문제로 인한 학습 공간 부족, 학교교육률 저하, 학습 반복에 따른 자원과 시간 낭비, 2부제 교육, 농촌 지역의 학습 공간 통합, 실습 장비 부족, 재정 부족 등 다층적이고 복합적인 문제에 직면해 있다. 이에 터키는 각 교육단계별로 해결해야 할 과제를 설정하고 있다.

첫째, 취학 전 교육은 선진국 수준으로 취학률을 제고하고, 교육 기회의 평등을 보장함으로써 취학 전 교육을 확대한다.

둘째, 초등교육은 인구의 모든 연령에서 학교교육을 보장하는 한편 교육의 질에 초점을 둠으로써 학생의 성공을 제고한다. 이를 위해 2부제 교육은 단일 교육제로 전환하고 농촌 지역의 통합된 학급 수를 최소화하는 등 교육 여건을 개선한다.

셋째, 중등교육은 초등교육에서의 완전한 학교교육 달성을 위한 자원제공, 중등교육의 인프라 확립 등에 필요한 법적 정비 후 의무교육기간을 12년으로 확대한다. 또한 14~17세의 모든 청소년에게 학교교육을 제공하는 한편 14~16세 청소년이 전문교육 또는 고등교육을 준비할 수 있도록 중등교육을 개혁한다. 특히 직업기술교육은 지역 특성을 고려한 교육과정을 발굴하고 그 교육과정은 국제적 기준에 부합하도록 보완한다.

넷째, 비형식교육은 모든 사람이 시간과 장소에 구애받지 않고 교육 및 학습할 기회를 제공할 수 있는 평생학습 구현을 목표로 하며, 이를 위해 비형식교육의 모든 형태에 대한 교육 기회를 지원한다. 특히 지방정부, NGO, 그리고 민간 부문에서의 계속 교육 활동을 장려하고 있다.

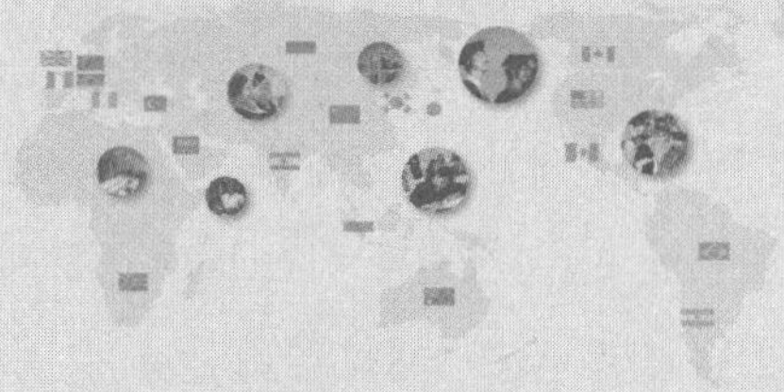

● CHAPTER 18 ●

영국UNITED KINGDOM

최 동 선

서울대학교 직업교육 전공 교육학 박사, 현 한국직업능력개발원 평생직업교육연구실 부연구위원, 주요 연구 실적 [전문계 고등학생을 위한 진로지도 프로그램 개발] 외 다수.

·01·
사회경제적 배경

사회와 문화

현재 영국의 공식 명칭은 대영북아일랜드연합왕국United Kingdom of Great Britain and Northern Ireland이며, 독자적인 사법권을 보유하고 있는 4개의 지방인 잉글랜드, 스코틀랜드, 웨일즈, 북아일랜드로 이루어져 있다. 영국은 불문헌법 국가로 여왕이 국가 원수이지만 실제 통치 행위는 여왕의 이름하에 '여왕의 정부Her Majesty's Government'에 의해 이루어지고 있다. 의회정치 국가로서의 영국은 상원the House of Lords과 하원the House of Commons으로 의회가 구분되어 있다.

영국의 공식 종교는 국교회(성공회, Anglican Church) 기독교이다. 이 중파의 신봉자들은 개신교도Protestant로 불리며 영국 인구의 다수를 차지하나, 이 외에도 많은 기독교가 있다. 인구의 71%가 기독교인이지만 영국은 다신념사회로 종교적 포용력과 수용력을 추구하며, 불교, 힌두교, 유대교, 이슬람교, 시크교 등을 비롯한 모든 종교의 자유를 보장한다(이동일, 2003).

2009년에 영국 통계청Office for National Statistics이 발표한 2007년 영국의 인구는 약 6,100만 명(남성 2,991만 6,000명, 여성 3,105만 9,000명)으로 추산된

다. 이 가운데 83.8%가 잉글랜드 지역에 거주하고 있으며, 스코틀랜드 지역 8.4%, 웨일즈 지역 4.9%, 북아일랜드 지역에 2.9%가 거주하고 있다. 영국의 인구는 2025년에는 6,660만 1,100명, 2050년에는 7,236만 5,000명으로 증가할 것으로 예측되고 있다.

경제 및 노동시장

2007년을 기준으로 영국의 GDP은 2조 1,700억 달러, 1인당 GDP는 3만 5,699달러로 G20 국가 가운데 상위에 위치한다. 2005년에 2.06% 수준으로 낮아진 GDP 연간 성장률은 2006년 2.84%, 2007년 3.03%로 소폭 증가했다. 이에 따라 근로 시간당 GDP도 2005년 0.8%에서 2006년 2.4%, 2007년 2.3%로 늘어났다.

이처럼 2000년을 전후로 영국의 경제 상황이 호전됨에 따라 1990년대 초반 10%를 상회하던 실업률은 상당히 안정되었으며, 노동시장 참여율도 호전되었다. 하지만 최근의 경제불황으로 인해 영국의 실업률은 다시 급증하는 추세를 보이고 있다. 2007년까지 5% 수준에 머물던 실업률은 2010년에 접어들면서 7.8%로 증가한 상태이다.

이와 같이 최근 영국의 고용 사정이 악화됨에 따라 특히 청년층의 실업률이 급증하는 문제를 안게 되었다. 2007년 1월에 14.3%을 기록한 청년층(16~24세) 실업률은 2010년 1월에 19.6%까지 5.3%p 증가한 상황이다.

표 3-43 | 영국의 경제 상황 개요

국내 총생산 (단위 : 10억 US$, 실물가격 기준)	1인당 GDP (단위 : US$, 실물가격 기준)	1인당 국내총수입 (단위 : US$, 실물가격 기준)	실질 GDP 연간 성장률 (단위 : %)	근로 시간당 GDP (단위 : %)
2,168	35,669	35,842	3.03	2.3

자료 : OECD StatExtracts, Country statistical profiles 2009: United Kingdom.

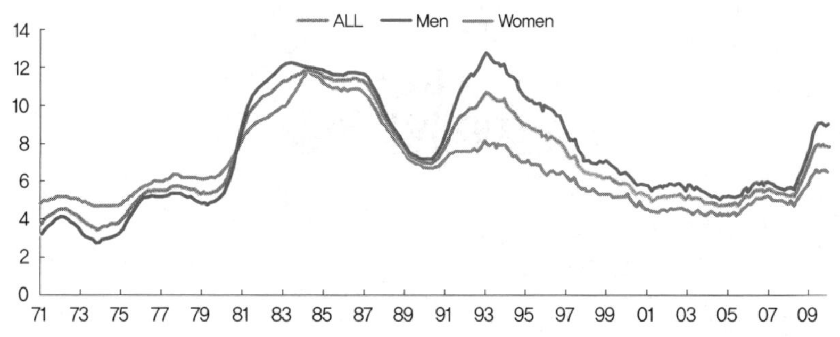

자료 : Office for National Statistics, Labour Force Survey: Unemployment Rates by Age.

이러한 패턴은 여타의 OECD 국가에서 발견되는 대체적인 현상(OECD, 2009)이지만, 높은 청년실업에 대응하기 위해 영국 정부는 새로운 유형의 일자리 보조 프로그램을 운영하기 시작했다.

인재개발 현황

교육제도

영국의 교육제도는 5세~11세까지의 초등교육(북아일랜드는 초등교육기간을 4세~11세까지로 설정)과 11세~16세까지의 중등교육을 의무교육기간으로 설정하고 있으며[50], 이 기간 동안 국가가 설정한 국민공통 기본교육을 받는다. 이러한 교육 체계상 직업교육은 11세 중등 학교 입학에서부터 시작되며, 이를 통해 직업교육의 조기화 및 보편화를 꾀하고 있다.

일반적으로 영국의 교육기관은 공적 재원이 지원되는 공립학교 maintained school, 공적 재원의 지원이 제공되지 않는 사립학교(independent school이라고도 함), 특수학교 등으로 구분된다. 2008/2009년에 영국의 전체 초중등 학교 3만 3,396개교는 공립학교 86.7%, 사립학교 7.6%, 특수학교 4.1%로 구성되어 있다. 일종의 특수 교육이 필요한 학생을 위해 학생 교육 센터 Pupil Referral Unit 511개교(1.5%)가 운영되고 있다. 이들 유·초·중등교육기관에 총 969만여 명의 학생들이 재학 중이다.

16세 이후부터는 중등 학교 또는 계속 교육 Further Education 기관에서 중등교육 이후 단계의 교육이 이루어진다.[51] 여기에서의 계속 교육기관에는 잉글랜드 지역의 Sixth Form College, Further Education College, 잉글

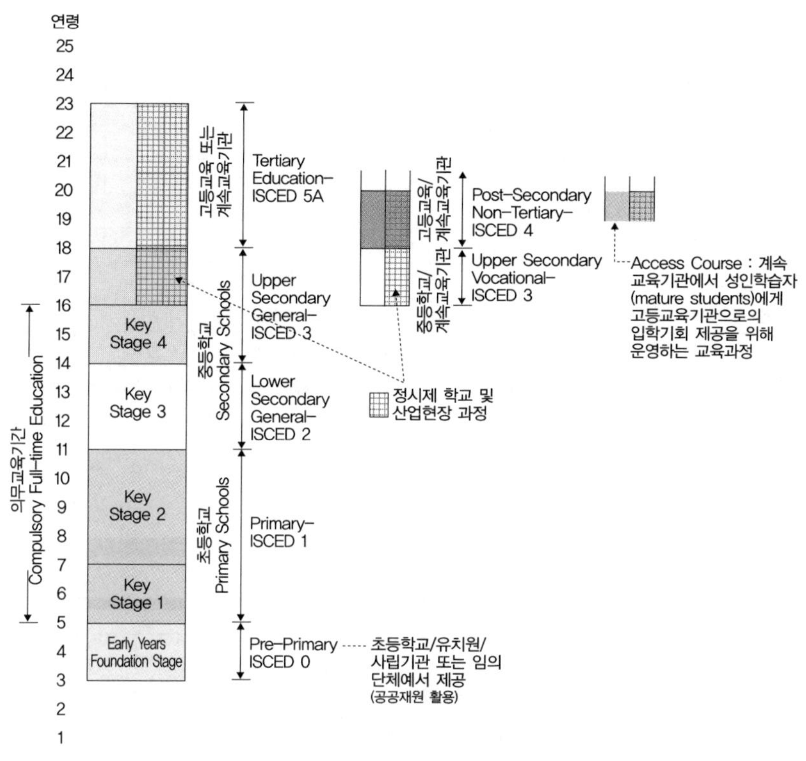

자료 : Higginson, C.(2009). Structures of Education and Training Systems in Europe: United Kingdon (England). pp. 7.

랜드와 웨일즈 지역이 Tertiary College 등이 있다. 이 가운데 Further Education College에서 주로 직업교육과정을 운영하며, 여타의 기관에서는 일반교육을 중심으로 하되, 직업교육과정도 병행해 운영하고 있다. 이들 의무교육 이후 단계의 교육에 대해서는 특정한 의무 사항이 주어지지 않고 있으며, 학생들도 다양한 교육 프로그램 가운데 희망하는 자격과 관련한 프로그램을 선택한다.[52] 영국의 고등교육은 대학, 고등교육대학higher education college, 그리고 소수의 university college에서 담당한다. 이들 기관들은 규모나 교육이념, 역사 등에서 매우 다양하다.

표 3-44 | 영국의 학교급별 교육기관현황
(단위 : 개교)

학교급		1990/91	1995/96	2000/01	2006/07	2007/08 1)	2008/09
공립		30,296	29,405	30,482	29,526	29,250	28,960
	유아원	1,364	1,486	3,228	3,326	3,273	3,209
	초등학교	24,135	23,441	22,902	21,968	21,768	21,568
	중등 학교 2)	4,797	4,478	4,352	4,232	4,209	4,183
사립		2,501	2,485	2,397	2,486	2,527	2,547
특수학교		1,830	1,560	1,498	1,391	1,378	1,378
	공립	–	1,456	1,401	1,285	1,264	1,264
	사립	–	104	97	106	114	114
학생교육 센터		–	315	338	489	506	511
합계		34,627	33,765	34,715	33,892	33,661	33,396

자료 : Department for Children, Schools and Families, et al.(2009). Education and Training Statistics for the United Kingdom: 2009 Edition.
주 : 1) 일부 잠정치가 포함된 것임.
　　2) 1993/94학년부터 잉글랜드와 웨일즈 지역의 Sixth Form College는 계속 교육기관으로 분류되었음. 1990/91학년에 잉글랜드에는 114개 Sixth Form College가, 웨일즈에는 2개 기관이 운영되었음.

표 3-45 | 학교급별 학생 수 현황(2008년 8월 31일 현재)
(단위 : 천명)

구분	공립학교						사립학교			전체
	유아원	초등학교	중등학교	특수학교	학생교육센터	소계	특수학교	기타	소계	
전체	150.3	4,868.8	3,928.5	100.9	15.7	9,064.2	5.7	621.5	627.1	9,691.3
남학생	23.4	2,487.3	1,976.4	71.2	11.3	4,569.7	4.1	317.3	321.4	4,871.1
여학생	21.5	2,381.5	1,952.0	29.7	4.4	4,389.	1.5	304.2	305.7	4,694.8

자료 : Department for Children, Schools and Families, et al.(2009). Education and Training Statistics for the United Kingdom: 2009 Edition.

직업교육훈련

1. 의무교육단계에서의 직업교육훈련

전통적으로 영국은 의무교육기간 동안 특별한 직업교육훈련을 제공하기보다는 이른 시기에 노동시장으로 진출을 촉진하는 정책을 유지해 왔다. 이에 따라 영국의 직업교육훈련, 특히 초기 직업교육훈련은 의무교육단계 이후(post-16)의 계속 교육기관이나 도제 제도apprenticeship 등을 통해 이루어져 왔다. 일반적으로 공립학교는 국가교육과정의 적용을 받고 있으며, 의무교육의 종료 시기(16세)에 학생들은 일반 중등교육자격General Certificate of Secondary Education, GCSE 시험에 응시하게 되는데, 학교교육과정에서 직업교육의 위상과 이에 대한 일련의 제안에도 불구하고 의무교육단계에서의 직업교육훈련은 아직까지 유동적인 상황에 있다. 하지만 최근 의무교육단계에서 직업교육훈련이 제공되는 몇 가지의 정책 또는 프로그램이 운영되고 있는데, 크게 3가지 방향에서 전개되고 있다.

첫째, 국가교육과정에서 기초 직업교육을 다루기 시작했다는 점이다. 기초 직업교육은 2004년부터 국가교육과정을 통해 KS4 단계(10~11학년)에서 반드시 이수해야 하는 요소가 되었는데, 자격 인증및교육과정원 Qualifications&Curriculum Development Agency, QCDA에서는 기초 직업교육을 직업 생활에 유용한 지식, 기술, 이해를 개발하기 위해 직업의 상황context of work을 이용한 계획적인 활동으로, ①일을 통한 학습learning through work, ②직업 또는 직업현장에 관한 학습learning about work, ③직업능력의 학습learning for work 등으로 구성된다고 설명하면서, 9가지의 하위요소로 구성된 내용체계를 제안했다. 그러나 중요한 것은 이러한 내용 체계가 기초 직업교육을 통해 획득되어야 하는 독특한 지식이나 스킬이 있음을 강조하는 것이 아니라 다양한 활동을 통한 직업 세계의 직접적인 경험이 기초 직업교육의 핵심 요소가 되어야 한다는 것이다(QCA, 2004).

둘째, 2004년부터 도입한 예비 도제 제도Young Apprenticeships 프로그램이다. 숙련 노동자 부족이 영국 경제의 치명적인 약점이라는 판단 하에, 만 14~16세Key Stage 4 학생들이 핵심 교과 수업을 지속하면서 주 2일 정도 특정직업 분야의 작업장에서 현장 학습을 통해 지식과 실제적인 기술을 병행해 학습함으로써, 궁극적으로는 NVQ Level 2의 전문 직업자격의 취득과 함께 16세 이후의 도제 제도apprenticeship로의 이행도 촉진하는 데 목적을 두고 있다. 이 프로그램에 참여하는 학생들은 기본적으로 해당 학교에 기반을 두면서 산업체 현장경험과 학습을 병행하는데, 학교 교사, 지정 현직자 또는 훈련 교사 등이 파트너십을 통해 학생들의 학습을 담당한다.

이러한 전반적인 운영은 학습 · 기술위원회Learning and Skills Council, LSC가 관장한다. 이 프로그램이 시행된 2004년에는 약 1,000여 명의 학생들이 참여했으며, 2006년에는 약 3,000여 명의 학생들이 예술 · 디자인, 경영 · 행정, 건축, 엔지니어링, 미용, 보건 의료 · 사회 보장, 환대 산업hospitality, 자동차, 행위 예술, 소매업, 스포츠 매니지먼트, 리더십 · 코칭, 섬유 등의 분야에서의 예비 도제 제도 프로그램에 참여했다(한국노동연구원, 2004: 박줄 외, 2008: DfES, 2006).

셋째, 새로운 교육부서인 디플로마Diploma를 도입했다. 디플로마는 14~19세를 위한 교육 개혁 프로그램의 일환으로 추진되고 있는 것으로, 특정 기업에서 실제 일하는 것이 무엇인지를 이해하면서, 동시에 영어, 수학, 정보 통신 기술에 대한 역량을 갖고 있음을 인증하는, 이론 중심의 학습과 현장 중심의 경험이 결합된 GCSE와는 다른 일종의 신설 자격 제도이다. 디플로마는 2008년부터 2011년까지 17개 영역에 걸쳐 개발 · 운영될 예정인데, 이들 디플로마는 모두 영어, 수학, 정보 통신 기술에서의 최소한의 기준을 달성하고, 최소 10일 이상의 현장경험을 요구하고 있다. 디플로마 교육과정의 개발에 5,000개 이상의 기업, 학교, 대학, 노동자들이 함께 참여했으며, 특히 각 영역과 관련된 산업별 협의체Sector Skills Council: SSC가 중요한 역할을 수행하고 있다.

디플로마 제도가 갖는 주요 특징을 요약하면 다음과 같다.

첫째, 고용주 및 대학에서 요구하는 협동 능력, 자기 관리 능력, 비판적 사고 능력 등의 필수적인 지식과 기술을 종합적으로 고려하고 있다.

둘째, 학교, 대학, 사업장 등의 다양한 환경에서의 다각적인 학습 양식을 경험할 기회를 제공할 뿐만 아니라 실천적인 활동을 강조하며, 통합적인 교육과정을 추구한다.

셋째, 영국의 주요한 취업 분야에서 일을 경험할 수 있는 기회를 제공한다.

넷째, 이후 계속 교육 및 취업과 연결될 수 있도록 학습자의 흥미에 따른 선택 기회를 제공할 뿐만 아니라 유연성을 강조한다.

다섯째, 특정한 분야에 취업하지 않더라도 현장에서의 일이 어떻게 수행되는지에 대한 '직관'을 가질 수 있는 기회를 제공한다.[53]

아동·교육·가족부의 자료에 의하면 2008, 2009년에 총 11,326명이 디플로마 제도에 참여했으며, 1년 사이에 기초 자격Foundation은 119명, 고급자격Higher은 69명이 취득한 것으로 나타났다.

2. 의무교육 이후 단계에서의 직업교육훈련

의무교육 이후 단계post-compulsory에서의 직업교육훈련은 주로 16~18세를 대상으로 계속 교육기관Further Education Institutions에 의해 2년 정도 제공된다. 일반적으로 FE colleges에서 직업교육과정을 위주로 프로그램이 운영되고 있지만, Specialist Colleges에서는 특정 산업 분야에 관한 프로그램을 운영하고 있으며, 일반교육 중심의 Sixth-Form College에서도 직업교육 프로그램을 병행해 운영하기도 한다.

이처럼 계속 교육기관에서의 직업교육훈련은 국가 수준의 교육과정이나 기준이 주어지는 것도 아니며, 교육기관의 규모나 교육훈련 프로그램도 매우 다양한 상황이다. 아동·교육·가족부DCSF 및 사업·혁신·기술부BIS 등의 데이터에 의하면 규모에 있어서 FE 교육훈련기관은 정시제 학생의 많은 비율이 특징인 반면 고등교육기관은 전일제 학생의 비율이 높았다. 또 시계열에 있어서는 최근 FE 교육훈련기관의 정시제 학생 규모가 계속 감소하는 반면 전일제 학생 규모는 소폭 증가하는 추세를 보이기도 한다.

구분	계속 교육기관(FE)		고등교육기관(HE)	
	전일제	정시제	전일제	정시제
전체	1,053.3	2,415.7	1,539.9	936.9
남성	519.7	983.6	698.1	364.8
여성	533.6	1,432.1	841.8	572.1

자료 : Department for Children, Schools and Families, et al.(2009). Education and Training Statistics for the United Kingdom: 2009 Edition.

의무교육 이후 단계의 직업교육훈련에서 핵심적인 요소 가운데 하나는 도제 제도이다. 영국의 도제 제도는 오랜 역사를 갖고 있다. 특히 학교교육(의무교육) 과정에 수공업 분야 직업을 위한 별도의 교육훈련 프로그램을 운영하지 않고 조기 졸업 정책을 추진한 영국에서는 도제 제도가 숙련 수공업 인력을 확보하는 전통적이며 중요한 과정으로 활용되었다(Rainbird, 2010). 또 국가적인 수준의 체계 속에서 이루어지기보다는 개별 산업 분야에 따라 독자적으로 운영되어 왔다.

하지만 도제 제도에 대한 부정적인 평가와 함께 제조업 분야에서의 수공업 인력에 대한 수요가 감소하면서 도제 제도는 쇠퇴하는 추세를 보였으나 1990년대에 들어 전문 직업자격NVQ제도의 도입과 함께 1994년에 14개 산업 분야에서 현대식 도제 제도Modern Apprenticeships를 도입하면서 다시 활성화되고 있다. 이러한 도제 제도에서 견습생apprentice은 훈련생이 아닌 피고용인의 신분을 가지며, 훈련의 종료와 함께 높은 임금수준으로 조정되는데, 이러한 도제 제도는 산업 분야별 기준이 마련되어 있음에도 불구하고 전적으로 개별 사업체의 재량에 의해 세부적인 사항이 결정된다. 현대식 도제 제도에 대한 정부의 적극적인 노력으로 건설, 기계, 전기 등의 전통적으로 도제 제도를 운영하던 분야뿐 아니라 보건 · 사회 복지 분야 등에서도 도제 제도를 운영하고 있다.

도제 제도는 크게 2가지의 수준으로 구분된다. 하나는 최소 12개월의 현장 기반 훈련과 Level 2의 자격 인증을 기반으로 하는 기초 단계Foundation

Apprenticeship이며, 다른 하나는 최소 24개월의 현장 기반 훈련과 Level 3의 자격 인증을 기반으로 하는 고급 단계Advanced Apprenticeship이다. 이러한 현대식 도제 제도에서 견습생들은 피고용인이면서 1일의 연수 휴가를 활용해 대학에 다니기도 한다. 또 정부가 지원하는 도제 제도 프로그램에서는 훈련생들의 기술 요구를 높이기 위해 25세의 연령 제한도 2004년부터 폐지했다. 하지만 영국의 도제 제도에 대한 우려도 여전히 존재하고 있다. 무엇보다 현재 정부의 재정지원을 받는 도제 제도 프로그램의 운영 주체는 '사업체'가 아닌 '훈련기관'들이 다수를 차지하고 있는데, 이로 인해 도제 제도를 통한 훈련 프로그램의 질적 문제, 훈련 제공자training provider의 질적 문제에 대한 우려가 나타나고 있는 것이다. 게다가 도제 제도의 이수율도 최근 증가하는 추세이지만 충분한 수준은 아닌 것으로 지적받고 있다.[54]

3. 고등교육기관에서의 직업교육훈련

영국에서의 고등교육higher education은 GCE-A 수준 이상의 교육과정을 제공하는 단계로 설명되고 있다(Education Reform Act 1988 Section 120 Schedule 6). 이러한 고등교육과 관련한 영국의 교육정책은 20세기 중반에는 양적 확대에 그 초점을 맞추어 왔다(백성준·김승보·전재식, 2006). 영국은 전통적으로 엘리트 교육을 지향해 왔기 때문에 교육의 질 문제보다는 낮은 대학 진학률이 문제가 되었다. 이를 위해 1992년 고등교육법Further and Higher Education Act을 제정했는데, 이를 통해 고등교육기관에 대한 재정지원이 근거를 마련했을 뿐만 아니라 학문 중심의 일반대학교Universities와 직업교육 중심의 전문 기술대학Polytechnics이라는 이원체제도 법적으로 폐지했다(유재봉, 2006).

이는 의무교육이 끝나는 16세 이후 학생들의 진학률이 다른 경쟁국들에 비해 현저하게 낮다는 문제 의식에 바탕을 둔 것이다. 이에 따라 16~19세 청년층의 고등교육참여율이 1990/91년의 19%에서 2001/02년에는

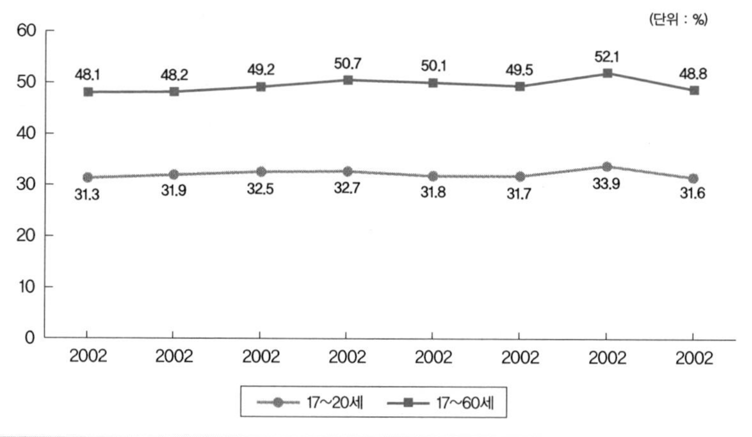

자료 : DIUS, 2009

35%로 증가하는 결과로 나타났다(Rainbird, 2010). 하지만 17~20세 청년층의 고등교육참여율higher Education Initial Participation Rate, HEIPR은 2000년대에 30% 초반에 머물러 있는 상황이며, 17~60세 집단의 고등교육참여율은 2006/07년을 기준했을 때 48.8%로 나타났다(DIUS, 2009).

반면 영국의 대학 교육 졸업자의 노동시장에서의 성과는 양호한 것으로 보고되고 있다.[55] 하지만 사회경제적 배경에 따른 고등교육참여율의 현격한 차이, 특히 저소득 계층의 낮은 참여율과 관련한 논란이 많은 실정이다(OECD, 2008).

현재 영국 정부가 추진하는 고등교육정책의 주요한 내용 가운데 하나는 참여율을 높이는 데에 있다. 2003년 1월에 발표된 고등교육 백서 〈The Future of Higher Education〉에서 영국 정부는 2010년까지 18~30세 집단의 고등교육참여율을 50% 수준까지 높일 것이라는 목표를 설정했는데, 이러한 정책 방향은 향후 새롭게 생성될 일자리의 80%가 고등교육 학위를 요구할 것이라는 예측(Wilson and Green, 2001: OECD, 2008에서 재인용)과도 관련된다. 특히 이러한 고등교육참여율의 확장에 있어서 교과목과 학습의 유형을 학습자와 노동시장의 요구에 부응하도록 한다는 데에 특징이 있는데, 이를 반영한 것이 2001년에 도입된 2년제 현장 기반의 자격(학위)인 '기초학위Foundation Degree'이다(주경란, 2006). '기초학위'는 대학이나 계속 교육기관, 또는 교육훈련 제공 기관 등을 통해 취득할 수 있는데, 가장 큰 특징은 노동시장에서 요구하는 역량을 강조하기 위해 기초학위의 설계에 고용주를 참여하도록 한다는 것이다. 또 지역사회의 고용주를 학습자의 멘토mentor로 활용하거나, 작업장으로의 배치, 학습자 평가 등에도 활용하려 하고 있다. 하지만 이들 고용주의 참여를 확보하는 데 상당한 어려움을 겪고 있는 것으로 보고되고 있다(OECD, 2008).

4. 계속 직업교육훈련

현직 근로자의 평생학습 참여를 촉진하는 것은 영국 노동당 정부의 주된 관심 사항 가운데 하나이며, 이러한 관심은 1998년에 발표된 'Learning Age'에서 개인학습계좌제Individual Learning Accounts[56]를 통해 나타난 바 있다. 특히 영국 정부는 낮은 수준의 자격을 소지한 근로자의 계속 직업교육훈련을 강조하고 있는데, 무엇보다 이들이 추가적인 직업훈련이 없이는 고용안정을 보장하기 어렵다는 인식과, 전체 인력의 1/3 정도가 공식적인 자격을 갖고 있지 못하다는 인식에 기인한 것이다.

이에 따라, 이들이 작업 시간 중에 직업훈련을 받고 높은 수준의 자격을 획득할 수 있도록 고용주에게 인센티브를 제공하는 정책이 모색되어 왔다. 2002년에는 숙련 수준이 낮은(또는 낮은 수준의 자격을 취득한) 근로자들이 문해력, 수리력 등의 기초 능력을 개발할 뿐만 아니라 NVQ 2단계 이상의 직업전문자격 취득을 위해 근무시간 중에 교육훈련에 참여하도록 고용주를 대상으로 재정적인 지원(훈련비, 대체 인력 비용 등) 등을 제공하는 'Employer Training PilotETP' 프로그램을 운영하기 시작했다(Rainbird, 2010).

2002년에 6개 지역에서 시범 운영을 시작한 이후 2004년까지 총 18개 지역에서 운영된 ETP 프로그램은 2006년부터 'Train to Gain(TTG)' 프로그램으로 개편되어 운영하고 있다. TTG 프로그램은, 특히 중소기업에서 요구되는 주문형 지식과 기술을 종사자들이 습득할 수 있도록 정부 차원에서 고용주를 지원하는 프로그램이다. TTG 프로그램을 통해 고용주는 기업 소재지에 위치한 훈련기관이나 공공 · 민간 자본으로 설립된 훈련업체 등 다양한 기관과 업체를 통해 종사자에게 교육훈련 프로그램을 제공하고, 고용주 스스로도 경영 관리 기술을 제고하는 훈련을 받게 된다.

정부는 특정 교육훈련과정을 수강하는 근로자에게 훈련비 전액을 공공자금으로 지원하며, 고용주와 공동으로 기타 훈련 비용을 지원한다. 이러한 훈련 프로그램은 작업장 사정에 따라 편리한 시간(Employer Training Pilot 프로그램에서처럼 유급 타임오프 방식을 적용함)에 이루어진다(중소기업연구원, 2009: NAO, 2009).

5. 영국의 직업교육훈련과 자격 제도

의무교육 이후 단계의 교육훈련은 일반적으로 16~18세를 대상으로 2년 정도 지속된다. 이 기간 동안 교사에 의한 지속적인 형성 평가와 함께, 외부기관에 의한 자격 검정external qualifications도 이루어진다. 영국의 직업교육훈련은 이러한 외부 기관에 의한 자격 검정과 연계 체계가 매우 복잡한 경우에 해당하는데, 각급 학교 또는 계속 교육기관은 학습자의 필요에 따라 자격 검정에 적합한 교육과정을 제공한다.

여기에는 영국에서의 자격qualification이 갖는 의미가 직업자격vocational qualification에 국한하지 않고, 중등 이후의 학교교육 수료증인 '일반 자격', 직업에 입문하기 이전에 교육과정을 이수하면서 직업 준비를 위해 취득할 수 있는 '직업 관련 자격General National Vocational Qualifications, GNVQ', 현직에 종사하면서 특정 분야에 종사하기 위해 취득하는 '전문 직업자격NVQ'을 모두 총칭하기 때문이다. 특히 직업자격에 대해서는 다양한 산업체 관련 기관들, 예를 들어 산업별 협의체SSC 등이 참여해 개별 산업 분야에서 요구하는 지식이나 스킬을 명시하고 있다. 그리고 이처럼 외부기관에 의한 자격 체계들, 특히 1997년 이후 잉글랜드, 웨일즈, 북아일랜드의 조정기관regulators에 의해 승인받은 자격들은 모두 국가 자격 체계National Qualifications Framework, NQF로 통합되었다.

이러한 NQF 중심의 국가 자격 체계는 현재 자격·인증 체계Qualification and Credit Framework, QCF로의 개편이 추진되고 있다. QCF는 학습자들이 자격 인증 기관들로부터 학습자의 속도에 맞추어 유연하게 자격을 인증 받을 수 있도록 하는 데 목적을 두는 새로운 체계이다. QCF에서는 NQF와 동일하게 기초Entry에서 8단계까지의 수준으로 구성되지만, 개별적인 자격과 관련한 업무(또는 학습)의 양을 '학점credit'으로 수량화하고, 이러한 양을 토대로 인증서, 자격증, 학위로 구분하는 체계로 구성된다. 모든 직업자격들이 2010년까지 QCF 체계에 편입될 예정이다.

평생학습[57]

1995년의 'Lifetime for Learning', 1997년의 'Learning for Twenty-first Century', 1998년의 'Learning Age', 1999년의 'Learning to Succeed'로 이어지는 영국의 평생교육 종합 계획은 영국이 평생교육체제 구축을 위해 가장 발빠르게 움직이고 있는 국가 중의 하나임을 보여 주기에 손색이 없음을 시사한다. 최근 영국 정부는 2001년의 'Skills for Life', 2002년의 'Success for All', 2003년의 'Skills Strategy'로 이어지는, 즉 'Skill'을 핵심 단어로 내세우는 등의 변화도 나타나고 있다. 2001년의 'Skills for Life'에서는 성인들의 문해와 수리력 부족 문제의 심각성을 제기하고, 2004년까지 75만 명의 성인을 대상으로 국가의 문해 및 수리력 자격을 획득하도록 하는 프로그램을 진행했다.

2002년의 'Succeed for All'에서는 계속 교육의 혁신을 목적으로 하고 있다. 이 전략은 현업 종사자, 도제 프로그램 참여자, 14~19세의 청소년 직업교육 대상자, 19세 이상의 성인 등을 주요 대상자로 포괄하고 있다. 특히 이 전략의 성공적인 추진을 통해 19세 이상 성인의 57% 이상이 적어도 Level 2 이상의 자격을 보유할 수 있도록 한다는 것이 주요 목표이다. 주요 추진 내용으로는 ①질적 개선에 기여할 수 있는 기반 구축, ②교수자

표 3-47 | Skill Strategy의 주요내용

영역	목적	주요 추진 내용
고용주	모든 훈련의 계획과 실행에 '고용주의 요구'를 핵심으로 간주	● 산업별 협의체, 산업별 능력 개발원(Sector Skills Development Agency) 운영: 고용주의 인력 양성에 대한 의견 수렴 창구 역할 ● 국립능력아카데미(National Skills Academies) 운영: 요구에 적합한 'right training' 설계 ● Train to Gain 프로그램 실시
개인	삶의 질을 향상하는데 필요한 기술과 자격의 취득	● 'Skills for Life' 프로그램의 강화 운영: 성인 기초 기술 습득 강화, 성인의 Level 3 이상의 자격 취득 추진 ● UFI Learndirect를 통한 학습정보 제공
훈련 제공자	고용주와 학습자의 요구를 만족시킬 수 있는 교육훈련 시스템 구축	● 교육훈련 수강료 지원 ● 국가 차원(National Skills Alliance) 및 지역차원 (Regional Skills Partnership)의 연계체계 구축

자료 : DfES(2005). Skills Getting on in Business, Getting on at Work(이희수 외, 2006에서 재인용).

및 기관의 역량 증진과 노동 인력의 지속적인 기술 개발 지원, ③다양한 학습자 집단 간 성취도 차이 감소, ④성과가 낮은 기술 부분의 성과 개선 등을 포함한다.

2003년에 발표된 'Skill Strategy'의 비전은 모든 영국 국민이 그들 자신의 재능, 목표, 욕구에 따라 성장할 수 있는 기회를 갖는 국가의 건설이다. 특히 고객의 요구를 만족시키는 수준 높은, 그리고 성과를 창출하는 훈련을 제공하는 것이 필요하다고 판단해 고용주와 학습자 요구 중심의 접근 방식을 추진했다.

영국 평생교육정책의 이상은 통합적인 사회와 번영하는 사회의 건설이다. 통합은 모든 사람이 그들의 잠재력을 발휘할 수 있도록 기회를 제공하고, 교육의 장벽을 없애 주는 것을 의미한다. 번영은 개인 수준에서는 고용 가능성을 지속적으로 확보하는 데 필요한 기술을 가질 수 있게 하고, 국가 차원에서는 지식기반 경제에서의 혁신을 성공적으로 수행하는 데 필요한 높은 수준의 기술을 확보하는 것을 뜻한다. 1970년대 극심한 경제 침체와 1980년대 실업 문제의 구조화는 영국 정부로 하여금 경제 문제 해결을 위한 돌파구로서 적극적인 직업훈련 프로그램을 실시하게끔 했다.

따라서 이 시기의 평생교육은 기업의 역할과 시장의 논리를 강조하는 방향으로 이루어질 수밖에 없었다. 이러한 '경제적 경쟁력 강화를 위한 평생학습', '도구주의적 평생학습', '개인주의적 평생학습'의 모습은 영국 평생교육에 '번영'이라는 이름으로 여전히 남아 있다. 특히 영국 경제는 여전히 OECD 및 유럽 국가들과 인적 자본의 경쟁력에서 떨어져 있다는 고민을 안고 있다. 성인 전체의 문해력 수준은 낮은 편이며, 기술 수준에서도 중하위 기술 수준의 인력이 취약한 것으로 나타났다. 따라서 기초 문해 교육과 숙련된 인력 양성 프로그램을 통해 국민 개개인의 생산성 증진을 도모해야 한다는 영국 정부의 과제는 국가 차원의 적극적인 평생교육 추진으로 이어지고 있다.

1997년 노동당 정부가 집권하면서 본격 추진되는 평생교육정책은 생산성과 함께 '사회 통합'을 강조하는 특성을 보인다. 이는 보수당 정부 집권 기간 동안 경쟁력 강화를 위해 기업 주도와 시장의 논리를 강조하면서 사회적 빈부격차가 심화되었다는 데에 대한 인식에 근거하고 있다. 따라서, 현재 평생교육정책은 평생교육을 통해 기업과 노동조합, NGO를 포함한 지역사회 간의 네트워킹을 촉진함으로써 경제 발전과 함께 사회 통합을 동시에 추구하는 모습을 보이고 있다.

인재개발의 정책동향 및 특성

정책동향

영국 노동당 정부에 의한 인재개발 정책이 갖는 가장 두드러진 특징은 중앙정부의 역할과 기능을 강화했다는 점이다. 즉, 기존의 직업교육훈련에 관한 고용주 및 피고용인 등의 자발적인 역할과 함께 중앙정부의 주요한 역할을 강조한 것이다. 특히 계속 교육 차원의 직업교육훈련과 관련해 사회적 파트너십의 참여를 촉진하기 위한 정책이 추진되었으며, 이에 따라 각종 단체 및 협회, 노동조합 등이 근로자의 역량 제고를 위한 '비공식적인 경로'로 활용되어 왔다. 그리고 이러한 평생학습을 강화함으로써 개개인의 역량skill 제고를 주요한 정책 방향으로 설정했다. 이러한 방향성은 최근에 발표된 'Skills for Growth'를 비롯한 일련의 'Skill Strategy'에서 확인할 수 있다(Rainbird, 2010).

이러한 평생학습 중심의 정책방향성과 함께, 의무교육 직전과 이후 단계에서의 직업교육훈련을 강화하려는 일련의 정책들에도 주목할 필요가 있다. '14-19 Reform'을 중심으로 취해진 일련의 정책들, 특히 국가교육과정에서의 기초 직업교육work-related learning의 도입, 예비 도제 제도 프로그램의 실시 및 현대식 도제 제도로의 개편, 새로운 자격 제도인 디플로마의 도입, 국가 자격 체계NQF의 개편 등은 높은 청년실업 등의 문제에 대응해 국가적 수준에서 학교에서 노동시장으로의 원활한 이행을 촉진하기 위한 적극적인 사례로 이해할 수 있는 것이다.

주요특성 및 과제

최근 영국의 직업교육훈련은 많은 변화를 겪어 왔다. 이러한 변화는 직업교육훈련에서의 정부의 역할, 지역 및 산업 분야별 다양한 주체의 설립, 정부 예산의 배분 등에서 이루어졌으며, 이러한 과정에서 영국의 직업교육훈련은 과거보다 중앙 집권형의 구조로 변화하고 있다.

이러한 변화의 과정에서 주된 과제 가운데 하나는 직업교육훈련에서 '고용주의 참여'를 촉진하는 것이었다(Rainbird, 2010). 이러한 고용주의 참여에 대한 높은 관심은, 현재 영국 정부가 추진하는 다양한 직업교육훈련 정책의 효율성 제고를 위해 고용주의 역할이 다각적으로 요구되기 때문이다. Keep(2005)은 직업교육훈련에서의 고용주의 다양한 역할의 사례로 중등 학교 학생의 현장 체험, 기초 단계 또는 고급 단계 도제 제도의 운영, 14~16세 학생을 대상으로 하는 예비 도제 제도 프로그램, 기초학위의 설계 및 학생들의 현장 배치, 새로운 직업 표준의 설정, 인력 수급의 효과적인 전망 및 대응, 성인들의 문해 수준에 대한 대응, 산업별 협의체인 SSC의 역할강화 등을 제시하고 있다.

하지만 Rainbird(2001)는 고용주의 적극적인 참여에 대한 영국 정부의 관심에도 불구하고 아직까지 분명한 성과를 거두지는 못했다고 지적한다. 아직까지는 고용주의 자발적인 참여와 협력을 강조하고 있으나, 직업교육훈련에 대한 영국 정부의 목표 달성을 위해 많은 부분 의무화 또는 법제화할 필요가 있는 목소리도 있다(예: Leitch 보고서 등). Hoeckel 등(2009)은 영국의 직업교육훈련에 대한 OECD 검토 보고서에서, 1)고용주 참여의 우선순위 및 이러한 참여의 필요성을 분명하게 설정할 필요가 있고, 2)영국 직업교육훈련 시스템이 갖고 있는 복잡성과 불안정성이 고용주의 참여를 억제하는 점을 고려해 이를 더욱 단순화하기 위한 노력이 필요하며, 3)고용주의 참여를 촉진할 수 있도록 훈련 비용 절감 대책의 모색, 훈련에 대한 고용주의 지원을 강화할 수 있는 강력한 근거의 마련, 훈련 과세training levy와 같은 강제적인 방안의 모색 등을 검토할 필요가 있고, 4)도제 제도 시스템의 개선 등을 모색할 필요가 있음을 제안하고 있다.

영국 정부는 '14-19 Reform' 아젠다를 비롯해 청년들의 실업 문제 해소 및 중등 이후 교육 참여의 확대를 추구해 왔다. 이와 관련해 OECD(2008)는 다음과 같은 제언을 하고 있다. 첫째, 의무교육 이후 단계에서의 교육훈련에서 지속률retention rate을 높이기 위한 노력이 필요하다. 둘째, '14-19 전략' 과 관련한 정책들의 효과성을 높일 필요가 있다. 셋째, 취약계층 청소년을 위한 새로운 전략이 모색될 필요가 있다.

• CHAPTER 19 •

미국UNITED STATES

박 윤 희

미국 The Ohio State University HRD(Human Resource Development) 전공 PH.D., 서울대학교 직업교육 전공 교육학 박사, 현 한국직업능력개발원 고용·능력개발연구실 부연구위원, 한국인력개발학회 이사, 한국직업교육학회 이사. 주요 연구 실적으로는 [시니어계층 교육훈련과정 연구], [현장훈련의 효율적 지원체계 및 방안에 관한 연구] 외 다수.

사회경제적 배경

사회와 문화

미국의 역사는 1492년에 콜럼버스가 서인도제도에 상륙해 신대륙(아메리카 대륙)을 유럽에 소개한 이후 시작되었다. 더 정확히는 영국의 청교도 일파Pilgrim Fathers가 1620년에 신앙의 자유를 찾아 메이플라워Mayflower호를 타고 지금의 매사추세츠에 상륙해 건설한 플리머스Plymouth 식민지로부터 시작되었다. 이후 미국은 영국의 식민지로 지속되다가 1776년 7월 4일에 필라델피아 13개 식민주 대표들이 모여 토머스 제퍼슨Thomas Jefferson이 작성한 독립선언Declaration of Independence을 채택해 공포함으로써 독립국가로의 첫발을 내디뎠다.

초기 이민자들이 종교 박해를 피하거나 계급의 굴레에서 벗어나 토지와 일자리를 얻기 위해 미국으로 건너오면서 미국은 자유와 기회의 땅이라는 인식이 생겨났다. 이는 곧 아메리칸드림American Dream으로 형상화되었고, 미국에서는 개개인이 계급·종교·인종의 제한에 관계없이 근면과 자유로운 선택을 통해 삶의 목표를 추구하고 실현할 수 있다는 소망을 의미하게 되었다.

현재의 미국은 유럽과 아프리카 및 아시아 등 세계 여러 나라에서 온 이민자들이 모여 구성된 다인종·다민족·다문화 사회이다. 이러한 다원적 미국 사회를 동질성을 강조해 '용광로'라고 부르거나, 각 문화의 이질성을 강조해 '샐러드볼salad bowl'에 비유하기도 한다(외교통상부, 2009). 미국의 인구 구조는 라틴계 인구의 두드러진 증가, 아시아계 인구의 증가, 혼혈 인구의 증가 등의 특성을 나타내고 있다.

경제 및 노동시장

미국 경제의 특징은 노동시장의 유연성이라고 할 수 있다. 근로자 임금이 경쟁 원리에 따라 결정되므로 임금 상승률이 높지 않고, 고용보호가 약하므로 해고와 채용이 쉽게 이루어져 고용보호 수준은 OECD 회원국들 가운데서 가장 낮다.

미국 정부는 근로자의 안전, 건강, 고용의 형평에 관해서는 엄격하게 규제하지만 채용과 해고에 관해서는 사실상 규제하지 않고 있다. 1992년에 도입된 미국의 유일한 고용보호법에 따르면, 100인 이상을 고용하는 기업들은 대규모 정리 해고에 앞서 60일 이전에 해당 근로자들에게 사전 통보만 하면 해고할 수 있다.

이와 같이 미국 기업의 해고 재량권으로 인해 미국 노동시장은 세계에서 가장 유연하다고 할 수 있다. 그리고 미국은 정규직뿐만 아니라 임시직도 고용보호나 규제가 거의 없기 때문에 파견 근로, 파트타임 근로, 계약고용, 기타 임시직 등 고용 패턴이 매우 다양하다.

현재 대공황 이후 최대의 경제위기에 처한 미국은 경기 침체가 시작된 2007년 12월부터 2009년 12월까지 2년 사이에 840만 개의 일자리를 잃었다. 2010년 4월에는 16세 이상 인구의 고용률이 58.8%, 전체 실업률은 약 10%로 나타났다.

비우량 주택 담보 대출 서브프라임 모기지Subprime mortgage 부실 사태와

표 3-48 | 주요 고용 지표 (2010. 4. 현재)

표 3-48 | 주요 고용 지표 (2010. 4. 현재)　　　　　　　　　　　　　　　　(단위 : 천명)

경제활동인구	취업자 수	고용률*	실업자 수	실업률
154,715	139,455	58.8%	15,260	9.9%

자료 : U.S. Bureau of Labor Statistics (2010). Employment Situation - April 2010.

금융위기로 인해 경기 침체에 빠진 미국 경제는 일자리의 대량 감축과 높은 실업률 등 그 어느 때보다도 큰 어려움을 겪고 있다.

　오바마 대통령은 취임 후 경제위기 극복을 위해 미국 역사상 최대의 경기 부양책을 추진하고, 경제 문제 해결을 위해 다각적인 노력을 기울이고 있다. 미국 정부는 경기 침체로부터 조속히 벗어나기 위해 급증하는 실직자에게 실업 급여 연장 등 사회 안전망을 확충하는 한편, 경기 회복과 일자리 창출 정책 및 고용 정책을 추진해 나가고 있다.

인재개발 현황

교육제도

미국의 교육제도는 크게 초등교육, 중등교육, 고등교육으로 이루어져 있다. 미국의 정규 교육인 초·중등교육은 18세까지 12년의 의무교육체제로 운영되고 있다. 취학 전 조기 아동 교육은 취학전학교preschool, 유아원 또는 보육원nursery school, 유치원kindergarten 등의 기관에서 1년 내지 3년간 시행된다. 초등교육은 6~8년 동안 실시되고 있으며, 중등교육은 4~6년간 시행되고 있다.

초등 및 중등교육 시행 기관은 초등학교, 중등 학교, 초등학교와 중등학교가 합쳐진 형태의 학교 등 주와 학교구school district에 따라 다양한 학교체제로 운영되고 있다.

고등학교를 졸업한 후에 학업을 계속할 학생들은 2년제 전문대학community college, junior college과 4년제 대학 또는 직업교육을 실시하는 1~2년 과정의 직업기술교육훈련기관technical or vocational institution 중에 하나를 선택해 입학할 수 있다. 2년제 대학에서는 정규 4년제 대학으로 편입하기 위한 4년제 대학의 첫 2년의 교육과정에 해당되는 학점 취득 과정을 운영하거나, 취업 준비를 위한 완성 교육형태의 직업기술교육을 제공하고 있다.

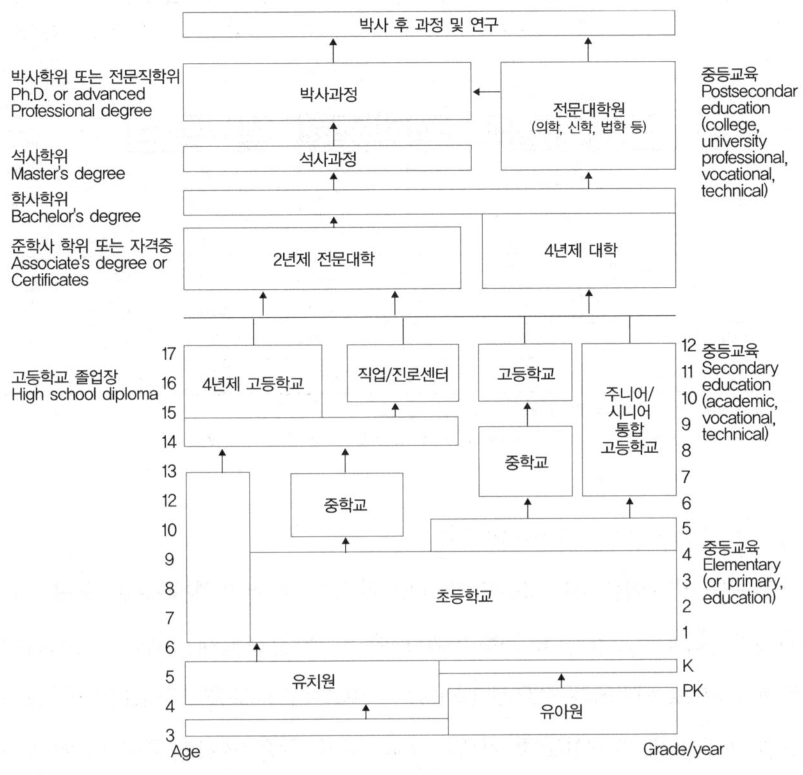

자료 : Stone III(2010). Career and Technical Education in the United States Circa 2010: Issues, Challenges and Opportunities.

　직업기술교육훈련은 직업 준비를 위한 교육훈련을 실시히며, 2년제 전문내학 또는 커뮤니티 칼리지들과 교육 목직 및 교육과징이 다를 뿐민 아니라 2년제 대학들이 수여하는 준학사학위Associate Degree 대신 자격증Certificate을 수여하는 것이 일반적이다.

　이와 같이 교육제도는 전형적인 교육 진행 경로를 보여주고 있지만 다양한 모든 경로를 포괄하고 있지는 못하다. 즉 해당 연령대에 교육제도의 경로를 따라 교육을 받지 못한 성인의 경우에는 성인 기초 교육adult basic education, 성인 중등교육adult secondary education, 성인 고등교육adult postsecondary education의

표 3-49 | 미국의 학교급별 교육기관 수(1997~1998부터 2007~2008까지)

학교급	1997-1998	1999-2000	2001-2002	2003-2004	2005-2006	2007-2008
합계	**129,997**	**131,414**	**136,465**	**136,819**	**138,899**	**139,207**
초등 및 중등교육기관	123,403	125,007	130,007	130,407	132,436	132,656
초등학교	85,855	86,433	89,277	89,252	88,896	88,902
중등 학교	24,169	24,903	24,884	25,476	26,925	27,358
통합	11,412	12,197	14,430	13,931	14,964	15,160
기타*	1,967	1,474	1,416	1,749	1,651	1,236
고등교육기관	6,594	6,407	6,458	6,412	6,463	6,551
학력 미인정 교육기관	2,530	2,323	2,261	2,176	2,187	2,199
학력 인정 교육기관	4,064	4,084	4,197	4,236	4,276	4,352
· 2년제 대학	1,755	1,721	1,710	1,706	1,694	1,677
· 4년제 대학	2,309	2,363	2,487	2,530	2,582	2,675

주 : * 특수 교육기관, 대안학교 등 학교급으로 분리되기 어려운 학교.
자료 : Snyder & Dillow (2010). Digest of Education Statistics 2009 (NCES 2010-013), 19쪽.

경로로 교육과정을 이수하게 된다.

1997~1998학년부터 2007~2008학년까지 미국의 학교급별 교육기관 수는 지속적으로 증가해 2007~2008학년 현재 초중등, 고등교육기관이 모두 13만 9,207개인 것으로 나타났다. 특히 고등교육기관보다 초·중등 교육기관의 증가가 꾸준히 이루어졌다. 또 초·중등학교 재학생 수(보육원부터 12학년까지)의 변화 추세를 살펴보면, 1949~1950년에는 2,850만 명이던 학생 수가 1950년대와 1960년대에는 베이비붐과 함께 급속한 증가를 보이던 학생 수가 1971년에서 1984년까지는 감소하다가 1985년 가을부터 다시 증가하여 2008년 가을 현재 5,530만 명이 학교에 재학하고 있다.

미국의 공교육은 지방 분권 체제에 의해 운영되고 있어 국가 수준의 교육과정이 존재하지 않는다. 미국에서는 전국 단위의 국가 시험 제도가 없었으나 2001년에 학생들의 학업 성취 및 평가, 교육의 책무성, 아이들의 조기 독서 능력, 학부모의 선택권 확대 등을 강조한 법령인 'No Child Left Behind Act, NCLB(어떤 학생도 뒤쳐지지 않는다)'를 제정함으로써 교육에 대한 연방정부의 권한을 확대하는 계기를 마련했다. No Child Left

Behind Act of 2001의 제정으로 모든 주에서 학생들의 학력 평가를 시행하게 되었다.

그리하여 2002년에는 전국적 차원에서 4, 8, 12학년과 주정부 차원에서 4학년과 8학년을 대상으로 읽기와 쓰기에 대한 평가 시험을 시행했으며, 2003년에는 4학년과 8학년을 대상으로 읽기와 수학 시험을 모든 주와 주정부 차원에서 실시했다. 이처럼 미국은 전국 단위의 평가 제도를 시행하고는 있으나, 대부분의 핵심적인 교육정책은 여전히 주정부나 학교구 수준에서 수립되어 시행되고 있다.

직업교육훈련

미국의 직업교육훈련은 'Vocational Education VE'으로 불리어 왔으나, 최근에는 'CTE'라는 용어로 사용되고 있다. 미국의 직업교육훈련 CTE은 고등학교단계에 초점을 둔 중등교육수준 secondary level, 고등교육수준 postsecondary level, 성인교육수준 adult education level을 모두 포괄하고 있으나(Levesque, Laird, et al., 2008), 일반적으로 1990년 Perkins Ⅱ법에서 정의된 바와 같이 학사학위가 필요하지 않는 직업에서 일하고자 하는 학생들을 위한 교육을 말한다.

미국에서는 학교급별로 직업교육훈련을 지칭하는 용어가 조금 다른데, 고등학교 수준에서는 직업교육훈련을 'Career and Technical Education CTE'으로 사용하는 데 비해, 고등교육수준에서는 Career Education으로 사용하고 있다(Levesque, Laird, et al., 2008). 이는 실제 직업 분야가 유사함에도 불구하고, 고등학교 직업과정은 고등교육기관의 직업프로그램과 그 용어 terminology와 범주 scope에서 약간의 차이가 있기 때문이다. 예컨대, 고등학교단계에 '비즈니스 서비스', '비즈니스 관리', '마케팅' 과정이 있다면, 전문대학 이상 고등교육기관에서는 '비즈니스와 마케팅' 과정이 개설되어 있다.

중등교육단계에서의 직업교육훈련CTE은 주로 고등학교에서 실시되고 있으며, 가족 및 소비자 교육family and consumer sciences education, 일반 노동시장 준비 교육general labor market preparation education, 직업 준비 교육occupational education을 가르친다. 고등교육단계에서 실시되는 직업교육훈련은 특정직업의 취업 준비에 목적이 있으며, 성인들은 직무 능력을 습득하고 유지하며 향상시키기 위해 공식적인 직업교육훈련에 참여하고 있다.

1. 고등학교단계

고등학교단계에서 직업교육훈련은 1)통합형 고등학교comprehensive high schools, 2)전일제 직업교육훈련고등학교full-time CTE high schools, 다수의 고등학교를 대상으로 직업교육훈련과정을 제공하는 3)지역 직업교육훈련 학교area or regional CTE schools에서 시행되고 있다. 통합형 고등학교에서는 보편적으로 인문 중심의 교육과정을 운영하고 있지만, 학교 내에서 또는 학교 밖에서 직업교육훈련과정을 제공하고 있다. 즉 통합형 고등학교는 학교 내부에서 직업교육훈련과정을 운영하지 않는 경우에는 학생들이 외부의 지역 직업교육훈련 학교, 고등교육기관, 전일제 고등학교 등에서 교육과정을 이수할 수 있도록 연계해 운영하고 있다.

전일제 직업교육훈련고등학교에서는 직업교육훈련과정을 중점적으로 실시하고 있으나, 인문 과정도 함께 시행하고 있다. 지역 직업교육훈련 학

표 3-50 | 미국 고등학교 유형별 분포 현황 (단위 : 개)

구분	전체 (10학년이 있는 고등학교)	고등학교 유형		
		전일제 CTE 고등학교	통합형 고등학교 (지역 CTE 학교와 직업교육 훈련과정연계)	통합형 고등학교 (지역 CTE 학교와 비연계)
공립(Public)	18,000 (100%)	900 (5.2%)	8,200 (45.6%)	8,900 (49.2%)
사립(Private)	6,300	–	–	6,000

주 : 10학년이 있는 미국 고등학교 기준, 2002년, 지역 CTE 학교 제외.

자료 : U.S. Department of Education, National Center for Education Statistics, Education Longitudinal Study of 2002 (ELS:2002), "School Administrator Questionnaire Base Year.", Levesque, Laird, ensley, et al. (2008)에서 재인용.

교는 통합형 고등학교 등 다른 학교에 재학하는 학생들에게 시간제로 직업교육훈련과정을 제공하고 있다. 즉, 직업교육훈련을 이수하고자 하는 학생들은 인문 교육을 자신의 학교에서 이수하되, 직업교육훈련과정은 인근의 지역 직업교육훈련 학교에 가서 해당 과목을 듣게 된다.

2002년 현재, 미국에는 약 1만 8,000개의 공립 고등학교public high school가 있다. 이 가운데 대다수를 차지하고 있는 학교 형태는 지역 CTE 학교에서 직업교육훈련을 실시하지 않는 통합형 고등학교(49%, 약 9,000개 학교)이고, 그 다음은 지역 CTE 학교에서 직업교육훈련과정을 운영하는 통합형 고등학교(46%, 약 8,000개 학교)이며, 전일제 CTE 고등학교는 전체의 5%(약 900개 학교)를 차지하고 있는 것으로 나타났다. 이 밖에 정규 공립 고등학교에는 포함되지 않지만 직업교육훈련과정을 운영하고 있는 지역 직업교육훈련 학교area or regional CTE schools는 2002년 현재 미국 전역의 50개 주 가운데 41개 주에서 1,191개가 운영되고 있다.

고등학교단계의 교육과정은 크게 인문 과정, 직업교육훈련과정, 재량 활동 과정으로 이루어져 있다. 이 가운데 직업교육훈련과정은 가족 및 소비자 교육, 일반 노동시장 준비 교육, 직업 준비 교육으로 구성된다. 가족 및 소비자 교육은 노동시장 밖에서의 역할에 초점을 두고 가르치고, 일반 노동시장 준비 교육은 워드 프로세싱과 초보적인 테크놀로지 스킬과 같은 일반적인 취업 능력을 가르치며, 직업 프로그램은 특정직업이나 직업군에서 필요한 직무 능력을 기르친다.

직업 프로그램occupational programs은 농업, 비즈니스(비즈니스 관리, 비즈니스 서비스), 마케팅, 테크놀로지 및 커뮤니케이션(커뮤니게이션 테그놀로지, 컴퓨터 테크놀로지, 기타 테크놀로지), 무역 및 산업(건설, 기계 및 수리, 운송, 재료 생산, 프린트 생산, 기타 정밀 생산), 헬스케어, 보육 및 교육, 보호 서비스, 음식 서비스 및 환대, 대인 및 기타 서비스의 10개 영역으로 구성되어 있다. 직업 프로그램 가운데 비즈니스와 컴퓨터 테크놀로지는 2002년 현재 공립

인문과정 (Academic)	직업교육훈련과정 (Career and Technical Education)	재량활동/기타 (Enrichment/Other)
영어 수학 과학 사회 미술 외국어	가족 및 소비자 교육(Family and consumer education) 일반 노동시장 준비(General labor market prepration) 직업 프로그램(Occupational programs): 농업(Agriculture) 비즈니스 관리(Business management) 비즈니스 서비스(Business services) 마케팅(Marketing) 커뮤니케이션 테크놀로지(Communications technology) 컴퓨터 테크놀로지(Computer technology) 기타 테크놀로지(Other technology) 건축(Construction) 기계 및 수리(Mechanics and repair) 운송(Transportation) 재료 생산(Materials production) 프린트 생산(Print production) 기타 정밀 생산(Other precision production) 헬스케어(Health care) 보육 및 교육(Childcare and education) 보호 서비스(Protective services) 음식 서비스 및 환대(Food service and hospitality) 개인 및 기타 서비스(Personal and other services)	일반적 스킬 (General skills) 건강, 체육, 오락 교육 (Health, physical, and recreational education) 종교 및 신학 (Religion and theology) 군사학 (Military science)

자료 : Levesque, Laird, Hensley, et al. (2008). Career and Technical Education in the United States: 1990 to 2005 (NCES 2008-035), pp.4.

고등학교에서 가장 많이 개설해 운영하고 있는 교육과정이다.

2002년 현재, 대부분(88%)의 미국 공립 고등학교에서는 적어도 한 개 이상의 직업교육훈련과정을 학교 내부 또는 외부에서 제공하고 있는 것으로 밝혀졌다.

고등학교 수준에서 직업교육훈련의 주요 실시기관은 전일제 CTE 고등학교, 통합형 고등학교, 지역 CTE 학교이지만, 고등학교 학생들은 고등교육기관이나 다른 기관에서 직업교육훈련과정을 이수할 수도 있다.

예를 들면, 2003년 현재, 미국의 공립 고등학교의 46%는 고등교육기관에서의 과정을 학점으로 인정해 주는 '이중 학점 인정 CTE 과정dual-credit CTE courses'을 운영하고 있는 것으로 나타났다. 또 미시간 등 일부 주에서는 한 개의 통합형 고등학교에 등록한 학생은 다른 통합형 고등학교에서 CTE 과정을 이수할 수 있도록 허용하고 있으며, 다른 주에서는 사립 고등학교 학생이 공립 고등학교에서 CTE 과정을 이수할 수 있도록 다양한 채널을 열어 놓고 있다.

미국의 전체 공립 고등학교에서 운영되고 있는 평균 직업교육훈련과정은 약 9개이며, 고등학교 유형 중에서는 전일제 CTE 고등학교가 평균 10개 과정으로 가장 많은 직업교육훈련과정을 운영하고 있는 것으로 나타났다. 또 공립 고등학교의 경우에 해당 학교뿐 아니라 학교 외부의 지역 직업교육 훈련 학교, 고등교육기관, 전일제 고등학교, 다른 통합형 고등학교 등과 연계해 직업교육훈련과정을 운영하고 있다. 즉 공립 고등학교에서 운영하고 있는 직업교육훈련과정 수가 8개라고 할 때, 학교 내에서는 5개 과정을 개설·운영하며, 학교 외부 기관과는 3개 과정을 연계해 제공하고 있다.

2. 고등교육단계

미국 고등교육 단계에서의 직업교육훈련은 2년제 대학, 4년제 대학, 직업 기술교육훈련기관에서 시행되고 있으며, 특정직업 준비를 위한 다양한 직업교육훈련과정이 운영되고 있다.

직업교육훈련과정 가운데 2005년의 경우에는 건강 관리health care 프로그램(3,700개 기관, 58%)이 전체 프로그램에서 가장 많이 개설된 프로그램으로 나타났으며, 그 다음으로는 비즈니스와 마케팅 프로그램(3,500개 기관, 55%)인 것으로 드러났다. 학교급별 개설 전공에 대해 살펴보면, 4년제 대학에서는 비즈니스와 마케팅이 가장 많이 개설되었으며, 그 다음으로는 교육, 헬스케어, 엔지니어링 및 건축으로 나타났다.

2년제 대학의 직업교육훈련 목표는 중등 학교단계 보다 한 단계 높은 수준의 직업교육을 제공해 특정 분야의 직업인을 양성하는 데 있다. 이를 위해 2년제 전문대학의 교육과정은 주로 직업 분야의 준학사학위 또는 자

표 3-51 | 미국 고등학교의 평균 직업교육훈련과정 운영 개수 (2002년 기준)　　　　(단위 : 개)

학교유형	합계	학교 내	학교 외
공립 고등학교	8.6	5.0	3.6
전일제 CTE 고등학교	10.1	7.8	2.4
통합형 고등학교(지역 CTE 학교와 직업교육훈련과정연계)	9.8	4.1	5.7
통합형 고등학교(지역 CTE 학교와 비연계)	7.2	5.6	1.6
사립 고등학교	2.3	1.5	0.8

주 : 10학년이 있는 고등학교 기준.
자료 : U.S. Department of Education, National Center for Education Statistics, Education Longitudinal Study of 2002 (ELS:2002), "School Administrator Questionnaire Base Year.", Levesque, Laird, Hensley, et al. (2008)에서 재인용.

격증을 수여하는 프로그램으로 구성되어 있다. 지역사회대학 등록생은 미국 전체 대학생의 44%를 차지하고 있으며, 미국 대학 신입생의 45%는 지역사회대학에서 대학 생활을 시작하고 있다.

2년제 대학의 준학사학위 프로그램에서는 헬스케어 과정(30%)이 가장 많이 개설되었으며, 그 다음으로는 비즈니스와 마케팅(25%), 교육(10%), 컴

그림 3-33 | 미국의 고등교육과정 구성

인문과정 (Academic)	직업교육훈련과정 (Career Education)	기타 (Other)
영어 및 문학 (English and literature) 미술 및 공연예술 (Fine and performing arts) 교양학 (General and liberal studies) 인문학 (Humanities) 수학 (Mathematics) 과학 (Science) 사회학 (Social science)	농업 및 자연자원 (Agriculture and natural resources) 비즈니스 및 마케팅 (Business and marketing) 커뮤니케이션(Communications) 컴퓨터과학(Computer sciences) 디자인(Design) 교육(Education) 엔지니어링 및 건축과학 (Engineering and architectural sciences) 헬스케어(Health care) 개인 및 소비자 서비스 (Personal and consumer services) 보호서비스(Protective services) 공공, 사회, 대인, 법률 서비스 (Public, social, human, and legal services) 무역산업(Trade and industry)	기초 능력 (Basic skills) 제2외국어로서 영어 (English as a second language) 간학문적 연구 (Interdisciplinary studies) 기타 비특정 영역 (Other unspecified fields) 자유전공 (Undeclared majors)

자료 : Levesque, Laird, Hensley, et al. (2008). Career and Technical Education in the United States: 1990 to 2005 (NCES 2008-035), pp. 5.

퓨터 사이언스(9%) 프로그램의 순으로 나타났다. 이와 유사하게 자격증 취득 프로그램에서도 헬스케어(40%)가 가장 높은 개설 비율을 보였으며, 그 다음으로는 대인 및 소비자 서비스(16%), 무역 및 산업(13%), 비즈니스 및 마케팅(11%) 순이다.

3. 성인교육단계

미국의 성인교육 단계 직업교육훈련은 고등학교교육을 갓 이수한 젊은 성인층과 근로자 계층을 대상으로 하며, 직무 능력의 습득과 유지 및 향상을 위해 형식교육 프로그램formal education program이 운영되고 있다. 구체적으로 성인교육단계의 직업교육훈련은 제2외국어로서의 영어 과정English as a Second Language ESL classes, 기초 능력 증진 과정(읽기, 쓰기, 수학 능력) 및 고졸 학력 검정 시험General Educational Development, GED 준비과정, 대학 학위 프로그램, 직업기술 자격증 과정, 도제 프로그램apprenticeship programs, 기타 과정으로 구성되어 있다. 직업교육훈련과정에 대한 전체 참여자 중 성인의 참

표 3-52 | 성인 대상 직업교육훈련참여현황 (2004~2005 기준, 복수응답) (단위 : %)

형식 학습 활동	성인 참여비율	전체 참여자
전체	47.9	100.0
제2외국어로서의 영어 과정 (English as a Second Language class)	0.9	1.9
기초 능력 증진 및 고졸학력 검정시험 준비과정 (Basic skills/General Educational Development class)	1.3	2.8
대학 학위 프로그램 (College/university degree or certificate program)	10.5	22.0
직업기술 자격증 과정 (Vocational/technical diploma, degree, or certificate program)	1.7	3.6
도제 프로그램(Apprenticeship program)	1.2	2.5
업무 관련 코스(Work-related course)	26.9	56.3
개인의 흥미 코스(Personal interest course)	21.4	44.8

자료 : U.S. Department of Education, National Center for Education Statistics, Adult Education Survey of the 2005 National Household Education Surveys Program, Levesque, Laird, Hensley, et al. (2008)에서 재인용.

여비율은 47.9%로 나타나, 성인의 직업교육훈련참여율이 상당하다는 것
을 알 수 있다.

평생학습

미국의 평생학습 추진 체제는 일찍이 1914년 스미스-휴법Smith-Hughes Act
과 1920년 스미스-뱅크헤드법Smith-Bankhead Act으로 거슬러 올라가며, 이
는 농촌 발전을 위한 대학의 참여, 성인교육을 위한 공립학교의 이용, 성
인의 직업훈련 등을 제도화했다. 그러나 미국의 평생학습은 1966년에의
성인교육법Adult Education Act이 제정되고, 그 후 10년 후인 1976년에 평생학
습에 관한 규정이 고등교육 법안Title I, Part B에 포함됨으로써 본격적으로
시작되었다.

이 법에서는 "미국 사회는 연령, 성, 사회 · 경제적 조건이나 교육 배경에
구애됨이 없이 모든 미국 시민들의 평생학습의 기회를 마련하는 목표를 세
워야 한다"고 명시했고, 동법 제132조에서 평생교육의 범위를 성인 기초 교
육, 계속 교육, 독립적 자유 학습, 농업 교육, 기업 교육, 노동 교육, 직업훈
련, 부모 교육, 중등 이후 교육, 노인 교육, 교정 교육, 특수 교육 및 기타 성
인교육으로 규정했다. 미국의 평생교육 프로그램은 단일 교육체제가 아니
라 다양한 교육 프로그램을 종합하고 있다. 이렇게 볼 때, 미국의 평생학습
은 앞에서 살펴본 성인 단계의 직업교육훈련과정과 중복된다고 볼 수 있다.

1990년대 이후, 미국은 전 국민의 평생학습기회 보장과 관련된 체제를
국가 차원에서 수립해 평생교육의 틀을 형성했다. 역사적으로 미국의 인
력 개발 시스템은 분산된 체계로 이루어져왔기 때문에, 미국은 인력 개발
체계의 비통합과 비효과성 및 미션의 부족이라는 강도 높은 비난을 받아
왔다. 이러한 상황에서 연방정부 차원의 인력 개발 정책으로서 1998년에

표 3-53 | 부처별 인력투자법의 필수 프로그램, 2008년 정부 지출금 (단위 : 백만 달러)

연방 부처	필수 프로그램	2008년도 정부 지출금
Department of Labor	WIA 성인(WIA Adult)	849
	WIA 실업자(WIA Dislocated Worker)	1,446
	WIA 청소년(WIA Youth)	924
	고용서비스(Employment Service: Wagner-Peyser)	736
	무역조정지원프로그램 (Trade adjustment assistance programs)	889
	참전용사 고용 및 훈련 프로그램 (Veterans' employment and training programs)	228
	실업보험(Unemployment Insurance)	2,464
	직업교육훈련프로그램(Job Corps)	1,598
	시니어 지역사회서비스고용 프로그램 (Senior Community Service Employment Program)	522
	이민자 및 농장 근로자 대상 고용 및 훈련 (Employment and training for migrant and seasonal farm workers)	80
	미국 원주민 대상 고용 및 훈련 (Employment and training for Native Americans)	53
Department of Education	직업재활 프로그램(Vocational Rehabilitation Program)	2,874
	성인교육 및 문해(Adult Education and Literacy)	567
	직업교육(Vocational Education-Perkins Act)	1,272
Department of Health and Human Services	지역사회서비스 블록 그랜트 (Community Services Block Grant)	654
Department of Housing and Urban Development (HUD)	주택 및 도시개발부(HUD) 주관 고용 및 취업 (HUD-administerd employment and training)	88
Total		15,245

자료 : Department of Labor, Education, Health and Human Services, and Housing and Urban Development. General Accounting Office(2009)에서 재인용.

처음으로 제정된 인력투자법Workforce Investment Act: WIA은 성인, 실직된 해고 근로자 및 저혜택 청소년들에게 고용 및 훈련 서비스를 제공함으로써 평생학습뿐 아니라 인력 개발 체계에 획기적인 변화를 가져왔고, 고용 및 훈련 서비스를 일관되고 통합적으로 계획하고 시행할 수 있는 계기를 마련하게 되었다.

2000년 7월부터는 대부분의 주에서 인력투자법이 적용되었으며, 인력투자법 하에서 구직자 및 고용주를 위한 고용 및 훈련 서비스는 일원화된 원스톱 시스템을 통해 지원되고 있다. 또 인력투자법을 통해 주정부 및 지역 정부는 지역의 노동시장 및 기업의 요구와 구직자들의 요구를 바탕으로 이들의 요구를 충족시킬 수 있도록 고용 및 훈련 프로그램을 계획하고 운영할 수 있게 되었다.

원스톱센터의 운영을 위해 노동부, 교육부, 보건 및 인력 서비스부, 주택 및 도시개발부의 4개 연방 부처가 참여해 16개 프로그램을 지원하고 있다. 인력투자법은 고용 및 훈련 프로그램을 원스톱센터에서 일원화해 제공하도록 규정했으므로, 4개 부처의 16개의 필수 프로그램 서비스는 모두 이 센터를 통해서 제공되고 있다. 2006년 연방정부는 약 33억 달러의 정부 지출금을 성인, 해고를 당한 실직자, 저혜택 청소년들을 위한 인력투자법 프로그램에 투자했다. 그리고 원스톱센터의 개발 및 운영 비용은 인력투자법 하의 필수 프로그램을 통해 공동으로 부담하도록 규정되어 있다. 아울러 인력투자법의 필수 프로그램 이외에 원스톱센터는 주정부나 지역 정부의 특수한 인력 개발 요구에 효율적으로 부응하는 차원에서 빈곤 가족 일시 지원 프로그램Temporary Assistance for Needy Families, TANF이나 푸드스탬프 고용 및 훈련 프로그램Food Stamp Employment and Training Program과 같은 프로그램과도 연계를 맺고 있다.

·03·
인재개발의 정책동향 및 특성

정책동향

미국 인재개발 정책의 동향과 관련해, 먼저 중등 단계의 직업교육훈련은 졸업 후 취업을 위한 교육에서 인문 교육과 연계 및 통합에 중점을 두는 방향으로 발전되어 왔다. 미국의 직업교육훈련은 퍼킨스법Carl D. Perkins Vocational and Applied Technology Education Act에 의해 새로운 의미를 갖게 되었으며, 3차의 개정을 거치면서 1990년대 미국 직업교육훈련의 근간을 이루었다.

퍼킨스법의 주요핵심은 노동시장에서 필요한 기술 인력 양성과 취약계층에 대한 직업교육을 실시해 사회적 형평성을 제고하며, 저변의 노동력을 확대·강화하고자 하는 것에 있었다. 특히 교육의 질 제고를 통한 국제경쟁력 증신을 국가적 과제로 삼고, 1990년에 제정된 퍼킨스Ⅱ법의 의의는 미국 역사상 처음으로 직업기술뿐만 아니라 인문 분야에 대한 학습이 직업교육에 필요하다는 사실을 강조했다는 것이다. 또 퍼킨스법은 직업교육이 특정 직무 능력에 대한 교육뿐만 아니라 직업 세계에서 공통적으로 요구되는 능력(읽기, 쓰기, 이해하기, 문제해결, 대화소통, 정보활용능력 등) 힘양이 절실히며, 직업교육의 대상도 중등 및 고등교육단계뿐 아니라 일반 성인과 노인층에게도 광범위하게 적용되어야 함을 명시했다.

더 넓은 인재개발 정책의 관점에서 볼 때, 퍼킨스법안을 포함한 미국의 인재개발 정책은 국가 인력의 수준을 제고함으로써 다른 나라와 비교해 국제 경쟁력을 높이기 위한 목적으로 발전해 왔다. 미국은 그간 수많은 인재개발 정책을 수립하고 시행해 왔으나 인력투자법은 여러 기관에서 분산되어 시행되어 왔던 고용 및 교육훈련 프로그램 서비스를 원스톱센터one-stop center를 통해 일괄적으로 제공하도록 규정했다는 점에서 큰 의의를 가진다.

또 직업교육훈련을 포함한 인재개발 시스템의 실효성을 제고하기 위해 인력투자법을 제정함으로써 관련 부처의 공조 체제를 구축해 인재개발 체계를 일관되고 통합적으로 계획 · 시행하고 있다. 인력투자법을 통해 주정부 및 지역 정부는 고용 및 훈련 서비스 운영의 재량권을 부여받음으로써 지역 경제 및 고용 요구에 맞추어 탄력적으로 서비스 프로그램을 운영할 수 있게 되었다(GAO, 2005). 이에 따라 원스톱센터는 인력 개발 시스템을 지역의 요구에 맞도록 운영하기 위해 원스톱 시스템을 어떻게 운영할 것인가에 대해 자유로운 의사 결정권을 가지게 되었다.

인력투자법에서 원스톱센터의 계획 및 운영 권한을 연방정부에서 주정부 및 지역 정부로 이양함으로써 지역 적합적인 서비스 운용이 가능하도록 한 점은 인력투자법의 큰 성과라고 할 수 있다. 아울러 인력투자법은 인력 개발 시스템에서 민간 조직의 역할을 강조했을 뿐만 아니라 구직자들이 교육훈련기관의 프로그램 및 서비스 제공 정보를 용이하게 얻을 수 있도록 함으로써 자신이 원하는 기관을 정할 수 있도록 선택권의 폭을 넓혀 주었다.

주요특성 및 과제

미국은 직업교육과 인문 교육의 통합을 강조하고 이를 위한 관련 제도를 추진해 왔다. 미국은 연방정부 차원에서 직업교육을 관장하고 있는 퍼킨스법에 따라서 중등교육기관과 고등교육기관 사이의 연계와 직업교육과 인문교육의 통합을 장려하고 있다. 다양한 방식으로 통합과 연계에 대한 노력이 적극적으로 수행되어 왔는데, 이 중에서 가장 대표적인 통합 및 연계 형태는 Tech Prep Technical Preparatory Model 이라고 할 수 있다. 이는 중등교육기관과 2년제 대학 및 도제 프로그램을 연계함으로써, 교육기관간의 협력 관계의 형성, 학생들의 선택 기회 및 교육 기회를 확대하고자 하는 것이다.

이와 함께 인력투자법을 통한 미국 인재개발의 특성으로 개인 훈련계좌 Individual Training Accounts, ITA 실시를 통한 교육훈련생의 선택권 확대와 시장 메커니즘 market mechanism 의 활성화를 들 수 있다. 인력투자법은 성인 및 해고 실직자가 개인 훈련 계좌제로 불리는 바우처 voucher 를 받을 수 있도록 했으며, 교육훈련참여자는 프로그램 시행 기관의 정보(성과, 제공 프로그램 등)를 토대로 자신이 선호하는 기관을 선택해 그곳에서 개인 훈련 계좌를 사용할 수 있도록 했다. 이와 같이 교육훈련기관의 정보 공개 및 교육훈련생의 선택권 확대는 양질의 교육훈련을 제공하는 교육훈련기관에는 더 많은 수의 학생들이 등록을 하고, 그렇지 않은 기관에는 학생 수가 줄어드는 결과를 초래함으로써 시장 논리에 의한 경쟁을 유발할 수 있게 된다.

또, 미국은 인력투자법의 실행을 통해 연방 재정지원 프로그램의 성과 측정과 이에 기반한 책무성을 강조하고 있다. 이러한 성과 측정은 앞으로도 주정부와 지역 경제의 요구에 부응할 수 있는 종합적이고 혁신적인 인력 투자 시스템을 만드는 데 중요한 역할을 할 것으로 기대된다.

이와 같이 미국의 인재개발은 고유의 정책적 특성을 바탕으로 운영되어 오고 긍정적인 성과를 가져왔음에도 불구하고 여전히 해결해야 할 과제를 안고 있다. 그러므로 첫째, 직업교육을 이수하는 학생들에게는 기초 학습능력을 강화할 수 있도록 인문 교육적 내용 요소가 강화될 필요가 있으며, 학생들이 평생학습 사회에서 학습을 지속해 자신의 전문성을 신장시킬 수 있는 방안이 강구되어 추진될 필요가 있다.

미국은 커리어아카데미나 High School that Work 프로그램을 통해 학생들의 직업 진로를 중심으로 인문 교과와 직업 교과의 통합을 촉진해 왔으며, 특히 이 프로그램에서는 직업교육에 참여하는 학생들의 인문 교육 이수 강조와 수학과 언어 및 문제 해결력 증진을 위해 노력해야 함을 명시했다. 이처럼 미국은 직업교육과 인문 교육의 통합을 위해 다각적인 노력을 펼쳐 왔다.

둘째, 미국 인력 개발 시스템의 기틀을 이루고 있는 인력투자법은 구직자와 노동시장의 요구를 원활하게 연결해 줄 수 있도록 고용과 훈련을 연결하는 시스템을 마련했으나 기관 및 프로그램 간의 더욱 긴밀한 파트너십 구축은 해결되어야 할 과제이다. 인력투자법에서는 주정부 및 지역 정부의 인력투자위원회Workforce Investment Boards, WIB에 고용주가 참여함으로써 구직자와 고용주 및 노동시장을 연결해 주는 계기를 마련했고, 교육훈련기관은 기업과의 맞춤훈련 체결을 통해 구직자는 안정적인 취업 준비를 할 수 있게 되었으며, 고용주는 기업의 요구에 맞추어 준비된 근로자를 채용할 수 있게 되었다. 인재개발의 현장성을 높이고 교육훈련의 질을 제고하기 위해서는 기관 간 협력과 파트너십 구축이 필수적이다.

또, 구직자의 교육 및 훈련의 효과를 극대화하기 위해서는 프로그램과의 보다 적극적인 연계가 이루어져야 함에도 불구하고, 현재 미국의 인재개발 시스템은 이러한 파트너십이 부족한 실정이다. 예를 들면 현재 인력투자법 프로그램 및 빈곤가족 일시 지원 프로그램TANF이 각기 운영됨으로써 발생되는 비효율성이 바로 그것이다. 이 두 프로그램이 연계되어 운영될 경우 개별 프로그램의 약점이 상호 보완됨으로써 2개 프로그램에 동시에 참여하는 사람은 큰 혜택을 누릴 수 있을 것이다. 즉 TANF에 의해 주로 지원되고 있는 개인 개발 계좌Individual Development Accounts, IDA[58]와 인력투자법이 통합되어 운영된다면 인력투자법과 개인 개발 계좌에 동시에 참여하는 이들에게 더욱 많은 혜택을 제공할 수 있게 될 것이다.

셋째, 인재개발의 효율적 추진을 위해서는 좀 더 정교한 모니터링 시스템 및 성과 관리 시스템performance measurement system의 구축·운영이 필요하다. 미국은 교육훈련기관의 성과를 기초로 책무성을 강조하고, 성과에 따라 주정부 및 지역 정부에 인센티브를 부여하는 제도를 운영하고 있다. 이러한 제도의 긍정적인 취지에도 불구하고, 성과 측정을 위한 다양한 성과 지표와 교육훈련기관 프로그램 및 서비스의 성과에 대해 전국적 차원의 신뢰할 만한 데이터가 부족하다는 것이 문제점으로 지적되고 있다. 전국적으로 표준화되고 검증된 데이터 구축 시스템의 부재는 지역 및 주 간의 훈련 성과 비교를 어렵게 하고 있다.

마지막으로 교육훈련의 성과에 따라 보너스 시스템 운영의 부작용이 노출되고 있으므로, 이에 대한 개선이 필요하다. 즉, 지역 원스톱센터의 운영자들은 교육훈련생의 취업률 등 기관의 실적을 높이기 위해 취업 가능성이 높은 구직자를 우선적으로 모집하는 경향이 높아짐으로써 상대적으로 취업 가능성이 낮은 구직자는 교육훈련을 받을 기회가 줄어들게 되는 문제점이 발생하게 되었다. 이에 따라 보다 타당한 교육훈련 성과 측정을 위해서는 프로그램 또는 기관 참여자의 특성(취업 가능성이 높은 구직자 또는 고등학교 중도 탈락자와 같은 취업 가능성이 낮은 구직자 등)이 고려되어야 할 것이다.

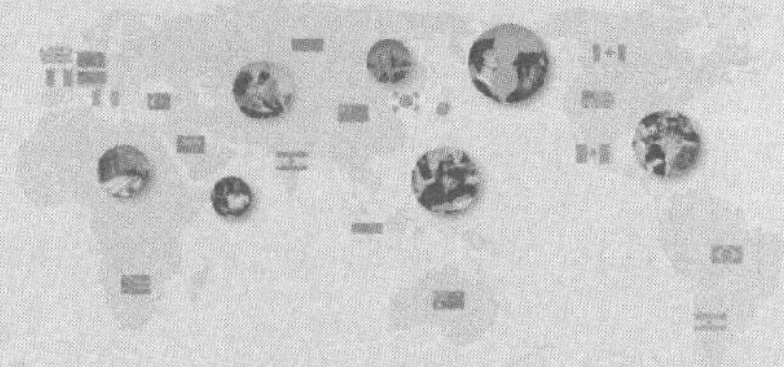

CHAPTER 20

유럽 연합 EUROPEAN UNION

이 지 연

미국 오하이오 주립 대학 직업·진로교육 전공 철학 박사, 직업진로자격연구실 연구위원, 교육과학기술부 교육과정심의위원. 주요 연구 실적으로는 [교육과정과 연계된 진로교육 운영 모델 연구] 외 다수.

·01·
EU의 일반적 이해

EU의 역사

유럽의 1990년대는 탈냉전에 따른 새로운 외교 안보 정책의 시행, 동유럽을 포괄한 회원국의 확대 노력, 그리고 단일 유럽 통화의 도입을 통한 새로운 경제 통합 단계로의 진입을 이룬 시기였다. 이러한 모든 발전의 제도적 배경은 1992년에 체결된 유럽 연합 조약Treaty on European Union 혹은 마스트리히트조약Treaty of Maastricht의 체결이었고, 1993년 11월 정식 발효된 마스트리히트 조약에 따라 유럽 연합European Union, EU이 탄생해 공동 외교 안보 정책Common Foreign Security Policy, CFSP과 공동 내무 치안 정책Justice Home Affairs, JHA의 시행, 그리고 경제 화폐 동맹European Monetary Union, EMU을 통해 유럽 연합 국가들은 상호 밀접한 정치, 경제적 통합체로 발전했다.

1993년 12개 회원국으로 출발한 EU는 1995년 오스트리아, 핀란드, 스웨덴의 가입으로 회원국이 15개국으로 확대되었으며, 2004년에는 라트비아, 리투아니아, 몰타, 슬로바키아, 슬로베니아, 에스토니아, 체코, 키프로스, 폴란드, 헝가리 등 동유럽 국가들이 대거 가입했다. 그리고 2007년 1월 1일부터는 루마니아, 불가리아가 가입하면서 회원국이 27개국으로 확대되었다. 이러한 회원국의 증가에 따라 EU의 발전은 동유럽 각국의 가입

연 도	내 용
1957. 8	유럽석탄철강공동체(ECSC) 출범
	※회원국(6개국):프랑스, 독일, 이탈리아, 네덜란드, 벨기에, 룩셈부르크
1957. 3	유럽경제공동체(EEC), 유럽원자력공동체(EURATOM) 창설
1967. 7	유럽 공동체(European Communities, EC) 기관 단일화
1973	덴마크, 아일랜드, 영국 가입(회원국 : 9개국)
1981	그리스 가입(회원국 : 10개국)
1986	스페인, 포르투갈 가입(회원국 : 12개국)
1993. 1	유럽단일시장 출범
1993. 11. 1	유럽 연합(EU) 출범(마스트리히트 조약 발효)
	※ 회원국(12개국) : 프랑스, 독일, 이탈리아, 네덜란드, 벨기에, 룩셈부르크, 덴마크, 아일랜드, 영국, 그리스, 스페인, 포르투갈
1995. 1	오스트리아, 스웨덴, 핀란드 가입(회원국 : 15개국)
1999. 1	유럽통화연맹(EMU) 출범
1999. 5	암스테르담 조약 발효
2001. 2	니스조약 서명
2004. 5	EU 25개국 확대
	※ 회원국(10개국 추가 가입): 헝가리, 폴란드, 체크, 슬로베니아, 에스토니아, 사이프러스, 라트비아, 리투아니아, 몰타, 슬로바키아
2004. 6	EU 헌법조약 채택
2007. 1	불가리아 및 루마니아 EU 가입으로 27개 회원국으로 확대
2007. 6	헌법조약 대체 개정조약(리스본 조약) 초안 합의
2009. 12	리스본 조약 발효

자료 : 주EU대표부(2009) 구주지역 관련자료. EU 개황. [On-line]. Available:
http://www.koreanmissiontoeu.org.

과 경제 화폐 동맹의 성공적 운용 등에 의해 통합의 확대와 심화가 가속화
되고 있다.

EU의 목적과 구조

1. EU의 목적

EU의 목적은 크게 다음의 네 가지로 요약된다.

첫째, 국경 없는 지역 창설, 경제·사회적 결속 강화, 그리고 경제·통화동맹 및 단일 통화 수립을 통해 사회경제적 발전을 촉진한다.

둘째, 공동 방위 정책을 포함, 공동 외교 안보 정책 이행을 통해 국제 무대에서 유럽의 일체성을 옹호한다.

셋째, 유럽 시민권 제도 도입을 통해 회원국 국민의 권리와 이익 보호를 강화한다.

넷째, 내무·사법 분야에서의 협력을 증진한다.

2. EU조약의 기본 구조

EU 조약은 별도의 공동체를 창설하는 조약이 아니라 단일 유럽의 정서처럼 기존 EEC 조약(로마 조약, 파리 조약)을 수정하고, 새로운 기능을 추가한 것이다. 즉 현행 EEC 설립 조약의 기존 체계에 경제 통화 동맹EMU 관련 규정을 포함시키고, 공동 외교 안보 정책 및 내무·사법 협력 분야를 각각의 별도 기능으로 추가한 것으로, 총체적으로 3주三柱체제[59]로 구성되어 있다.

3. EU의 기구

EU의 기구는 EU이사회, EU집행위원회, 구주의회EP, 구주사법재판소ECJ, 구주회계감사원ECA 등 5개 기관으로 형성되어 EU의 핵심 기구로의 역할을 담당하고 있다. 그 외 다음의 5개 기관이 주요기구를 보완하는 역할을 수행한다.

- 유럽경제 사회위원회European Economic & Social Committee : 경제 사회 문제에 대한 유럽 시민 사회의 입장 대변 역할
- 지역위원회Committee of the Regions : 지역적 다양성과 지역 발전 촉진 기능
- 유럽중앙은행European Central Bank : 유로권 통화 정책 관리
- 유럽옴부즈맨European Ombudsman : EU 기구의 행정권 남용 견제
- 유럽투자은행European Investment Bank : EU 개발 지원 프로그램 지원

·02·
인재개발 현황

EU 교육체제 총괄

1993년 11월, 마스트리흐트 조약 이후 경제 통합에 역점을 두고 성장해 온 유럽 공동체EC는 궁극적으로는 정치 분야의 통합을 목표로 하는 유럽 연합Eropean Union, EU으로 변모하게 되었고, 경제 영역에서뿐만 아니라 외교 안보 및 사회 문화 분야에서도 통합을 위한 다양한 사업을 추진하고 있다. 1995년부터 교육 분야에서는 'SOCRATES(현 LLP[60])'를 중심으로 하는 다양한 형태의 교육 통합 사업을 운영하면서 교육을 통한 협력이 필수적이라는 인식을 새롭게 부각하고, 유럽 연합이사회와 의회가 1996년을 '유럽 평생교육의 해'로 선언한 이후 유럽 연합은 교육 분야의 상호 협력을 더욱 강조하게 되었다.

유럽 공동체는 유럽 통합교육 프로그램을 계획하는 과정에서 통합협력뿐만 아니라 회원국 기존의 교육제도를 인정하고, 각각의 특성과 다양성을 보장해 기존 유럽 각국의 교육제도와는 다른 새로운 교육적인 접근과 방법을 시도하고 있다. 2009년 EU는 연합 차원의 교육정책 및 활동에 일곱 가지 우선순위와 4가지 전략 목표[61]를 수립했다(EU, 2009).

이러한 배경을 기초로 해 유럽 공동체는 교육 분야에서 유럽 국가들의

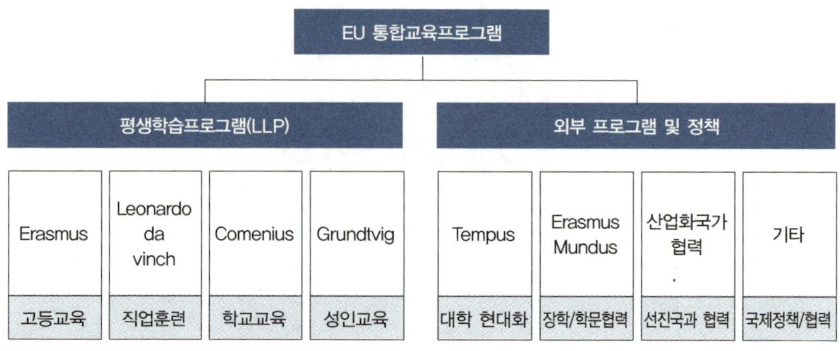

자료 : 이지연(2003). European Comission 홈페이지에 기초해 재구성.

통합적인 노력과 교류를 강조하면서, 기존 교육제도의 구조적인 문제를 해결할 수 있는 다양한 프로그램을 도입, 확대시키고 있다. 2007년부터 소크라테스SOCRATES 프로그램은 Lifelong Learning Programme: LLP로 개정되어 평생학습 시대에 기반을 둔 교육 프로그램으로서의 역할을 강조하면서 운영되고 있다.

청소년 교육의 통합을 비롯해 다방면에 걸쳐서 이루어지고 있는 유럽 통합교육 프로그램들은 회원국 간의 지역적인 문제를 해결해야 하는 중요한 과제를 안고 있고, 따라서 유럽 공동체 회원국들은 국가 간 협력을 통한 학생 교류를 확대하고, 과학과 기술 분야의 지역 네트워크망을 구축하는 사업을 추진하고 있다. 아울러, 유럽 공동체는 각 국가들을 연결하는 네트워크를 조직하고 이를 운영할 수 있는 전문적인 지식과 활동에 대한 내용을 구상해 통합교육 프로그램들을 기술적으로 지원하고 있다(European Commission, 1997).

2010년 현재 EU의 통합교육 프로그램은 평생학습 프로그램LLP와 외부 프로그램 및 정책으로 구분할 수 있다. 평생학습 프로그램에는 Erasmus(고등교육), Leonardo da vinch(직업훈련), Comenius(학교교육), Grundtvig(성인교육) 등이 있다. 외부 프로그램 및 정책에는 Tempus(대학 현대화), Erasmus

Mundus(장학/학문 협력), 산업화 국가 협력, 기타 등이 있다.

EU 교육 분야 협력 실천 프로그램 : LLP 개요

LLP는 1995년 3월 유럽 공동체 수준에서 최초로 교육영역 전반을 포괄하는 실천 프로그램인 SOCRATES의 개정 프로그램으로 모든 수준의 교육에 관련된 활동 및 행위 체제를 통합하는 데 기초를 두고 있다.

LLP의 모든 프로그램은 평생학습을 통해 지속가능한 경제 발전, 일자리 창출, 사회 응집력 등을 이루며 선진 지식 사회로서의 EU를 지향하고 있다. 구체적으로 EU 내 교육 · 훈련기관 및 체계 사이의 상호 변화, 협력, 이동성을 고양하는 데 목적이 있다.

LLP의 일반 목적은 구성원 내 교육 및 훈련 체계 사이의 상호 변화, 협

표 3-55 | LLP의 연차별 시행 기간, 예산 및 적용 국가

연차	기간	예산	적용 국가
소크라테스 I	1995.1.1~1999.12.31	약 9억3천3백만 ECU (5년간)	**총 29개국** 1995년: EU회원국 15개국, EEA회원국 3개국 1997년: 키프러스, 루마니아, 헝가리, 폴란드, 체코, 슬로바키아 등 6개국 1999년: 불가리아, 슬로베니아, 발틱3국 등 5개국
소크라테스 II	2000.1.1~2006.12.31	약 18억5천만 ECU (7년간)	**총 29개국** EU 회원국 15개국 EFTA 3개국(아이슬란드, 리히텐스타인, 노르웨이) 기타 13개국(불가리아, 체코, 에스토니아, 헝가리, 라트비아, 리투아니아, 폴란드, 루마니아, 슬로비키이, 슬로베니아, 키프러스, 몰타, 터키
LLP*	2007~2013	약 70억 ECU (7년간)	**총 31개국** EU 회원국 25개국 기타 6개국(루마니아, 불가리아, 아이슬란드, 리히텐스타인, 노르웨이, 디기)

자료 : European Comission 홈페이지 [On-line]. Available: ec.europa.eu 재구성함.
　* 평생학습 프로그램: LLP

력, 이동성을 고양시키는 것이다. LLP의 세부 목적은 다음과 같다.

① 평생학습 질을 개발하고, 높은 성취, 혁신, 유럽 차원 체계와 실행을 촉진
② 유럽 지역의 평생학습 실현을 지원
③ 회원국 내에 이용 가능한 평생학습기회의 질, 장점, 접근성을 높임
④ 평생학습의 사회 응집력, 적극적 시민성, 문화 간 대화, 성 평등, 개인 성취에 기여
⑤ 창의성, 경쟁력, 고용 가능성, 사업가 정신을 향상
⑥ 사회경제적 배경과 상관 없이 모든 연령의 사람을 대상으로 평생학습 참여를 높임
⑦ 언어 학습 및 언어 다양성을 촉진
⑧ 혁신적 ICT기반 평생학습 콘텐츠, 서비스, 교육법 및 실습을 지원
⑨ 인간의 권리와 민주주의에 대한 이해를 기반으로 유럽 시민성 감각을 형성하고 민족 및 문화에 대해 이해하고 인내하는 평생학습의 역할을 강화
⑩ 유럽에서 VET의 모든 영역에서 질적 보장을 하기 위해 협력을 도모
⑪ 교육 및 훈련의 질을 향상시키기 위해 결과, 혁신적 산물, 프로세스를 최선으로 사용하며, 평생학습 프로그램 영역의 훌륭한 사례를 나눔

LLP는 주요 네 개 프로그램과 횡단 프로그램, 유럽 통합 이해를 위한 장 모네Jean Monnet 프로그램이 있다. 네 개의 하위 프로그램 핵심은 정책 협력, 언어, 정보 및 커뮤니케이션 기술, 프로그램 결과의 효과적인 보급 및 개발하는 목적으로 구성되었다. 횡단 프로그램은 유럽의 지리적 경계선을 뛰어넘어 가능한 한 최상의 결과를 성취하는 데 목적이 있으며, 이 프로그램은 고등교육기관을 대상으로 유럽 통합 과정에 대한 교육, 반영, 논의를 촉진하려는 목적이 있다.

LLP의 활동범주는 인가서charter, 증명서certificate, 이동성, 다중 언어 파트너십 · 다중 언어 프로젝트 · 다중 언어 네트워크, 단일 언어 또는 국내 프로젝트, 부가조치, 관찰 · 분석 · 학업 · 비교 연구, 재정지원이다

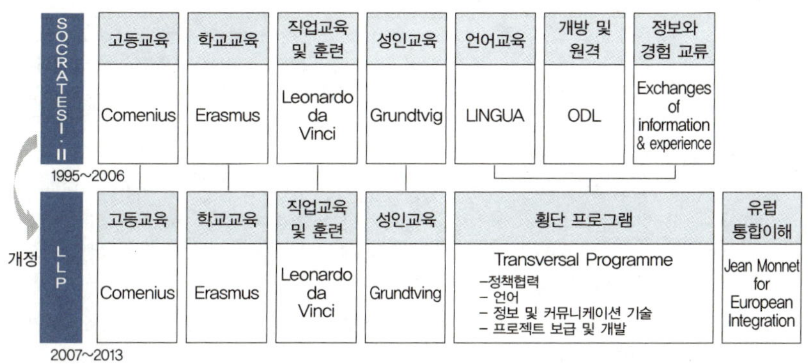

자료 : 이지연(2003). EU에 따라 재구성함.

LLP 결과 및 평가

유럽 통합교육 프로그램의 추진은 문화적 교류를 위한 교육적 역할의 증진과 유럽 공동체 국가들의 다양성을 공유하도록 하는 데 그 목적이 있으며, 통합교육 프로그램의 활동을 통해 유럽 공동체 의식을 확대시키고, 유럽 문화에 대한 공통된 가치를 제공하는 데 중요한 역할을 기대한다. 따라서 유럽 공동체 회원국들은 다양한 교육훈련 프로그램을 개발하고 적절히 제공하기 위해 노력하고 있으며, 회원의 폭이 넓어지고 회원 수가 증가하도록 유도하고 있다.

LLP는 내일의 주인공이 될 유럽 청소년들에게 교육 통합의 기회를 제공해 교육에서의 혁신과 창의력, 그리고 질적 향상이라는 긍정적인 결과를 가져옴으로써 미래에 있어서의 유럽 통합을 더욱 공고히 할 수 있는 발판을 마련했다. 특히 Erasmus 프로그램은 유럽 통합교육 프로그램 중에서 가장 성공적이고, 전망 있는 프로그램으로 인정받았다. 프로그램의 실시 이후 일시적으로 이루어졌던 학생 교류가 고등교육의 정규 형태로 발

표 3–56 | Lifelong Learning Programme(LLP)의 활동 범주

활동 범주	내용
인가서 (charter)	유럽 연합 집행기관(European Commission)은 Erasmus 활동에 참여하는 고등교육기관에 문서를 제공하여 참여 가능성을 확인함. 인가서는 기관에 기본원칙의 아웃라인을 제공하여, 높은 수준의 이동성과 협력을 조직화 및 시행하고, 높은 질의 서비스, 과정, 믿을 만한 공급과 투명한 정보를 확실시하는데 동의하는 필요조건을 고수하도록 함.
증명서 (certificate)	이동 증명서는 모든 이동 활동을 시행하는 기관이나 협회의 역량을 인식하도록 함. 이는 기관이 이동성 활동(정책, 전략, 워크 프로그램)을 적용하며, 활동 및 재정 역량을 조직화하는데 전략적 구조를 제공. 증명서는 Erasmus 프로그램과 레오나르도 다빈치 프로그램에 사용됨.
이동성 (mobility)	학업, 일 경험, 다른 학습, 교수 또는 훈련 활동 또는 관련 행정 활동을 착수하기 위하여 다른 참여국에 일정 기간 동안 가 있는 것을 의미하며, 해당 국가의 언어와 직업 언어 준비과정을 사용함.
이중/다중 언어 파트너쉽	다른 참여 국 내에서 협회 또는 조직 사이의 이중/다중 언어를 사용하여 일반적으로 평생학습 영역(학교교육, 직업훈련, 성인교육)의 더 적은 단위의 유럽 단위의 활동을 수행함.
다중 언어 프로젝트	공식적 또는 비공식적 집단의 조직 및 기관에 의해 협력하여 잘 정의되고 설명할 수 있는 성과를 내는 유럽 협력 활동.
다중 언어 네트워크	특정 분야나 평생학습 영역을 이루는 공식적 또는 비공식적 집단을 전략, 요구 분석, 네트워킹 활동에 초점을 맞추어 집단화시키는 것을 의미함.
단일 언어 또는 국내 프로젝트	단일기관 또는 한 국가에 의해 개발되는 잘 정의되고 설명할 수 있는 성과를 내는 활동
부가조치	하위 프로그램의 주요활동에 적합하지 않더라도 LLP의 목적을 달성하는 데 기여하는 다양한 활동을 지원함.
관찰, 분석, 학업, 비교 연구	학업 및 비교 연구 등에서 쓰이는 관찰 및 분석에 초점을 둔 프로젝트
기금	평생학습 프로그램에 쓰이는 기관, 협회의 일반적인 수행을 재정지원

자료 : EU(2009). Lifelong Learning Programme Guide(2010), 재구성함.

전되는 등 유럽 고등교육이 한층 성숙했다. Erasmus는 유럽 국가 등의 '형식교육'의 발전에도 공헌했다. 이 프로그램을 주관하는 기관과 현지 참여기관을 통해 학생들의 학습 활동에 도움을 주는 언어 학습의 향상을 위해 행정적인 지원을 했다. 주관 국가의 편의 시설과 행정 지원을 바탕으로 학생들의 학습 의욕을 집중시켰으며, 단기적인 교류 학습에서부터 시작해 '교육과정의 통합'으로까지 발전시켰다.

그러나 지속적인 재정지원이 없이는 본 프로그램의 존속이나 발전이 불가능하다는 인식하에 유럽 공동체 전체가 소크라테스 프로그램의 중요성을 인식함과 동시에 아낌없는 재정지원이 필요하다는 의견이 제시되고 있다.

기관 간의 국제적 협력사업과 학생과 교수들의 상호 교류 프로그램, 특히 외국 문물에 더 많이 접하고 외국어에 능통한 젊은 교수들의 등장과 자연스러운 외국어로 된 학습자료들의 이용 증가로 인해 앞에서 언급한 문제점들이 해결되어 가는 추세이다.

인터넷은 학생들에게 지적 욕구를 자극하는 양질의 학습자료에 대한 손쉬운 접근과 영어, 프랑스어, 독일어 및 다른 언어들을 보다 자연스럽게 접근할 수 있도록 했으며, 많은 외국어와 새로운 기술을 배울 수 있는 자연스러우면서도 획기적인 학습환경을 제공했다.

EU의 LLP 시행 결과

① LLP는 양적·질적인 측면에서 학생, 교사 간의 교류를 증진시켰다.

② 교사에 대한 기초 및 전문 능력의 개발을 협력 관계를 통해 개방적으로 실시함으로써 교육 분야에서의 유럽 공동체라는 인식을 고취시켰다.

③ 개방 원격 학습(ODL)과 성인교육(ADULT EDUCATION)을 통해 평생교육의 필요성을 확산시켰다.

④ 학습의 필요성에 대한 관심을 촉진시켰다.

⑤ 다양한 학습자료를 활용한 공학과 멀티미니어를 노입한 개방 원격 학습을 실시했다.

⑥ 효과적인 교수 활동이 이루어지도록 다양한 교수자료, 교과 과정을 개발했다.

⑦ 회원국 간에 긴밀한 관계 유지와 발전을 위해 전문 지식과 경험을 교류했다.

⑧ 경제적, 지리적으로 낙후된 지역에 대해서도 프로그램의 혜택을 균등하게 제공함으로써 유럽 통합교육 프로그램의 혜택을 골고루 받을 수 있게 했다.

⑨ 특히 LLP의 일부인 ERASMUS는 가장 성공적인 유럽 교육 프로그램의 하나로서 인정받고 있으며, 최근에는 표준화된 유럽 학점 교환 제도(EUROPEAN CREDIT TRANSFER SYSTEM)와 보충 학위 제도의 도입으로 30개국에서 100만 명 이상의 학생들이 참여했다.

·03·
EU의 직업교육훈련 체제

로마 협약 아래 유럽경제공동체EEC가 탄생한 1957년부터 EU 출범(1993. 11. 1) 이후 암스테르담 협약(1999. 5. 1)까지 유럽 수준의 직업훈련정책의 개발과 시행 과정을 살펴보면, 직업훈련정책에서 볼 때 로마 협약 때부터 암스테르담 협약까지는 상당한 시간이 걸렸다. 로마 협약에서는 공동 직업훈련정책을 내놓았고, 1992년 마스트리흐트에서 체결된 EU 협약은 유럽 수준의 직업훈련정책을 도입했으며, 이러한 정책들은 1999년 암스테르담 협약까지 변함없이 그대로 유지되고 있다. 이 기간 동안에 경제 사회적인 변화에 따라 자연스럽게 직업훈련의 중요성이 부각되었다.

유럽 수준의 직업훈련 발전은 그 규모와 수준을 점차 변화시켰다. 유럽 수준의 직업훈련정책 구도가 도입되어 고용과 노동시장 정책 활성화의 핵심 수단인 직업훈련의 발전에 크게 기여했다. 직업훈련은 사람들로 하여금 시대 변화에 잘 적응할 수 있도록 도와주었으며, 젊은이나 다른 집단들을 노동시장에서 진입할 수 있도록 함으로써 기회의 평등을 증진시켰다. 정책 구도는 직업훈련에 관해 회원국과 개인에게 책임을 부과하는 공동체 법률의 성격을 띠는 유럽 공동체의 합의acquis communautaire를 포함한다.

이러한 합의acquis는 첫째, 규정, 지침, 결의문, 권고문 등의 유럽 공동체의 법률 문서, 둘째, EU 사법부European Court of Justice의 판결문, 셋째, 각료

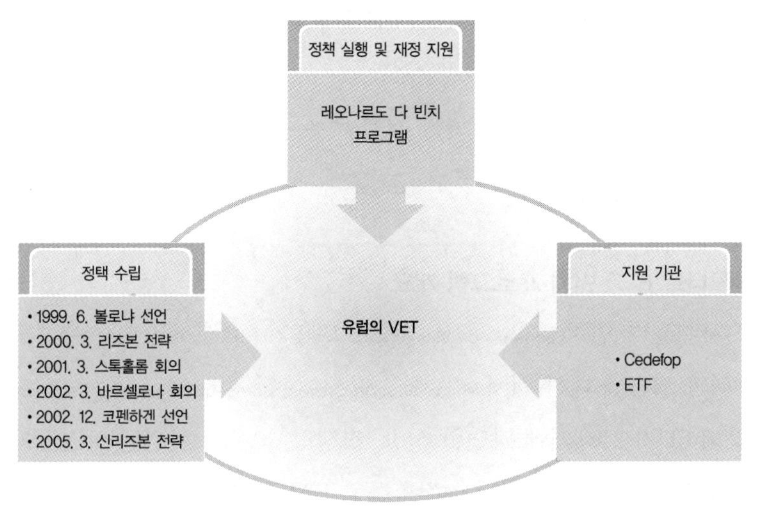

자료 : EU(2009). 재구성함.

회의의 결론과 결의문, 유럽위원회의 통신문, 백서white paper, 녹서(green paper : 정부 견해서)와 노사단체 간 공동 의견서 등 강제력이 없는 정책 발표문의 의미로 쓰인다.

유럽 수준의 합의에 의해 형성된 정책 구도는 회원국 내에서 논의를 활성화시켜 국가적인 쟁점에 대한 광범위한 논의가 가능해졌고, 공동의 관심사를 규명하는 데에도 도움을 주었다. 그래서 유럽 수준의 정책 구도는 국가별 직업훈련정책의 개발에 중요한 참고사항이 되었다. 또한 수년간의 다양한 조치와 프로그램을 통해 시범 프로젝트pilot project와 정보 · 인사의 교류 등 다양한 사업들로 발전되었다. 그 결과 직업훈련의 개선을 위한 각개의 이해 당사자들 간의 협력이 가능해졌다.

이후 유럽 공동체 직업훈련정책은 법률적 강제력이 없는 도구로 지속적으로 발전했고 협력 체계도 잘 정비되어 왔다. 직업교육훈련은 노동시장에 필요한 기술, 지식, 역량을 제공하는 데 중요한 역할을 하는 것이 인식되고 있다. EU는 '교육과 훈련 2010'을 통해 회원국 간의 직업교육훈련 강화를 내세우고 있으며, 2002년 11월에 발표된 코펜하겐 선언은 현재 유럽 직업교육훈련 협력의 근간이 되었다.

다음은 EU 직업훈련분야 협력 실천 프로그램인 레오나르도 다 빈치에 대해 살펴본다.

1. 레오나르도 다 빈치 프로그램 개요

레오나르도 다 빈치Leonardo da Vinci 프로그램의 주요배경은 1994년 『성장, 경쟁력과 고용에 대한 백서White Paper on Growth, Competitiveness and Employment』를 통해 EU가 21세기에 당면할 성장, 경쟁력, 고용과 관련된 도전들이 강조되면서 EU 내에서 경쟁력을 강화하고, 고용창출을 도모할 국가 차원이나 EU 차원의 정책 결정자들의 대안이 도출되어야 하며, 특히 직업훈련과

표 3–57 | 레오나르도 다 빈치 프로그램 현황

연차	기간	예산	적용 국가
레오나르도 다 빈치 I	1995.1.1~ 1999.12.31	7억9천3백8십만 유로(5년간)	**총 27개국** EU 회원국 15개국 ESS 협정 3개 회원국(아이슬란드, 리히텐스타인, 노르웨이 등) 사이프러스, 체코 공화국, 에스토니아, 헝가리, 리투아니아, 라트비아, 루마니아, 폴란드, 슬로바키아 공화국 등 9개국
레오나르도 다 빈치 II	2000.1.1~ 2006.12.31	14억 유로 (7년간)	**총 31개국** EU 회원국 15개국 EFTA 3개국(아이슬란드, 리히텐스타인, 노르웨이) 기타 13개국(불가리아, 체코, 에스토니아, 헝가리, 라트비아, 리투아니아, 폴란드, 루마니아, 슬로바키아, 슬로베니아, 키프러스, 몰타, 터키
레오나르도 다 빈치(연속)	2007~2013	–	**총 31개국** EU 회원국 25개국 기타 6개국(루마니아, 불가리아, 아이슬란드, 리히텐스타인, 노르웨이, 터키)

자료 : 이지연(2003). 유럽 연합(EU)의 교육훈련 및 진로 지도. 한국직업능력개발원 자료를 EU(2009). Lifelong Learning Programme Guide 2010에 따라 재구성함.

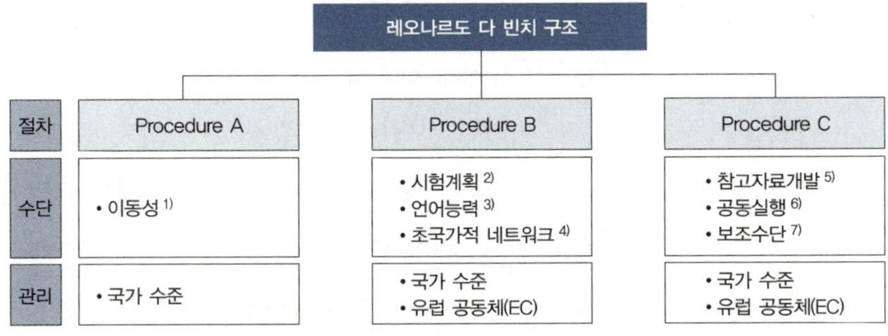

주 : 1) 이동성(Transnational Mobility) : 직업훈련을 받는 사람들, 특히 청년층과 훈련 책임자들의 초국가적 이동, 2) 시험 계획 (Pilot Projects) : 직업훈련의 혁신과 질을 높이기 위해 고안된 초국가적 동업관계에 기초한 시험 프로젝트, 3) 언어능력 (Language Competence) : 직업훈련의 맥락(context) 내에서 상이한 문화의 이해와 언어 능력의 함양, 4) 초국가적 네트워크(Transitional Networks) : 좋은 경험과 우수한 실행의 교환을 촉진하는 초국가적 협력 네트워크 구축, 5) 참고자료 (Reference Material)의 개발 : 조사(survey)와 분석의 지원을 통한 참고자료의 개발과 갱신, 비교 가능한 데이터의 수립과 갱신, 좋은 실행 경험의 전파 및 정보의 교환, 6) 공동실행(Joint Actions) : 지식 유럽을 촉진하기 위한 공동체 여타 활동과의 공동실행(Joint actions), 특히 교육과 청년분야의 공동체 프로그램, 7) 보조수단(Accompanying Measures) : 기타 지원적 성격의 보조수단

자료 : EU Commision (2004d). Interim report on the implementation of the second phase of the Leonardo da Vinci Programme (2000~2006). pp.7.

관련된 정책이 중요하다는 결론에 도달했다. 비슷한 시기인 1995년에 승인된『학습 사회를 향해－교수와 학습에 대한 백서』Teaching and Learning - Towards the Learning Society에서 정보사회, 무역의 국제화 및 교육과 기술의 혁명 등이 가져다 줄 변화에 직면할 대책을 강조하면서 교육과 훈련이 그러한 대책 가운데 중추적인 역할을 담당해야 한다고 진단했다.

레오나르도 다 빈치 프로그램은 다음과 같은 세 가지 목적이 있는데, 먼저 청년층의 사회적, 직업적 융합의 개선 및 강화를 초기 직업훈련자들, 특히 청년층의 기술과 능력 향상시키는 데 있다. 그리고 질 높은 지속 교육과 평생 기술에의 접근 기회를 생성하고, 확대해 계속 직업훈련과 평생 기술 및 능력의 습득에 대한 질quality과 접근access 향상시키는 데 있다. 다음으로 노동시장 통합integration 개선을 위해 기술 진보와 직업훈련 시스템을 지원하는데 목적을 누고 있다.

2. 레오나르도 다 빈치 결과 및 평가

레오나르도 다 빈치를 통한 성과는 크게 이동성 강화와 혁신 전이를 들 수 있다. 먼저, 직업교육훈련참여자에게 EU 내에서 훈련을 받거나 일할 수 있는 기회를 제공하고 있다. 이러한 기회는 훈련생에게 새로운 역량과 전문 기술의 습득을 제공하며, 아울러 새로운 환경에 적응할 수 있는 역량을 개발하도록 도와준다. 2000년부터 2006년까지 총 24만 5,000명의 시민들, 특별히 청년층에서 이 기회를 통해 다양한 성과를 나타낸 것으로 집계되었다. 그리고 2000~2006년까지 42,000명의 직업교육훈련 전문가들의 국가 간 이동은 유럽의 직업훈련 체제의 투명성을 증가시키고, 상호 학습을 통한 현대화를 촉진시켰다. 둘째, 협동 기금으로 진행된 직업교육 및 훈련에 참여한 국가 간 프로젝트(평균 250여 개/1년)를 통해 자국의 훈련 체계를 혁신하는 데 상호 영향력을 끼쳤다.

요컨대, 레오나르도 다 빈치 프로그램은 유럽 노동시장 이동성을 향상시키는 데 공헌했으며, 경쟁력 있는 유럽 노동시장을 조성하는 데에도 일조했다.

그림 3-38 | 레오나르도 다 빈치 이동 훈련자 및 혁신 프로젝트 수

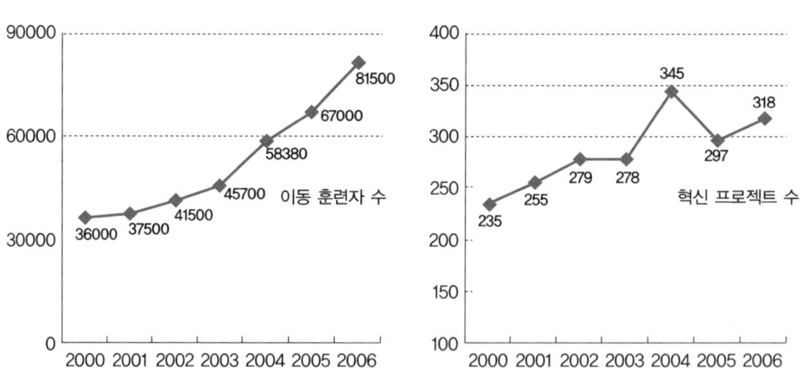

자료 : EU(2007d). Leonardo da vinci Successful Stories. 재구성함.

또한, 유럽 직업교육훈련에 혁신적인 개발을 선도했다는 평가를 받고 있다. 개인역량의 측면에서는 자신감, 언어능력, 그리고 상황 대처 능력이 향상되었으며, 사회적 역량에서는 적응력, 대인관계, 도전, 그리고 타국을 이해하는 지식 측면에서 역량이 향상되었고, 직업 역량의 측면에서는 함께 일하는 팀워크 부분에서의 역량이 향상되었음이 보고되었다.

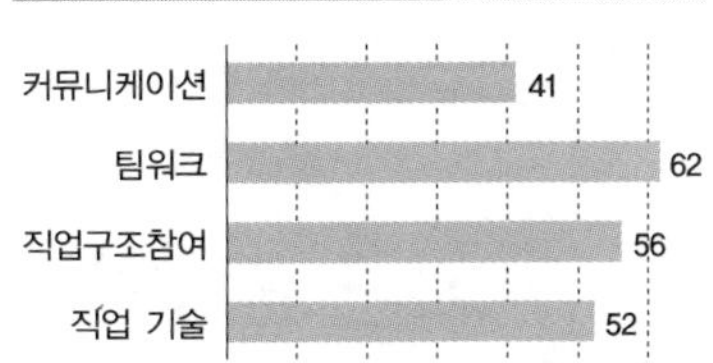

그림 3-39 | 직업 역량에 대한 개선

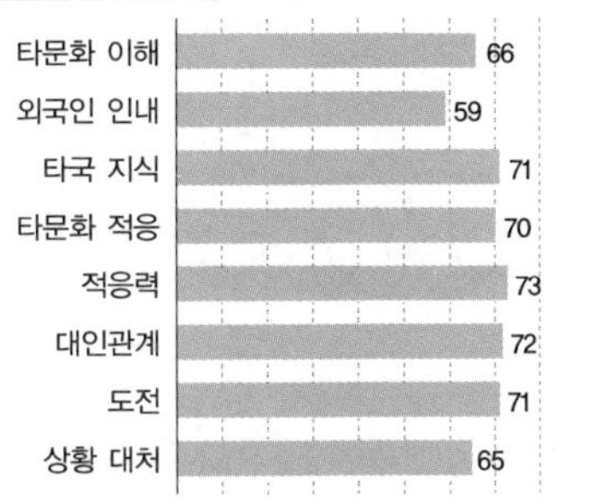

그림 3-40 | 사회적 역량에 대한 개선

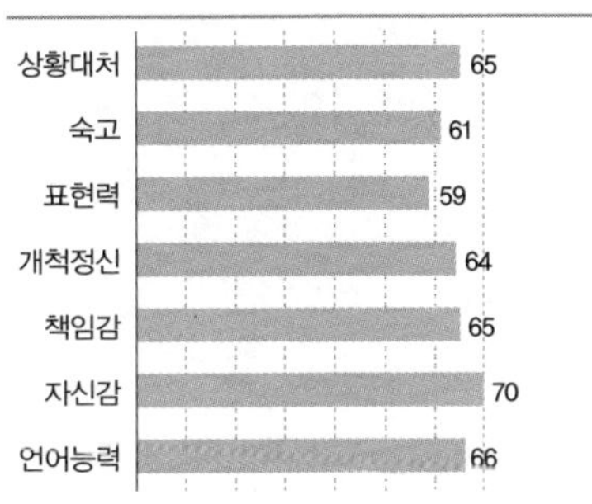

그림 3-41 | 개인 역량에 대한 개선

자료 : EU(2008). Impact Analysis Leonardo da vinci- report from study. 재구성함.

·04·
최근 EU의 정책 이슈 및 시사점

EU의 정책 이슈

EU 수립 이후, LLP와 레오나르도 다 빈치 프로그램의 교육 및 직업교육훈
련제도 단일화는 오늘날까지 EU의 요원한 정책 과제로 남아 있다. 특히,
유럽 국가들이 다양한 훈련 제도의 형성 배경을 가지고 있음을 검토할 때
EU 차원의 단일한 훈련 제도 형성은 아직 가시화되지 않고 있다. 그러나
향후 유럽 내 이동성을 강화시키며 개인, 사회적, 직업적 역량을 향상시키
기 위한 단일한 직업훈련 제도 구축의 노력은 지속될 전망이다.

한편, 정치적으로 영국의 경우는 자국의 자율적 통치권을 강조해 왔기
때문에 EU 수준으로 영국의 결정권이 넘어가는 것을 원하지 않고 있어 유
럽 통합의 큰 걸림돌이 되고 있다. 이러한 영국인들이 가지고 있는 EU 차
원의 제도 집중화에 대한 거부감과 지속적인 내·외부적 저항은 영국 외
의 많은 유럽 국가들에게 직·간접적 영향을 끼치고 있다. 그리고 EU가
교육 및 직업훈련 제도를 포함한 사회 분야에서 중앙 집중화된 의사 결정
권을 행사하는 것에 대해 정치적 지지도는 낮을 것으로 보인다. 이러한 움
직임이 EU 차원의 제도 집중화에 대한 큰 장애 요인이 될 것이며, 이를 타
개하기 위한 EU 차원의 정치·제도적 노력의 필요성은 지속적으로 강조

될 것으로 전망이다.

EU 차원의 제도 집중화와 단일화의 또 다른 걸림돌은 각 국가 간 직업훈련과 관련된 자격증의 일원화 요구이며, 이는 오늘날까지 매우 어려운 정책적 난제로 남아 있다. 현재 EU는 자격증 일원화 방안으로 유럽 자격체계European Qualifications Framework, EQF 제안서를 채택했다. EQF는 EU 내 공통 언어로 자격을 기술함으로써 회원국, 기업, 개인이 유럽 전역의 다양한 교육과 훈련 체계 속에서 자격을 비교할 수 있도록 만들어진 방안이다. 이러한 EQF 제안서는 2000년 리스본 유럽이사회에서 결정한 '2010 교육과 훈련' 활동 프로그램의 구체적인 성과라 할 수 있다. 이 제안서의 핵심은 학습자들의 학습 결과가 8가지 수준의 기준 중 어디에 속하는지 알려줌으로써 학습의 성과를 구체적으로 측정할 수 있는 틀을 제공하는 것과, 또 학습을 촉진하는 도구로서 고등교육뿐 아니라 보통 및 성인교육, 직업교육훈련 등을 포괄하는 특징을 갖는다.

하지만 실제 유럽 국가들은 오랜 역사 · 사회 · 경제 · 문화적 배경 아래 다양한 양성 훈련과 계속훈련을 실시하고 있어 이에 따른 자격 체계가 매우 복잡하다. 따라서 이러한 특성 아래에서 자격 통합을 총괄하는 교육 및 훈련 제도의 단일화는 매우 힘든 정책적 난제가 되고 있다. 일정 수준 EU 회원국 간에 교육체제와 직업교육 및 훈련 제도의 통합이 가능하더라도 이러한 합의가 교육 및 훈련을 담당하고 있는 정부 부처끼리 영향을 미치는가에 대해서는 매우 회의적인 것이 유럽 국가의 공통된 정서라 할 수 있다. 이는 일부 유럽 국가에서 직업교육훈련을 결정하는 정부 부처가 각 국의 핵심 정부 부처로서의 독립성을 유지하고 있기 때문으로 해석힐 수 있다.

마지막으로, 통합된 직업교육훈련제도의 형성을 어렵게 만드는 국가별 직업훈련 제도의 분권화 추세의 문제가 있다. 지난 수년간 유럽 국가들은 산업과 기업 수준에서 구조 조정을 가속화하면서 양성 훈련보다 계속훈련의 중요성을 증대시켜 왔다. 계속훈련의 경우, 이 훈련에 대한 수요가 각 산업이나 기업들의 상황에 따라 매우 다양해 그 훈련 구조의 분권화는 불가피한 현실이다. 그리고 양성 훈련의 경우에도 정보기술의 비중이 높아지는 산업 구조의 특징을 부각해 각 기업들이 요구하는 새로운 인력 수요에 효과적으로 대응하기가 어려운 실정이다. 따라서 향후 유럽 국가의 직업교육훈련제도 분권화는 가속화될 것이고, 이러한 변화는 EU 차원의 제도 중앙 집중화에 또 다른 장애 요인으로 작용될 전망이다.

요컨대, EU 차원의 단일 교육훈련 제도의 구축은 현 시점에서 매우 요원한 과제로 남아 있다. 그러나 EU는 다양하고 지속적인 교류 및 협력 활동을 통해 경제적 통합과 더불어 완전한 정치·사회적 통합을 추진하고 있다. 이때 LLP와 레오나르도 다 빈치 같은 통합교육 및 직업교육훈련 프로그램, 그리고 EQF 등은 이러한 EU의 추진 목표를 촉진하는 데 촉매 역할을 할 것으로 전망된다.

시사점

EU는 교육훈련 제도의 단일화를 통해 국경 없는 경제·사회적 결속을 강화하고 국제무대에서 유럽의 일체성을 옹호하며 유럽 시민권 제도 도입을 통해 회원국 국민의 권리와 이익 보호를 강화하고자 끊임없는 노력을 경주하고 있다. 하지만 그 가시적인 성과에 대해서는 현재까지 매우 부정적이나, EU가 주도하는 통합교육 및 직업교육훈련 프로그램 시행에 대한 긍정적 시사점을 요약하면 다음과 같다.

첫째, EU의 통합교육 프로그램 추진은 회원국의 문화적 교류를 위한 교육적 역할을 강조하고 다양성을 공유하는 데 그 핵심목적을 가지고 있다. 따라서 통합교육 프로그램의 활동을 통해 유럽 공동체 의식을 확대시키고, 유럽 문화에 대한 공통된 가치를 제공하는 데 중요한 역할을 담당할 것이다. 앞으로 EU 회원국들은 다양한 교육훈련 프로그램을 지속적으로 개발하고 적절히 제공하기 위해 상호 협력적인 노력을 지속할 것이며, 회원국 증가를 유도하기 위한 가교역할을 담당할 것이다.

둘째, SOCRATES(1995~2006)와 LLP(2007~2013) 프로그램은 미래의 주인공인 청소년들에게 교육 통합의 기회를 제공해 교육에서의 혁신과 창의력, 그리고 질적 향상이라는 긍정적인 결과를 가져와 미래 유럽 통합을 더욱 공고히 할 수 있는 발판을 마련할 것이다. 특히 LLP의 일부인 에라스무스erasmus는 유럽 통합교육 프로그램 중에서 가장 성공적이고 전망 있는 프로그램으로 인정받았다. 프로그램의 실시 이후 일시적으로 이루어졌던 학생 교류가 유럽 고등교육의 정규 형태로 발전되는 등 고등교육의 질적인 발전에도 큰 역할을 담당했다.

이는 프로그램을 주관하는 기관과 현지 참여 기관을 통해 학생들의 학습 활동에 기초가 되는 언어 학습의 향상을 위해 행정적인 지원이 제공되었기 때문이다. 이처럼 주관 국가의 편의 시설과 행정 지원을 바탕으로 학생들의 학습 의욕을 집중시켰으며, 단기적인 교류 학습에서부터 시작해 '교육과정의 통합'으로까지 발전시켰다. 이와 같이 에라스무스는 고등교육 분야에서 학생 교류와 협력 관계를 위한 자금 지원, 고등교육협회의 구조와 성격, 학생의 유럽에 대한 이해에 많은 영향을 주었다. 최근에는 표준화된 유럽 학점 교환 제도와 보충 학위 제도의 도입으로 30개국에서 100만 명 이상의 학생들이 참여하는 성과를 보였다.

셋째, LLP는 양·질적인 측면에서 학생, 교사 간의 교류를 증진시키는 데 큰 역할을 담당했다. 교사에 대한 기초 및 선문 능력의 개발을 협력 관계를 통해 개방적으로 실시함으로써 교육 분야에서의 유럽 공동체라는 인식을 고취시켰으며, 개방 원격 학습Open D Learning과 성인교육을 통해 평생교육의 필요성을 확산시킴으로써 학습의 필요성에 대한 관심을 촉진시켰다.

넷째, 레오나르도 다 빈치 프로그램은 개인·사회적·직업적 역량의 대해 전반적으로 큰 효과가 있는 것으로 나타났다. 이러한 성과는 EU가 완전한 통합 직업교육훈련 시스템 구축에는 다다르지 못했으나, 참여국과 참여 개인에게 개인·사회·직업적 부분에서 의미 있는 역할을 수행하고 있음을 확인하게 해 준다.

다섯째, 유럽 자격 일원화 방안인 EQF는 유럽 국가 간의 서로 다른 교육훈련 체제 안에서 자격 이전과 활용 등이 가능한 제도적 기틀을 마련하게 되어 평생학습과 근로를 위한 국가와 지역 간 활발한 이동성을 증대시킬 것이며, 궁극적으로는 일자리 창출과 성장에 기여할 것으로 전망된다.

요컨대, 현재 EU 차원의 교육과 직업훈련 제도의 단일화는 다양한 장애 요인들로 그 성과가 제한적이나 EU의 통합교육 및 직업교육훈련 프로그램 실행은 유럽 국가간 '차이'와 '다양성'을 공유해 보다 발전적인 유럽 공동체를 지향하는 데 버팀목 역할을 하고 있다. 이들 프로그램의 노력은 보다 효과적이고 다양한 교수 활동이 이루어지도록 교수 자료와 교과 과정을 개발, 보급, 확산했으며, 회원국 간의 긴밀한 관계 유지와 발전을 위한 전문 지식과 경험을 교류하는 데 중요한 역할을 담당했다. 특히 경제·지리적으로 낙후된 국가와 지역에 대해서는 프로그램 혜택을 균등하게 제공해 교육 통합과 직업교육훈련 프로그램의 혜택이 고루 미칠 수 있도록 지원했다.

향후 통합교육, 직업교육훈련 프로그램, 그리고 자격 단일화 방안 등의 운영 성과는 EU 회원국과 개인들에게 '서로 다름의 차이와 다양성'으로부터 '공통성과 일치성'을 모색할 것이다. 즉, 유럽 시민으로서의 다양한 역량을 갖추고 보다 나은 삶의 질을 추구하도록 도와주는 촉매제 역할을 하며 점차 의미 있는 제도로 정착될 것에 의심의 여지가 없다.

• PART 4 •

G20 인재개발 아젠다

—

백 성 준

—

하버드대학교 교육정책 전공 교육학 박사, 세계은행 교육국 파견근무(2007~2009), 현 한국직업능력개발원 평생직업교육연구실 선임연구위원, 주요 연구 실적으로는 [광역경제권 선도산업 인재개발사업 평가평가모형 개발 및 적용을 위한 기초연구]", [대학 교육역량강화사업비 배분 개선방안 연구] 외 다수.

G20 인재개발 아젠다

개발의 필요성

2008년 11월 G20 정상 회의의 출발로 세계경제 질서는 글로벌 거버넌스 global governance의 새로운 국면을 맞이했다. G20 체제의 출발은 기존의 G8 선진국 중심의 체제에서 아시아 및 중남미 신흥국을 포함하는 다원화된 국제 질서로의 큰 변화를 상징한다. 즉, 기존의 G8 선진국 중심 체제로는 더 이상 현재 세계가 당면하고 있는 심각한 경제위기를 극복할 수 없음을 자각하고, 이러한 위기 극복을 위해 신흥국을 파트너로 인정하고 이들과 함께 금융위기, 무역 불균형 등 세계경제 문제 해결을 시도하게 된 것이다.

현재의 3대 국제 경제기구, 즉 IMF, WTO, 세계은행 등이 해결하지 못하는 부분에 대한 보완을 G20 체제가 해낼 수 있을 것이라는 기대도 있다. 실제 G20 회원국은 세계 GDP의 85%, 그리고 세계 인구의 2/3를 차지하고 있어 G20 체제는 경제뿐만 아니라 다양한 분야에서의 새로운 역할이 크게 주목받고 있다.

그러나 G20 체제가 기존의 G8 체제만큼 탄탄한 기반을 갖추고 있는 것은 아니다. 현재의 G20 체제는 지역적 대표성은 확보하고 있으나, G8 체제에 비해 유럽 국가의 비중이 낮아 유럽 국가들은 G8 체제로의 복귀를 희망하고 있다. 혹자들은 G8 체제에서 G20 체제로의 전환이 세계경제의 주요국가들을 포함시킴으로써 합의된 결정의 정당성을 높여 회원국 간 공조 체제를 더욱 공고히 할 것으로 기대하는 반면, 어떤 이들은 회원국들의 다양성이 중요 이슈에 대한 합의를 도출하는 데 오히려 방해가 될 것으로 예상하고 있다.

G20 체제가 본래의 목적을 실현하면서 유지되기 위해서는 G20 회원국들이 관심을 갖는, 특히 신흥국가의 역할이 제한되어 있는 기존의 WTO, IMF, 또는 세계은행이 제대로 풀지 못하고 있는 분야, 즉 국제 금융, 외환 제도, 국제 경제 정책, 에너지 정책, 환경 정책 등과 같은 분야에서 G20 포함 신흥국가와 기존 강대국 간 협력·지원을 유도할 수 있는 공통 아젠다를 지속적으로 개발하는 것이 중요하다. 그리고 이러한 공통 아젠다가 개발도상국가의 발전과 연계될 수 있다면 더욱 의미가 있을 것이다.

아시아 외환 위기를 계기로 선진국과 신흥 개발도상국 간 협의·공조의 필요성이 커짐에 따라 1999년 발족한 G20 회의는 그간 세계경제 안정과 관련된 국제 통화 제도나 금융 제도 등에 대해 논의해 왔다. 인재개발 관련 아젠다는 2009년 9월 런던에서 개최된 G20 정상 회의에서 고용문제를 주요 아젠다로 다루면서 처음 논의되었다. 고용이 한편으로는 노동 인력의 수요처인 경제발전과 연계되어 있으며, 또 한편으로는 경제에서 필요로 하는 인력의 양성·공급과 직결되어 있다는 점에서 '인재개발'은 G20 정상 회의의 중요한 아젠다가 될 수 있다. 예를 들어 G20 회원국 간 교육훈련 수준 및 범위에 있어 상당한 차이가 있음을 고려할 때, 선진국의 신흥국에 대한 인재개발 부문에서의 지원·협력은 신흥국의 지속 발전과 이를 통한 세계 문제 해결을 위한 신흥국의 협력을 유도하는 데 중요한 역할을 할 것이다. 이미 세계은행, 아시아개발은행, 유네스코, ILO, OECD 등에서 교육훈련을 중요한 사업으로 다루고 있다는 점에서 인재개발 부문에서의 협력을 위한 G20 체제의 역할이 기대된다.

여기서 중요한 과제는 G20 회원국 및 개발도상국 발전에 기여할 수 있는 공통 아젠다를 개발하는 것이라 할 수 있다. G20 체제의 인재개발 관련 공통 아젠다는 G20 회원국들이 직면한 문제와 G20 회원국 주변 국가들과 연관된 문제 등을 포괄할 수 있다. 중요한 것은 G20 회원국들이 공통의 관심을 보이는 주제로 세계경제 사회 발전과 개개인의 삶의 질 향상에 직접적·간접적으로 연관된 아젠다 선정이다.

G20 인재개발 아젠다

G20 회원국 및 개발도상국 발전에 기여할 수 있는 아젠다는 G20 회원 각국의 인재개발 관련 이슈 분석을 통한 공통 주제 파악, G20 체제의 출범 등 국제 경제 사회 질서 변동으로 인한 새로운 수요 발생에 대한 대응 아젠다 발굴 등의 방법을 통해 찾을 수 있다.

이 장에서는 앞 장에 소개한 G20 회원국의 교육훈련 및 인재개발 이슈 논의 결과, 그리고 다양한 관련 문헌 자료에 근거해 선정한 아젠다를 소개한다. 각 아젠다에 대해 G20 국가와 국제기구는 함께 논의하고 축적된 경험을 공유하며, 제기된 문제에 대한 해결 방안 모색에 공동의 노력을 기울여야 할 것이다. 특히 새로운 세계경제 질서에서 실제 작동하고 있고 향후 할 수 있는 정책 아이디어를 공유하고, 이의 실현 방안을 공동 개발, 시도하는 것이 필요하다.

1. 취약계층을 위한 직업교육훈련

G20 국가가 공통적으로 당면한 문제 중 하나로 취약계층의 사회경제적 지위 및 실업 문제를 들 수 있다. 개발도상국가의 경우, 고용의 상당부분이 비공식 부문informal sector에서 이루어지고 있으며, 여성이나 소수 민족

등 취약계층의 실업률이 높은 편이다. 선진국의 경우도 경제위기를 겪으면서 취약계층의 실업률이 상승함에 따라 경제적·사회적 불안 요인으로 작용해 이에 대한 대책 마련에 부심하고 있다. 이에 각국 정부는 이들 취약계층을 실업이나 불완전 고용 상태에서 벗어나게 하기 위해 일자리 창출이나 고용 정책을 최우선 과제로 삼고 있는데, 이와 함께 취약계층의 직업능력을 향상시키는 직업교육훈련에도 깊은 관심을 갖고 있다.

이와 관련해 2010년 4월 워싱턴DC에서 개최된 G20 노동 장관 회의는 침체된 경제를 되살리고 고용을 늘려 실업을 줄이기 위해서는 실업자에 대한 구직 지원과 같은 고용 서비스와 함께 직업교육훈련기회를 제공할 필요가 있음을 확인했다. 경제위기와 이의 회복과정은 필연적으로 경제 구조 조정 및 직업·직무의 변화를 동반하게 되는 데 각국 정부는 이에 대비해 실업자와 같은 취약계층, 더 나아가 모든 국민들을 준비시킬 필요가 있다. 구직자들이 새로운 분야에서 필요한 직무 역량을 습득·배양할 수 있는 훈련기회 또는 기존 분야의 직무 능력을 향상시킬 수 있는 훈련기회를 제공하는 것은 비용-편익 면에서 효과적인 투자라 할 수 있는데, 이는 기회비용이 적기 때문이다. 교육의 질적 수준 제고와 함께 양질의 직업교육훈련 제공은 취약계층의 노동 생산성을 제고하고, 미래 생활 수준을 향상시키는 데 크게 기여할 것이다.[62]

취약계층에게 새로운 경제가 요구하는 직무 능력을 습득할 수 있는 기회를 제공하고, 특히 젊은 층이 취업할 수 있도록 지원하는 것이 중요하다. 그러한 지원이 없다면 취약계층은 계속해서 실업과 빈곤의 악순환에서 탈출할 수 없을 것이다. 최근의 경제위기 기간 동안 많은 회원국들이 실업자들에게 직업훈련기회를 제공했다. 구체적으로 직업훈련을 받는 실업자와 제공하는 회사에 훈련 비용을 지원함으로써 실업 기간을 재교육·훈련기회로 활용했으며, 경기가 회복되면서 필요한 인력을 제때에 공급하는 경험을 했다. 취약계층에 대한 직업교육훈련기회 제공은 경제위기 기간 중에는 비용으로 작용하나, 경기 회복 시에는 효과적인 투자로 전환되어 많은 수익을 가져오게 된 것이다. 한 국가의 이러한 경험은 비슷한 상황을 겪고 있는 다른 나라에 많은 도움을 줄 수 있다.

산업 구조의 변화 및 이에 따른 직업 구조 변화 예측, 새롭게 요구되는 직무 능력의 내용 및 수준, 새로운 직무 역량 습득을 위한 교수–학습 정책, 직업교육훈련정책과 고용 정책 간의 연계, 창업 훈련entrepreneurship training, 취약계층의 사회 통합social inclusion 등이 G20 회의에서 논의할 주요한 주제가 될 수 있다. 경제위기 이전부터 이미 지식 정보화 사회가 진전되면서 기존 경제 질서 및 산업 구조는 빠른 속도로 변화하기 시작했다. 이에 따라 기존 직업구조와 내용, 그리고 관련 직무 지식 및 기술 등도 급속하게 변화했고, 그 결과 취약계층의 정보 격차digital divide나 실업 등의 문제가 발생했다. 이에 각국은 각각 자국의 산업 및 직종 구조 변화를 정확하게 예측하고, 새로운 직종구조에서 요구되는 직무 역량을 파악, 이를 효과적으로 습득할 수 있는 직업교육훈련정책을 수립, 실행할 필요가 있다.

그리고 이러한 직업교육훈련정책은 직업훈련을 받은 인력을 취업으로 연결하는 고용 정책과 긴밀히 연계되어 실행되어야 한다. 취업의 경우, 많은 개발도상국 경제에서 비공식 부문informal sector이 차지하는 비중이 매우 크다는 점을 감안해 청년층이나 소수민족, 여성 등 취약계층이 창업할 수 있는 능력을 길러 주는 것이 중요하다. 이는 이들의 사회 통합에도 기여할 것이다. 이러한 창업 훈련은 선진국에서도 의미 있는 정책 효과를 기대할 수 있다. 이미 유사한 정책을 성공적으로 실현한 국가가 이제 그러한 정책을 설계, 시도하고자 하는 국가를 도와줄 수 있을 것이다.

2. 미래 준비를 위한 청소년 교육훈련정책

21세기 G20 대다수 국가와 많은 개발도상국이 공통적으로 경험하고 있는 문제로 고령화, 저출산으로 인한 생산 가능 인구의 감소, 이로 인한 국가

경제 및 사회 부담의 증가 등이 지적되고 있는데, 이러한 문제 해결책의 하나로, 자라나는 청소년들에 대한 투자가 강조되고 있다. 미래 사회의 일꾼, 기업가, 부모, 지도자가 될 현재의 청소년들에게 보다 양질의 풍부한 교육 기회를 제공하는 것이 앞으로 더욱 심화될 국가경제 및 사회의 부담을 줄일 수 있는 매우 효과적인 방책이 될 수 있다는 것이다.[63]

이를 위해 세계은행, 아시아개발은행, 유네스코 등 국제기구가 이미 많은 사업을 기획·실행해 오고 있으며, 이 외에 개별 선진국가와 개발도상국 간 양자 협약에 의한 지원 활동이 시도되고 있다. 이러한 기존 활동에 더해 G20 회원국들이 각 지역에서 중간 리더 역할을 수행할 수 있다. 도움을 주는 나라, 받는 나라, 또 주고받는 나라의 역할 수행을 통해 보다 효과적인 국제 협력의 길을 찾아낼 수 있다. 이것은 모든 나라의 공통 관심사이다. 이러한 관점에 보았을 때, 청소년에 대한 교육훈련 제공은 G20 회의의 중요한 아젠다가 될 수 있다.

2009년 런던에서 개최된 G20 정상 회의The London Jobs Conference에서 장기 실업으로 인한 피해를 피하기 위한 생산적 고용, 취약계층(실업자, 여성, 청소년, 이민자 등)에 대한 생계비 지원 및 사회 보장 제공 등과 함께 현재와 미래 취업을 위한 직업교육훈련이 논의된 바 있다. 이 회의는 실업자들이 직업을 가질 수 있도록 지원하고, 미래 고용을 증대하는 것이 G20 국가 정부의 책임이라고 적시하면서, 안정적 거시 경제 정책, 원활한 금융 시장, 무역 수익의 공유 등을 통해 경제 기초를 튼튼히 하고, 고용주와 근로자 모두 고용하고 일하기 원하는 효과적인 노동시장 정책을 촉진할 것을 천명하고 있다. 세 번째 주제는 사람들이 미래 성장을 수노할 수 있는 산업 분야에서 직업을 가질 수 있도록 이들의 기술 습득을 위해 투자해야 함을 강조하고 있다.[64]

청소년 교육훈련과 연관된 구체적 주제는 청소년에 내한 양질의 보통 교육quality basic education 및 직업교육의 제공, 핵심 역량core competencies의 습득, 학교에서 노동시장으로의 효율적인 전이를 위한 진로 교육 및 산학 협력, 노동시장에서의 청소년에 대한 직업기술 재교육·훈련, 보건·위생교육, 청소년 교육훈련을 담당할 교사의 양성, 이러한 활동을 지원하는 법적·행정적·재정적 지원책 등을 포함한다. 한 나라의 경제위기가 다른 나라에 미치는 영향을 최소화하기 위해서는 각국들이 위기를 신속하게 극복할 수 있는 내부 역량을 키우고 이를 유지할 수 있어야 한다. 이를 위해 필수적으로 갖추어야 할 조건이 각국의 미래를 담당할 청소년들의 준비라 할 때, 이 주제가 갖는 정책적 의미는 크다 할 수 있다.

아직도 많은 국가의 어린 청소년들이 양질의 보통 교육을 받지 못하고 있는 현실을 고려할 때, 이들에게 읽고, 쓰고, 계산할 줄 아는 능력을 길러 주는 것은 매우 중요하다. 이러한 기초 학습능력이 배양되어 있을 때에야 비로소 노동시장에서 필요로 하는 직무 역량을 키우는 직업교육훈련이 가능하기 때문이다. 저개발국가의 경우, 기초학습역량 습득에 우선 투자한 후 산업계 수요에 부응하는 직업교육훈련으로 투자의 축을 옮기는 전략이 필요하다.

청소년에 대한 직업교육훈련은 해당 국가의 경제 발전 수준과 연계되어 기획·추진되어야 한다. 즉, 직업교육훈련내용이 해당 국가경제 발전에 필요한 직무 기술과 일치해야 한다. 그리고 필요한 직무기술을 가르칠 수 있는 교사를 확보해야 하며, 교육과정의 개발, 교과서 보급, 교사 양성·배치, 학교 운영 등과 관련한 행정력 및 재정력을 갖추어야 한다. 또 직업교육훈련기관, 교사, 기업, 근로자, 그리고 재정지원 기제들이 노동시장 기술수요 변화에 지속적으로 대응할 수 있는 유여한 제도 운영이 필요하다. 국가 간 협력을 통해 이를 실현할 수 있는 보다 효과적인 방안이 강구될 수 있다. 이러한 주제들에 대한 G20 회원국 간의 진지한 논의는 현재 세계은행을 통한 방법보다 의미 있는 성과를 가져올 수 있다.

3. 지역 경제권 내 학력/자격의 호환성 제고

최근 세계가 경험하고 있는 경제위기는 한 나라 또는 한 지역의 경제위기가 다른 나라, 다른 지역 또는 전 세계에 얼마만큼 심각한 영향을 미칠 수 있는지를 보여 준다. 바로 이러한 이유 때문에 기존의 G8이 G20로 확대된 것이다. 이러한 세계경제의 특성은 국가 간, 지역 간 경제 협력이 상당히 중요하다는 점을 시사하고 있다. 넓은 의미의 경제 협력에는 무역, 조세, 환율 정책 외에 인력 정책도 포함할 수 있다. 한 나라에서 교육받은 사람이 다른 나라에서 직장을 얻어 일할 수 있으며, 이를 위해 각국은 분야별 교육내용 및 학력을 포함한 자격을 상호 인정할 수 있는 제도를 갖출 필요가 있다.

유럽에서는 이러한 노력이 이미 1950년대 후반부터 시작되어 현재까지 계속되고 있다. 직업자격의 경우, 유럽에서는 처음에는 자격의 동등성을 전제로 해 일원화된 수준체계에 따라 자격의 국가 간 상호 인정을 시도했으나, 자격 비교표 작성을 위한 국가 간 합의 도출과 관련 조직 간 상호 연계 체제 구축이 어려워, 지금은 자격의 무리한 상호 비교보다는 각국 개별 자격의 투명성을 높이는 데 정책의 초점을 두고 있다. 아울러 유럽 내에서는 유럽 학점 인정 체제European Credit Transfer System와 유로패스 훈련EUROPASS Training과 같은 다양한 프로그램이 이미 오래전부터 실행되어 오고 있으며, 전문직 자격증을 포함한 유럽 내 자격의 상호 인정 또한 확대될 것으로 예상된다. 이러한 경향은 다른 지역에서도 유사하게 일어나고 있다. 미국을 포함한 NAFTA 내에서의 자격과 학력의 회원국 간 상호 인정, APEC 내의 기술자 자격 통용성 확보를 위한 APEC 엔지니어 자격의 창설, 영국과 미국이 중심이 되어 설립한 EMFEngineer Mobility Forum을 통한 국제 엔지니어 international engineer 자격의 신설 등이 그 사례이다.[65]

1. 자격증 부속증서(CERTIFICATE SUPPLEMENT)의 개발 : 각기 다른 형식과 내용, 언어로 되어 있는 각국의 자격을 공통된 양식으로 제시함으로써 다른 나라 고용주에게 명확한 정보를 제공하고자 개발. 부속증서에는 다음 내용이 포함된다.
   ① 자격증 획득 지식, 기술, 능력, ② 자격증 소지자가 일할 수 있는 직업의 범위, ③ 자격증 발급 및 인정기관, ④ 자격증 수준, ⑤ 자격증 취득 방법, ⑥ 응시 요건 및 상급 자격 취득 가능성, ⑦ 국가별 자격조회사무소 주소
2. 국가별 자격조회사무소 설치(NATIONAL REFERENCE POINT ON QUALIFICATION)
3. 유럽 공통 이력서 양식 개발(COMMON EUROPEAN FORMAT FOR C.V.) : 부속증서의 보완 서류로 언어능력, 현장능력, 교육훈련 수준과 내용, 형식교육 밖에서 획득한 부수적인 지식, 기술 및 능력 등의 정보 제공
* CEDEFOP(2002). THE EUROPEAN FORUM ON TRANSPARENCY OF VOCATIONAL QUALIFICATIONS. HTTP://WWW2.TRAININGVILLAGE.GR/ETV/TRANSPARENCY/INDEX.ASP

유럽이나 APEC 등에서의 이와 같은 경험은 동북아 지역, 남미 지역 등에서도 얼마든지 시도될 수 있다. 각국 간 지리적 근접성이 국가 간 인력 교류를 통한 경제 협력을 가능케 하는 중요한 조건이 되기 때문이다. 기술 발달 속도가 점점 빨라지고, 그 수명이 점차 단축되어 가는 상황을 고려할 때, 앞으로는 새로운 제품이 성공하기 위해서는 보다 큰 시장이 필요하다. 그러한 시장은 국내 시장 밖으로의 시장 확대를 의미하며, 이는 한 나라에서 통용되는 기술 내용이나 수준이 국제화될 필요가 있음을 의미한다. 이러한 관점에서 보았을 때, 동일 경제권역 내 국가 간 교육자격이나 기술 자격의 상호 호환성 제고는 G20 회의의 중요한 아젠다가 될 수 있다.

국가 간 또는 다자간 자격의 상호 인정을 논의할 때 유럽 연합의 사례에서와 같이 서로 다른 자격 체계를 무리하게 일치시키기보다는 기존 자격의 내용을 명확히 밝혀 상호 신뢰도를 높이는 것이 중요하다. 자격의 국가 간 상호 인정 시 필요 분야를 우선 시도하되 자격 분야별로 자국 시장에

미치는 영향을 미리 분석, 예측할 필요가 있다. 자격의 상호 인정은 국경을 넘는 국가간의 산업 및 직업 활동을 의미하는 것으로 자격 상호 인정의 세계적인 경향과 발전 추세를 주목할 필요가 있다.

이러한 사항들을 고려할 때, G20 회의에서 논의할 수 있는 주제로는 양자 간 또는 다자 간 자격의 상호 인정을 위한 자격의 투명성 확보 및 공정한 평가 기반 확보 방안(자격 내용 및 수준의 객관적 정보 제공 양식), 국가 간 자격의 상호 인정이 우선 필요한 분야의 선정 및 이 분야에서의 실질적인 자격 상호 인정 실천 방안, 이러한 주제 논의를 가능하게 하는 유럽, APEC, 또는 관련 국가들의 경험(예 : European Qualification Framework, European Credit Trasfer for Vocational Education & Training, Bologna Process 사례 및 시사점) 등을 들 수 있다.

4. 고급 두뇌 인력의 국제 이동 전망 및 대응 방안

지식기반 경제 사회가 도래하면서 고급 지식 및 기술의 중요성이 더욱 부각되고 있다. 개발도상국에서는 국가경제 · 사회 발전에 필요한 고급 인력 확보를 위해 자국의 우수 인재들을 선진국에 유학시키고 있다. 그러나 선진국과 개발도상국 간의 경제적 · 문화적 · 학문적 격차로 인해 많은 수의 개발도상국 우수 인재가 돌아오지 않고 선진국에 머물고 있다. 이러한 개발도상국 우수 인재의 선진국으로의 흡수brain drain 문제는 많은 개발도상국이 심각하게 받아늘이고 있나.

고급 두뇌 인력이 고국에서 일할지 또는 고국을 떠나 선진국에시 일할지는 이미 개인의 문제를 떠나 해당 국가의 경제성장과 직결된 사안이기 때문이다. 고급 두뇌 인력은 다른 인력에 비해 국제 이동이 지유롭다. 미국과 같은 선진국은 개발도상국의 우수한 인재들을 자국 대학으로 흡수하고, 이들이 공부를 마친 후에는 본국에서는 찾아볼 수 없는 좋은 조건의 직장과 생활 환경을 제공해 왔다. 이는 개발도상국 관점에서는 우수 인력의 유출이고, 선진국 관점에서는 우수 인력의 획득brain gain으로 해석될 수 있다.

그러나 우수 인재의 유출이 반드시 부정적인 결과만 초래하는 것은 아니다. 한국의 경우, 1960년대 경제 발전 이전 시기에는 미국 등 선진국으로 유학 갔던 인재들이 그 나라에 머무는 경우가 많았으나, 급속한 경제 발전을 경험하던 시기에는 정부, 민간 기업, 대학들이 선진국, 특히 미국에서 공부한 상당수의 우수 인재들을 채용·활용했다. 또 한국으로 완전 귀국하지 않은 우수 인재들은 컨설턴트로 또는 현지에서 거점 인사 역할을 하면서 한국의 경제 발전에 기여했다. 이는 한국 내부에서의 고등교육이나 연구 활동에의 투자없이 우수 인재를 활용할 수 있었기 때문에 한국 입장에서 볼 때 우수 인재의 획득brain gain으로 해석할 수 있다.[66]

우수 인재의 유출 및 획득 현상과 이러한 현상들이 동반하는 경제 문제들은 많은 개발도상국이 경험하고 있고 앞으로도 경험할 것이다. 이러한 문제 해결을 위한 논의가 우수 인재의 순환brain circulation까지 포함해 개발도상국과 선진국이 함께 참여하고 있는 G20 회의에서 활발히 이루어질 필요가 있다. 우수 인재 유출 원인, 우수 인재 획득 조건, 우수 인재 순환 보장을 위한 조건 및 제도 등에 대한 논의를 통해 효과적인 대안 도출을 시도할 필요가 있다.

5. 고등교육 발전 정책

지식기반경제 시대의 진전으로 지식의 생성·축적·활용의 중요성이 그 어느 때보다도 커지고 있으며, 이에 따라 새로운 지식과 기술을 창출하고 그러한 지식과 기술을 활용할 줄 아는 고급 인력을 양성하는 고등교육의 역할이 크게 강조되고 있다. 새로운 제품 개발, 그리고 이에 기반한 새로운 부가가치의 창출은 기술 혁신을 통해 가능하고, 기술 혁신은 대학의 연구 활동을 통해 이루어진다. 지역 및 국가경제를 이끌고, 시민 사회를 지원하며, 질 높은 교육 서비스를 제공하는 등 사회 전반에 중요한 영향을 미치는 결정을 내리는 사람은 모두 고등교육을 받은 인력이다.

이러한 잠재력을 가진 고등교육이 긍정적으로 작동한 경우에는 국가 사회가 필요로 하는 지식 생산 능력을 제고하고 개인의 지식과 기술을 향상시키는 데 크게 기여할 수 있다. 반면, 부정적인 관점에서 볼 때 고등교육은 국가 내 정보 격차를 심화시켜 경제의 불균형 발전을 포함한 여러 가지 문제를 야기할 수 있으며, 국제적으로는 선진국과 개발도상국 간 차이를 고착화시킬 우려가 있다.

고등교육체제의 원활한 작동은 지식기반 사회 국가경제 발전의 필수 조건이라 할 수 있다. 지식·기술을 중시하는 산업 구조의 변화, 고령인구 증가 및 저출산으로 인한 인구 구조의 변화, 세계경제 시장에서 국가 간 경쟁 심화 및 협력의 필요성 증대 등은 각국이 자국 고등교육체제를 새로운 환경 변화에 맞추어 개편하고 새로운 발전 전략을 시도할 것을 요구하고 있다. 그러나 많은 국가, 특히 개발도상국가의 고등교육체제는 기존의 장기적 난제를 풀지 못하고 있다. 이러한 난제를 해결하기 위한 방안으로 다음과 같은 것을 예로 들 수 있다. 고등교육 기회 확대, 고등교육의 질적 수준 제고, 고등교육과 산업 간의 연계 강화, 또는 경직된 대학 지배 구조 및 경영 개선 등이 대표적인 예라 할 수 있다.

경제·사회 발전에 대한 고등교육의 중요성, 개발도상국의 고등교육 활용 전략, 개발도상국 고등교육 발전에 대한 선진국의 역할, G20 체제와 국제기구 간 협력 등을 새롭게 점검해 볼 필요가 있다. 세계은행, OECD 등 국제기구와의 개발도상국 대상 고등교육 공동 지원 방법도 검토할 만한 좋은 주제이다. 아울러, 고등교육의 외부 효과, 고등교육과 초·중등교육과의 연계, 고등교육과 노동시장 간의 연계, 고등교육 내 학부 교육과 대학원 교육 간의 연계, 고등교육에 대한 적정 투자 수준, 고등교육 발전을 위한 정부 정책과 시장 간의 조화, 고등교육 평가 인정, 고등교육 발전 유도 인센티브 등도 중요한 협의 주제이다.

6. 여성의 교육훈련 강화

낮은 출산율과 고령화 진전으로 인한 생산 가능 인구의 지속적 감소, 이에 따른 국가경제의 부담 상승에 대한 대비책의 하나로 유휴 인력인 여성의 경제 활동 참여 확대 방안이 크게 강조되고 있다. G20 회원국의 여성 고용 비율을 살펴보면, 터키(23.8%), 멕시코(43.6%), 이탈리아(46.6%), 한국(53.2%), 브라질(55.9%) 등은 EU 평균 58.3%보다 낮은 반면 영국(66.3%), 호주(66.1%), 미국(65.9%), 독일(63.2%) 등은 상대적으로 높은 편이다. 이러한 수치는 국가경제력과 비례하고 있어 여성 인력의 활용이 국가경제 발전에 기여하는 바가 적지 않음을 시사한다.

유네스코에서는 2005년까지 초등 및 중등교육 취학에 있어 남녀 격차를 없애고, 2015년까지 여성이 남성과 동등한 수준의 양질의 보통 교육을 이수하도록 한다는 목표를 세웠으나, 2006년 현재 176개국 중 59개국만이 초등 및 중등교육 취학률에 있어 남녀 균형을 이루었다. 성인 문해율의 경우, 남녀 격차는 더욱 심각하다. 세계 성인 인구의 16%에 해당하는 7억 7,600만 명이 문맹이고, 이 중에서 2/3가 여성이다. 성인 문맹자 중 80%가 20개국에 살고 있으며, 그중 절반이 방글라데시, 중국, 인도에 살고 있다.[67] 이는 세계경제 발전을 위해 G20 회원국 간 그리고 선진국과 개발도상국 간 협력이 실질적인 효과를 발휘하기 위해서는 경제 활동의 중요한 한 주체인 여성에 대한 교육훈련이, 특히 개발도상국의 경우 양적/질적인 면에서 크게 개선되어야 함을 말해준다.

여성 인력 활용을 위해서는 여성 일자리 창출, 보육 지원 서비스 제공 등 여성의 취업 및 근로조건 조성과 아울러 직종별 직무수행 역량함양이 필수적이다. 저개발국가에 대해서는 우선 여성에 대한 보통 교육 기회 제공을 통해 기초 학습능력을 함양하고, 그 기초 위에 여성 적합 직종에 대한 직업교육훈련을 실시하는 것이 필요하다. 여성에 대한 직업교육훈련은 산업계와의 긴밀한 협력을 통해 내용과 방법을 결정하여 시행하고, 직업교육훈련기관 졸업 학력과 자격이 긴밀히 연계되는 것이 중요하다.

G20 회의에서는 유럽이나 북미 등 선진국 사례 분석을 통해 여성에 대한 균등한 교육 기회 제공 방식, 개발도상국 노동시장 수요에 맞는 여성 적합 직종에 대한 직업교육훈련내용 및 방식, 직업교육훈련과 취업과의 연계 방법, 여성 직업교육훈련과 취업 증진을 위한 정부, 교육훈련기관, 기업, 개인 간의 협력 및 거버넌스 방식 등이 주요 주제로 논의될 수 있다. G20 국가 간의 여성 직업교육훈련에 대한 논의는 MDG 실현에도 직접적으로 기여할 수 있어 그 의미가 크다고 할 수 있다.

7. 인재개발(교육훈련)분야 국제 협력 제도화

현재 각 국가가 당면하고 있는 경제 문제 해결을 위한 한 방안으로 기술 수준을 향상시키고 각 근로자의 직무 역량을 제고하는 정책을 개발 시행할 때 중요한 것은 새로운 세계경제 질서에서 실제로 작동해 효과를 나타낼 수 있는 방안을 찾아내는 것이라 할 수 있다. 이를 위해서는 국가 간 긴밀하고 심층적인 논의를 통한 각국의 경험을 우선 공유하고, 공통의 문제에 대한 해결 방안을 협의하는 것이 중요하다.

예를 들어, 최근 전 세계적으로 새로운 경제성장 동력으로 녹색 산업이 부각되고 있으며, 이와 관련해 녹색 직업, 녹색 기술 등의 개념이 회자되면서 이를 위한 각종 정책 논의가 활발하게 이부어시고 있다. 각국 정부 뿐만 아니라, ILO와 같은 국제기구에서도 녹색 산업, 녹색 직업의 득징을 분석히고, 녹색 산업이나 녹색 직업에 종사하기 위해 필요한 지식과 기술이 무엇인지에 대한 분석과 논의를 시도하고 있다. 그러나 아직까지는 녹색 산업의 경제성장 유도 효과, 녹색 직업의 중요성 및 이를 통해 창출될 새로운 일자리 규모, 녹색 직업이 요구하는 특징적인 직무 역량 등에 대해 합의된 연구결과가 나오지 못하고 있다. 이는 이를 위한 국가 간 협력이 특히 중요하다는 것을 의미한다.

G20 회의가 보다 효과적인 국제 협력을 가능하게 하는 기구가 될 수 있다. 이미 G20 체제는 과거 재무장관 회의 때부터 세계경제 문제 분석 및 해결 방안 도출 협의를 위한 기구로 기능해 왔으며, 정상 회의로 격상된 이후에는 논의 주제가 점차 확대되어 가고 있다. 이제는 협의 및 도출된 해결 방안의 집행을 보다 효율적, 효과적으로 지원할 수 있도록 체계적인 조직과 제도를 갖출 필요가 있다. 특히 인적자원개발 분야의 경우는 지난 런던 회의에서 처음 거론된 주제 분야라는 점에서 제도적 지원 방안 강구가 중요하다.

G20 체제에서의 인재개발 분야 국제 협력 제도화 방안으로 G20 교육-노동 장관회의의 정례화, 인재개발 실무위원회 구성·운영, 인재개발 분야 국제기구(세계은행, ILO 등)와의 네트워크 구축, 인재개발 분야 G20 Initiative Project 설계·추진 등을 생각할 수 있다. 이미 G20 노동장관 회의는 개최되어 고용과 직업교육훈련 문제를 논의한 바 있다. 상기 제안한 청소년 교육훈련 문제 및 국제 공조 대책을 논의하기 위해서는 회의 범위를 노동에서 교육까지 확대시킬 필요가 있다. G20 체제에서의 인재개발 이슈에 대한 전문적인 접근을 하기 위해서는 각국 정책 담당자와 전문가들로 구성된 실무위원회의 운영이 필요하며, 이미 인재개발 분야에 상당한 수준의 경험과 지식이 축적된 국제기구와의 협력 네트워크 구축을 통한 공조 전략을 시도하는 것이 합리적이다. 아울러 선진국과 개발도상국이 파트너로서 함께 기획 추진하는 G20 고유 프로젝트의 설계 운영 경험은 G20 체제의 정당성과 운영의 효율성을 향상시킬 수 있는 좋은 아이디어를 제공해 줄 것으로 기대된다.

인재개발과 관련해 G20 정상 회의에서는 G20 회원국과 개발도상국 간 국제 협력을 촉진할 수 있는 조직의 설계 운영과 함께 교육 원조(내용, 재정 등)가 필요한 회원국에 대한 기술적·경제적 지원 협의 제공, 교육정책/제도 점검, 우수 사례 전파, 재정/기술 지원 등에 대한 방식과 절차(누가, 무엇을, 언제, 어디서, 어떻게, 무슨 목적으로 할 것인가?) 등을 논의할 수 있을 것이다.

G20 의장국으로서 한국의 인재개발 선진화 과제

권 대 봉

고려대학교 사범대학장 겸 교육대학원장, 한국인력개발학회장, 한국평생교육학회장 역임,
현재 한국직업능력개발원 원장, 고려대학교교육학과 교수, 유엔교육과학문화기구(UNESCO) 한국위원회 위원.

G20 의장국으로서
한국의 인재개발 선진화 과제

G20 국가들의 인재개발 시스템에는 두 줄기 시스템의 큰 흐름이 있음을 발견했다. 바로 '쿨링다운cooling down'과 '워밍업warming up'이다. 유럽 계통의 쿨링다운 시스템은 어릴 때 개인의 적성과 소질에 따라 진로를 정해서 학문을 계속할 사람은 학문에 매진하게 하고 기술을 익힐 사람은 기술을 익히도록 하는 체계를 말한다. 미국 계통의 워밍업 시스템은 공부할 수 있는 데까지 공부를 계속 하라고 지지해주는 체계를 뜻한다.

쿨링다운 시스템이 정착된 유럽의 경우 이르면 초등학교 4학년, 늦어도 중학교를 마치면 학생들의 적성과 소질에 따라 진로를 결정한다. 독일 고등학생의 절반 이상은 일주일에 하루만 학교에 다니고 나흘은 기업에서 일하며 도제 훈련을 받는다. 영국과 독일의 전문대학 중에서는 일주일에 2일은 학교에서 공부하고 3일은 회사에서 일하는 방식으로 운영되는 곳도 있다. 그렇기 때문에 기업이 필요로 하는 전문 기술인력과 학교가 배출하는 인력 사이의 양적 · 질적 불일치mismatch 문제가 해소될 수 있다.

최근 유럽의 일부 국가내 대학에서 등록금을 일부 부과하고 있지만 대부분은 초 · 중 · 고등학교는 물론 대학까지 세금으로 운영하고 있기 때문에 교육의 질적 수준을 철저히 관리한다. 더욱이 국가마다 중 · 고등학교 졸업시험 또는 대학입학자격시험을 치루기 때문에 대학진학률이 그리 높지 않다. 대학도 학생들의 교육을 질적측면에서 철저히 관리하기 때문에 노동시장에는 그러한 대학을 졸업한 적정인력이 진출한다. 고등학교 졸업자의 약 84%가 대학에 진학해 대졸 청년실업자를 양산하는 한국과는 대조적이다.

워밍업 시스템이 정착된 미국의 경우도 각급 학교의 진로·직업교육은 철저히 실시하고 있다. 교육구청마다 직업기술교육센터를 설치·운영해 관내의 모든 고등학생들이 직업기술을 익힐 수 있도록 함으로써 졸업하자마자 직업인으로 사회생활이 가능하다. 미국의 대학 진학률은 70% 정도로 높은 편이다. 그러나 철저한 교육의 질 관리 덕분에 비록 유럽보다는 졸업률[68]이 다소 높지만 한국보다는 매우 낮은 수준이다. 최근에 들어서는 각 주별로 고등학교 졸업 자격 시험을 도입해 교육의 질 관리를 더욱 강화하고 있다.

한국의 경우 워밍업 시스템을 채택했다. 하지만 고등학교의 직업기술교육과 대학교육의 질 관리는 도입하지 않았다. 한때 대학 입학예비고사로 학생들의 입학부터 질 관리를 했지만 현재는 이 역시도 철저히 관계되지 못하고 있다. 이러한 상황 속에서 이제 한국도 단지 '대학진학'에만 초점을 두는 교육정책에서 한발 앞서 학력에 관계없이 능력에 따라 누구나 행복한 사회생활을 할 수 있도록 사회경제정책도 뒷받침되어야 할 것이다. 아울러 각급 학교에서 진로·직업교육을 포함한 전인교육이 실시되고, 대학도 교육의 질 관리를 철저히 하여야만 노동시장의 양적·질적 불일치 문제를 해결할 수 있음을 알 수 있다.

이러한 시점에서 한국이 G20 정상회의의 의장국으로서 리더십을 발휘하기 위해 추진해야 할 다음과 같은 인재개발 선진화 과제에 대해서 논의하는 것은 큰 의의가 있다.[69]

첫째, 아이 사랑 위한 행복의 교육과정 실천하기

둘째, 기술인 우대하기

셋째, 공교육 살리기와 사교육비 줄이기

넷째, 직업관 제대로 세우기

다섯째, 고학력 일자리 불일치 해소하기

여섯째, 시장 생태계가 살아나는 일자리 창출하기

일곱째, 녹색 성장 시대를 만드는 녹색 일자리 창출하기

여덟째, 직업능력개발로 사회 통합하기

첫째, 아이 사랑 위한 행복의 교육과정 실천하기[70]

'아이 사랑 운동'은 국가의 미래가 걸린 중차대한 문제다. 아이를 출산하지 않으면 개발할 인재가 사라지므로 국가의 미래도 없어지기 때문이다. 한국은 세계 최저의 출산율을 극복하기 위해 정부와 사회단체가 협력하여 '아이 낳기 좋은 세상 운동본부'를 출범시켰다. 정부는 교육과 일자리 걱정 없이 출산할 수 있도록 지원하겠다고 했지만, 이 운동이 기대하는 성과를 거두려면 '행복의 교육학'이 온전하게 작동되어야 한다.

부부가 결혼하여 아이를 낳아 기르는 과정에서 가족구성원 모두가 행복을 느낄 수 있도록 배우는 교육과정이 제대로 운용되고 있는지 반성할 필요가 있다. 부부가 결혼식을 올리고 혼인 신고를 하면 사회적·법적으로 부부가 되지만 함께 행복하게 사는 방법에 대해서 학교의 교육과정을 통해 적절하게 배우지 못하고 있는 실정이다. 아이들은 고작해야 부모들의 가정생활에서 학습하고, 텔레비전 드라마를 통해 부부생활을 어림짐작으로 배울 뿐이다. 그나마 자극적인 상황 설정으로 인해 행복하고 정상적인 가정생활에 대해 학습하기 어려운 것이 텔레비전 드라마의 현주소다.

아이 사랑을 구현하고 행복한 가정생활을 꾸밀 수 있는 토대를 만들려면 무엇보다도 의식의 내재화가 필수적이다. 그 행복 의식의 내재화는 교

육을 통해 가능하고, 아이 사랑이 가능한 국민행복시대를 열기 위해서는 교육과정이 바뀌어야 한다. 특히, 교육기본법 제2조의 '홍익인간'이라는 교육이념을 구현하고, 민주시민 양성이라는 포괄적인 교육 목적을 구현하기 위해서는 단위학교에서 달성해야 할 교육 목표의 구체화가 필요하다.

현대사회에서는 '자주적 생활 능력'이 있어야 가정을 꾸릴 수 있고 아이 사랑도 가능하다. 자주적 생활 능력은 '직업능력'으로 구체화하여 일자리를 찾을 수 있는 역량이 경우 학교는 물론 평생교육과정을 통해서도 학습할 수 있도록 해야 한다. 인간은 '인간다운 삶'을 영위할 때 행복해질 수 있으며, 이를 위해서는 최소한 심신이 건강해야 한다. 아울러 문맹을 벗어나야 하며, 행복한 가정생활과 직업 생활 그리고 사회생활을 할 수 있는 역량을 가져야 국민행복시대가 열릴 수 있는 것이다. 따라서 행복을 추구하는 교육의 목표는 건강·문해·직업철학과 직업역량, 부부생활, 자녀교육, 법과 질서, 문화생활 등 매우 구체적이어야 한다.

'홍익인간'과 '민주시민' 양성이라는 거대한 교육 이념은 액자 속에서만 존재할 뿐이고, 진로·직업교육과 가정행복교육은 입시 교육으로 인해 뒷전으로 밀려나 버렸다. 이러한 상황 속에서 '아이 사랑 가정 행복 교육'을 위해 새로운 교과목을 만들자는 의도는 아니다. 다만 기존 교과에 진로교육과 가정행복교육내용을 통합하여 담아내는 지혜가 필요하다는 것이다. 대학들도 어떻게 대학에 입학할 수 있는지 입시 방법만 발표할 뿐 어떤 교육방식으로 인재를 만들어서 졸업생들이 사회에 진출하여 어떠한 일을 하며 어떻게 행복을 느끼고 살 수 있는지 이를 교육하겠다는 데 대한 설명이 전혀 없는 점은 반성해야 할 사항이다.

행복은 인생에서 누구에게나 중요한 문제다. 그렇기 때문에 선거 때만 되면 정당들이 앞다퉈 국민을 더 행복하게 만들겠다는 공약을 내놓지만, 이에 행복을 느끼는 국민은 그리 많아 보이지 않는다. 선거 때만 작동되는 행복의 정치학이 빛을 발하려면 평상시 학교 교육과 평생교육에서 행복의 교육학이 먼저 작동되어야 한다. 그래야만 아이 사랑 운동이 성공하고, 저출산 문제도 극복할 수 있다.

이제 아이들과 어른들이 행복에 대해 올바르게 이해하고, 가정과 일터, 그리고 인간관계에서 행복할 수 있는 방법을 학습할 수 있도록 학교교육은 물론 평생교육과정이 거듭나야 한다.

둘째, 기술인 우대하기[71]

한국은 세계로부터 기능 강국임을 또 다시 인정받았다. 2009년 캐나다에서 열린 제40회 국제기능올림픽에서 한국의 젊은이들이 45종목 중 23종목에서 금메달 13개, 은메달 5개, 동메달 5개를 골고루 획득해 종합 우승을 차지하였다. 1977년 처음 우승했던 한국이 일본, 독일, 영국, 스위스, 이탈리아 등 선진 강국들을 제치고 16번의 우승을 기록한 것은 국가적 경사이다.

선진 강국이 되기 위해서는 기술인이 우대받고 성공할 수 있도록 사회적 여건을 만들어야하며, 이를 위해서는 최소한 다음과 같은 변화가 수반되어야 할 것이다.

첫째, 기술인이 자긍심을 가질 수 있도록 학력 간 임금 격차를 합리적으로 조정할 필요가 있다. 2007년 6월 기준 임금 구조 기본 통계 조사결과에 따르면 고졸자와 전문대졸자의 임금 격차는 미미한 반면, 고졸자 및 전문대졸자와 대졸 이상 근로자의 임금 격차는 매우 큰 것으로 나타났다. 특히 학력별 초임을 유추할 수 있는 1년 미만 경력자의 월 급여액은 고졸자의 평균 월 급여액인 129만 원을 100으로 볼 경우, 전문대졸자가 134만 원으로 103.8, 그리고 대졸 이상이 189만 원으로 147.0임을 알 수 있다. 만약 학력이 아니라 성과에 따라 보상하는 임금 체계가 정립된다면 전문계고[72] 졸업생들이 기능인으로 성공할 수 있는 사회적 기반이 마련되며, 학력 중심 사회에서 능력 중심 사회로 패러다임을 전환할 수 있는 기틀도 잡힐 것이다.

둘째, 대학을 향한 '한 줄 세우기' 교육에서 재능과 소질에 따라 '여러 줄 밟기' 교육으로 시스템을 바꾸고, 중학교 때 진로·직업교육을 철저하게 실시해야 한다. 국제기능올림픽에서는 한국보다 뒤처졌지만 여전히 선진 강국으로 자타가 인정하는 유럽 국가들에서는 기술인들이 사회적으로 높은 대우를 받고 있다. 그들은 중학교 때까지 직업·진로교육을 철저히 받고 고등학교 때부터는 인문계·기술계·기능계로 나누어져 여러 줄 밟기 교육을 받아 다수가 기능·기술인의 길을 택하고 있다.

독일은 초등학교 4학년을 마치고 진로를 결정하지만 프랑스, 핀란드, 스웨덴, 덴마크 등 대부분의 유럽 국가들은 중학교를 마치고 진로를 결정한다. 프랑스는 초등학교가 5년제이고 중학교가 4년제이며 중학교 마지막 학년 때 진로·직업교육에 집중한다. 핀란드와 스웨덴은 초등학교와 중학교가 통합된 9년제이며 무학년제로 운영되고 9년 만에 졸업을 하지 못하면 1년을 더 다닐 수 있다. 덴마크는 초등학교 1학년부터 중학교 3학년까지 동일한 담임교사가 9년 동안 학생을 지도·관찰한 결과를 토대로 학부모와의 상담을 통해 학생의 진로를 결정한다. 이와는 상황이 다른 한국의 경우, 대졸 실업자가 넘치고 있지만 전문계 고교의 대학 진학률 역시 2009년 현재 73.5%에 이를 정도로 기술인이 되기보다는 대학 진학을 먼저 고려하는 실정이다.

셋째, 기업의 산학 협력이 대학뿐만 아니라 전문계 고교로 확산되어야 한다. 한국의 기업들은 대학과의 산학 협력은 활발이 추진하는 편이지만 전문계 고교와의 산학 협력은 그렇지 못하다. 대학과의 산학 협력을 통해 원천 기술을 개발하는 일만큼 중요한 것이 현장 경쟁력의 원천인 기능 인력의 확보·유지·개발이다. 기능올림픽 현장을 방문한 국내 기업의 한 임원은 "제조업의 힘은 현장에 있고, 현장 경쟁력은 기능 인력에서 나온다"고 말한 바 있다. 이처럼 현새 국내 기업에서도 기능인을 우대하는 풍토 정착을 위해 많은 노력을 기울이고 있다.

아울러 기능 인력의 중요성에 대한 기업 경영진의 인식 변화가 향후 대학뿐 아니라 전문계 고교와의 활발한 산학 협력을 위한 촉매제로 작동된다면 기업과 전문계 고교는 한국을 선진 강국으로 만드는 데 최선의 파트너십을 보여줄 것이다.

셋째, 공교육 살리기와 사교육비 줄이기[73]

대입 수험생들은 아직도 대학수학능력시험, 내신, 논술이라는 '대입 삼중고'에서 벗어나지 못하고 있다. 이 중 '논술'은 공교육에서 정규 교과목으로 가르치지 않는 반면 사교육 논술 시장에 몰리는 수요는 엄청나기 때문에 대학의 논술 폐지 확산될 필요가 있다. 하지만, 논술이야말로 대학에서 교육해야 할 중요한 교육과정이다. 대학에서의 전공과 상관 없이 문학, 사학, 철학을 공부해야 하는 이유가 바로 '논술 실력을 함양'과 관련이 있다. 그럼에도 불구하고 고등학교에서 정규 교과목으로 가르치지 않는 논술을 굳이 대입 전형 과목으로 두어 학생과 학부모에게 사교육 부담을 가중시킬 당위성은 없다.

대학들이 논술을 전형과목으로 정한 이유는 대입 본고사가 금지되고 수능의 난이도 저하로 인한 학생 선발의 변별력이 미흡하기 때문이다. 과거 정부는 수능을 쉽게 출제해야 사교육비가 절감된다는 논리를 내세웠지만, 쉬운 수능으로 사교육비가 줄었다는 증거는 찾아볼 수 없고 오히려 학력만 떨어졌다는 비판이 일었다. 그리고 내신 반영 비율도 높여야 사교육비가 절감된다고 했지만 그 결과는 내신 사교육비 폭증으로 나타났을 뿐이다.

대학수학능력은 각 대학이 가진 특성에 따라 다를 수밖에 없으므로 하나의 시험을 통해 학생을 선발하겠다는 발상부터 바꿔야 한다. 대학수학능력시험도 미국의 SAT1과 SAT2처럼 대폭 축소하여 대부분의 대학들이 공통적으로 적용할 수 있는 수능1과 변별력이 높은 수능2로 분리해 수능 변별력을 더욱 높이고, 논술을 대입 전형 과목에서 삭제할 수 있는 여건을 조성해야 한다. 수능을 통해 자신의 대학수학능력이 매우 부족하여 대학 진학보다 직업기술교육을 받고 다른 길을 택하는 편이 바람직하다고 판단되는 수험생들에게는 올바른 진로 선택 정보를 제공하는 것이 더 긴요하다.

대학수학능력이 부족한 학생들을 입학시켜 제대로 된 대학 교육을 시키지도 않은 채 졸업장을 들고 대학문을 나서자마자 실업자를 만드는 대학들은 직업기술교육기관으로 스스로 탈바꿈해야 한다. 따라서 논술 폐지로 사교육비를 경감할 수 있다면 대학은 논술 폐지에 적극적으로 동참해야 할 것이다.

또 하나의 사교육비 증가 요인은 내신이다. 평등주의적 내신을 중요시한 정부 정책으로 인해 내신 준비를 위한 사교육비 부담이 가중되었으나 아직도 내신 평가에 대한 혁신 방안을 내놓은 대학은 찾아보기 어렵다.

내신에는 교과 내신과 비교과 내신이 있다. 교과 내신은 점수로 표시되어 있고 비교과 내신은 학생들을 관찰하여 그 특성이 기술되어 있다. 이제는 교과 내신을 반드시 점수로 환산해야 한다는 고정 관념을 깨야 한다. 교과 성적은 이미 점수화된 수능 성적으로 평가할 수 있기 때문에 교과 내신을 정량적인 점수 대신 학생들의 자질과 능력을 평가할 수 있는 정성적 기술로 바꾸는 것을 검토할 필요가 있다.

입학사정관 제도가 정착되면 점수로 환산되지 않는 내신을 활용해 일석삼조의 효과를 거둘 수 있다. 내신 준비 사교육이 줄어들 수 있고, 내신 경쟁으로 인한 인성 파괴를 예방할 수 있으며, 나아가 고교등급제 논란을 잠재울 수 있다. 이제부터라도 대학수학능력시험을 수능1과 수능2로 구분하여 변별력을 강화하고, 논술은 폐지하여, 점수로 환산되지 않는 내신을 적극적으로 활용해 사교육비 절감 및 학교교육 정상화가 가능하도록 대학이 변해야 한다.

넷째, 직업관 제대로 세우기[74]

과도한 대학 입학 정원은 교육 과잉 현상을 초래하는 가장 큰 원인이다. 대학의 덫에 걸린 한국 사회는 대학의 환상에서 깨어나야 한다. 일반대학 출신들이 취업에 실패하고 종합기술전문학교인 한국폴리텍대학으로 '역류 입학' 하고 있다는 언론보도는 대학에 대한 환상과 허상의 전형적 단면을 드러낸다. 전문대학과 4년제 대학을 졸업하고도 취업에 실패해 기능사 교육을 받기 위해 역류 입학하는 비율 역시 2006년 37.1%에서 2007년 37.5%, 2008년 41.6%로 계속 증가 추세이다.

그런가 하면 2009년 1월 서울시 강서구 환경미화원 모집의 경쟁률은 13:1에 달했다. 응시자의 37%는 전문대학 이상의 학력 보유자였으며, 특히 물리학 박사학위 소지자가 지원하여 화제가 되기도 했다. 경쟁률 36:1을 기록하고 지원자의 55%가 전문대학 졸업 이상의 학력을 지닌 광주시 북구의 사정은 더 심각하였다.

이와 같은 현상은 대졸자 과잉 공급에 따른 하향 취업을 단적으로 드러내는 예다. 교육 과잉에 따른 개인적·국가적 손실은 물론 대학 정원 확충과 대학 설립 준칙주의 등에 있어 인력의 수요와 공급을 고려하지 않은 확장 일변도 정책의 실패를 보여 주는 것이기도 하다.

〈2009년 고등교육기관 졸업자 취업통계조사〉에 의하면 전문대학 졸업자 20만 7,741명 중 85.6%, 4년제 대학 졸업자 28만 2,670명 중 68.2%가 취업에 성공하였다. 학력이 높을수록 오히려 취업이 어려워지는 역설을 보여주고 있음에도 불구하고 중학교 졸업 후 (대학 진학을 목적으로 하는)일반계 고교에 진학하는 비율은 1995년 59.4%에서 2010년 76.4%로 증가하였다. 반대로 (취업을 목적으로 하는) 전문계 고등학교에 진학하는 비율은 1995년 38.4%에서 2010년 20.3%로 감소하였다.

고교 졸업 후 대학 진학과 취업의 변화를 살펴보면 1995년에는 고졸자의 51.4%가 대학에 진학하고 33.6%가 취업했지만, 2010년에는 75.1%가

진학하고 단 4.3%가 취업을 택했다. 문제의 심각성은 취업을 목적으로 하는 전문계 고등학교 졸업생 73.5%가 대학에 진학했다는 데 있다. 전문계 고교 졸업자들의 높은 대학 진학률은 일차적으로 한국 사회 특유의 문화적 배경과 사회·경제적 변화에 따른 강한 대학 진학 욕구에 그 원인이 있다. 그리고 대학 진학을 권장하는 교육정책의 실패도 주요 원인 중 하나이다. 전문계 고교 출신자의 동일계 대학 진학 비중을 과거 정원외 3%에서 5%로 확대한 것이나 대학수학능력시험에서 직업 탐구 영역을 도입한 것 등이 그 예다.

우리나라는 대학 입학 위주의 학교교육정책에 밀려 실용적 직업·진로교육이 제대로 이루어지지 않고 있다. 제대로 된 대학 교육 시스템이 없어 입학만 하면 졸업이 보장되는 현실은 더 심각한 상황이다. 교육 선진국들은 유치원부터 고등학교까지 철저하게 직업·진로교육을 실시하고 있다. 또, 고교 졸업 자격 시험을 통해 대학에 갈 학생을 신중하게 선발하고, 일단 대학에 진학했더라도 철저한 학사관리를 통해 졸업이 쉽지 않도록 설계해 고등교육의 질을 유지한다. 우리 교육도 이와 같이 선진국 구조에 맞게 전면적으로 체제를 바꿀 필요가 있다.

우선 현행 진로 교육은 진혀 체계적이지 않다. 초등학교 과정에서는 실과 교과의 일부 단원으로 편성되어 형식적으로 운영되고 있다. 중학교에서도 심리검사나 진로에 관한 강연 등으로 진로 교육을 대체하고 있어 학습자가 직업 세계의 역동성을 제대로 이해하기에는 역부족이다. 그나마 고교 과정에서는 '진로와 직업'이라는 교양선택 교과가 있지만 이또한 대입 위주의 입시교육으로 인해 제 역할을 못하고 있는 실정이다. 이러한 문제점들을 바로잡고 한국의 교육을 혁신하기 위해서는 거시적 측면에서 발상의 전환이 필요하다.

첫째, 학부모와 학생의 의식을 바꿀 수 있는 직업·진로교육을 실시해야 한다. 직업 탐색 교육은 필요한 직무 능력에 관한 정보까지 제공해야 할 뿐만 아니라 직종별 임금수준, 관련 분야의 성공 사례, 특히 고등학교를 졸업하고 사회적·경제적으로 성공한 사람들에 대한 구체적 정보를 제공해 줄 필요가 있다. 또한 초등학교부터 고등학교에 이르기까지 직업친화적 교육과정을 구축해야 한다.

일반 교사 중 직업 진로 및 심리 상담 교사로 전환을 원하는 이가 있다면 재교육과정을 거쳐 전환이 원활하도록 돕는 것도 한 방법이다. 나이 많은 교사가 희망할 경우 우선적으로 전환해 준다면 여러모로 효과적이다. 오랜 경력과 풍부한 연륜에서 비롯된 지혜를 활용할 수 있기 때문이다. 직업 진로 상담교사제의 실시는 직업 진로 표준화 검사, 포트폴리오 작성, 자기 주도적 계획 수립·점검, 학교 생활과 고민 상담 멘토링 등 학교가 직업교육 관련 프로그램을 다양하게 운용할 수 있는 토대가 된다는 점에서 의미가 있다.

둘째, 교육을 통해 가난의 대물림을 막을 수 있는 실질적 조치가 필요하다. 우선 중·고교생의 학업 중단을 막아야 한다. 2009년 현재 학업 중단 일반계 고교생은 1만 6,145명, 전문계 고교생은 1만 8,305명이다. 학업 중단의 가장 큰 원인 중 하나는 경제적 어려움이다. 가난의 대물림을 막으려면 최소한 경제적 어려움 때문에 학업을 중단하지는 않도록 전문계 고교만이라도 전액 장학혜택을 실시할 필요가 있다.[75]

아울러 한국경마축산고등학교와 같이 산업별로 특화된 전문계 고교를 육성해야 한다. 한국경마축산고등학교는 졸업 후 취업률이 100%에 이르며, 초임 수준은 약1,800~2,500만 원으로 나타나는 등 성공사례도 제시될 수 있다. 그리고 취업한 상태에서 진학이 가능하도록 일반대학 주간과정의 일부를 야간이나 주말 과정으로 전환하는 방법도 고려할 만하다. 특히 학생들이 진학을 원하는 소위 명문대학들이 취업자를 위한 야간·주말 과정을 운영한다면 교육의 판을 획기적으로 바꿀 수 있을 것이다.

셋째, 일반계 고교생에게도 직업교육의 기회를 제공해야 한다. 서울시아현산업정보학교는 일반계 고교생을 위한 직업교육훈련을 실시해 성과를 거두고 있다. 향후 이러한 형태의 직업교육훈련기관을 구청별로 한곳씩 운영하는 것도 고려해볼 만하다. 또, 직업교육을 원하는 일반계 고교생은 본인의 희망에 따라 전문계 고교로 쉽게 전학하거나 외부 직업교육 위탁과정을 이수할 수 있도록 해야 할 것이다. 2008년 약 1,300명이 일반계 고교에서 전문계 고교로 전학했으나 현행 제도에서는 결원 규모 내에서만 전학을 허용하고 있어 일반계 고교생의 중도 진로 전환이 쉽지 않은 실정이다.

이처럼, 초·중·고교의 변화도 필요하지만 가장 중요한 것은 대학이 변해야 한다는 점이다. 교사를 양성하는 교육대학과 사범대학의 교육과정은 보다 실용적으로 재편되어야 하고, '입학만 하면 졸업은 자동으로 보장된다'는 대학 교육의 매너리즘을 타파할 수 있는 선진화된 교육의 질 관리 시스템도 필요하다. 현재 유럽에는 3년제 대학이 있다. 학습 기간은 짧지만 국제적으로 통용될 수 있는 인재를 배출하는 데 교육의 초점을 두기 때문에 졸업률은 50%를 밑돈다. 여기에서 탈락한 50%는 직업기술교육을 받고 노동시장에 진출한다. 이는, 4년제 대학에 다니면서도 상당수의 재학생들이 어학 연수와 취업 준비 등으로 5년 이상 캠퍼스에 둥지를 틀고 있는 한국의 현실과는 너무 대조적이다.

다섯째, 고학력 일자리 불일치 해소하기[76]

최근 문화일보의 분석에 따르면 2010년 2월 '사실상 백수'는 275만여 명으로 나타났다. 그리고 통계청의 2월 고용 동향을 보면 15~29세의 청년 실업률은 10%나 된다. 반면 대학생 수는 지난 20년 동안 2배 이상 늘어 2009년 307만명을 넘어섰다. 이 같은 수치는 일자리 불일치 해소가 국가적 과제임을 새삼 확인시켜 준다.

고용 없는 성장과 국내 대기업 생산기지의 해외 이전으로 인해 대졸자의 일자리가 늘지 않는 상황에서 고졸자의 84%가 대학에 진학해 학력 인플레로 인한 대졸자의 구직난과 중소기업의 구인난이 교차되고 있다. 이는 정부의 정책 실패에 기인한 구조적 문제로서 청년층과 기업 간 인력 불일치의 원인별 대책을 다음과 같이 제시해본다.

첫째, 졸업 정원제 실패로 인해 대학 정원이 대폭 늘어났고, 선거 때마다 정당들이 대학 유치 공약을 내걸어 많은 대학들이 신설되었으며, 나아가 대학 설립 준칙주의를 채택하여 과도하게 설립된 대학들 중 부실 대학의 퇴로를 마련하지 못해 양적 불일치가 발생하고 있다. 이제부터라도 부실 대학은 과감하게 퇴출시키고, 앞으로 10년 후 40%가 감소될 고교 졸업자 수를 고려하여 대학 정원을 점차 절반 이하로 줄여 나가야 한다.

둘째, 대학 입학 예비 고사 제도를 폐지한 상황에서 대부분의 선진국들이 실시하는 고교 졸업 자격 시험 혹은 대입 자격 시험 제도가 없기 때문에 대학수학능력을 검증받지 않은 고교 졸업자가 대학에 진학하게 된다. 게다가 대학 재학생들에 대한 교육의 질적 관리도 부실하다. 이제 전문대학은 실무 위주의 교육과정으로 재편성해 일하다가 수능 시험 없이 언제든지 입학할 수 있도록 평생교육체제를 확립하고, 대학은 수능 성적으로 대학 진학 자격을 부여하여 입학의 질을 관리하는 동시에 교육의 질도 철저히 관리하도록 유도해야만 질적 불일치를 해소할 수 있다.

셋째, 대학의 전공이 공급자 위주로 편성되어 있고 취업자들의 전공 일치도도 낮아서 질적 불일치의 원인이 되고 있다. 2009년 대졸 취업자의 경우, 전공 일치도가 인문계 42.5%, 사회계 57.6%, 자연계 59.2% 등으로 매우 낮다. 인력 수요자인 산업계가 학교의 전공과 교육과정개발 및 교육에 적극 참여하고, 학생들에게 실습 기회를 제공하도록 해 질적 불일치를 해소해야 할 것이다. 대학들은 캐나다처럼 학생들이 1년에 1학기는 실습을 제대로 받을 수 있도록 연간 2학기제를 3학기제로 개편할 필요가 있다.

넷째, 능력주의가 아닌 학력주의의 팽배로 인해 좋은 대학에 가야 제대로 대접받는다는 그릇된 인식과 더불어 학력 간 임금 격차와 사회적 차별이 무차별적 대학 진학을 부추기고 있다. 게다가 일단 대학을 졸업하면 기대치가 높아져서 중소기업 취업을 외면하기 때문에 양적 불일치 문제가 생긴다. 독일 고교생의 50% 정도는 일주일에 하루를 학교에서 공부하고 나흘은 중소기업에서 일하며 마이스터meister의 길을 가기 때문에 굳이 대학에 진학하지 않아도 행복한 미래를 만들어 간다. 국민의 의식이 바뀌어야 가능한 일이며, 2010년 3월 2일에 개교한 한국형 마이스터고가 반드시 성공하도록 제도적·실질적으로 뒷받침이 되어야만 우리나라 국민의 의식도 바뀔 것이다.

다섯째, 영국에서 초·중·고등학교 교육은 복지 차원에서 아동·학교·가족부DCSF에서, 고등교육과 직업교육은 국가 경쟁력 차원에서 기업혁신기술부BIS에서 관장한다. 한국에서는 교육과학기술부가 대부분의 교육을 관장하고 있으며, 특히 교과부가 관장하는 대학들에 비해 지식경제부와 고용노동부 산하 대학들의 취업률이 이례적으로 매우 높다. 이제 국가경쟁력 제고 차원에서 대학 특성별로 교과부가 타 부처에 위탁 관리하는 정책을 도입할 필요가 있다. 특히 국내 고용의 한계 상황에서 해외 취업과 창업을 특화하는 대학을 육성하려면 관련 부처 위탁이 효과적일 것이다.

여섯째, 시장 생태계가 살아나는 일자리 창출하기[77]

전 세계가 '고용 없는 성장'과 '청년실업'으로 어려움을 겪고 있는 가운데, 노동부가 '고용노동부'로 이름을 바꾸었다. 고용 없는 성장에서 '고용 있는 성장'으로 패러다임을 바꾸겠다는 의지의 표현이지만, 이 과제는 이름을 바꾸는 것처럼 간단하지 않다.

고용노동부가 존재 가치를 인정받기 위해서는 우선 시장市場을 지렛대로 활용한다는 확고한 인식을 가져야 한다. 자유 시장 경제 체제 하에서 생산적 일자리 창출이 일어나는 곳은 시장이기 때문이다. 기본적으로 일자리 창출은 기업이 하는 것이므로, 기업에서 고용을 하도록 만드는 일이 관건이다.

현재 전체 기업의 99%가 중소기업이고, 근로자의 88%가 중소기업에서 일하고 있다. 이처럼 중요한 중소기업이 일자리 창출을 스스로 할 수 있도록 하려면 대기업이 중中기업을 도와주고, 중기업이 소小기업을 도와주는 건전한 시장 생태계가 살아 움직이도록 해야 한다. 정부가 소기업의 일자리 창출을 도와주는 중기업에 인센티브를 제공한다면 소기업은 성장하고, 중기업의 일자리 창출을 도와주는 건전한 대기업에 인센티브를 제공한다면 중기업은 성장할 것이다. 전체 기업의 99%를 차지하는 중기업과 소기업의 성장은 고용창출과 직결될 수밖에 없다. 그러므로, 시장 생태계가 살아날 수 있도록 하는 정부 차원의 인센티브 정책 구현에는 고용노동뿐만 아니라 지식경제부를 비롯한 관련 부처와 지방 자치 단체의 참여가 절대적으로 필요하다.

그리고, 노동시장에서의 고용 형태를 다양화하고 유연화하는 것도 중요한 문제다. 정규직과 비정규직으로 경직화된 고용 형태의 틀부터 깨야한다. 다양한 형태의 정규직이 생겨야 일자리가 늘어날 수 있기 때문이다. 지금은 경기가 나빠져도 해고가 쉽지 않고, 반대로 경기가 좋아져도 새로운 인력을 채용하지 않고 기존 인력들이 연장 근로를 하고 있다. 이런 상황에서는 더 이상의 새로운 고용이 창출될 수 없다. 이같은 노동시장 구조를 타파하지 않는 한 새로운 일자리 창출은 쉽지 않다. 표준 근로 시간인 주당 40시간을 일하는 사람들이 연장 근로하는 대신에 기업의 사정에 따라 선택적으로 일할 수 있는 고용 형태의 다양화가 이루어진다면 신규 일자리는 늘어날 것이다. 또, 일자리만 늘어나는 것이 아니라 근로 형태의 다양화에 따른 직업능력개발의 활성화가 가능해지므로 산업계도 함께 협력해야 할 것이다.

고용 형태의 다양화와 함께 학교 형태의 다양화도 필요하다. 독일과 영국의 직업전문대학의 학생들은 일주일에 이틀은 학교에 다니고, 사흘은 기업에 취업해서 일한다. 독일의 전문계 고등학생들은 일주일에 하루는 학교에 다니고, 나흘은 취업한 기업에서 도제 훈련을 받는다. 캐나다의 대학생들은 1년에 4개월은 단기 취업을 하고 8개월은 학교에 다닌다. 한국에서도 이와 같이 다양한 학교 형태가 있어야 고용 형태의 다양화와 맞물려 평생 교육체제도 확립되고, 일자리 창출 효과까지 얻을 수 있다. 다양한 형태의 학교 운영은 교육과학기술부와 교육청, 그리고 일선 학교의 협력이 필수적이다.

이제 고용노동부는 각종 정책의 고용 영향 평가를 통해 정부의 고용 정책을 총괄 조정하는 권한과 아울러 고용상황을 개선시킬 책무도 함께 맡았다. 그러나 시장을 변화시켜 고용 증대를 이루기 위해서는 고용노동부 자체의 변화뿐만 아니라 타 부처와 지방 자치 단체는 물론 교육기관의 변화까지 이끌어 내야 한다. 지금은 모두가 고용 지향指向으로 바뀌어야만 하는 시대인 것이다. 쉬운 일은 아니지만 불가능한 일도 아니다.

일곱째, 녹색성장시대를 만드는 녹색 일자리 창출하기[78]

녹색 소비는 녹색 성장, 나아가 녹색 일자리 창출과 불가분의 관계에 있다. 정부가 아무리 환경과 경제가 통합된 새로운 녹색 산업 육성을 선도해도 기업과 소비자의 동참을 이끌어내지 않으면 녹색 성장을 통한 일자리 창출은 어렵다. 정부가 2008년 8월 15일 광복절 경축사를 통해 국가 발전 패러다임으로 '저탄소 녹색 성장'의 국가 비전을 선포한 이후 2년이 지났지만 공직 사회는 물론 일반 소비자들의 녹색 소비 행태에 괄목할 만한 변화를 느낄 수는 없다.

녹색 소비가 진작되려면 우선 소비자들이 친환경적인 생활 양식으로 스스로를 바꾸어야 한다. 개인의 녹색 소비 의식화도 중요하지만 일터와 지역사회 공동체에서 녹색 소비가 갖는 가치가 확산되어야 한다. 녹색 소비의 과실은 소비자 개인에게만 귀속되는 것이 아니라 개인이 속한 지역사회, 국가, 나아가 지구촌의 자연과 사람 모두에게 영향을 미친다.

앞으로, 녹색 공동체 의식의 함양을 위해 녹색 생태 관광 산업의 육성을 적극적으로 고려해 볼 만하다. 지역별 토속 문화와 결합된 생태 관광은 관광지 주민의 지역 공동체 의식을 키운다. 그뿐 아니라 국민들에게는 살아 있는 녹색 교육장으로 활용되며, 궁극적으로 녹색 관광 산업으로 발전해 일자리 창출로 연결될 수 있다. 산과 강이 많은 한국의 지형을 이용한 이야기story가 있는 생태 관광 명소의 탄생은 공동체 의식의 함양은 물론 지역 일자리 창출에도 기여할 것이다.

녹색생태관광산업의 육성을 통한 일자리는 다양하다. 우선 생태 복원과 유지 사업을 위해 생태 복원 토목과 엔지니어링, 자연환경기술 분야의 일자리가 생길 수 있다. 또, 녹색 생태마을을 만들기 위한 친환경 소비자와 생산자의 생활 협동 공동체, 슬로푸드와 유기농 레스토랑 분야의 일자리도 창출이 가능하다.

녹색생태관광 도입기에는 녹색 생태마을 조성을 위한 친환경 거주지, 친환경적 건물과 조경, 친환경 지붕을 만드는 디자인·설치·수리 기술 분야에서 일자리가 만들어질 수 있다. 생태 관광 상품 개발과 관련한 생태 관광 전문 여행업·숙박업·특산품점 분야, 녹색 관광 상품과 관련한 자연환경 해설, 갯벌과 철새 등의 생태 관광 가이드, 생태 해설·생태 관광 상품 기획 분야에서 새로운 일자리가 생성될 것이다. 녹색 생태 관광 확대기에는 수익 모델 구축과 융·복합화를 위해 유기농 농·수·축산 가공품, 자연 염색 의류, 친환경 비누·화장품 등 생활용품과 건강식품 분야의 일자리 창출이 가능하다.

녹색 일자리를 위해서는 정부의 녹색 상품 구매 확대와 더불어 비정부 분야의 녹색 상품 구매에 대한 유인incentive을 제공해야 한다. 정부 부처와 공공 기관으로 녹색 구매를 확대하는 한편, 일반 소비자들의 녹색 구매를 유인할 수 있는 제도적 장치가 마련되어야 한다. 이렇게 되면 녹색 상품에 대한 소비가 진작되고, 이것이 기업의 녹색투자 유발과 생산 확대의 선순환 구조로 이어져 녹색 일자리 창출을 기대할 수 있다.

여덟째, 직업능력개발로 사회 통합하기[79]

9월은 '직업능력의 달'이다. 직업은 생존의 조건이고 '직업능력개발'은 국민 누구나 행복하게 살기 위한 필요조건이다. '복지선진국'이 복지국가 welfare state에서 '직업능력을 개발해주는 국가enabling state'로 패러다임을 바꾼 것은 성장이냐 분배냐의 이분법적 논쟁을 뛰어넘어 중도실용주의를 지향하는 증거이다.

사회적 취약계층에 직업능력개발 기회를 제공해 개인 삶의 질을 향상시키고 가정이 행복하도록 도와준다면 친서민 사회 통합 정책으로 작동할 수 있다. 중도실용주의를 구현하려면 일터 수준, 지역사회 수준, 국가 수준, 그리고 국제 수준에서 직업능력개발을 활성화할 필요가 있다.

첫째, 일터 수준의 직업능력개발은 개인의 직무 능력 향상은 물론 조직의 생산성 및 기업 경쟁력과 불가분의 관계에 있다. 기업의 연차보고서에 직업능력개발에 관한 보고가 없으면 신용평가에서 후한 점수를 받지 못한다. 직업능력개발을 하지 않는 기업의 미래는 밝지 않다는 판단이 국제 기업 평가의 기준 중 하나이다. 직업능력개발은 현재 문제 해결뿐만 아니라 미래 기회를 창출하는 방편으로도 인식된다. 기업뿐만 아니라 정부, 단체, 학교 등 일터에 있는 직장인의 능력을 개발해야 하며 특히 미래 인재를 개발하는 책임을 가진 학교 교직원의 직업능력개발을 심화할 필요가 있다.

둘째, 지역사회 수준의 직업능력개발 비용은 정부가 복지 차원이 아닌 투자 차원에서 집행할 책무가 있다. 서민이 직업능력개발을 통해 복합화한 경제 구조에 따른 노동시장의 분화를 극복하도록 도와야 한다. 서민뿐만 아니라 사회 지도급 인사의 직업능력개발도 똑같이 중요하다. 지역사회 지도자가 되려는 사람에게 리더로서의 자질을 개발할 학습기회와 학습 자원을 제공하는 일이 사회 수준의 중요한 직업능력개발이다. 사회 수준의 직업능력개발자원을 공유하기 위해 중앙정부 및 지방정부, 시민 단체의 민관 파트너십 구축은 물론이고 지방정부와 시민 단체 상호 간 파트너십도 필요하다.

셋째, 국가 수준의 직업능력개발과 관련하여 국가는 변화하는 노동시장에서 개인이 효과적으로 경쟁하는 데 필요한 기술과 지식을 평생 동안 학습하도록 진작시킬 책무가 있다. 국가는 국가 차원에서 직업능력개발을 위한 교육 자원과 학습 자원을 공유하는 기본 틀 및 네트워크를 만들도록 해야 한다. 또 고용주가 사업 경쟁력을 제고하는 데 필요한 기술을 종업원이 습득할 수 있는 여건을 구비하도록 투자하게 만드는 틀을 제공해야 한다. 나아가 새터민과 해외 이주자의 정착을 돕고 그들과 더불어 살아가는 다문화 사회의 직업능력개발을 국민 통합 차원에서 수행해야 할 것이다.

넷째, 국제 수준의 직업능력개발은 한국 교육의 국제화와 맞물려 있다. 경쟁과 협력의 두 가지 수레바퀴를 동시에 굴려야 하는 국제 사회에서 국가는 국제 수준의 직업능력개발을 외면할 수 없다. 국제노동시장이 유연해짐에 따라 해외의 일터로 진출하려는 한국인의 직업능력개발을 국제적 수준으로 업그레이드해야 할 필요가 있다.

2부 | 통계로 본 G20

1   경제협력개발기구(OECD)가 2005년 이후 매년 발간하고 있는 통계연보(Factbook)의 2010년판에서는 국제연합(UN)의 2008년판 세계인구전망(World Population Prospects: The 2008 Revision Population; http://esa.un.org/unpp) 등을 인용하여 2007년 기준 인구를 제시하고 있다.

2   국제비교에서 제시되고 있는 교육단계분류는 국제교육표준분류 개정안(ISCED-97)에 기초하고 있으며 우리나라의 학제상 분류와 비교하면, 유아교육(ISCED 0)은 취학 전 교육, 유치원 교육, 특수학교 유치원 과정, 초등교육(ISCED 1)은 초등학교, 특수학교 초등학교 과정, 공민학교, 전기중등교육(ISCED 2)은 중학교, 특수학교 중학교 과정, 고등공민학교, 각종학교(중학교 과정), 후기중등교육(ISCED 3)은 일반계 및 특성화 고등학교, 각종학교(고교 과정), 특수학교 고교과정, 고등기술학교, 중등후 비고등교육(ISCED 4) 등으로 구분할 수 있다. 고등교육은 제1차 고등교육(ISCED 5)과 전문연구 프로그램(ISCED 6)으로 크게 나눈다. 세부적으로는 대학(교), 일반대학원/대학원대학 석사학위 과정, 전문/특수대학원 박사학위 과정에 해당하는 A유형 고등교육(ISCED 5A), 전문대학, 교육대학, 각종학교(전문대학, 대학과정), 산업대학, 기술대학, 전문/특수대학원 석사학위 과정에 해당하는 B유형 고등교육(ISCED 5B), 일반대학원/대학원대학 박사학위 과정에 해당하는 전문연구 프로그램(ISCED 6)으로 구분한다.

3   UNESCO는 ISCED 4단계와 5B단계의 명확한 경계 규명, ISCED 4단계의 기준 설정, 기초교육의 범위 수정, 고등교육의 분류 수정 등을 주요목적으로 현행 ISCED-97 개정을 추진하고 있다. 개정안은 2009년 UNESCO 총회에서 중간 보고되었으며, 2011년에는 최종안을 번역하고 2011년 가을 UNESCO 총회에서 ISCED 개정안의 승인을 요청하는 등 곧 개정될 전망이다(박효종 · 김홍주 · 변기용, 2009).

3부 | G20의 인재개발 현황(국가별)

−2장−

4   비전통적인 직종은 Australian and New Zealand Standard Classification of Occupations:

ANZSCO, 호주·뉴질랜드 표준 직업 분류) 기준에서 정의하는 직종분류 1~2 집단과 4~8 집단에 분류되는 분야의 직종을 포함한다. 직종 분류 1~2 집단에는 관리자(managers), 전문가(professionals)가 포함되며, 4~8 집단에는 복지사업 종사자(community and personal service workers), 사무행정 종사자(clerical and administrative workers), 판매업 종사자(sales workers), 기계공·운전업 종사자(machinery operators and drivers), 일반 노동자(labourers)가 포함된다. 전통적인 직종(Trade)은 직종 분류 3 집단에 속하는 분야의 직업을 포함하며, 중간기술자(technicians)와 무역업 종사자(trades workers) 등이 이에 포함된다.

5   형식학습(formal study), 근무경력, 비형식 학습(informal study), 산업체 혹은 기업체 학습, 생애경험 등이 RPL로 포함된다.

-4장-

6   33개의 산업별 협의체(Sector Council)는 다음의 부문들을 포함한다. 의류 부문, 생화학기술 부문, 도제제도 포럼, 자동차 수선과 서비스 부문, 항공산업 유지 부문, 환경산업 부문, 전문적 어업종사자, 식품사업, 플라스틱 부문, 경찰 부문, 철강무역과 취업 대의원회, 기술 인적자원, 관광 인적자원, 트럭수송업, 육아부문, 건설업, 계약센터, 자동차 인력협회, 문화적 인적자원위원회, 국제무역 훈련 포럼, 설치유지보수부문, 광산업 훈련과 조정위원회, 모토 운반여객위원회, 해산물 부문, 석유 부문, 소프트웨어 부문, 섬유 부문, 목재제조업 부문 등이다.

-5장-

7   중국은 세계 최대의 인구와 자원을 보유한 국가로 21세기 들어 새로운 강대국으로 부상하고 있다. 중국은 자신들의 부상논리로 소위 중국화평굴기론(中國和平崛起論)을 주장하면서 국제사회의 중국부상을 홍보하고 있다. 이러한 배경에는 당연히 풍부한 인적자원과 이를 바탕으로 한 경제성장논리가 있다고 볼 수 있다. 즉, 중국은 중국부상의 한 축으로 인재개발(Baiyin Yang, De Zhang & Mian Zhang, 2004)의 중요성과 필요성을 강조하면서 지속적인 개혁을 추진하고 있다.

8   중국은 지역 불균형발전 문제가 심각하다. 중국은 선부론(Getting Rich First) 및 계획적 경제발전정책에 따른 동부지역 및 소수도시의 발전이 기타 중·서부 및 동북지역 발전상황을 크게 선회하고 있으며, 이러한 지역 간 불균형을 해소하기 위해 정책적으로 발전계획을 수립, 시행을 가속화하고 있다.

9   2008년 말 기준 명목 GDP 4.4조 달러(30조 위엔), 교역규모(수출+수입) 1.4조 달러, FDI 순유입 924억 달러, 외환보유고 1.95조 달러이다.

10   중국 당국은 실업문제 완화를 위해 경제성장을 통한 취업창출, 정리해고자 재취업 촉진, 노동력 배분정책, 실업지향 거시정책, 사회보장 등 5대 취업촉진정책을 추진 중이다.

11   예를 들어, 3+3 방식으로 전반 3년은 중등직업학교에서 학습하고, 후반 3년은 고등직업학교에서 학습하여 단계에 따라 각자의 교육을 완성한다. 다만, 중등직업학교와

고등직업학교의 양성 목표를 공동으로 정하고, 각각의 교육과정과 학습계획을 결정한다.

12 이 장기전략은, 앞으로 교육발전은 국가 인적자원개발 수준을 향상시키는 가장 기본적인 방법이라 보고, 교육발전의 '3단계론'을 제시했다. 1단계는 2002~2020년까지 25~64세 노동인구의 평균교육 연한을 11년 이상으로 달성시켜 인문 발전지수 0.85 도달, 100만 명당 과학자와 엔지니어 수 1,500명 선 달성으로 인적자원 후진국에서 중등선진국으로 진입, 2단계는 2021~2050년 25~64세 노동인구 평균교육 연한을 13년 초과로 인문발전지수 0.9 이상 달성, 100만 명당 과학자와 엔지니어 수 3,000명 달성으로 인적자원 선진국 달성(中國敎育與人力課題组, 2003:103).

-6장-

13 고급직업과정은 직업고등학교의 교육시설과 교원을 활용하여 이루어진다. 그렇지만 학위는 고등교육수준이다.

-7장-

14 여기서의 직업교육훈련은 계속 직업교육훈련(CVET)과 대비되는 용어로서, 정확히 양성 또는 초기(initial) 직업교육훈련(IVET)을 의미함. 이 글에서는 '양성 또는 초기직업교육훈련'은 '직업교육훈련'으로 표시함.

-8장-

15 1950년 1월 26일 공화국 정부를 수립하고, 영국식 의원내각제(양원제)를 채택했다.

16 인도의 넓은 영토, 소수민족 및 신분제도, 다양한 행정구역 등으로 인해 조사의 신뢰도는 매우 낮은 편이다, 실제인구는 더 많을 것으로 추정하고 있다.

17 카스트(Caste)는 힌두사회의 기본적인 사회체계이다. 포루투갈 어의 가스따(Casta: 혈통)에서 유래한 것으로 계급을 의미한다. 대부분 카스트는 직업을 세습(현대에는 많이 약화됨)하며, 사회 진출이 열려 있는 분야는 정부공무원, 군인, 그리고 농업이다. 무슬림과 영국 지배 당시 카스트 제도가 위축되었고, 현재는 법으로 카스트 제도를 금지하고 있지만, 사회 전반에 걸쳐 여전히 큰 영향력을 미치고 있다.

18 사회보장급여(social security benefit)를 제공받지 못하는 모든 근로자를 말한다.

19 중학교는 무상교육은 아니지만 절반 이상의 주에서 교육비 보조금 지급제도를 실시하고 있다.

20 직업교육의 목적은 주로 비공식 부문(unorganized sector)의 요구를 충족시키고, 창업을 준비시키는 다양한 코스를 통해 숙련된 인력을 배출하는 것이다.

21 폴리테크닉은 영국 식민시대에 설립(4개)되어 2005년에는 1,244개교, 약 26만 명의 학생수용, 100개 이상의 학과가 개설되었다. 폴리테크닉은 주정부 기관에 의해 관리된다. 폴리테크닉은 세 가지 종류로 구분되는데, 전적으로 주정부로부터 운영자금을 받는 정부 폴리테크닉, 정부로부터 반복성 지출에 보조금을 받는 정부보조 폴리테크닉, 정부지원을 전혀 받지 않는 재정자립 폴리테크닉이 있다.

22 인도의 공학기술교육(engineering and professional education)은 영국 식민시대에 토목
  공학자 양성을 위해 시작되어, 이후 기계, 전기, 직물공학자 등의 양성을 위해 1947년
  독립 이후 60여 년 동안 꾸준히 성장해 왔다. 학위수준의 공학기관은 2006∽2007년에
  1,500여 개교, 수용학생 인원 50만 명 규모로 확대, 운영되고 있다.

-9장-

23 고교 졸업 25년 후 전문계 고등학교와 일반계 고등학교의 졸업생 중 남자의 경우 전
  문계 고등학교 졸업자가 11% 더 낮고, 여자 졸업생의 경우 37%가 더 낮게 나타났다.

24 인도네시아 대학은 한국의 종합대학보다는 대부분 단과대학 수준의 대학이 많아 숫
  자가 많은 편임.

-10장-

25 EUROSTAT : EU 노동력 조사, 2008년 5월 29일.

26 1인당 국내총생산은 프랑스가 3만 3,090달러, 영국이 3만 5,631달러, 이탈리아가 3만
  1,253달러이다(2010년 기준, OECD).

-11장-

27 소자화란, 출생율이 저하되는 현상을 의미하며, 일본과 중국에서는 소자화(少子化)
  라는 단어를 사용한다.

28 2001년 2월부터 2007년 10월까지 계속된 일본의 호경기 또는 경제회복기를 이자나미
  (いざなみ)라 한다.

29 학생들에게 균등한 교육기회를 주고 고교 서열화를 방지한다는 명분으로 1956년 도
  입한 학구제는 광역 지방자치단체를 여러 개의 학구로 나누어 그 안에서만 고교를 선
  택할 수 있도록 한 제도이다. 그러나 2003년을 전후로 공교육개혁의 일환으로 사립학
  교처럼 공립학교도 선택할 수 있도록 학구제 폐지를 단행했다. 그 결과, 공립고의 수
  업시수 확대, 토요일 · 방학 보충수업, 교과별 특별강좌, 학교특성화 프로그램 등을
  통해 학생들의 학력이 신장되면서 공립고가 기피대상에서 선호대상으로 전환되고
  있다.

30 중학교 3년과 고교 3년을 통합하여 교육하는 것으로, 이미 1990년대 중반부터 일부
  사립재단에서 자율적으로 실시하여 큰 성과를 거두었다. 사립재단의 중 · 고교 통합
  교육은 소학교 6학년 학생 중 입학전형에 합격한 학생을 대상으로 하는 6년제 중 · 고
  교육과정을 주축으로 시행했으며, 추가적으로 중학교 3학년 학생을 대상으로 하는
  고교입학전형을 병행운영하고 있다.

-12장-

31 여기에 취학 전 학교 재학생 400만 명까지를 포함할 경우 2005년 기준으로 3~25세 연
  령의 전체인구 중에서 86%가 학교 재학 중으로 나타난다(Lucrecia, Vernez, Razquin,
  2005).

32 전체 기초교육단계 재학생 중 87%가 국립학교(정부지원)에 재학 중이다(Lucrecia, Vernez, Razquin, 2005).

33 각 분야의 많은 지도자들을 배출. 여러 가지 문제를 노출하면서 옛날의 명성을 점차 잃어가고 있으나, 인문학, 법학, 의학, 공학, 기초과학 분야에 최고의 수준. 몬테레이 고등공과 대학, 이베로 아메리카나 대학, 라스아메리카스 대학, Colegio de Mexico 등 이 있다.

34 하승연(2006)의 논문에서 일부 발췌해 인용했다.

35 이들은 지역에 상관 없이 교육기회가 모두에게 제공이 가능하다는 점, 직업교육에 있 어서 산학협력이 잘 이루어지고 있는 사례가 많다는 점, 그리고 개인의 노력에 따라 상위 직업교육훈련체계로의 진학이 가능하다는 점 등을 주요장점으로 들고 있다.

-13장-

36 노동부 고시 '직업능력개발훈련과정의 인정요건 및 직업능력개발훈련 실시상황보 고 등에 관한 고시' , 2005년 7월 11일, 제1조 제2항 참조.

37 이 글에서는 '직업훈련' 과, '직업능력개발' 또는 '직업능력개발훈련' 이 같은 의미로 사용되고 있기 때문에 이들 용어를 혼용한다.

-14장-

38 메드베데프 대통령의 2009년 연두교서 및 푸틴 총리의 2010년 3월 3일 교육개혁관련 회의 연설내용으로, 관련내용은 크렘린 홈페이지 및 주러 한국 대사관 홈페이지에 수 록되어 있다.

39 보건사회발전부 공보실 발표에 의하면, 2010년 3월 초 현재 공식 실업자 수는 1주간 0.1%(또는 2,695명)씩 감소해 228만 3,000명이다. 또 러시아 독립노동조합연맹 측은 3 월 초 현재 260만 명의 실업자가 등록되어 있고, 2010년 중반에는 러시아 전체 실업자 수가 800~900만 명에 달할 수 있다고 밝혔디.

40 이 절의 러시아 교육제도는 러 연방 '교육법(Ообразованнн)' 을 근거로 작성한 것 이다.

41 '직업교육' 의 사전적 의미는 특화된 직업교육기관에서 국민경제에 기여하기 위한 노동능력을 구비할 목적으로 실시되는 교육형태로, 특정직업 및 전공 분야에 대한 노 동을 직업적으로 수행하는 데 요구되는 체계화된 지식 전반 및 실습능력을 말함.

42 러시아의 기본학제는 1992년 새 교육법에 의해 기초가 마련되었다. 기본학제는 교육 프로그램에 따라 일반교육과정과 직업교육과정으로 대별된다. 보통교육에 해당되는 일반교육과정은 초등일반교육(초등학교) 3~4년, 기본일반교육(중학교) 5년, 중등일 반교육(고등학교) 2년으로 구분된다. 관련 내용은 'Ообразованнн(교육법),' 제9조 참 조할 수 있다.

43 동 구상은 메드베데프 대통령이 2008년 연례의회 연설에서 발의 후 심도 있는 준비과 정을 거쳐 2010년 1월 21일자로 승인한 교육 개혁령이다.

44 2009년 6월 2일 상트페테르부르그 시 의회에서 '경제위기 이후 상트페테르부르크의

교육 문제점' 제하에 개최된 청문회에서 공산당 측이 내무부 통계치를 인용해 제기한 내용임(http://www.cprfspb.ru/2536.html).

45　러시아에는 현재 39세 이하의 박사급 연구원 비율이 40% 이상이며, 그 중에서도 5% 이상이 세계 유명 과학잡지에 논문을 게재한 실적을 보유하고 있다.

-16장-

46　대표적인 비정부기구로는 Read Educational Trust, JET Education Services, 그리고 National Business Initiative Colleges Collaboration 등이 있음.

-17장-

47　남자 기술고등학교, 여자 기술고등학교, 상업 · 관광 고등학교, 종교관련(Imam and Preacher) 고등학교, 특수교육학교, 직업교육 및 기술교육센터, 멀티프로그램 고등학교, 보건고등학교, 농업고등학교, 법 관련(Justice) 직업고등학교, 부동산 관련(Land Registry and Cadastral) 직업고등학교, 경찰학교 등이 있다.

48　현장(연수)교육(in-service training)은 현재 직업교육분야에 재직 중인 교원을 대상으로 재훈련 또는 재교육을 통해 직업 및 기술 훈련의 질을 향상시키는 데 목적을 둔 프로그램이다.

49　예비(사전)교육(pre-service training)은 대학이나 전문교육기관에서 2~3년의 교원과정을 이수한 예비 교사를 대상으로 학생지도에 필요한 이론과 기술을 보충하는 데 목적을 둔 프로그램이다.

-18장-

50　2008년에 제정된 「Education and Skills Act 2008」에 따라 교육, 훈련 또는 일 기반 학습(work-based learning)에 참여하는 의무교육기간이 2015년부터 18세로 상향 조정될 예정이다(Higginson, 2009).

51　영국의 「1996년 교육법(Education Act 1996)」에서는 계속교육(further education)을 의무교육기간(16세) 이후의 사람들을 위한 전일제 또는 정시제 형태의 교육으로, 직업훈련이나 여가교육 프로그램을 포함하며, 따라서 성인교육도 담당한다고 설명하고 있다.

52　이러한 영국의 계속교육기관이 갖는 특성은 이들 기관에서 제공하는 프로그램이 직업교육에만 국한하지 않고 성인교육이나 노동자 교육 또는 시민교육 등도 포함하는 것을 의미한다. 따라서, 영국의 계속교육은 엄격한 의미의 정규교육과정이라기보다는 포괄적인 측면에서 성인교육을 담당하는 것으로 보는 것이 타당할 것이다(박태준 외, 2007).

53　디플로마(Diploma)에 대한 구체적인 정보는 아동 · 학교 · 가족부, 자격 · 과정개발원(Qualification and Curriculum Development Agency), 임언(2008) 등에서 확인할 수 있음.

54　도제제도 이수율(Apprenticeships Success Rate) : '05/06 44.6%→'06/07 57.5%→'

07/08 63.2% (자료: Statistical First Release on Post-16 Education & Skills: Learner participation, outcomes and Level of Highest Qualification held, March 2009, http://www.thedataservice.org.uk/statistics/sfrmar09/).

55 OECD(2008)의 보고서에서는 영국 고등교육기관 재학생들이 여타의 OECD 국가와는 달리 재학 중에 현장체험의 기회가 충분하게 제공되고 있으며, 이로 인해 졸업 이후의 노동시장 성과를 높이는 데 중요한 역할을 하고 있다고 평가하고 있다.

56 영국의 개인학습계좌제는 학습자가 교육기관에서 학습을 하고, 그 학습비용은 학습 공급기관이 정부로부터 직접 받도록 되어 있는 제도이다. 하지만 교육 공급자인 기관들이 인터넷을 통해 학습비용 청구를 하는 과정에서 사실 이상의 과다 청구를 하는 사례가 빈번해 기금이 남용되고, 결국은 개인학습계좌제 운영 기금이 고갈되어 2001년 12월에 사업이 일단 종료되었다(이남철, 2003). 이후, 영국 보건 서비스(National Health Service)에서 이와 유사한 제도를 낮은 수준의 자격을 취득한 사람을 대상으로 시행하고 있다(Rainbird, 2010).

57 영국의 평생학습정책에 관한 사항은 이희수 외(2006)에서 일부 발췌해 정리한 것임.

-19장-

58 개인개발계좌는 저임금 및 저소득 가정이 자산을 마련해 재정적으로 자립할 수 있도록 도와주기 위해 마련된 정책으로, 재정에 관한 교육도 제공하고 있다.

-20장-

59 ① 현행 EEC/ECSC/EURATOM 조약 수정 사항(유럽시민권, EMU 등), ② 공동외교안보정책(Common Foreign and Security Policy : CFSP), ③ 내무·사법협력(Cooperation in the Fields of Justice and Home Affairs : JHA).

60 2007년부터 소크라데스 프로그램은 LLP(Lifelong Learning Programme : 평생학습 프로그램)로 개정되었음.

61 7가지 우선순위: ① 교육, 연구, 혁신의 세 영역 정책 사이의 일관성 조성, ② 교육개혁을 가속화, ③ 대학, 사업체, 다른 주체들 간의 파트너십 구축, ④ 대학에 혁신문화 발달 측징, ⑤ 이동 가능한 지식을 개발하는 대학에 인센티브 세공, ⑥ 질적 평가에 대한 새로운 접근 시도, ⑦ European Institute of Innovation and Technology: ETI를 미래에 대한 모형으로 개발. 4가지 전략 목표: ① 평생학습과 현실적인 이동성 촉진, ② 교육 및 훈련의 질과 효율성 향상, ③ 형평성, 사회 응집력, 적극적 시민성 고양, ④ 교육 및 훈련의 모든 수준에서 창의성, 혁신성, 도전 정신 개발.

4부 | G20 인재개발 아젠다

62 G20 Labor and Employment Ministers' Recommendations to G20 Leaders(April 21, 2010).

63 World Bank(2007). World Development Report 2007-Development and the Next
    Generation. 이 보고서는 청소년의 인적자본을 형성하는 5가지 중요한 전환변인(학
    습, 노동, 건강, 가정, 시민의식)들에 대한 정부 정책의 우선순위를 논의하고 있다. 보
    고서는 기회 확대, 역량 강화, 그리고 제2의 기회 제공 등 3개의 시각을 정책우선순위
    결정에 활용하고 있다. 기회 확대는 교육의 질적 수준 향상, 노동시장으로의 원활한
    전이 등에, 역량 강화는 청소년들의 의사결정능력 배양에, 그리고 제2의 기회제공은
    보상 및 재교육훈련에 초점을 두어 논의하고 있다.
64 The London Jobs Conference 2009-Chair's Report(draft).
65 김상진(2010). '유럽연합 국가의 자격 상호인정 동향 및 특징' (미발간 원고).
66 Sunwoong Kim(2003). 'Brain Drain, Brain Gain, and Brain Drain Again? Changing
    Markets for Korean Science and Engineering Ph.D.'s'
67 UNESCO(2009). EFA Global Monitoring Report-Summary-Overcoming inequality: Why
    governance matters. pp.17~21.

5부 | G20 의장국으로서 한국의 인재개발 선진화 과제

68 2009년 6월에 발표된 미국 기업연구소(American Enterprise Institute: AEI)의 보고서인
    'Diplomas and Dropouts: Which Colleges Actually Graduate Their Students (and
    Which Don' t)에 따르면, 4년제 대학에 입학해서 6년 이내에 졸업하는 학생의 비율은
    53%인 것으로 나타났다.
69 필자가 언론에 기고한 칼럼을 현 시점에 맞게 보완했다.
70 「아이 사랑 위한 행복의 교육학(문화일보, 2009. 7.25)」을 보완했다.
71 「기능올림픽 16번 우승 의의와 과제(문화일보, 2009. 9.10)」를 보완했다.
72 「초·중등교육법 시행령」 개정(2010. 6. 29시행)으로 전문계열 특목고(공업 등), 전문
    계고, 특성화고는 '특성화고' 로 일원화 되었다.
73 「대학 변해야 사교육비 줄일 수 있다(문화일보, 2009. 5. 4)」를 보완했다.
74 「학력과잉 원인과 해법(주간 조선, 2009. 4. 6)」을 보완했다.
75 2010년 9월 16일에 발표된 2011년 예산안에서 정부는 전문계 고등학생에 대한 교육
    비 전액 지원을 위한 '교육 희망사다리 구축' 을 제시했다.
76 「고학력 일자리 불일치의 5대 해법(문화일보, 2010. 3.25)」을 보완했다.
77 「고용노동부뿐 아니라 모두 고용 지향으로(조선일보, 2010. 7. 6)」를 보완했다.
78 「생태관광 활성화로 녹색 일자리 창출하자(중앙일보, 2010. 8.28)」를 보완했다.
79 「직업능력개발은 성장-분배 함께 이루는 길(동아일보, 2009. 9. 19)」을 보완했다.

2부 | 통계로 본 G20

- 박효종 · 김흥주 · 변기용(2009), 국제표준에 기초한 한국의 교육체제분류 개정 연구, 한국교육개발원, 기본연구 RR2009-22.
- 노동부(2004), 노동경제용어 길라잡이, 한국노동연구원.
- ILO 노동 통계 홈페이지
- http://laborsta.ilo.org
- ILO 임금데이터베이스 http://www.ilo.org/travail

- ILO(2008). Global Wage Report 2008/09.
- ILO(2009). Global Wage Report Update 2009.
- UNESCO-UIS. 2010. Global Education Digest 2010 : Comparing Education Statistics Across the World.
- UNESCO-UIS 누리집 UIS http://stats.uis.unesco.org/unesco/ReportFolders/reportFolders.aspx

3부 | 1. 아르헨티나

- 권기수 외(2007), 한국의 주요국별-지역별 중장기 통상 전략: 중남미편. 대외경제 정책연구원.
- 김원호 · 권기수(2008). 재외 동포 연계 교육 개발 협력 활성화 방안: 브라질, 아르헨티나, 멕시코를 중심으로. 한국교육개발원.
- World Bank(2009), World Development Indicators.
- 위키백과 http://ko.wikipedia.org
- 아르헨티나 교육부 홈페이지 http://www.mcye.gov.ar
- 주아르헨티나 대사관 홈페이지 http://www.embcorea.int.ar

- Bruce Johnstone(2009). "Higher Education Finance and Cost-Sharing in Argentina", International Comparative Higher Education Finance and Accessibility Project, The State University of New York.
- ILO(2001). Modernization in Vocational Education and Training in the Latin American and the Caribbean Region.
- Laurence Wolff(2000), Secondary Education in Latin America and the Caribbean: The Challenge of growth and reform, IDB.
- Marcela Gajardo, Francisco Gomez(2005), Social dialogue in education in Latin

America: A regional survey.

- World Bank(2007). Project Appraisal Document on a Proposal Loan in the Amount of US$200 Million to the Aregentine Republic for a Lifelong Learning and Training Project.

3부 | 2. 호주

- 신준식(2009). 「경기 침체에 대응하는 호주 연방정부의 직업교육훈련정책」, 국제노동브리프, 제7권 제8호.
- 이광호(2010). 「호주의 직업교육체제 분석과 시사점」, 『한국상업교육학회』, 제41권 제1호.
- 이기성 · 이병윤(2007). 『산업기술인력 양성의 대안적 모형: 호주의 직업교육훈련』, 한국산업기술재단.
- 한혜정(2009). 「직업교육의 관점에서 고등학교교육과정 개선방향 모색: 호주의 사례를 중심으로」, 『교육과정연구』, 제27권 제2호.

- Australian Bureau of Statistics.(2009). Education and Training Experience. ABS.
- Australian Education International(2008). Australia. Australian Government.
- Choy S., Haukka S. & Keyes E. (2006). ACE's role in developing Australia's human capital, Adult Learning Australia.
- Kearns, Peters(1999). Lifelong Learning: Implications for VET: Discussion paper, National Centre for Vocational Education Research (Australia). University of Technology, Sydney.
- Kinsman, M.(1998). Seamless Tertiary Education: Possibilities and Constraints, Australian Council for Educational Research National Conference: Queensland, Australia, pp. 28~29 May 1998.
- Misko. J.(1999). Transition Pathways: What happens to young people when they leave school. National Centre for Vocational Education Research (Australia).
- NCVER(2009). Australian vocational education and training statistics: Apprentices and trainees, NCVER.
- OECD(2009). OECD Factbook 2008: Economic, Environmental and Social Statistics, OECD.
- Encyber & Encyber. com
- http://www.abs.gov.au
- http://www.aqf.edu.au
- http://www.studyinaustralia.gov.au

3부 | 3. 브라질

- 김원호 · 권기수(2008). 『재외동포 연계 교육개발협력 활성화 방안: 브라질, 아르헨티나, 멕시코를 중심으로』, 한국교육개발원.
- 윤택동(2001). 「브라질 경제의 한 특성: 사회, 경제적 불평등」, 『라틴아메리카연구』, 제14권 제1호.

■ 이승덕(2009). 『브라질 들여다보기』, 한국외국어대학교 출판부.

■ 이윤식 외(2006). 『한국 정부혁신의 남미 전파 및 확산 연구―아르헨티나, 브라질, 칠레를 중심으로』, 한국행정연구원.

■ 한국산업 인력공단(1999). 남미의 직업교육훈련 경향과 브라질의 직업훈련, 번역자료.

■ 주브라질 한국대사관 홈페이지 http://bra-brasilia.mofat.go.kr

■ 한국무역협회 홈페이지 http://www.kita.net

■ KOTRA 홈페이지 http://www.globalwindow.org

■ A Rodriguez., CJ Dahlman. and J Salmi(2007). "Knowledge and Innovation for competitiveness in Brazil". World Bank.

■ IMD(2009). World Competitiveness Yearbook 2009.

■ Irene Zaparolli(2004). "Quality Control of Vocational Higher Education and Training in Brazil: the Relationship Among Universities, Ministry of Education, Professional Representative Institutions and Labour Market"., Semina, Ciencias Sociais e Humanaz, Londrina.

■ L. Almeida. et al. "Qualification and Certification of Personnel in Brazil― Petrobras Experience". PETROBRAS/SEQUI, SJosdos Campos, Brazil: ABENDE, SPaulo, Brazil.

■ Lucilia Regina Machado and Carlos Roberto Jamil Cury(2009). "Integrating Education and Work: The Status of Vocational Education in Brazil". International Handbook of Education for the Changing World of Work. Springer Netherlands.

■ OECD(2009). Factbook 2009.

■ Stella C. S. Porto and Zane L. Berge(2008). "Distance Education and Corporate Training in Brazil: Regulations and Interrelationships". International Review of Research in Open and Distance Learning. Vol.9 No.2 pp. 1~15.

■ UNESCO Brasilia(2006). Strategic Framework for UNESCO in Brazil.

■ UNESCO(2009). UNESCO Country Programming Document―UCPD: Brazil 2008~2009.외교통상부 홈페이지 http://www.mofat.go.kr

3부 | 4. 캐나다

■ 교육과학기술부(2009). 『세계 각국의 교육과정 및 운영사례(IV) 캐나다』.

■ 설세훈(2009). 『캐나다 교육책무성체제 현황연구 ― 온타리오주를 중심으로』, 행정안전부 교육훈련 센터.

■ 정일환·주동범(2004). 『미국과 캐나다의 교육체제와 교육 개혁 동향』, 『비교교육 연구』, 제14권 제2호, 197~218쪽.

■ 정지선(2002). 『인적자원개발 및 직업교육훈련 국제동향 분석』, 한국직업능력개발원.

■ 통계청(2005). 『경제활동인구연보』.

■ IMF(2009). "World Economic Outlook (WEO): Sustaining the Recovery― Chapter 2-1 The U.S. Economy is stabilizing as the crisis subsides".

■ Karen Myers and Patrice de Broucker(2006). "Too Many Left Behind: Canada's

Adult Education and Training System", Research Report W/34 Work Network.
- Kathryn Barker (1998). "Lifelong learning in Canada : vision for the future".
- K. Rubenson(2007). "Determinants of formal and informal canadian adult learning: insights from the adult education and training surveys". HRDC.
- McMullen, Kathryn(2010). "Changes in Participation in Adult Education and Training", 2002 and 2008.
- OECD(2009). Education at a Glance 2009. OECD.
- Statistics Canada(2006). "Youth in Transition Survey (YITS)".
- Tamara Knighton, Filsan Hujaleh, Joe Iacampo and Gugsa Werkneh(2009). "Lifelong learning among canadians aged 18 to 64 years: first results from the 2008 access and support to education and training survey", Statistics Canada.

3부 | 5. 중국

- 강일규(1998). 「중국의 사회 변동에 따른 직업기술교육의 발전에 관한 고찰」, 『직업능력개발 연구』 창간호.
- 강일규 외(2009). 「동북아 인재개발 협력강화를 위한 한중 직업교육 비교연구」, 한국직업능력개발원.
- 유경희(2006). 「중국의 학제 및 개편방향」, 『교육개발』, 제33권 제2호 한국교육개발원.
- 이천우(2007). 「중국 인적자원개발정책의 사적 연구」, 서울대 박사학위논문.
- 최영표(2002). 「중국교육 개혁의 이론적 기초」, 『중국교육 연구』 창간호.
- 주중한국대사관 홈페이지 http://www.koreanembassy.cn
- 중국교육부 홈페이지http://www.moe.edu.cn

- Baiyin Yang, De Zhang & Mian Zhang.(2004). "National Human Resource Development in the People's Republic of China", Advances in Developing Human Resources, Vol.6 No.3, pp. 297~306.
- Jie Ke, Thomas J. Chermack, Yi-Hsuan Lee, and Jie Lin.(2006). "National Human Resource Development in Transitioning Societies in the Developing World: The People's Republic of China", Advances in Developing Human Resources, Vol.8 No.1, pp. 28~45.

- 中共中央(1993). 關於經敎育制改革的決定. 北京: 人民出版社
- 中國勞動統計年鑑(各 年度).
- 中國敎育與人力資源問題課題組(2003). 從人口大國邁向人力資源強國. 北京: 高等敎育出版社
- 蕭鳴政(2004). 中國政府人力資源開發槪論, 北京: 北京大學出版社
- 蕭鳴政(2004). 人力資源開發的理論與方法, 北京: 高等敎育出版社
- 黃 堯(2007). 學歷證書與職業資格證書相互轉換的理論與實踐硏究. 北京: 高等敎育出版社

3부 | 6. 프랑스

- 김안국 외(2009). 「기술 변화와 교육훈련」, 한국직업능력개발원.

■ 박태준(1999). 『프랑스의 교육과 직업교육훈련』, 한국직업능력개발원.
■ 최영섭 외(2008). 『평생 직업능력개발 재정 시스템 연구』, 한국직업능력개발원.
■ 통계청(2010). 「OECD국가의 주요통계지표」, 통계청.

■ CEDEFOP(2008). Vocational education and training in France. CEDEFOP.
■ ________(2009). Vet in Europe - Country Reports 2009. CEDEFOP.
■ Centre Inffo(2008). Les Fiches Pratiques de la Formation Continue. Centre Inffo. Paris.
■ Commission des Titres d'ingénieur(2009). Références et Orientations: 6éme édition Année 2009. Cti.
■ EUROSTAT. 각년도.
■ Ministére de l'Education Nationale(2009). Repéres et références statistiques: sur les enseignements, la formation et la recherche. Edition 2008. 2009.
■ OECD(2008). OECD Factbook 2008. OECD.
■ _____(2009). Education at a Glance 2009. OECD.
■ République Franéaise(2008). Formation Professionnelle 2008. République Française. Paris.
■ http://www.enseignementsup-recherche.gouv.fr
■ http://www.cti-commission.fr

3부 | 7. 독일

■ 김기홍 · 김경주(2007). 「독일 고등 직업교육기관에서 직업훈련 통합 이원화 학위과정 운영 실태 분석 및 시사점」, 『직업능력개발연구』, 제10권 제2호.
■ 김창환(2008). 『인재 강국 독일의 교육(한국교육포럼 세계교육시리즈)』, 도서출판 신정.
■ 나영선(2003). 『직업능력개발에 관한 주요 국가 법령연구』, 한국직업능력개발원.
■ 평생교육진흥원(2009). 『독일 평생교육정책동향: 독일 평생교육체제 구축 정책추진현황을 중심으로』.
■ 주독 한국교육원 홈페이지 http//www.keid.de

■ Bosch, Gerhard & Charest, Jean(2010). "The Revitalization of the Dual System of Vocational Training in Germany." Vocational Training :International Perspectives", Routledge. New York.
■ CEDEFOP(2009). "VET in Europe: Country Report(2009", REFERNET, CEDEFOP.
■ Federal Ministry of Education and Research(2005), "Reform of Vocational Education and Training in Germany - The 2005 Vocational Training Act(Berufsbildungsgesetz 2005)". Federal Ministry of Education and Research.
■ Misko Josie (2006). "Vocational education and training in Australia, the United Kingdom and Germany, National Centre for Vocational Education Research". Station Arcade, Australia.
■ Funk, Lothar. "특집 : 이원적 직업교육훈련제도: 독일의 직업교육훈련제도의 실태와 전망. 『국제노동브리프』, Vol. 3 No. 6.

- Schinner, Hans-Dieter(2007). "특집:직업교육훈련: 독일의 직업교육훈련과 고용", 「국제노동브리프」. Vol. 5 No. 4.

3부 | 8. 인도

- 국민 경제자문회의(2007). 「인도의 부상과 우리의 대응 방안」.
- 써리나 씽 외(2005). 「인도」, 안그라픽스.
- 홍제호(2008). 「인도의 교육제도와 그 특성 연구」, 공주대학교.

- Arun K. Mishra(1996). Case studies on technical and vocational education in asia and the pacific: India: Asia-Pacific Centre of Education Innovation for Development, UNEVOC - ACEID, pp. 34
- GoI(2006). "Report of the Working Group on Secondary and Vocational Education for 11th Five Year Plan(2007~2012)", Planning Commission, Government of India, pp. 43
- ILO(2010). "India: Decent Work Country Programme(2007~2012)".
- MoHRD(2008). "Educational Statistics at a Glance 2005~2006", Ministry of Human Resources Development, Government of India.
- MoIB(2010), INDIA 2010: A Reference Manual(54th Edition), Ministry of Information and Broadcasting, Government of India.
- Papola, T. S. (2008). "Employment Challenges and Strategies in India-An Assessment in the Framework of ILO's Global Employment Agenda", New-Delhi, ILO.
- Shyamal Majumdar(2008), Workforce Development in India: Policies and Practices, ADBI.
- http://ind.mofat.go.kr
- http://www.nic.in
- http://www.aicte-india.orgo
- http://india.gov.in

3부 | 9. 인도네시아

- 이남철(2009). 「인도네시아 해외출장복명서」.
- 정광희(2007). 「인도네시아 교육현황 및 발전과제」, 한국교육개발원.

- Badan Pusat Statistik (2009). Population Projection of Provinces in Indonesia 2005~2015: Ministry of National Education.
- BPS (2008). Labor Force Situation in Indonesia.
- Chen, Dandan (2008). Vocational Schooling, Labor Market Outcome, and College Entry. The World Bank.
- CIA World Factbook (2009). Indonesia Introduction 2010: CIA.
- Ministry of National Education (2009). Indonesia Education Statistics in Brief

2005&2006.

- SAKERNAS (2006). Indonesia, National Labor Force Survey.
- The Republic of Indonesia (2010). Strategic Plan Ministry of National Education.
- World Bank Jakarta Office (2008). Assessing Vocational Education Expansion in Indonesia. Presented in the Indonesia Education Sector Analysis Workshop, August, 2008.
- http://www.atmtour.co.kr/pkg/honey/s0004.htm
- http://www.jardiknas.org

3부 | 10. 이탈리아

- Boschma, Ron A.(1998). The industrial rise of the third Italy: open windows of locational opportunity?. Paper to be presented at the 38th Congress of the European Regional Science Association.
- CEDEFOP(2005). National VET Systems. Developments in the field of vocational education and training(VET) in Member States and in acceding and candidate countries: November 2004 to February 2005.
- Clara, Michele (1995), "Real Service Centres in Italian Industrial Districts Lessons Learned from a Comparative Analysis", United Nations Industrial Development Organization.
- EDU/EDPC(2007). Propositions for A Typology of Recognition Systems: RNFIL-Third Meeting of National Representatives and International Organizations, OECD, Vienna, 2007
- Eurostat(2006). Labour force survey 2005~2006.
- Eurostat(2009). Life-long learning data
- http://epp.eurostat.ec.europa.eu/portal/page/portal/product_details/dataset?p_product_code=TSDSC440
- Eurostat(2010). Unemployment Rates data
- http://epp.eurostat.ec.europa.eu/tgm/graph.do?tab=graph&plugin=1&pcode=teilm020&language=en&toolbox=data
- ISFOL(2009). Le misure per il successo formativo: Ottavo rapporto di mpnitoraggio del diritto-dovere, Rome, 2009.
- talian Ministry of Labour(2009). White Paper on the future of the social model, Rome, 2009.
- Mengoli, Paola & Russo, Margherita(1998), "Technical and Vocational Education and Training in Italy: Structure and Changes at National and Regional Level". Department of Economics 0255, University of Modena and Reggio E., Faculty of Economics "Marco Biagi".
- OECD(2008a). Education at a Glance 2008: OECD INDICATORS, Paris. 2008.
- _____(2008b). Education at a Glance 2008: OECD Briefing Note For Italy, Paris, 2008.
- Refernet Italy(2009). Italy: VET in Europe- Country Report 2009.

3부 | 11. 일본

- 김삼수(2003). 「일본의 직업교육, 훈련 제도의 특성과 최근변화」, 『노동경제논집』, 제23권 제2호, 한국노동경제학회.
- 김민희(2008). 「일본의 지방교육행정 체제 개혁분석」, 『아시아연구』, 제11권 제2호, 한국아시아학회.
- 교육안전망지원센터 정책개발팀(편)(2007). 『외국의 교육안전망 사례(스웨덴, 독일, 영국, 일본, 미국)』, 한국교육개발원.
- 윤종혁(2007). 「최근 일본의 학제 개혁 동향과 전망」, 『한국일본교육학연구』, 제11권 제2호, 한국일본교육학회.
- 이의규(2002). 『외국의 직업훈련 제도분석 I(일본)』, 한국직업능력개발원.
- ______(2008). 『일본의 청년층 노동시장 정책연구』, 한국직업능력개발원.
- 최돈민 외(2003). 『주요국의 평생교육체제 분석』, 한국교육개발원.
- 김양희·김은지(2009). 「최근 일본 경제의 디플레이션 실태와 전망」, 『오늘의 세계경제』, 제9권 제38호, 대외경제 정책연구원.

- KOTRA(2010). 「일본의 국가개요」, 『경제동향 및 전망』.
- 總務省(各年度). 『就業構造基本調査』.
- 厚生勞動省(2008). 『人口動態』.
- ______(2008). 『人口の推移及び將來推計人口』.
- ______(各年度). 『技能檢定の實施現況』.
- ______(各年度). 『賃金構造基礎調査』.
- 文部科學省(各年度). 『學校基本調査』.
- ______(2008).『文部科學白書』.
- 國立社保障·人口問題究所(2002). 『日本ヮの推計人口』.
- 厚生勞動省(2008).『厚生勞動省　平成20年度政策評價の結果』.

3부 | 12. 멕시코

- 김기국(1997). 「멕시코의 과학 기술체제와 정책」, 과학기술정책연구원.
- 문수영(1999). 「멕시코 교육제도 연구」, 한국외국어대학교 석사 학위논문.
- 우덕룡(1996). 「멕시코의 교육제도」, 『북미연구』, 53~66쪽, 한국외국어대학교,
- 하승연(2006). 「멕시코 성인교육의 현황과 프로그램적 특성: 정부와 NGO를 중심으로」, 서울대학교 석사 학위논문.
- 한국수출입은행(2010). 「중점분석: 멕시코 경제의 회고와 전망」, 『수은해외경제』, 36~45쪽.

- Arnulfo Arteaga García, Sergio Sierra Romero and Roberto Flores Lima(2009). "The Vocational Training System in Mexico: Characteristics and Actors, Strengths and Weaknesses", Gerhard Bosch and Jean Charest ed. Vocational Training: International Perspectives, Routledge.
- Lucrecia Santibanez, Georges Vernez and Paula Razquin(2005). "Education in Mexico: Challenges and Opportunities", Documented Briefings. Rand.
- OECD(2009a). OECD Factbook 2009: Economic, Environmental and Social

Statistics.

- _____(2009b). "Vocational Education and Training in Mexico: Strengths, Challenges and Recommendations", July 2009.
- Ramon Scott–Ortiz(2007). Briefing on the Mexican Education System: Opportunities and Challenges. Public Policy International Education Anahuac University of Mexico. Melbourne Australia.
- Shapiro, H., Souto–Otero, M., Bilbao–Osorio, B., Shadoian, V. & Pedro, F.(2009). "Systemic innovation in the Mexican VET system". Country Case Study Report. Technical Report, Paris: OECD / CERI.
- US Department of Education(2003). Education around the World: Mexico. Prepared by American Institutes for Research for the Planning and Evaluation Service.
- Viktória Kis, Hoeckel Kathrin and Paulo Santiago(2009). "Learning for Jobs: OECD Reviews of Vocational Education and Training: Mexico", OECD.

3부 | 13. 대한민국

- 교육과학기술부 · 한국교육개발원(2009). 「교육통계연보」.
- 김영철(2006). 「미래교육을 위한 학제 발전 과제」, 한국교육학회 추계 학술대회 발표 논문.
- 노동부(2005). 「직업능력개발훈련과정의 인정요건 및 직업능력개발훈련 실시 상황보고 등에 관한 고시」, 2005. 7. 11.
- _____(2007). 「제1차 평생직업능력개발기본계획('07~'11)」.
- _____(2009). 「직업능력개발사업현황」.
- 박동열 외(2008). 『인적자원개발과 미래형 학제 탐색[Ⅱ]』, 한국직업능력개발원.
- 오영훈(2009). '한국의 직업훈련 교사 제도', 김미숙 외, 『UNESCO Regional Center 사업(2009) : 개발도상국 직업교육훈련 분야 전문가연수 프로그램 개발』, 한국직업능력개발원.
- 옥준필(2009). '한국의 직업교육', 김미숙 외, 『UNESCO Regional Center 사업(2009) : 개발도상국 직업교육훈련 분야 전문가 연수 프로그램 개발』, 한국직업능력개발원.
- 이영현(2006). '직업능력개발체제의 발전', 장홍근 · 이영현 편, 『직업능력개발체제의 혁신』, 한국직업능력개발원.
- 장홍근 · 윤여인(2005). 「직업훈련의 전달과 소비」, 『직업훈련시장의 구조와 특성[Ⅱ]』, 한국직업능력개발원.
- 진태화 외(2009), 『직업교육 혁신 2030』, 한국직업능력개발원.
- 정택수(2008). 『직업능력개발제도 변천사』, 한국직업능력개발원.
- 한국직업능력개발원(2006). KRIVET총서: 『평생학습 사회의 직업교육』, 한국직업능력개발원.
- 확규섭(2008). '한국폴리텍대학 직업능력개발훈련의 발전 방안' 미발간 자료.
- 국가통계포털 홈페이지 http://kosis.kr
- 교육과학기술부 홈페이지 www.moet.go.kr

3부 | 14. 러시아

- 박종수(2009). "러시아 우주과학 현황과 우주과학관련 교육정책", 『교육포럼』, 9월호.
- _____(2010). 러시아 권력구조 및 경제위기론(포스코경영연구소 초청 콜로퀴움 발표).

■ 신효숙(2002).「현대 러시아 교육의 변화와 문제점」,『중소연구』, 제25권 제2호.

■ _____(2003).「러시아의 교육제도」,『현대비교교육론』, 서울: 교육과학사.

■ _____(2004).「현대 러시아의 교육과정과 교과서 개혁 정책」,『비교교육 연구』,제14권 제1호.

■ Marion,B.F. & Lawrence,G.D.(1968), Education in the USSR, New York : Greenwood Press.

■ В.П Борисенков(1993), "Школа России : прошлое и настоящее", Педагогика No.4.

■ ПАК ЧОНСУ(박종수, 1997), Необходимотсь привлечения иностранного капитала в Российкую экономику(러시아경제에 있어서 외국자본 유치 불가피성, В сероссийская конференция 15~17 мая1997г).

■ (박종수, 2010), Иностранныйинвестиции в российской экономике на пример СПе тербурга(러시아 경제의 외국투자:상트페테르부르크 모델), 2010년 3월 동아시아슬라브학회 주최 한러수교 20주년 기념 국제학술회의.

■ П.Филиппов,От в.ред(1999), Социально-экономические проблемы России:Справочник (러시아 사회 경제 문제 자료집) ФИПЭР,СПб.

■ В.С.Леднева,Н.Д.Никандрова,М.Н.Лазумовой(1998), "Учебные Стандарты Школ России(러시아의 학교교육과정)", Москва

■ А.Ф.Киселева ред(2001), Профильное обучение:Эксперимент:совершен ствование структуры и содержания общего образования(심화교육 실험: 일반교육의 구조와 내용의 완성), М о с к в а.

■ Вадим Аванесов(2008), Гл.редактор журнала《Педагогические Измерения》"КАК ФОРМА ПЕРЕХОДА К ОБЩЕСТВЕННО-ГОСУДАРСТВЕННОМУ УПРАВЛ ЕНИ ООБРАЗОВАТЕЛЬНОЙ СФЕРОЙ"(교육분야에 대한 국가경영 이양 형태).

■ Российский статистический ежегодник-2008(러시아통계연감 2008년), Фед еральная служба государственной статистики

3부 | 15. 사우디아라비아

■ 박철형 · 윤하청 · 윤서영(2009).『사우디아라비아의 주요산업: 건설, 정보통신, 석유화학』, 대외경제 정책연구원.

■ 이영현(2007).「글로벌 HR 포럼 – 두바이 포럼을 위한 연구」, 교육인적자원부.

■ 이효분(2008).「사우디아라비아 여성의 지위」, 한국외국어대학교 외국학종합연구센터.

■ 장석민(2002).「사우디아라비아의 직업교육훈련」,『직업과 인력 개발』, 제5권 제4호, 41~48쪽, 한국직업능력개발원.

■ 조병호(2002).「사우디아라비아의 교육제도와 한국학교」,『교육마당』, 제21권 제20호, 교육인적자원부.

■ 조희선(2007).「사우디아라비아사회의 젠더라인, 이크탈라크(ikhtilat)의 금지와 뉴미디어」,『한국중동학회논총』, 제28권 제1호, 265~290쪽.

■ 네이버 카페 http://cafe.naver.com/korea4u/103

■ 두산백과사전 EnCyber & EnCyber.com http://100.naver.com

■ 주사우디아라비아 대한민국대사관 홈페이지 http://sau.mofat.go.kr

■ Bashshur, Munir (2004) Higher Education in the Arab States. UNESCO Regional Bureau for Education in the Arab States. Saudi Arabia, 2004.
■ ILO(2010).
■ The World Bank(2008) The Road Not Traveled : Education Reform in the Middle East and North Africa, World Bank 2008 Education Flagship Report.
■ UNESCO IBE(2007). Saudi Arabia, World Data on Education, 6th Edition. 2005/2007.
■ World Bank(2008). World Development Indicators/Edstats database. 2008

3부 | 16. 남아프리카공화국
■ 조정윤(2001). 『남아프리카공화국의 인적자원개발정책동향: 교육부서를 중심으로』, 한국직업능력개발원.
■ 한국무역협회 홈페이지 www.kita.net
■ 한국수출입은행 홈페이지 www.koreaexim.co.kr
■ 외교통상부 홈페이지 www.mofat.go.kr
■ 구글 홈페이지 www.google.co.kr
■ 남아프리카공화국 고등교육 위원회 홈페이지 www.che.ac.za
■ 남아프리카공화국 교육부 홈페이지 www.education.gov.za
■ 남아프리카공화국 중앙은행 홈페이지 www.reservebank.co.za
■ 남아프리카공화국 관세청 홈페이지 www.sars.gov.za
■ 남아프리카공화국 통계청 홈페이지 www.statssa.gov.za
■ 남아프리카공화국 국제교육홈페이지협회 홈페이지 www.ukzn.ac.za/ieasa/
■ 주한 남아프리카공화국대사관 홈페이지 www.southafrica-embassy.or.kr

■ D. Burger(2008. 9). Government Communication and Information System(GCIS). South Africa Yearbook(남아프리카공화국 연감).
■ Published by Department of Education(2009). "Education Statistics in South Africa 2007". Education. REPUBLIC OF SOUTH AFRICA.
■ Lee, Young-Hyun. Cho, Jeong-Yoon. Tau, Alfred. Pereira, Clarence A.(2002). Vocational Training and Technical Qualification Systems in Korea and South Africa, Korea Research Institute for Vocational Education and Training & Department of Labor in South Africa.

3부 | 17. 터키
■ KOTRA(2010), 터키의 국가개요, 『경제동향 및 전망』.
■ 통계청, 국제통계, 『OECD 국가의 주요통계지표』.
■ 강원대학교 사회과학연구원 글로벌 거버넌스센터 G20 모니터링 사업단(http://g20.kangwon.ac.kr/)

- 재터키한인회 홈페이지 http://turkeykorean.net/index.php
- 주터키대사관 홈페이지 http://tur-ankara.mofat.go.kr/
- 터키 통계청 홈페이지 http://www.turkstat.gov.tr/
- 터키 대외 무역청 홈페이지 http://www.msb.gov.tr/
- 터키 중앙은행 홈페이지 http://www.tcmb.gov.tr/

- DIE (Various Years), Educational Statistics 1997/2005. Ankara DIE.
  →DIE (Various Years), Educational Statistics 1960/2002. Ankara DIE.
- DPT (1996): Seventh Five-Year Development Plan. Ankara: Baçbakanl i k.
- DPT (2001): Eighth Five-Year Development Plan. Ankara: Baçbakanl i k DPT.
- MEB (MONE)-World Bank (1998): Basic Education Project (Ln-4355-TU), Ankara: Official Paper.
- Resmi Gazete (Offical Paper) (1986). Law Number 3308: on Vocational Training and Apprenticeship.
- Resmi Gazete (Official Paper) (1997). Law Number 4306 Changing Various Laws Including Primary Education and Education Law and Basic National Education Law.
  →Resmi Gazete (Official Paper) (1997). Law Number 4603: Changing Various Laws to Enforce Compulsory Education.
- Resmi Gazete (Official Paper) (2001). Law Number 4702 Changing Various Laws.
- WCEFA (1990). World Decleration on Education For All and Framework to Meet Basic Learning Needs, 5~9 March. Jontien Thailand.
- YETIM, R. (2001). Yatili Bolge Okullarinin Mevcut Durumu ve Ogrenci Hizmetleri Yönetimi (The Existing Situation in Boarding Regional Schools and the Management of Student Services) Masters Thesis: Ankara Hacettepe University.
- Republic of Turkey Ministry of National Education(2005). Basic Education in Turkey, Background Report.
- EIU http://www.eiu.com

3부 | 18. 영국

- 박태준 외(2008). 「직업교육 기피 해소를 위한 중등 직업교육 국제 비교」, 한국교육개발원.
- 백성준 · 김승보 · 전재식(2006). 「고등교육과 인적자원개발」, 한국직업능력개발원.
- 유재봉(2006). 「영국의 대학 교육 개혁 동향: 1980년대 이후 교육정책을 중심으로」, 「비교교육 연구」, 제16권 제2호, 59~75쪽.
- 이남철(2003). 「평생학습을 촉진하기 위한 개인학습계좌제(Individual Learning Accounts)에 대한 사례연구: 미국, 영국, 스웨덴을 중심으로」, 2003년도 14차 동계학술대회연구발표회 발표논문, 한국세무회계학회.
- 이동일(2003). 「영국의 정체성: 연속성과 순응성의 역사적 고찰」, 「영미연구」, 제9집, 153~168쪽
- 이동임 · 박동열 · 김환식(2005). 「학력주의 해소 및 평생학습 사회 조성을 위한 교육부서 혁신방안 연구」, 대통령자문 정책기획위원회.

- 이동임 · 박태준 · 김현수 · 김상진(2003). 「교육부서의 개선방향과 과제」, 한국직업능력개발원.
- 이희수 외(2006). 「국가 경쟁력 확보 및 사회 통합을 위한 평생 · 직업교육 중장기 발전 방안 수립연구」, 교육인적자원부 정책연구과제 보고서.
- 주경란(2005). 「21세기 영국 평생학습 제도의 혁신동향과 평가」, 『Andragogy Today: Interdisciplinary Journal of Adult & Continuing Education』, 제8권 제4호, 39~93쪽.
- 중소기업연구원(2009). 영국 중소기업 훈련 지원 TTG 프로그램 평가.

- http://db.kosbi.re. kr/policy/policy05_view.html?seq=90829E01.
- Department for Education and Skills(2006). Young Apprenticeships for 14- to 16-year-olds: A guide for Education, Skills and Training Professionals.
- Participation Rates in Higher Education: Academic Years 1999/2000-2007/2008.
- http://www.dcsf.gov.uk/rsgateway/DB/SFR/s000839/SFR02-2009webversion1.pdf
- Department for Innovation, Universities & Skills(DIUS)(2009).
- Eurydice(2009). "National Summary Sheets on Education Systems in Europe and Ongoing Reforms: United Kingdom".
- Higginson, C.(2009). Structures of Education and Training Systems in Europe: United Kingdom-England (2009/10 Edition). European Commission.
- Kathrin Hoeckel, Mark Cully, Simon Field, Gabor Halasz and Viktoria Kis(2009). Learning for Jobs: OECD Reviews on Vocational Education and Training - England and Wales. Paris: OECD.
- National Audit Office(2009). "Train to Gain: Developing the Skills of the Workforce".
- OECD(2008). Jobs for Youth: United Kingdom. Des emplois pour les jeunes.
- Office for National Statistics(2003). Census 2001 National Report for England and Wales.
- http://www.ons.gov.uk/external-links/statbase/2001-census-information.html.
- Office for National Statistics(2009). Key Population and Vital Statistics 2007. Series VS No 34, PPI No 30, 2007 Data.
- http://www.statistics.gov.uk/downloads/theme_population/KPVS34-2007/KPVS2007.pdf.
- Rudd, M., Henderson, R., Usher, D., & Hawtin, M.(2008). Rapid Review of Research on Apprenticeships. Learning and Skills Council.
- Rainbird, H.(2009). "Vocational Education and Training in the United Kingdom", In G. Bosch and J. Charest (eds.), Vocational Training: International Perspectives (pp. 242~270). New York: Routledge.

3부 | 19. 미국

- 외교통상부 북미1과(2009). 「미국개황: 우리가 알고 싶은 미국이야기, 2009」.
- 한양대학교 아태지역연구센터(2001). 「초점: 미국초점: 2000년 인구 조사를 통해 본 미국의 인구구성」, 『아태지역동향』, 제115권, 86~90쪽.

- Bureau of Labor Statistics(2010). "The Employment Situation - April 2010". Bureau of Labor Statistics. U.S Department Of Labor.

- Government Accountability Office(GAO) (2007a). Workforce Investment Act: Additional actions would further improve the workforce system. GAO–07–1051T. Washington, D.C. 20548: U.S. Government Accountability Office.
- Government Accountability Office(GAO) (2007b). Workforce Investment Act: One-stop system infrastructure continues to evolve, but labor should take action to require that all employment service offices are part of the system. GAO–07–1096. Washington, D.C. 20548: U.S. Government Accountability Office.
- Government Accountability Office(GAO) (2009). Workforce Investment Act: Labor has made progress in addressing areas of concern, but more focus needed on understanding what works and what doesn't. GAO–09–396T. Washington, D.C. 20548: U.S. Government Accountability Office.
- Levesque, K., Laird, J., Hensley, E., Choy, S.P., Cataldi, E.F. & Hudson, L. (2008). "Career and Technical Education in the United States: 1990 to 2005": Statistical Analysis Report, National Center for Education Statistics, Institute of Education Sciences, U.S. Department of Education. Washington, DC.
- Stone III (2010). "Career and Technical Education in the United States Circa 2010: Issues, Challenges and Opportunities, 2010 International Conference on 'Sharing Ideas and Best Practices in Career Education with Integrative Approach' by Korean Society for the Study of Career Education".
- Thomas D. Snyder and Sally A. Dillow(2010). "Digest of Education Statistics 2009". National Center for Education Statistics, Institute of Education Sciences, U.S. Department of Education. Washington, DC.

3부 | 20. 유럽 연합

- 이세정(2007). 『EU 교육법제에 관한 연구(1) : 유럽 연합』, 한국법제연구원.
- 이지연(2003). 『유럽 연합(EU)의 교육훈련 및 진로 지도』, 한국직업능력개발원.
- 이호재(1999). 『유럽 통합과 교육협력』, 법문사.
- 정주연(1999). 「유럽 연합의 형성과 직업교육 및 훈련 제도의 변화」, 『유럽 통합과 교육협력』.
- 주구주연합대표부(2007). EU 소개, 벨기에: 주구주연합대표부.

- European Commission(2005a). "Working together for growth and jobs– A new start for the Lisbon Strategy". European Commission.
- ______(2005b). Key data on education in Europe 2005. European Commission.
- ______(2005c). Progress towards the Lisbon Objectives in Education and Training. European Commission.
- ______(2005d). The Copenhagen Declaration. European Commission.
- ______(2007a). Draft Council Resolution on Education and Training as a Key Driver of the Lisbon Strategy. European Commission.
- ______(2007b). Employment in Europe 2007. European Commission.
- ______(2007c). Leonardo da vinci Success Stories. Europe creates opportunities.

European Commission.

■ ______(2009). Lifelong Learning Programme(LLP) Guide 2010. European Commission.

4부 | G20 인재개발 아젠다

■ CEDEFOP(2002). "The European Forum on Transparency of Vocational Qualifications.".
■ ILO(2010). "Equipping the Workforce with the Skills Required for Strong, Sustainable and Balanced Growth for the 21st Century" A Preliminary Report on a training strategy submitted to the G20 Employment and Labour Ministers Meeting(20–21 April 2010, Washington D.C.).
■ World Bank(2007). World Development Report 2007 – Development and the Next Generation.

G20 국가의 인재개발

편저자 | 권대봉
펴낸이 | 김경태
펴낸곳 | 한국경제신문 한경BP
등록 | 제 2-315(1967. 5. 15)

제1판 1쇄 인쇄 | 2010년 11월 2일
제1판 1쇄 발행 | 2010년 11월 8일

주소 | 서울특별시 중구 중림동 441
홈페이지 | http://www.hankyungbp.com
전자우편 | bp@hankyungbp.com
기획출판팀 | 3604-553 · 6
영업마케팅팀 | 3604-595, 555   FAX | 3604-599

ISBN 978-89-475-2778-1   03320
값 24,000원

파본이나 잘못된 책은 바꿔 드립니다.